Manual
Teórico-Prático
de IRC

Manual Teórico-Prático de IRC

2023 • 5.ª Edição

Joaquim Miranda Sarmento
Professor Auxiliar (com Agregação) de Finanças e Fiscalidade no ISEG/Universidade de Lisboa

Ricardo Nunes
Inspetor Tributário

Marta Morais Pinto
Juiz de Direito no Tribunal Administrativo e Fiscal de Leiria
Mestre em Direito

ALMEDINA

MANUAL TEÓRICO-PRÁTICO DE IRC

AUTORES
Joaquim Miranda Sarmento
Ricardo Nunes
Marta Morais Pinto

EDITOR
EDIÇÕES ALMEDINA, S.A.
Avenida Emídio Navarro, 81, 3D
3000-151 Coimbra
Tel.: 239 851 904 · Fax: 239 851 901
www.almedina.net · editora@almedina.net

DESIGN DE CAPA
EDIÇÕES ALMEDINA, S.A.

PRÉ-IMPRESSÃO
EDIÇÕES ALMEDINA, S.A.

IMPRESSÃO E ACABAMENTO

abril, 2023

ISBN
978-989-40-1201-6

DEPÓSITO LEGAL

Os dados e as opiniões inseridos na presente publicação são da exclusiva responsabilidade do(s) seu(s) autor(es).

Apesar de todo o cuidado colocada na feitura deste manual, o mesmo não invalida a consulta da legislação fiscal.

Este manual está atualizado a fevereiro de 2023.

ALMEDINA | GRUPOALMEDINA

1. Introdução ao IRC

O Código do Imposto sobre o Rendimento das Pessoas Coletivas (IRC), aprovado pelo Decreto-Lei n.º 442-B/88, de 30 de novembro, entrou em vigor no dia 1 de janeiro de 1989, e tem como finalidade a tributação do lucro das empresas e pessoas coletivas em geral.

O imposto é definido, conceptualmente, *«com base em três elementos, a saber: um elemento objetivo, um elemento subjetivo e um elemento teleológico. Objetivamente o imposto é uma prestação pecuniária, unilateral, definitiva e coativa. Por sua vez, subjetivamente, o imposto é uma prestação, com as características objetivas que acabámos de mencionar, exigida a (ou devida por) detentores (individuais ou coletivos) de capacidade contributiva a favor de entidades que exerçam funções ou tarefas públicas. Finalmente, em termos teleológicos, o imposto é exigido pelas entidades que exerçam funções públicas para a realização dessas funções, conquanto que não tenham carácter sancionatório.»*[1]

O conceito de rendimento, para efeitos de IRC, assenta na teoria do rendimento acréscimo, ou incremento patrimonial, que consiste na diferença entre o valor do património no início e o valor do património no fim do período de tributação, incluindo as mais-valias e outros ganhos fortuitos (ex. subsídios não destinados à exploração, as indemnizações e os incrementos patrimoniais obtidos a título gratuito). Trata-se de uma noção extensiva de rendimento que procura tributar o rendimento real e efetivo das empresas, o que é, aliás, um princípio de imperativo constitucional (artigo 104.º, n.º 2 da Constituição da República Portuguesa – CRP).

[1] *Cf.*, Casalta Nabais, José, *Direito Fiscal*, 7.ª Edição, 2014, Almedina, págs. 10 e seguintes.

Desta forma, as principais características do IRC fazem dele um imposto:

- Sobre o rendimento: atendendo à classificação tripartida dos impostos efetuada pela Constituição, o IRC integra a categoria dos impostos sobre o rendimento em contrapartida aos impostos existentes sobre a despesa (ex.: IVA) e sobre o património (ex.: IMI, IMT e o Imposto sobre veículos);
- Direto: se atendermos ao critério financeiro, poderemos dizer que o IRC é um imposto direto na medida que incide sobre a manifestação direta ou imediata da capacidade contributiva por oposição aos impostos indiretos que atingem apenas uma manifestação mediata da mesma capacidade contributiva[2];
- Real: porque procura atingir a tributação dos rendimentos das pessoas coletivas sem atender à sua situação pessoal, em oposição aos impostos ditos pessoais;
- Periódico: porque, contrariamente aos impostos de obrigação única que assentam numa relação de carácter instantâneo, o IRC renova-se nos sucessivos períodos de tributação, que normalmente são anuais, dando origem, consequentemente, a sucessivas obrigações tributárias anuais independentes umas das outras;
- Estadual: porque, do ponto de vista da titularidade ativa da relação jurídico-tributária, é o Estado quem ocupa o lugar de sujeito ativo;
- Proporcional ou de taxa fixa: é um imposto de quota variável, em que o montante apurado varia em função da variação da matéria coletável; esta variação ocorre por meio de uma taxa que se mantém constante, apesar da derrama estadual e municipal;
- Global: incide sobre um conjunto de rendimentos provenientes de diversas fontes;
- Principal (ou geral): porque goza de autonomia, quer ao nível normativo, quer ao nível das relações tributárias concretas.

[2] Sobre as tradicionais classificações dadas aos impostos, *vd.*, Casalta Nabais, ob. cit., pág. 65 e seguintes.

2. Conceitos base do imposto

Como em qualquer imposto, também no IRC temos, como estrutura linear, a incidência objetiva (real), ou seja, o que está sujeito a imposto (artigo 3.º), e a incidência subjetiva (pessoal), quem está sujeito a imposto (artigo 2.º). Desta forma, o IRC incide sobre os rendimentos obtidos (mesmo que de proveniência ilícita), pelos sujeitos passivos do imposto, num determinado período de tributação.

SUJEITOS PASSIVOS:

Existem, no IRC, 4 tipos de sujeitos passivos:

1) Residentes que exercem, a título principal, uma atividade comercial, industrial ou agrícola;
2) Residentes que não exercem, a título principal, uma atividade comercial, industrial ou agrícola;
3) Não residentes, com ou sem personalidade jurídica, e que tenham estabelecimento estável, obtendo em Portugal, rendimentos não sujeitos a Imposto sobre o Rendimento das Pessoas Singulares (IRS);
4) Não residentes, com ou sem personalidade jurídica, que apesar de não terem estabelecimento estável, obtêm em Portugal rendimentos não sujeitos a IRS.

Nos termos do n.º 3 do artigo 2.º do Código do IRC, a residência consiste na existência de sede ou direção efetiva em território português, a qual pode ser designada nos estatutos ou ter em consideração o local em que funciona a administração principal. Em alternativa à sede, o Código do IRC (à semelhança das convenções sobre dupla tributação internacional) elegeu a direção efetiva como elemento de conexão determinante para a sujeição a imposto, sempre que a mesma se situe em território português, assumindo-a como o local onde a empresa é de facto gerida, onde se realizam os atos mais importantes da sociedade.

A distinção é fundamental, uma vez que em função da tipificação como sujeito passivo, cada entidade apurará o seu lucro e, consequentemente, o imposto a pagar de forma diferente (Figura 1). Ou seja, os sujeitos passivos residentes, numa ótica de obrigação pessoal e, em concretização do princípio do rendimento mundial, como veremos melhor adiante, são tributados pela totalidade dos rendimentos, incluindo os obtidos fora de Portugal, enquanto os sujeitos passivos não residentes, em cumprimento do princípio da fonte, são tributados apenas pelos rendimentos localizados em Portugal[3].[4]

[3] São tributados pelos rendimentos que a lei entende terem fonte em Portugal, ou seja, ser em Portugal que se situa o bem gerador do rendimento.

[4] O artigo 94.º do Código do IRC estabelece a obrigatoriedade de reter na fonte. Assim, determinada entidade residente em território português, no momento em que paga ou coloca a importância à disposição do sujeito passivo não residente, beneficiário de um rendimento proveniente de uma das situações tipificadas no n.º 1 deste artigo deverá efetuar a retenção na fonte sobre esse rendimento. As taxas de retenção na fonte, quando esta tem natureza de imposto por conta, são as que estão previstas para efeitos de IRS relativas a residentes em Portugal (por remissão do n.º 4 do artigo 94.º do Código do IRC). A única exceção é relativamente às remunerações auferidas na qualidade de membro de órgãos estatutários de pessoas coletivas e outras entidades, em que a taxa é de 21,5%.
Quando a retenção na fonte tem carácter definitivo, dever-se-ão utilizar as taxas previstas no artigo 87.º do Código do IRC.
Os n.os 2, 3, 4 e 5 do artigo 98.º do Código do IRC, estabelecem a dispensa e referem as regras e procedimentos em que se incorre, quando o beneficiário do rendimento, entidade não residente em território nacional é residente em país com o qual Portugal tenha celebrado Convenção para Evitar a Dupla Tributação.

Figura 1 – Categorização dos sujeitos passivos de IRC

SUJEITOS PASSIVOS	BASE DO IMPOSTO	FÓRMULA DE CÁLCULO	TIPOS DE SUJEITOS PASSIVOS
Residentes que **exercem** a título principal uma actividade de natureza comercial, industrial ou agrícola[5]	LUCRO	L.T. (Lucro Tributável) – Prejuízos – Benefícios fiscais	• Sociedades comerciais • Sociedades civis sob forma comercial • Cooperativas • Empresas Públicas
Residentes que **não exercem** a título principal uma atividade de natureza comercial, industrial ou agrícola	RENDIMENTO GLOBAL	Rendimentos – custos comuns – benefícios	• Heranças jacentes • Sociedades e associações[6] sem personalidade juridica • Pessoas coletivas com declaração de invalidade • Sociedades antes do registo
Não residentes **com** estabelecimento estável[7]	LUCRO IMPUTÁVEL AO ESTABELECIMENTO ESTÁVEL	L.T. – Prejuízos – benefícios	
Não residentes **sem** estabelecimento estável	RENDIMENTOS DAS DIVERSAS CATEGORIAS DE IRS	---------------------	

As entidades residentes estão, como já referido, sujeitas a IRC pela totalidade dos seus rendimentos, ou seja, considerando o seu rendimento independentemente da sua origem (designado por «world wide income»). Isto é, todo o rendimento é tributável, independentemente de ter sido gerado fora de Portugal, sem prejuízo da aplicação das regras de dupla tributação internacional. Desta forma, nos sujeitos passivos residentes o lucro incide sobre a totalidade dos rendimentos, sejam eles obtidos em Portugal ou no Estrangeiro. Lucro esse que, nos termos do n.° 2 do artigo 3.°, traduz-se na diferença entre o valor do património no final do período de tributação e o valor do património no início desse período, com as correções fiscais estabelecidas no Código do IRC.

[5] Para efeitos de IRC, são consideradas de natureza comercial, industrial ou agrícola todas as atividades que consistam na realização de operações económicas de carácter empresarial, incluindo, naturalmente, as prestações de serviços.

[6] Neste âmbito, incluem-se os clubes desportivos (que não as SAD´s), recreativos, as IPSS e demais entidades com fins sociais.

[7] Na prática, o estabelecimento estável de um não residente é tratado em IRC, para efeitos de apuramento da matéria coletável, como uma empresa residente em Portugal, com exceção dos rendimentos considerados no apuramento.

Já quanto aos não residentes, o IRC incide apenas sobre os rendimentos obtidos em Portugal (artigo 4.°, n.os 1 e 2).

Localização das prestações de serviços

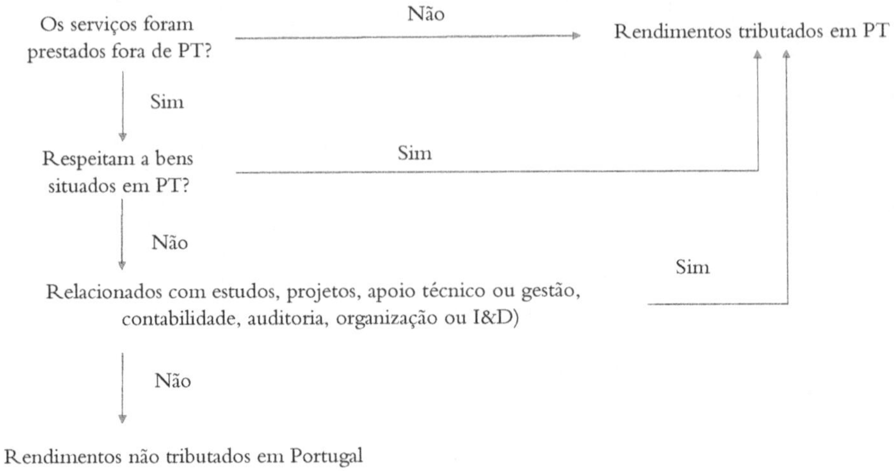

Os rendimentos obtidos por entidades não residentes são tributados por retenção na fonte a título definitivo, com exceção dos rendimentos prediais (categoria F – as retenções têm natureza de pagamento por conta); das mais-valias de bens imóveis e partes sociais (categoria G, que não estão sujeitos a retenção na fonte) e dos incrementos patrimoniais obtidos a título gratuito, os quais também não são sujeitos a retenção na fonte.

A retenção na fonte pode ser objeto de dispensa, total ou parcial, por força de uma Convenção destinada a evitar a dupla tributação. Os beneficiários dos rendimentos devem fazer prova de residência no outro Estado Contratante, até ao termo do prazo estabelecido para a entrega do imposto que deveria ter sido deduzido, através da entrega dos respetivos formulários, acompanhados de documento emitido pelas autoridades competentes do respetivo Estado de residência, que ateste a mesma para efeitos fiscais, no período em causa e a sua sujeição ao imposto sobre o rendimento nesse mesmo Estado. (Despacho n.° 8363/2020, publicado no Diário da República n.° 169/2020, de 31 de agosto).

Em todos estes casos, os sujeitos passivos não residentes sem estabelecimento estável são obrigados a apresentar a Declaração Modelo 22.

RENDIMENTOS TRIBUTADOS EM PORTUGAL EM SEDE DE IRC:

Consideram-se obtidos em território português os rendimentos imputáveis a um estabelecimento estável de uma entidade não residente, nele situado, assim como:

- Os rendimentos/ganhos auferidos com a exploração/transmissão onerosa de direitos reais sobre imóveis localizados em Portugal;
- Os ganhos na transmissão de partes de capital de sociedades com sede em Portugal e ainda, de outras entidades, «quando, em qualquer momento durante os 365 dias anteriores, o valor dessas partes de capital ou direitos resulte, direta ou indiretamente, em mais de 50%, de bens imóveis ou direitos reais sobre bens imóveis situados em território português, com exceção dos bens imóveis afetos a uma atividade de natureza agrícola, industrial ou comercial que não consista na compra e venda de bens imóveis»[8];
- Os rendimentos cujo devedor tenha sede em Portugal ou cujo pagamento se refira a um estabelecimento estável em Portugal.

RENDIMENTOS OBTIDOS FORA DE PORTUGAL:

No entanto, não se consideram obtidos em território português os rendimentos enumerados na alínea c) do n.º 3 do artigo 4.º, ainda que sendo pagos por entidades residentes, quando os mesmos constituam encargo de estabelecimento estável situado fora do território português relativamente à atividade exercida por seu intermédio, e bem assim quando não se verificarem essas condições, os rendimentos referido no n.º 7 da mesma alínea, quando os serviços de que derivam, sendo realizados integralmente fora do território português, não respeitem a bens situados nesse território nem estejam relacionados com estudos, projetos, apoio técnico ou à gestão, organização, investigação e desenvolvimento em qualquer domínio (n.º 4 do artigo 4.º).

Exemplo 1:

Uma sociedade comercial X, SA com sede em Portugal e com estabelecimento estável em Espanha. Nesta situação, se uma entidade Y, não resi-

[8] Para a transmissão de partes de capital ou de direitos não abrangidas pela alínea b) do n.º 3 do artigo 4.º, foi aditada, a este preceito legal, a alínea f) pela Lei do Orçamento de Estado para 2018 (Lei n.º 114/2017, de 29 de dezembro). Porém, esta nova incidência apenas se aplica a factos ocorridos em, ou após, 1 de janeiro de 2018.

dente, auferir quaisquer dos rendimentos mencionados na alínea c) do n.º 3 do artigo 4.º, pagos por aquele estabelecimento, esses rendimentos não serão considerados como obtidos em território português, porque, embora o seu devedor (a sociedade X, SA) seja uma entidade residente, os mesmos constituem um encargo do referido estabelecimento estável, em Espanha, em relação à atividade por ele exercida (n.º 4 do artigo 4.º).

Para efeitos de IRC, o território português compreende também as zonas onde, em conformidade com a legislação portuguesa e com o direito internacional, a República Portuguesa tem direitos soberanos relativamente à prospeção, pesquisa e exploração dos recursos naturais do leito do mar, do seu subsolo e das águas sobrejacentes.

Exemplo 2:

A sociedade YYY, SA com sede em Espanha alienou, no ano *t*, uma participação que detinha no capital social de uma sociedade com sede em Portugal.

Onde se consideram obtidos os rendimentos?

Embora se trate de uma sociedade residente em Espanha, o eventual ganho resultante desta transmissão está sujeito a imposto em Portugal, de acordo com o disposto na alínea b) do n.º 3 do artigo 4.º do Código do IRC. No entanto, a eventual mais-valia pode beneficiar de isenção de IRC, nos termos e condições referidos no artigo 27.º do Estatuto dos Benefícios Fiscais (EBF).

Exemplo 3:

Uma sociedade comercial, com sede em território português, que exerce a atividade de alojamento mobilado para turistas, divulga os seus serviços através de uma plataforma online, onde são também disponibilizadas as fotografias e o respetivo preço, pagando uma comissão ao proprietário da plataforma (entidade não residente e sem estabelecimento estável em território português), a título de taxa de serviço. As reservas efetuadas através da plataforma dão também origem ao pagamento de uma comissão pelo utilizador do serviço.

A entidade não residente não é titular de nenhum direito de exploração do alojamento e não atua em nome nem por conta do proprietário do alojamento.

Onde se consideram obtidos os rendimentos auferidos pelo proprietário da plataforma online?

Resolução:

Os serviços prestados dizem respeito à mera intermediação (digital) na prestação de serviços de alojamento turístico no setor hoteleiro ou noutros de natureza similar e, como tal, são considerados obtidos em território português e, portanto, cá tributáveis, de acordo com o disposto no ponto 6) da alínea c) do n.º 3 do artigo 4.º do Código do IRC, uma vez que se trata de uma comissão pela intermediação na celebração de um contrato.

A tabela seguinte indica um conjunto de exemplos práticos:

<table>
<tr><th rowspan="2">N.º</th><th rowspan="2">Situação</th><th rowspan="2">Beneficiário</th><th colspan="2">TRIBUTAÇÃO</th><th rowspan="2">Fundamento legislativo</th></tr>
<tr><th>Sem CDT</th><th>Com CDT</th></tr>
<tr><td rowspan="2">1</td><td rowspan="2">Comissões pagas</td><td rowspan="2">Empresa de Cabo Verde</td><td>Território nacional</td><td></td><td>Art.º 4.º, n.º 3, c) p. 6 CIRC
Art.º 94.º, n.º 1, g) n.º 3 b) n.º 5 CIRC</td></tr>
<tr><td></td><td>Estado de residência</td><td>Art.º 98.º, n.º 1 CIRC
Art.º 7.º CDT</td></tr>
<tr><td rowspan="2">2</td><td rowspan="2">Comissões pagas</td><td rowspan="2">Pessoa singular residente na Alemanha</td><td>Território nacional
(cat. B de IRS)</td><td></td><td>Art.º 3.º, n.º 1 b) CIRS
Art.º 18.º, n.º 1 f) CIRS
Art.º 71.º CIRS</td></tr>
<tr><td></td><td>Estado de residência</td><td>Art.º 101.º-C, n.os 1 e 2 CIRS</td></tr>
<tr><td>3</td><td>Renda paga (aluguer armazém sito em Portugal)</td><td>Empresa com sede em Espanha (Sem EE em PT)</td><td colspan="2">Território nacional
Atividade em Portugal
(Art.º 118.º n.º 3 CIRC)</td><td>Art.º 4.º, n.º 3 a) CIRC
Art.º 94.º, n.º 1 c), n.º 3 b) n.º 4 CIRC
Art.º 6.º n.º 1 CDT
(Obriga à entrega de declaração em Portugal)</td></tr>
<tr><td>4</td><td>Renda paga (aluguer armazém sito em Portugal)</td><td>Pessoa singular residente Suíça</td><td colspan="2">Território nacional
Cat. F em Portugal
(Art.º 8.º CIRS)
Entrega modelo 3 IRS em PT</td><td>Art.º 15.º, n.º 2 CIRS
Art.º 18.º, n.º 1 h) CIRS
Art.º 101.º n.º 1 CIRS
Art.º 6.º n.º 1 CDT</td></tr>
<tr><td rowspan="2">5</td><td rowspan="2">Serviço de publicidade (realizada em Espanha)</td><td rowspan="2">Empresa com sede em Espanha</td><td colspan="2">Estado de residência</td><td>Art.º 4.º, n.º 3 c) p. 7 CIRC
(a contrario)</td></tr>
<tr><td colspan="3">Admitindo que a publicidade não se relaciona com bens situados em território nacional (Hotel por exemplo), caso em que já seria cá tributado se não ativasse CDT</td></tr>
<tr><td>6</td><td>Serviços técnicos de gestão</td><td>Empresa com sede nas Ilhas Caimão (Portaria n.º 150/2004)</td><td colspan="2">Território nacional
(Ver ainda art.os 23.º-A, n.os 1, 7 e 8 e 68.º)</td><td><u>Não existe CDT</u>
Art.º 4.º, n.º 3 c) p. 7 e n.º 4 CIRC
Porque não existe CDT
Art.º 87.º, n.º 4 CIRC
Art.º 94.º, n.º 1 g), n.º 3 b), n.º 5</td></tr>
</table>

7	Estudo de mercado realizado em França	Empresa com sede em França	**Território nacional**		Art.º 4.º, n.º 3 c) e n.º 4 CIRC Art.º 87.º, n.º 4 CIRC Art.º 94.º, n.º 1 g), n.º 3 b) n.º 5 CIRC (Pode pedir a devolução)
				Estado de residência	Art.º 98.º n.º 1 CIRC Art.º 7.º da CDT
8	Serviço de transporte internacional de mercadorias	Empresa transportadora com sede em Espanha	Estado de residência		Art.º 4.º, n.º 3 c) p. 7 CIRC
		Pessoa singular residente em Espanha	Estado de residência		Art.º 18.º, n.º 1 f) CIRS
9	Serviço de advogado (Proc. Judicial no Tribunal do Porto)	Pessoa singular residente em Espanha	**Território nacional** (cat. B de IRS)		Art.º 3.º, n.º 1 b) CIRS Art.º 18.º, n.º 1 f) CIRS Art.º 98.º n.º 3 CIRS Pode solicitar reembolso se CDT
				Estado de residência	Art. 101.º-C, n.ºs 1 e 2 CIRS
		Se tiver escritório em Portugal (EE) (Art.º 18.º n.º 2 CIRS)	**Território nacional** (cat. B de IRS) Retenção na fonte com natureza de pagamento por conta Taxa especial – art.º 72.º CIRS Entrega modelo 3 de IRS em PT		**Entrega declaração de IRS em Portugal** Art.º 18.º, n.º 1 CIRS Art.ºs 60.º n.º 1 e 72.º n.º 2 CIRS Art.º 7.º da CDT
10	Serviço de advogado (Proc . Judicial no Tribunal de Espanha) Não é consultadoria	Pessoa singular residente em Espanha	Estado de residência		**Realizado ou utilizado em Espanha** Art.º 18.º n.º 1 f) CIRS (*a contrario*)
11	Serviço de consultadoria (Economista e auditores)	Pessoa singular residente em Espanha	**Território nacional** (cat. B de IRS)		Mesmo que realizados integralmente fora do território nacional Art.º 4.º, n.º 4 CIRC Art.º 18.º, n.º 3 CIRS
				Estado de residência	Art.º 4.º n.º 4 CIRC Art.º 7.º CDT
12	Direitos de fabrico (Propriedade industrial, royalties)	Empresa com sede em Espanha (Sem EE em Portugal) Não é associada da empresa devedora do rendimento	**Território nacional**		Art.º 87.º, n.º 4 CIRC Art.º 94.º, n.º 1 a), n.º 3 b) n.º 5 CIRC (pode pedir reembolso do excesso da CDT – 2 anos)
				Território nacional, com a taxa (reduzida) na CDT	Art.º 98.º, n.º 1 CIRC Competência limitada do Estado português

13	Lucros distribuídos	Pessoa singular residente em Itália	**Território nacional**		Art.º 18.º, n.º 1 g) CIRS Art.º 71.º do CIRS
				Território nacional, com a taxa (reduzida) na CDT	Competência cumulativa dos dois Estados Art.º 101.º-C, n.os 1 e 2 CIRS
14	Juros de suprimentos	Pessoa singular residente no Canadá	**Território nacional**		Art.os 18.º, n.º 1 g) CIRS Art.º 71.º CIRS (pode pedir reembolso do excesso da CDT – 2 anos)
				Território nacional, com a taxa (reduzida) na CDT	Competência cumulativa dos dois Estados Art. os 101.º-C, n.os 1 e 2 CIRS
15	Empresa portuguesa efetua pagamento de quotas a Associação empresarial	Associação com sede na Bélgica	Sendo a entidade beneficiária do Sector não Lucrativo e sendo esses rendimentos auferidos no âmbito dos seus fins estatutários, não haverá sujeição a tributação em território nacional e, portanto, não suscetível de retenção na fonte.		

Fonte: Adaptado de Amadeu Sousa, Cadernos de IRC (2014)

ESTABELECIMENTO ESTÁVEL:

A importância do conceito de estabelecimento estável decorre da necessidade de se proceder a uma repartição de competências tributárias, estabelecido no quadro do direito internacional fiscal, em que o país da residência ou da sede do sujeito passivo tem primazia no direito exclusivo à tributação dos lucros. Esta primazia só é renegada para um segundo plano no caso de as entidades exercerem uma atividade em outro país, através de um estabelecimento estável aí situado, caso em que se aceita uma tributação cumulativa entre o Estado da residência e o Estado da fonte.

Uma economia cada vez mais desmaterializada, assente em serviços de caráter desmaterializado e com o recurso cada vez maior a ativos intangíveis, permitiu que as empresas, sobretudo os grupos económicos multinacionais de grande dimensão, tirassem partido das vantagens que um conceito desatualizado de estabelecimento estável oferece. De facto, esta desatualização tem a explicação na sua origem uma vez que o mesmo foi concebido para lidar com um modelo de comércio que depende da presença física, também designado de «tijolo e argamassa» («*brick and mortar*», na terminologia anglo-saxónica).

Para além disso, a digitalização da economia veio exacerbar as fragilidades daquele conceito, criando condições para que as empresas criassem ou adaptassem as suas estruturas jurídicas de modo a maximizar a sua poupança fiscal, evitando a constituição de um estabelecimento estável em jurisdições com uma carga tributária mais pesada, transferindo os seus lucros para países ou territórios de baixa ou de nenhuma tributação.

Estas questões foram tratadas no âmbito da ação 7 do Projeto BEPS («*Base Erosion Profit Shifting*»), denominada «Prevenir a evitação artificial da existência de estabelecimento estável», tendo sido propostas medidas que os vários países e jurisdições deviam conjuntamente adotar, no sentido de combater os efeitos nefastos daquelas práticas abusivas.

No quadro das medidas propostas, para além das alterações inseridas na rede de convenções celebradas[9] por força da Convenção Multilateral[10], foram introduzidas, com a Lei do Orçamento de Estado para 2021, alterações significativas no plano do direito interno.

Com efeito, no artigo 5.° do Código do IRC encontramos a definição de estabelecimento estável como «qualquer instalação fixa através da qual seja exercida uma atividade de natureza comercial, industrial ou agrícola» (n.° 1 do identificado preceito), o que inclui, designadamente: um local de direção, uma sucursal, um escritório, uma fábrica, oficina, mina ou uma pedreira (n.° 2 do mesmo normativo).

Relativamente às empreitadas e à construção civil/obras públicas, considera-se, como estabelecimento estável, o local ou estaleiro de construção desde que a duração da obra ou da atividade seja superior a 6 meses (n.° 3 do citado artigo 5.° do Código do IRC). Da mesma forma, numa subempreitada, é considerado estabelecimento estável o estaleiro através do qual o subempreiteiro exerça a sua atividade por mais de 6 meses (n.° 5 do artigo 5.° do Código do IRC).

Contudo, com a Lei do Orçamento de Estado para 2021, quando estiverem em causa situações que envolvam instalações, plataformas ou navios utilizados na prospeção ou exploração de recursos naturais, este prazo é reduzido para 90 dias.

Já nas atividades de prestação de serviços, incluindo serviços de consultoria, prestados por uma empresa, seja através dos seus próprios empregados ou de outras pessoas contratadas pela empresa para exercerem essas atividades

[9] Salienta-se que as Convenções de Dupla Tributação, em cumprimento do artigo 8.° da CRP, têm primazia sob as normas internas, pelo que a sua definição de estabelecimento estável prevalece sobre a plasmada no Código do IRC.

[10] A Convenção Multilateral, aprovada pela Resolução da Assembleia da República n.° 225/2019 e ratificada pelo Decreto do Presidente da República n.° 70/2019, ambos de 14 de novembro, alterou o conjunto das convenções fiscais sobre o rendimento e o património celebradas por Portugal.

em território português, teremos, com as alterações introduzidas pela Lei do Orçamento de Estado para 2021, um estabelecimento estável quando tais atividades sejam exercidas «durante um período ou períodos que, no total, excedam 183 dias num período de 12 meses com início ou termo no período de tributação em causa» (alínea c) do n.º 3 do artigo 5.º do Código do IRC).

Para além dos chamados «estabelecimentos reais»[11], por contraposição aos designados «estabelecimentos pessoais», temos ainda as situações em que o exercício da atividade é feito por intermédio de uma pessoa que não seja um comissionista, que age no âmbito da sua própria atividade e por sua conta e risco (n.º 6 do artigo 5.º do Código do IRC).

Será esse o caso sempre que o agente dependente detenha, e habitualmente os exerça, poderes de intermediação e conclusão de contratos que vinculem a empresa, ou que tenha, em nome da empresa, um papel determinante na sua celebração, nomeadamente, em contratos em nome dessa empresa, seja para a transmissão de bens pertencentes à empresa, ou para a prestação de serviços por conta dessa empresa. Da mesma forma, sempre que o agente mantenha um depósito em território português para entrega de bens ou mercadorias pela empresa, mesmo que não celebre ou intervenha ativamente, na celebração de contratos cairemos no alcance dos estabelecimentos ditos «pessoais».

Contudo, não são considerados estabelecimentos estáveis as instalações fixas por intermédio das quais sejam exercidas atividades preparatórias ou auxiliares, dando-nos o Código do IRC, no n.º 8 do seu artigo 5.º, os seguintes exemplos:

a) As instalações utilizadas unicamente para armazenar ou expor mercadorias pertencentes à empresa;
b) Um depósito de mercadorias pertencentes à empresa mantido unicamente para as armazenar ou expor;
c) Um depósito de mercadorias pertencentes à empresa mantido unicamente para serem transformadas por outra empresa;
d) Uma instalação fixa mantida unicamente para comprar mercadorias ou reunir informações para a empresa;
e) Uma instalação fixa mantida unicamente para exercer, para a empresa, qualquer outra atividade de caráter preparatório ou auxiliar;

[11] Sobre este conceito, *vd.*, Xavier, Alberto, *Direito Tributário Internacional*, 2.ª Edição, Almedina, págs. 312 e 315.

f) Uma instalação fixa mantida unicamente para o exercício de qualquer combinação das atividades referidas nas alíneas a) a e), desde que a atividade de conjunto da instalação fixa resultante desta combinação seja de caráter preparatório ou auxiliar.

EXEMPLO:

Uma fundação alemã, que se dedica ao apoio e promoção da ciência na área da medicina e não tem qualquer intuito lucrativo, possui um escritório em território português através do qual presta apoio a várias entidades, designadamente a universidades, na vertente de investigação.

Pretende-se saber se o escritório localizado em território português constitui um estabelecimento estável.

RESOLUÇÃO:

Segundo os n.os 1 e 2 do artigo 5.º do Código do IRC, o estabelecimento estável é uma instalação fixa através da qual é exercida uma atividade comercial, industrial ou agrícola, designadamente, um local de direção, uma sucursal, um escritório, uma fábrica e uma oficina.

Havendo uma convenção em matéria de impostos sobre o rendimento e o património celebrada com a Alemanha, o conceito de estabelecimento tem de ser aferido nos termos dessa convenção. Neste caso verifica-se que ambos os conceitos convergem.

Por outro lado, de acordo com o n.º 4 do artigo 3.º do Código do IRC, são atividades de natureza comercial, industrial ou agrícola as que consistem «na realização de operações económicas de caráter empresarial, incluindo as prestações de serviços».

Tratando-se de uma atividade com fins científicos, caberia neste conceito as atividades desenvolvidas de forma essencialmente inovadora.

Pelo exposto, e apesar da existência de uma instalação fixa, a representação permanente da fundação alemã não desenvolve qualquer atividade de natureza comercial, industrial ou agrícola, pelo que não pode ser qualificada como estabelecimento estável em Portugal.

PERÍODO DE TRIBUTAÇÃO:

Apesar de no IRC o período de tributação coincidir com o ano civil, existem situações em que tal não sucede, podendo as entidades adotar um período de tributação que seja diferente do ano civil, desde que o mesmo seja coincidente com o período social de prestação de contas e que o mantenham durante, pelo menos, os cinco períodos de tributação imediatos. Todavia, esta obrigação de manutenção do período de 5 anos não existe quando o sujeito passivo passe a integrar um grupo de sociedades obrigado a elaborar demonstrações financeiras consolidadas, em que a empresa mãe adote um período de tributação diferente daquele adotado pelo sujeito passivo. Para além disso, as sociedades no ano da constituição e no ano da dissolução tem, por motivos evidentes, períodos de tributação inferiores ao ano civil.

O facto gerador de imposto é, em regra, o último dia do período de tributação, exceto no que respeita aos seguintes rendimentos obtidos por entidades não residentes, que não sejam imputados a estabelecimento estável situado em território português:

- Ganhos resultantes da transmissão onerosa de imóveis: na data da transmissão;
- Rendimentos objeto de retenção a título definitivo: na data em que ocorra a obrigação de efetuar a retenção;
- Incrementos patrimoniais adquiridos a título gratuito: na data da aquisição.

Figura 3 – Diferentes períodos de tributação em IRC

PERÍODO DE TRIBUTAÇÃO	ENTIDADES ABRANGIDAS
De 1 de janeiro a 31 de dezembro – Ano económico igual ao ano civil	REGRA GERA
Período de tributação diferente do ano civil. Ex: 1 de fevereiro a 31 de janeiro	Residentes que estejam obrigados à consolidação de contas. Outras entidades, residentes ou não residentes com estabelecimento estável.
Período de tributação inferior ao ano civil	No período de início de atividade. No período de cessação de atividade. Quando condições de sujeição ocorram e desapareçam no mesmo período. No período de tributação em que seja adotado. Um período de tributação diferente do ano civil.
Período de tributação superior ao ano civil	Entidades em liquidação

Relativamente às sociedades em liquidação, o lucro tributável é determinado com referência a todo o período de liquidação com as seguintes regras:

- Encerramento das contas à data da dissolução, com vista a determinar o lucro tributável correspondente ao período decorrido desde o início do período em que se verificou a dissolução até à data desta;
- Durante o período que decorre a liquidação e até ao fim do período imediatamente anterior ao seu encerramento, haverá que, anualmente,

determinar o lucro tributável respetivo, que terá a natureza de provisório e será corrigido face à determinação do lucro tributável correspondente a todo o período de liquidação Todavia, o apuramento do lucro tributável, durante o período de liquidação, deixa de ser provisório caso esta ultrapasse o prazo temporal de dois anos;
- No período em que ocorre a dissolução, o lucro tributável deve ser determinado separadamente, contemplando o período decorrido entre o início do período e a data da dissolução e o período que decorre entre esta e o termo do período[12].

CESSAÇÃO DA ATIVIDADE:

O momento em que ocorre a cessação de atividade varia consoante o tipo de sujeito passivo (residentes ou não residentes), devendo a mesma ser, obrigatoriamente, comunicada à Autoridade Tributária e Aduaneira.

Para os residentes, a cessação da atividade tem lugar nas seguintes datas:
- Na data do encerramento da liquidação;
- Na data da fusão ou cisão;
- Na data em que a sede ou direção efetiva deixem de se situar em território português;
- Na data em que se verificar a aceitação da herança jacente ou na data da declaração de que esta se encontra vaga a favor do Estado;
- Na data em que se deixarem de verificar as condições de sujeição a imposto.

Enquanto para os não residentes:
- Na data em que cessaram totalmente a atividade, através do estabelecimento estável ou deixarem de receber rendimentos em território português.

Exemplo:

A sociedade Alfa, Lda., com sede em Faro, encontrava-se inativa desde 30-08-ano *t*-2. Sem perspetivas de que a situação pudesse reverter, os sócios decidiram, a 30-08-ano *t*, dissolver a sociedade. De imediato deram início

[12] Com a Lei do Orçamento de Estado para 2018, foi aditado o n.º 11 ao artigo 120.º do Código do IRC, o qual veio estabelecer a obrigatoriedade de entrega de duas declarações, ao invés de apenas uma, como anteriormente se considerava. No capítulo atinente às obrigações declarativas, será feita a devida alusão a esta alteração legislativa.

ao processo de liquidação, o qual veio a ficar concluído em 20-12-ano *t*. Em 31-12-ano *t*, efetuaram o pedido registo do encerramento da liquidação na Conservatória do Registo Comercial.

De acordo com os factos, qual a data relevante para efeitos da cessação da atividade em sede de IRC?

Ora, nos termos do artigo 8.º do Código do IRC a data que releva para efeitos de cessação em sede de IRC é a data do encerramento da liquidação, consubstanciada na data em que se efetua o pedido de registo na Conservatória do Registo Comercial, logo, neste caso, a data relevante seria o dia 31-12- ano *t*.

Por outro lado, a cessação da atividade pode ocorrer, de forma oficiosa, nas situações indicadas no n.º 6 do artigo 8.º do Código do IRC, ou seja:

- Quando for manifesto que esta não está a ser exercida nem há intenção de a continuar a exercer;
- Sempre que o sujeito passivo tenha declarado o exercício de uma atividade sem que possua uma adequada estrutura empresarial em condições de a exercer;

Independentemente da cessação oficiosa por parte da Autoridade Tributária, o sujeito passivo fica obrigado ao cumprimento das obrigações tributárias, quer de pagamento do imposto, quer declarativas.

REGIME DE TRANSPARÊNCIA FISCAL:

A incidência de imposto dos lucros obtidos pelas sociedades, e subsequente incidência de imposto no momento em que esses lucros são distribuídos aos respetivos sócios, origina uma dupla tributação económica.

Esse fenómeno é mais evidente nos casos em que a atividade que as empresas exercem se confunde com o exercício de atividade por parte dos seus sócios, de tal forma que o valor da empresa não é o capital que nela é investido mas sim o êxito profissional das pessoas que a constituem.

Por outro lado, este regime permite também que sejam acauteladas situações em que, por motivos de fuga aos impostos, são criadas empresas com uma determinada estrutura que impede a tributação que ocorreria se essa atividade fosse desenvolvida a título pessoal.

Temos, assim, os três objetivos subjacentes à criação deste regime: i) eliminação da dupla tributação económica, ii) neutralidade fiscal e iii) combate à evasão fiscal. Ora, o mecanismo encontrado para resolução do problema da dupla tributação foi não sujeitar a tributação as próprias entidades, mas sim os seus sócios, quer sejam eles pessoas singulares ou coletivas, aos quais se imputa a matéria coletável (lucros ou prejuízos no caso dos ACE'S ou AEIE'S), de acordo com a participação que cada um detenha na sociedade e determinada nos termos do CSC, independentemente da distribuição dos lucros. Trata-se, portanto, de uma exclusão tributária, em sede de IRC, como aliás se retira do artigo 12.° do Código do IRC, e não uma isenção de imposto ou benefício fiscal[13].

Por sua vez, como os rendimentos auferidos por estas entidades estão sujeitos a retenção na fonte, também esta será imputada aos sócios nos termos da participação que cada um detenha na sociedade.

Refira-se ainda que, embora estas sociedades não sejam tributadas em IRC, ficam, no entanto, sujeitas ao pagamento das tributações autónomas a que se refere o artigo 88.° do Código do IRC.

Sociedades abrangidas por este regime:

- As sociedades de profissionais[14];
- As sociedades civis não constituídas sob forma comercial;
- As sociedades de simples administração de bens[15];
- Os agrupamentos complementares de empresas (ACE);
- Os agrupamentos europeus de interesse económico (AEIE).

[13] Sobre a consideração do regime de transparência fiscal como uma não sujeição, *vd.*, o Prof. Saldanha Sanches («Sociedades Transparentes: alguns problemas no seu regime», *Fisco*, n.° 17, pág. 36), o qual entende que, em relação às sociedades transparentes, estamos perante um caso de não sujeição a IRC, quanto ao pagamento do imposto. No mesmo sentido, *vd.*, ainda, Casalta Nabais, José, ob. cit., págs. 501 e seguintes.

[14] Estas sociedades exercem uma atividade prevista na lista anexa ao código do IRS. Até 2013, todos os sócios, pessoas singulares, tinham de ser profissionais dessa atividade, não sendo possível que uma sociedade se enquadrasse no regime, por exemplo, se um dos sócios fosse economista e o outro advogado, nem um sócio médico e outro enfermeiro. A partir de 1 de janeiro de 2014, passaram também a ser abrangidas por este regime as sociedades multidisciplinares, ou seja, sociedades cujos sócios (não superior a 5) tenham uma atividade especificamente prevista na lista anexa ao Código do IRS.

[15] São sociedades que se limitam à administração de bens e/ou valores para reserva e/ou fruição dos seus sócios, ou então à compra de prédios para habitação dos seus sócios. Não é impeditivo o exercício de outras funções, mas a média dos rendimentos dessas funções nos últimos 3 anos não podem exceder os 50% da média total.

Sociedade de Profissionais

Sociedade que exerce uma atividade da lista do art.° 151.° do CIRS, em que todos os sócios são pessoas singulares e profissionais dessa atividade

Sociedade cujos rendimentos que durante mais de 183 dias provenham em mais de 75% do exercício conjunto ou isolado de atividades da lista do art.° 151.° do CIRS, desde que cumulativamente:

O número de sócios não seja superior a cinco

Nenhum dos sócios seja pessoa coletiva

Pelo menos 75% do capital seja detido por profissionais que exercam, através da sociedade, a referida atividade

EXEMPLO ELUCIDATIVO DA TRANSPARÊNCIA FISCAL NAS SOCIEDADES DE PROFISSIONAIS:

Cinco pessoas, 3 economistas e 2 advogados decidem, no ano *t*, constituir uma sociedade comercial por quotas, a XXX, Lda., com capital social de 5000 € (1000 € cada), que se dedica à elaboração de estudos económicos e aconselhamento jurídico.

Qual o enquadramento desta sociedade em sede de IRC?

De acordo com a alínea a) do n.° 1 do artigo 2.°, é um sujeito passivo de IRC que não é, porém, tributado em sede de IRC, sendo a matéria coletável apurada imputada aos sócios, de acordo com a subalínea 2) da alínea a) do n.° 4 do artigo 6.° e com o artigo 12.° do Código do IRC.

Agora imagine-se que, tendo por base os dados do exemplo anterior, um dos sócios (advogado), em março do ano *t+1*, decide alienar a sua quota a outra sociedade, a YYY, SA. Qual o enquadramento da sociedade, em sede de IRC, após esta alteração?

Como o sócio YYY, SA. não detém 25% ou mais do capital, a sociedade continua abrangida pelo regime de transparência fiscal, nos termos da subalínea 2) da alínea a) do n.° 4 do artigo 6.° do Código do IRC.

Mas imaginemos agora que o sócio, em vez de ter alienado a sua quota de 20% à sociedade YYY, SA, tinha antes alienado, na mesma data, a dois sócios, ambos advogados, passando, portanto, o capital da sociedade a ser detido por 6 sócios. Esta alteração altera o enquadramento efetuado da sociedade?

A resposta tem de ser positiva dado que a sociedade, durante mais 183 dias, foi detida por mais de 5 sócios, ficando, por isso, excluída do regime de neutralidade fiscal. Assim sendo, a sociedade passa a ser tributada de acordo com o regime geral de IRC.

Exemplos de aplicação do regime de transparência fiscal:

Um professor e um consultor constituem uma sociedade, com uma quota de 50% cada um, para o exercício das respetivas atividades que constam da tabela a que se refere o artigo 151.º do Código do IRS.

Defina qual o enquadramento fiscal desta sociedade.

Como, pelo menos, 75% do capital é detido por profissionais que exercem a uma atividade a que se refere o artigo 151.º do Código do IRS, a sociedade enquadra-se no regime de transparência fiscal, sendo irrelevante o exercício de atividades diferentes.

Dois irmãos constituem uma sociedade, com uma quota de 50% cada um, para o exercício da atividade de arquitetura, atividade que se encontra elencada na lista a que se refere o artigo 151.º do Código do IRS, embora apenas um deles exerça essa atividade.

Qual o enquadramento em sede de IRC?

Como apenas 50% do capital é detido por um profissional que exerce a atividade através da sociedade, esta não será abrangida pelo regime de transparência fiscal.

Um casal constituiu uma sociedade em que um deles, com uma quota de 25%, será apenas sócio de capital. O outro sócio, com uma quota de 75%, irá exercer a atividade de auditoria. O volume de negócios da empresa diz apenas respeito à atividade de auditoria.

Definir o enquadramento em sede de IRC.

Como o sócio que exerce a atividade através da sociedade detém, pelo menos, 75% do capital social e mais de 75% dos rendimentos derivam dessa atividade, a sociedade ficará enquadrada no regime de transparência fiscal.

No ano *t*, dois técnicos oficiais de contas constituíram uma sociedade, em partes iguais, para o exercício, através da sociedade, da respetiva atividade (prevista na lista a que se refere o artigo 151.º do Código do IRS), ficando, portanto, enquadrada no regime de transparência fiscal.

Neste período tributação, a sociedade apresentou um prejuízo fiscal de 10 200 € e, no ano seguinte, a sociedade teve um lucro tributável de 35 000 €.

Qual seria o valor a imputar aos sócios em cada ano?

No período de tributação ano *t*, a sociedade apresentou um prejuízo fiscal, logo não há nada a imputar aos sócios, devendo o prejuízo fiscal ser reportado dentro do prazo definido para o efeito.

Já no período de tributação ano *t+1*, a empresa poderá deduzir ao lucro tributável o prejuízo do ano *t*, ficando com uma matéria coletável de 24 800 €. A matéria coletável a imputar a cada sócio seria, pois, de 12 400 €.

Um casal de médicos constituiu, no ano *t*, uma sociedade para o exercício, através da sociedade, da sua atividade.

No ano *t*, a sociedade teve um prejuízo fiscal de 40 000 € e, no ano *t+1*, um lucro tributável de 65 000 €, tendo contabilizado, a título de despesas não documentadas, o valor de 22 000 €.

Terá a empresa, no ano *t+1*, que pagar imposto?

O artigo 12.º do Código do IRC dá-nos a resposta, ao estabelecer que as sociedades transparentes não são tributadas em IRC, exceto quanto ao pagamento da tributação autónoma. Como, de acordo com o artigo 88.º do Código do IRC, as despesas confidenciais ficam sujeitas ao pagamento de uma tributação autónoma à taxa de 50%, a empresa tem a pagar o valor de 11 000 €.

Exemplo de um ACE:

Suponha que uma empresa é membro de um ACE, do qual, no período de tributação no ano *t*, recebeu o montante de 15 000 €, contabilizando na sua conta de rendimentos (classe 7). No mesmo período, o ACE, com 10 membros, teve um lucro tributável de 100 000 €.

Do ponto de vista fiscal temos:

Acréscimo de 10 000 (quota-parte dos 100 000 €)

Dedução dos 15 000 (como forma de eliminar a dupla tributação)

Por último, refira-se que as sociedades de transparência fiscal estão obrigadas ao cumprimento das seguintes obrigações declarativas:

- Contabilidade regularmente organizada;
- Apresentação da declaração Modelo 22 e da IES (incluindo anexo G);
- Elaboração do dossier fiscal;
- Dispensa dos pagamentos por conta e do pagamento especial por conta (PEC);
- Obrigatoriedade de efetuar retenções na fonte.

RENDIMENTOS E GANHOS:

Do ponto de vista contabilístico, o reconhecimento dos rendimentos e ganhos depende da verificação cumulativa de determinadas condições. Para efeitos de mensuração dos rendimentos, considera-se, em sede do Sistema de Normalização Contabilística (SNC), o justo valor[16] da retribuição devida, líquida de eventuais descontos (como os comerciais ou de quantidade). Em caso de diferimento do rédito, e sendo o justo valor menor que a quantia nominal devida, a diferença deve ser reconhecida como rédito de juros.

Do ponto de vista do IRC, as regras para reconhecimento dos rendimentos estão previstas no artigo 18.° do Código regulador do imposto, sendo que a mensuração do rédito de vendas e prestações de serviços é feita pela quantia nominal da contraprestação (valor bruto) e não pelo valor presente ou atual da retribuição a receber.

[16] Em 2004, através da transposição de uma diretiva europeia que deu origem ao Decreto-Lei n.° 88/2004 de 20 de abril, é feita uma referência, no ponto 1, ao princípio do justo valor, definindo-o como: «*o justo valor referido no artigo 2.° do presente diploma é determinado por referência: a) A um valor de mercado, relativamente aos instrumentos financeiros para os quais possa ser facilmente identificado um mercado fiável; b) Aos componentes dos instrumentos financeiros ou a um instrumento semelhante, quando o valor de mercado não puder ser identificado facilmente; ou c) A um valor resultante de modelos e técnicas de avaliação geralmente aceites, para os instrumentos financeiros para os quais não possa ser facilmente identificado um mercado fiável, devendo esses modelos ou técnicas de avaliação assegurar uma aproximação razoável ao valor de mercado.*» Este conceito, tal como o próprio nome indica, define o justo valor de um ativo ou passivo registado na estrutura conceptual, ou seja, é a mensuração pelo qual o ativo pode ser trocado e um passivo pode ser liquidado, por duas entidades conhecedoras e dispostas a negociar, resultante da lei da oferta e da procura ao qual é acordado o valor de troca definido entre o comprador e o vendedor (cf. Rodrigues, João, *Sistema de Normalização Contabilística Explicado*, Porto Editora, 2009). Inicialmente o método usado era o custo histórico, em que o valor registado era através do custo histórico de aquisição, o que por sua vez levava a uma discrepância da realidade, visto os valores dos ativos não serem constantes ao longo dos anos. José Fernandes alertou para o facto de que «o custo histórico não perderá utilidade para avaliar atividades de exploração que apresentam ativos corpóreos relativamente estáticos, mas fornece informação pobre quando estamos na presença do tempo, facto que retira utilidade à informação prestada com referência ao seu custo inicial de aquisição ou custo histórico» (cf. Fernandes, José Domingos Silva, *A Contabilidade pelo Justo Valor*, Em Acções de Formação da Câmara dos Técnicos Oficiais de Contas, de 13/10/2003 a 03/11/2003, págs. 7 a 27). Ou seja, sentiu-se a necessidade de mensurar os ativos de forma mais fiável e realista. Apesar de ser um conceito muito usado no SNC, este não é totalmente novidade, pois a Diretriz Contabilística 1 (DC1) de 1991 com o título «Tratamento Contabilístico de Concentrações de Atividades Empresariais» dizia o seguinte no item 3.2.3, «Justo valor é a quantia pela qual um bem (ou serviço) poderia ser trocado, entre um comprador conhecedor e interessado e um vendedor nas mesmas condições, numa transação ao seu alcance» (cf. Guimarães, Joaquim, «As variações patrimoniais (POC vs SNC e CIRC)», Jornal de Contabilidade APOTEC, janeiro de 2012).

Vendas e prestações de serviços com pagamentos diferidos: diferença entre a quantia nominal da contraprestação e o justo valor (artigo 18.º, n.º 5).

Em regra, a quantia do rédito é a quantia em dinheiro (ou equivalente) recebido e a receber. Porém, se o fluxo for diferido, o justo valor da retribuição pode ser menor que a quantia nominal a receber. Nestes casos, quer a Norma Contabilística e de Relato Financeiro (NCRF) 20, quer a IAS 18, preveem que a diferença entre o justo valor e a quantia nominal da retribuição seja reconhecida como rédito de juros. Em sede de IRC, estes réditos são imputáveis ao período de tributação a que respeita a quantia nominal da contraprestação. O Quadro 7 da Modelo 22 destina-se a corrigir a diferença entre o justo valor e a quantia nominal da retribuição a receber.

Assim, temos como rendimentos e ganhos, nomeadamente:

- Vendas ou prestações de serviços, descontos, bónus e abatimentos, comissões e corretagens;
- Rendimentos de imóveis;
- Rendimentos de aplicações financeiras;
- Rendimentos de propriedade industrial;
- Ganhos por aumentos de justo valor em instrumentos financeiros;
- Ganhos por aumentos de justo valor em ativos biológicos[17] consumíveis que não sejam explorações silvícolas plurianuais;
- Mais-valias realizadas;
- Indemnizações auferidas, seja a que título for;
- Subsídios à exploração;
- Outros rendimentos e ganhos.

É ainda considerado como rendimento o valor correspondente aos produtos entregues a título de pagamento do imposto sobre a produção do petróleo que for devido nos termos da legislação aplicável.

Não concorre para a formação do lucro tributável do associante, na associação à quota, o rendimento auferido da sua participação social correspondente ao valor da prestação por si devida ao associado.

Acresce ainda como rendimento a diferença positiva entre o montante entregue aos sócios em resultado da redução do capital social e o valor de aquisição das respetivas partes de capital, assim como, e desde outubro de 2019, o montante da redução, total ou parcial, irrevogável do valor do capital

[17] Ativo biológico: o que estiver para ser colhido como produto agrícola ou vendido como ativo biológico; ativo biológico consumível: o que não seja ativo biológico não consumível; ativo biológico de produção: o produto colhido dos ativos biológicos da entidade.

em dívida de obrigações subordinadas (ou outros títulos subordinados) em que se verifiquem os requisitos previstos no n.º 2 do artigo 24.º do Código do IRC.

Sempre que as vendas e prestações de serviços tenham o seu fluxo de recebimento (pago pelos clientes) diferido, nos termos da norma contabilística, a mensuração deve ser efetuada pelo justo valor da retribuição, líquida de eventuais descontos (comerciais e de quantidade). A mensuração é, assim feita ao justo valor, sendo que este pode ser inferior à quantia nominal. Neste caso, essa diferença é tratada como juros, devendo ser reconhecida à medida que os juros são obtidos (exceto nas entidades que aplicam a norma das microentidades e nas entidade que aplicam a norma das pequenas entidades). O mesmo tratamento fiscal será dado aos gastos cujo fluxo de pagamento seja diferido.

Para efeitos do IRC, mantem-se as regras de reconhecimento de réditos e gastos do artigo 18.º, havendo um campo a acrescer («réditos por diferenças de vendas e prestações de serviços») e um campo a deduzir («gastos por diferença de inventários e FSE»), para estas diferenças de juros.

Exemplo:

Imagine que uma empresa vende um bem do seu inventário por 20 000 €, com um pagamento a 24 meses. Admita ainda que o justo valor é calculado em 19 000 € e que a empresa reconhece como rédito de vendas 19 000 € e como rédito de juros 500 €, em cada ano.

No quadro 7, da Modelo 22, teríamos:

- No ano n, acréscimo de 1000 € (20 000 € – 19 000 €) e dedução de 500 €.
- No ano n+1, dedução de 500 €.

Saliente-se que foi aditado ao Código do IRC o artigo 143.º, o qual prescreve, sob a epígrafe «Volume de negócios», que «para efeitos do presente Código e da legislação respeitante a quaisquer outros impostos que direta ou indiretamente incidam sobre os lucros, o volume de negócios corresponde ao valor das vendas e dos serviços prestados, sem prejuízo do disposto dos números seguintes».

Acrescenta o n.º 2 do preceito legal aditado que se incluem ainda no volume de negócios «as rendas relativas a propriedades de investimento tal como se encontram definidas na normalização contabilística especificamente aplicável, ainda que estejam reconhecidas como ativos fixos tangíveis, quando obtidas no âmbito de uma atividade que integre o objeto social do sujeito passivo».

Já no caso dos bancos, empresas de seguros e outras entidades do sector financeiro para as quais esteja prevista a aplicação de planos de contabilidade específicos, o n.º 3 do artigo 143.º prescreve agora que «o volume de negócios é substituído pelos juros e rendimentos similares e comissões ou pelos prémios brutos emitidos e comissões de contratos de seguro e operações consideradas como contratos de investimento ou contratos de prestação de serviços, consoante a natureza da atividade exercida pelo sujeito passivo».

GASTOS E PERDAS:

Para efeitos fiscais, nos termos do artigo 23.º do Código do IRC, apenas se considera como gastos ou perdas os que comprovadamente foram incorridos ou suportados pelo sujeito passivo para obter ou garantir os rendimentos sujeitos a IRC[18]. Do ponto de vista do IRC, há a ressalvar que se considera como gastos:

- Os gastos resultantes da aplicação do método de juro efetivo aos instrumentos financeiros, valorizados pelo custo amortizado;
- Os gastos resultados da cessação de empregos e outros benefícios pós-emprego ou a longo prazo dos empregados;

[18] O n.º 4 deste artigo 23.º do Código do IRC estabelece os elementos mínimos que o documento comprovativo do gasto deve conter, quando se refira à aquisição de bens ou serviços (quando não seja obrigatória a emissão de fatura):

- Nome ou denominação social do fornecedor dos bens ou prestador dos serviços e do adquirente ou destinatário;
- Números de identificação fiscal do fornecedor dos bens ou prestador dos serviços e do adquirente ou destinatário, sempre que se tratem de entidades com residência ou estabelecimento estável no território nacional;
- Quantidade e denominação usual dos bens adquiridos ou dos serviços prestados;
- Valor da contraprestação, designadamente o preço;
- Data em que os bens foram adquiridos ou em que os serviços foram realizados.

Note-se que a Informação Vinculativa n.º 1907/16, sobre a qual recaiu o despacho de 28 de março de 2017 da Subdiretora-geral do Rendimento, estabelece que quando o fornecedor dos bens ou o prestador dos serviços estiver obrigado à emissão de fatura ou documento legalmente equiparado, nos termos do Código do IVA, o documento comprovativo das aquisições de bens e serviços previsto no n.º 4 do aludido artigo 23.º do Código do IRC deve obrigatoriamente assumir essa forma, conforme dispõe o n.º 6 do mesmo normativo legal. A mesma orientação genérica prescreve ainda que as prestações de serviços de transporte relativamente às quais é emitido «um título de transporte» ou documento comprovativo do pagamento têm enquadramento na alínea a) do n.º 5 do artigo 40.º do Código do IVA.

- Os gastos resultantes da aplicação do justo valor em instrumentos financeiros; bem como os gastos resultantes da aplicação do justo valor em ativos biológicos consumíveis que não sejam explorações silvícolas plurianuais.

Assim, temos como gastos e perdas:
- Gastos relativos à produção ou aquisição de quaisquer bens ou serviços;
- Despesas com pessoal[19];
- Gastos de distribuição e venda;
- Gastos de natureza financeira;
- Gastos de natureza administrativa;
- Gastos com análises, racionalização, investigação e consulta e projetos de desenvolvimento;
- Gastos fiscais e parafiscais;
- Depreciações e amortizações;
- Ajustamentos em inventários, perdas por imparidade e provisões;
- Perdas por reduções de justo valor em instrumentos financeiros e em ativos biológicos consumíveis que não sejam explorações silvícolas plurianuais;
- Menos-valias realizadas;
- Indemnizações resultantes de eventos cujo risco não seja segurável;
- Gastos respeitantes a ações preferenciais sem voto;
- Outros gastos comprovadamente necessários à atividade.

Na determinação de gastos, há que atender ainda ao disposto no EBF.

Designadamente, ao disposto no artigo 59.º-A do EBF, que considera que «os gastos suportados com a aquisição, em território português, de eletricidade, gás natural veicular (GNV) e gases de petróleo liquefeito (GPL) para abastecimento de veículos são dedutíveis em valor correspondente a 130%,

[19] Considerando a uniformidade de decisões judiciais, a Administração Tributária, através da Informação Vinculativa proferida em referência ao processo n.º 2020 000298, sancionada pelo Despacho do Secretário de Estado dos Assuntos Fiscais, n.º 227/2020-XXII, de 18 de junho, alterou o entendimento que vinha adotando relativamente ao conceito de despesas com o pessoal, para efeitos do cálculo do limite previsto no n.º 2 do artigo 43.º do Código do IRC, no sentido de serem consideradas, como tal, todas aquelas que devam ser registadas na contabilidade dos sujeitos passivos como «remunerações, ordenados ou salários», deixando, assim, de relevar a eventual sujeição dessas despesas a descontos obrigatórios para a Segurança Social ou outro regime contributivo.

no caso de eletricidade, e a 120%, no caso de GNV e GPL, do respetivo montante, para efeitos da determinação do lucro tributável em sede de IRC e da categoria B do IRS, neste último caso havendo opção pelo regime da contabilidade organizada, quando se trate de: a) veículos afetos ao transporte público de passageiros, com lotação igual ou superior a 22 lugares que estejam registados como elementos do ativo fixo tangível de sujeitos passivos de IRC que estejam licenciados pelo Instituto da Mobilidade e dos Transportes, I. P. (IMT, I. P.); b) veículos afetos ao transporte rodoviário de mercadorias, público ou por conta de outrem, com peso bruto igual ou superior a 3,5 t, registados como elementos do ativo fixo tangível de sujeitos passivos de IRC e que estejam licenciados pelo IMT, I. P.; c) veículos afetos ao transporte em táxi, registados como elementos do ativo fixo tangível dos sujeitos passivos de IRS ou de IRC, com contabilidade organizada e que estejam devidamente licenciados».

Prosseguem os n.ºs 1 e 3 do artigo 59.°-B do mesmo diploma legal estabelecendo que é ainda «considerado gasto do período de tributação para efeitos de determinação do lucro tributável o valor correspondente a 110% ou 140%, respetivamente, das despesas com sistemas de *car-sharing* e *bike-sharing* incorridas por sujeitos passivos de IRC e de IRS, com contabilidade organizada», sendo este benefício, quando relativo à promoção da opção por soluções de mobilidade sustentável pelo pessoal do sujeito passivo, «cumulável com o benefício previsto no n.° 15 do artigo 43.° do Código do IRC relativo à aquisição de passes sociais, com o limite, em qualquer caso, de 6250 € por trabalhador dependente».

Para delimitar as despesas com sistemas de *car-sharing* e *bike-sharing*, refere o n.° 2 do artigo 59.°-B do EBF que apenas devem ser atendidas aquelas «realizadas pelo sujeito passivo, mediante contrato celebrado com empresas que tenham por objeto a gestão de sistemas de *car-sharing* e *bike-sharing*, com vista a suprir as suas necessidades de mobilidade e logística ou para promover a opção por soluções de mobilidade sustentável entre o seu pessoal nas deslocações casa trabalho e desde que, em qualquer caso, o sujeito passivo não esteja em relação de grupo, domínio, ou simples participação com a empresa com quem celebra o contrato de *car-sharing* ou *bike-sharing* e o referido benefício tenha carácter geral».

Já o artigo 59.°-C do EBF prescreve sobre as despesas com frotas de velocípedes, considerando como gasto do período de tributação, para efeitos de determinação do lucro tributável, «o valor correspondente a 120% das despesas com a aquisição de frotas de velocípedes em benefício do pessoal do sujeito passivo, a definir por portaria dos membros do Governo responsáveis pelas áreas das finanças e do ambiente, que se mantenham no património do mesmo durante, pelo menos, 18 meses, bem como os custos suportados com a reparação e manutenção dos velocípedes pertencentes a essas frotas, a definir na mesma portaria, desde que o referido benefício tenha carácter geral».

ISENÇÕES:

O regime das isenções encontra-se previsto nos artigos 9.º a 14.º do Código do IRC e ainda em algumas normas dispersas no EBF.

No essencial, uma isenção traduz-se num benefício fiscal (n.º 2 do artigo 2.º do EBF) que impede que determinado facto previsto nas normas de incidência tributária fique sujeito ao pagamento de imposto, constituindo, assim, uma exceção às regras de incidência.

Em primeiro lugar, devemos chamar à atenção que uma isenção não se confunde com uma situação de não sujeição a imposto ou de exclusão tributária, pois que enquanto estas caem fora das normas de incidência tributária, como, por exemplo, no caso dos partidos políticos[20] e das entidades sujeitas a imposto especial sobre o jogo[21], as isenções têm uma previsão normativa de incidência, embora a própria lei confine que estas não produzam qualquer efeito.

Tal como as normas de incidência que se distinguem em pessoais ou reais, consoante esteja em causa o tipo de entidades ou o tipo de rendimentos auferidos, também as normas de isenção seguem este critério. De facto, no caso das normas de isenção pessoal, o benefício fiscal irá ter em conta a natureza da entidade que aufere os rendimentos, como é, por exemplo, o caso do artigo 9.º do Código do IRC que isenta deste imposto o Estado, as regiões autónomas, as autarquias locais. A amplitude destas isenções pessoais abrange a totalidade dos rendimentos auferidos, nalguns casos com exceção dos rendimentos de capitais.

Neste conspecto, importa referir que pela mão da Lei n.º 36/2021, de 14 de junho, foi aprovada a Lei-quadro do estatuto de utilidade pública, procedendo, além do mais, e em particular, à alteração do Código do IRC.

[20] A Lei n.º 19/03, de 20 de junho, estipula, no seu artigo 10.º, a não sujeição a IRC dos partidos políticos.

[21] *Vd.*, o artigo 7.º do Código do IRC.

Assim, a partir de 1 de julho de 2021, data em que a referida lei-quadro entrou em vigor, deixam de estar isentas de IRC, nos termos do n.º 1 do artigo 10.º do Código do IRC, as pessoas coletivas de utilidade pública administrativa, ficando tal isenção restringida às instituições particulares de solidariedade social e pessoas coletivas legalmente equiparadas e às pessoas coletivas com estatuto de utilidade pública que prossigam, exclusiva e ou predominantemente, fins científicos ou culturais, de caridade, assistência, beneficência, solidariedade social, defesa do meio ambiente e interprofissionalismo agroalimentar.

Tal diploma legal simplificou, ainda, o teor da condicionante constante da alínea a) do n.º 3 do artigo 10.º do Código do IRC, a qual, agora, apenas exige um exercício efetivo, a título exclusivo ou predominante, de atividades dirigias à prossecução dos fins que justificaram a isenção.

Por outro lado, nas normas que consagram as isenções ditas reais, encontramos benefícios fiscais que atendem apenas à natureza dos rendimentos auferidos. Neste caso, podemos dar como exemplo o artigo 11.º do Código do IRC, o qual consagra a isenção de IRC para os rendimentos das associações desportivas, recreativas e culturais, mas apenas quanto aos provenientes da atividade prevista nos respetivos estatutos. Outro exemplo de uma isenção com carácter real é a conferida às entidades não residentes que exercem a atividade de aviação e navegação marítima, no artigo 13.º do Código do IRC, quanto aos lucros realizados por estas entidades relativamente à exploração de navios e aeronaves.

As normas de isenção dividem-se, ainda, em automáticas ou dependentes de reconhecimento. Quanto às primeiras, a isenção decorre diretamente da lei, não sendo necessária qualquer intervenção administrativa, como é o caso, já referido supra, das entidades que se encontram abrangidas pelo artigo 9.º do Código do IRC – Estado, Regiões Autónomas, Autarquias Locais – e pelo artigo 10.º, n.º 1, alíneas a) e b) – Pessoas Coletivas de Utilidade Pública Administrativa e Instituições Particulares de Solidariedade Social.

Já as isenções dependentes de reconhecimento necessitam do respetivo ato de reconhecimento do Ministério das Finanças após solicitação dos interessados, ficando condicionada à observância continuada dos seguintes requisitos:

- Exercício efetivo, a título exclusivo ou predominante, de atividades para prossecução dos fins que justificaram o reconhecimento da qualidade de utilidade pública ou dos fins que justificaram a isenção;

- Afetação aos fins de 50% (pelo menos) do rendimento global líquido (que seria sujeito a tributação nos termos gerais) até ao 4.º período de tributação posterior àquele em que foi obtido, exceto se for provado justo impedimento;
- Inexistência de interesse direto ou indireto dos membros dos órgãos estatutários, por si ou interposta pessoa, nos resultados de exploração.

Exemplo 1:

Determinada Associação Recreativa auferiu, relativamente ao ano *t*, os seguintes rendimentos:

– Quotas dos associados: 2500 €
– Exploração do bar: 8000 €
– Donativos relacionados com os fins estatutários: 3000 €
– Subsídios relacionados com os seus fins estatutários: 5000 €

Teve ainda os seguintes gastos:

– Exploração do bar: 6500 €
– Relacionados com a atividade isenta: 1100 €

Qual o tratamento fiscal dos referidos rendimentos?

As quotas e os subsídios relacionados com os fins estatutários não são sujeitos a tributação (n.º 3 do artigo 54.º do Código do IRC). Por outro lado, os donativos relacionados com a atividade das associações culturais, recreativas e desportivas gozam de isenção de IRC (artigo 11.º). Assim, apenas ficarão sujeitos a imposto os rendimentos provenientes da exploração do bar, ou seja, 1500 € (8000 € – 6500 €). Como os rendimentos sujeitos a tributação ascendem a 8000 € não se aplica a exclusão de tributação do artigo 54.º do EBF[22].

Exemplo 2:

Uma Associação Cultural auferiu, no ano *t*, os seguintes rendimentos:

– Quotas dos associados: 5200 €
– Donativos relacionados com os fins estatutários: 10 000 €

[22] O artigo 54.º do EBF, sob a epígrafe «Coletividades desportivas, de cultura e recreio» e na redação dada pela Lei n.º 64-B/2011, de 30 de dezembro, isenta de IRC «os rendimentos das coletividades desportivas, de cultura e recreio, abrangidas pelo artigo 11.º do Código do IRC, desde que a totalidade dos seus rendimentos brutos sujeitos a tributação, e não isentos nos termos do mesmo Código, não exceda o montante de 7500 €».

– Venda da revista da Associação, não prevista nos estatutos: 2300 €

– Subsídios relacionados com a atividade: 5500 €

No mesmo ano, suportou os seguintes gastos:

– Relacionados com a atividade isenta: 2500 €

– Com a revista: 2000 €

Qual o tratamento fiscal dos referidos rendimentos?

Os rendimentos provenientes das quotas e dos subsídios não se encontram sujeitos a IRC, conforme o disposto no n.º 3 do artigo 54.º do Código do IRC. Já, os donativos como são relacionados com a atividade ficam isentos de IRC.

Assim, apenas os rendimentos provenientes da venda da revista ficam sujeitos a tributação (2000 €). Contudo, como o seu valor é inferior a 7500 € também gozam de isenção, nos termos do artigo 54.º do EBF.

Exemplo 3:

Uma IPSS adquiriu, por doação, 2 imóveis, um em Lisboa e outro em Coimbra. O imóvel situado em Lisboa irá ser utilizado na prossecução da atividade da entidade beneficiária. Quanto ao de Coimbra, irá ser arrendado para assim produzir algum rendimento. Os valores patrimoniais tributários que constavam, na respetiva matriz, no momento da aquisição, eram de 750 000 € e 500 000 €, respetivamente quanto ao prédio de Lisboa e Coimbra.

Qual o impacto desta operação em termos fiscais?

Quanto ao prédio que a IPSS irá usar no âmbito da sua atividade, o mesmo não terá qualquer impacto a nível fiscal. Trata-se, portando, de um incremento patrimonial que goza de isenção de IRC.

Já quanto ao prédio que a IPSS irá destinar a arrendamento, ficará sujeito a tributação, sendo o valor tributável o valor patrimonial tributário no momento de aquisição, ou seja, 500 000 € (n.º 2 do artigo 21.º do Código do IRC).

Síntese das isenções em IRC:

Artigo do CIRC	Entidades abrangidas	Isenção real / pessoal	Isenção completa / parcial	Isenção automática / dependente de reconhecimento.
Artigo 9.º	Estado, regiões autónomas; municípios e equiparados; Instituições de Segurança Social (1)	ISENÇÃO PESSOAL	ISENÇÃO COMPLETA	ISENÇÃO AUTOMÁTICA
Artigo 10.º	Pessoas coletivas com estatuto de utilidade pública. Instituições particulares de solidariedade social	ISENÇÃO PESSOAL	ISENÇÃO COMPLETA	ISENÇÃO POR RECONHECIMENTO / ISENÇÃO AUTOMÁTICA (2)
Artigo 11.º	Rendimentos diretamente derivados de atividades culturais, recreativas ou desportivas (3)	ISENÇÃO REAL	ISENÇÃO PARCIAL (4)	ISENÇÃO AUTOMÁTICA

(1) – Excetuam-se nas Instituições de Segurança Social os rendimentos de capital, embora os rendimentos derivados de operações SWAP e operações cambiais a prazo obtidos pelo Estado (através do IGCP), estejam isentos.

(2) – Enquanto a alínea b) do n.º 1 do artigo 10.º do Código do IRC contempla uma isenção automática, a alínea c) do mesmo normativo está dependente de reconhecimento.
Assim, a isenção tem de ser requerida ao Ministro das Finanças, que emite um despacho de aprovação publicado em Diário da República. O despacho tem uma eficácia retroativa (o sujeito passivo pode solicitar o reembolso do imposto que tenha suportado).
Contudo, esta isenção não pode ser concedida a quem tenha dívidas de impostos ou à Segurança Social, exceto as que tenham sido objeto de reclamação/ impugnação e tenha sido prestada garantia.

(3) – As atividades têm de ser exercidas por uma associação legalmente constituída, e que 1) não distribua resultados; 2) Não haja interesse direto ou indireto dos membros dos órgãos sociais nos resultados e 3) Disponha de contabilidade que abranja todas as atividades.

(4) – A isenção não abrange os rendimentos de atividades comerciais, industriais ou agrícolas, ainda que sejam a título acessório e tenham uma ligação às atividades isentas.
A isenção – Artigo 54.º do EBF – estende-se a todos os rendimentos, quando estes não ultrapassem o limite previsto nesse artigo (7500 €)

OUTRAS ISENÇÕES – ARTIGO 14.º:

- Acordos celebrados com o Estado.
- Empreiteiros e arrematantes – Obras da NATO em Portugal.
- Lucros em que a entidade que recebe seja residente noutro Estado Membro, num EM do Espaço Económico Europeu; resida num Estado com o qual exista um Acordo de Dupla Ttributação; esteja sujeita e não isenta de um imposto referido no artigo 2.º da Diretiva n.º 2011/96/EU, de 30 de novembro ou similar ao IRC e não seja inferior a 60% da taxa; detenha ininterruptamente durante o ano ante-

rior à distribuição dos lucros, direta ou indiretamente uma participação não inferior a 10%[23].

OUTRAS ISENÇÕES - EBF E LEGISLAÇÃO COMPLEMENTAR

TIPO DE ISENÇÃO	ÂMBITO DA ISENÇÃO	LEGISLAÇÃO
AUTOMÁTICA E COMPLETA	Rendimentos de Fundos de Investimento Mobiliário e Imobiliário e Sociedades de Investimento Imobiliário	Artigo 22.°, n.° 3 do EBF
	Rendimentos de Fundos de Pensões e equiparáveis	Artigo 16.° do EBF
	Rendimentos de Fundos Poupança Reforma; Educação e Reforma/Educação	Artigo 21.° do EBF
	Rendimentos de Fundos de Capital de Risco	Artigo 23.° do EBF
	Rendimentos de Investimento Imobiliário em Recursos Florestais	Artigo 24.° do EBF
	Mais-valias de não residentes sem estabelecimento estável por transmissão de partes sociais e outros valores mobiliários, warrants e instrumentos financeiros derivados	Artigo 27.° do EBF – *com condições.*
	Juros de depósitos a prazo em instituições de crédito não residente legalmente autorizada para o efeito	Artigo 30.° do EBF
	Rendimento de Comissões Vitivinícolas Regionais	Artigo 52.° do EBF – *com exceções.*
	Rendimentos obtidos pelas associações sindicais em ações de formação aos seus associados	Artigo 55.°, n.° 2 do EBF
	Os resultados reinvestidos ou utilizados pelas entidades gestoras de sistemas de embalagem e resíduos	Artigo 53.° do EBF
	Rendimentos derivados de baldios	Artigo 59.° do EBF

[23] Segundo o n.° 17 do artigo 14.° do Código do IRC, o disposto nos n.os 3, 6 e 8 do artigo 14.° do Código do IRC não é aplicável aos lucros e reservas distribuídos quando exista uma construção ou série de construções que, tendo sido realizada com a finalidade principal ou uma das finalidades principais de obter uma vantagem fiscal que fruste o objeto e finalidade de eliminar a dupla tributação sobre tais rendimentos, não seja considerada genuína, tendo em conta todos os factos e circunstâncias relevantes. Para efeitos do número anterior, considera-se que uma construção ou série de construções não é genuína na medida em que não seja realizada por razões económicas válidas e não reflita substância económica (n.° 18 do artigo 14.° do Código do IRC).

<table>
<tr><td rowspan="2">AUTOMÁTICA
E PARCIAL</td><td>Redução de 20% os rendimentos de obrigações, títulos de participação e outros emitidos em 1989</td><td>Artigo 4.º do Decreto-Lei n.º 215/89, de 1 de julho – com condições: exclui a dívida pública</td></tr>
<tr><td>Lucros resultantes exclusivamente de atividades de transporte marítimo são considerados em apenas 30%</td><td>Artigo 51.º do EBF</td></tr>
<tr><td rowspan="3">A REQUERIMENTO
DO INTERESSADO</td><td>Juros de empréstimos externos e rendas de locação de equipamentos importados</td><td>Artigo 28.º do EBF</td></tr>
<tr><td>Direitos adquiridos</td><td>Artigo 2.º do Decreto-Lei n.º 215/89, de 1 de julho</td></tr>
<tr><td>Cooperativas</td><td>Artigo 66.º-A do EBF</td></tr>
</table>

3. Método de funcionamento do imposto

A determinação do lucro tributável das pessoas coletivas e outras entidades sujeitas a IRC tem como ponto de partida a contabilidade[24], conforme se retira do exposto no n.º 1 do artigo 17.º do Código do IRC: «*O lucro tributável das pessoas coletivas e outras entidades mencionadas na alínea a) do n.º 1 do artigo 3.º é constituído pela soma algébrica do resultado líquido do período e das variações patrimoniais positivas e negativas verificadas no mesmo período e não refletidas naquele resultado, determinados com base na contabilidade e eventualmente corrigidos nos termos deste Código*».

Isto significa que o lucro é definido como a diferença entre os valores do património líquido no fim e no início do período de tributação, com as correção estabelecidas pelo código. Trata-se do conceito de rendimento acréscimo, o qual tem em conta os incrementos patrimoniais não refletidos naquele resultado.

O apuramento do lucro/prejuízo tributável faz-se através do preenchimento do Quadro 7 do Modelo 22[25]. Este quadro, a preencher apenas pelas

[24] Desta forma, todas as entidades que exerçam a título principal uma atividade comercial (sejam residentes ou não residentes com estabelecimento estável) estão obrigadas a terem contabilidade organizada de acordo com o SNC.

[25] A declaração modelo 22 deve ser apresentada, face ao disposto no artigos 117.º e 120.º do Código do IRC, pelas entidades residentes, quer exerçam ou não, a título principal, atividade de natureza comercial, industrial ou agrícola, pelas entidades não residentes com estabelecimento estável em território português e pelas entidades que não tenham sede nem direção efetiva em território português e neste obtenham rendimentos não imputáveis a estabeleci-

entidades que exerçam a título principal uma atividade de natureza comercial, industrial ou agrícola, quando sujeitas ao regime geral de determinação do lucro tributável[26] bem como pelas entidades não residentes com estabelecimento estável em território português, destina-se ao apuramento do lucro tributável, o qual é constituído pela soma algébrica do Resultado Líquido do Período (RLP) (conta 88 do SNC e demonstrado no Anexo A da declaração anual a que se refere a alínea c) do n.º 1 do artigo 117.º do Código do IRC) e das variações patrimoniais positivas e negativas verificadas no mesmo período e não refletidas naquele resultado, mas que concorrem para a determinação do lucro tributável, determinados com base na contabilidade e eventualmente corrigidos nos termos do Código do IRC e demais disposições legais aplicáveis (artigo 17.º do Código do IRC).

mento estável aí situado, desde que, relativamente aos mesmos, não haja lugar a retenção na fonte a título definitivo.
Todavia, tal obrigação não abrange as entidades referidas nos n.os 6 e 8 do artigo 117.º do Código do IRC.

[26] Para efeitos do modelo contabilístico, são definidas as pequenas e médias empresas e as microentidades com base em 2 dos 3 limites:
Média empresa se VNL < 40 000 000 €
Balanço < 20 000 000 €
Empregados < 250

Pequena empresa se VNL < 8 000 000 €
Balanço < 4 000 000 €
Empregados < 50

Microentidade se VNL < 700 000 €
Balanço < 350 000 €
Empregados < 10

Estes limites reportam-se ao período imediatamente anterior, devendo, quando aplicável, observar-se as seguintes regras:
a) Sempre que em dois períodos consecutivos imediatamente anteriores sejam ultrapassados dois dos três limites enunciados nos n.os 1 a 3 do artigo anterior, as entidades deixam de poder ser consideradas na respetiva categoria a partir do terceiro período, inclusive, para efeitos do presente decreto-lei;
b) As entidades podem novamente ser consideradas nessa categoria, caso deixem de ultrapassar dois dos três limites enunciados para a respetiva categoria nos dois períodos consecutivos imediatamente anteriores (artigo 9.º-A do Decreto-lei n.º 98/2015, que republicou o SNC).

Os ajustamentos a efetuar poderão ser:

- Positivos, pelo aumento da base tributável: gastos ou perdas não reconhecidos para efeitos fiscais naquele período, variações patrimoniais positivas não refletidas no resultado contabilístico ou rendimentos imputáveis fiscalmente àquele período não incluídos no resultado líquido;
- Negativos, pela diminuição da base tributável: rendimentos ou ganhos não reconhecidos para efeitos fiscais naquele período, variações patrimoniais negativas não refletidas no resultado contabilístico ou gastos imputáveis fiscalmente àquele período não incluídos no resultado líquido, assim como majoração de custos para efeitos fiscais.

Regra geral, será a declaração apresentada pelo contribuinte, controlada pela Administração Fiscal, constituindo esta base para a determinação da matéria coletável, admitindo-se nalguns casos (excecionais), como adiante se verá, a determinação por métodos indiretos.

A influenciar a base tributável, há que ter em conta não só o local da sede ou direção efetiva, mas também o exercício, ou não, a título principal, de uma atividade de natureza comercial, industrial ou agrícola e ainda os prejuízos fiscais de anos anteriores (de acordo com as regras do reporte de prejuízos), caso se apure lucro tributável.

A Figura 4 sintetiza o funcionamento do imposto.

Figura 4 – Apuramento do imposto

Resultado Líquido do Exercício (Contabilístico)

+VPP e –VPN

+/- Correções fiscais

= Lucro Tributável

- Reporte prejuízos fiscais

= Matéria Coletável

x Taxa

= Coleta

(com prejuízos = 0)

+ Derrama estadual (se aplicável)

- PEC

= Imposto apurado (> 0)

- Deduções à coleta

- Pagamentos por conta

+ Tributação Autónoma

+ Derrama municipal (se aplicável)

= Imposto a pagar (-) / Imposto a receber (+)

PERIODIZAÇÃO DO LUCRO TRIBUTÁVEL (artigo 18.º n.ºs 3 e 5): O princípio da periodização económica, plasmado no artigo 18.º do Código do IRC, segue, como se antevê da sua designação, um critério económico, relevando os rendimentos e gastos no período em que são efetivamente gerados, sem prejuízo dos gastos suportados com benefícios de cessação de emprego, os quais são apenas dedutíveis, para efeitos de IRC, na data do seu pagamento (cf. artigo 18.º, n.º 12 do Código do IRC).

BENS: Os réditos relativos a vendas consideram-se, em geral, realizados e os correspondentes gastos suportados na data da entrega ou expedição dos bens ou, se anterior, na data da transferência da propriedade. São imputáveis, ao período de tributação, pela quantia nominal da contraprestação.

PRESTAÇÕES DE SERVIÇOS: Os réditos relativos a prestações de serviços e os correspondentes gastos suportados consideram-se, em geral, realizados na data em que o serviço é terminado. São imputáveis, ao período de tributação, pela quantia nominal da contraprestação. Os réditos e gastos relativos a prestações de serviços continuadas ou sucessivas são levados a resultados proporcionalmente à sua execução.

INVENTÁRIOS E FORNECIMENTOS E SERVIÇOS EXTERNOS (FSE): Os respetivos gastos são imputáveis ao período de tributação a que respeitam pela quantia nominal da contraprestação.

Os ajustamentos decorrentes da aplicação do justo valor não concorrem para a formação do lucro tributável, sendo imputados como rendimentos ou gastos no período de tributação em que os elementos ou direitos que lhes deram origem sejam alienados, exercidos, extintos ou liquidados, exceto se disserem respeito a instrumentos financeiros reconhecidos pelo justo valor através de resultados, desde que, quando se trate de instrumentos do capital próprio, tenham um preço formado num mercado regulamentado e o sujeito passivo não detenha, direta ou indiretamente, uma participação no capital igual ou superior a 5% do respetivo capital social.

Pelo princípio da especialização dos exercícios, na periodização do lucro tributável não são de incluir as diferenças de estimativa (gasto por natureza, ex.: férias e subsídios, gastos correntes), mas já deverão ser incluídos os erros contabilísticos (gastos sem estimativa, 6881 Correções relativas a períodos anteriores ou rendimentos não reconhecidos, 7881 Correções relativas a períodos anteriores).

Por outro lado, exceto quando estejam abrangidos pelo disposto no artigo 43.º do Código do IRC, os gastos relativos a benefícios de cessação de emprego, benefícios de reforma e outros benefícios pós emprego ou a longo prazo dos empregados que não sejam considerados rendimentos de trabalho dependente, nos termos da primeira parte do n.º 3) da alínea b) do n.º 3 do artigo 2.º do Código do IRS, são imputáveis ao período de tributação em que as importâncias sejam pagas ou colocadas à disposição dos respetivos beneficiários (n.º 12 do artigo 18.º do Código do IRC).

EXEMPLO:

A sociedade Gama adquiriu, no ano *t*, por 1 500 000 €, uma participação de 25% no capital social da sociedade Alfa.

Em 31 de dezembro do ano *t*, a sociedade apurou um lucro de 100 000 €.

Em assembleia geral de aprovação de contas, realizada em março do ano *t*+1, os sócios Da sociedade Alfa decidiram distribuir 50% dos lucros apurados no ano *t*-2.

Quais as consequências da situação descrita na esfera jurídica da sociedade Gama, com referência ao ano *t* e *t*+1.

No ano *t*:

Como a sociedade Gama contabilizou o investimento efetuado na sociedade Alfa através do método de equivalência patrimonial (MEP), para além do valor relativo à aquisição da participação (1 500 000 €), teve que considerar o valor relativo à imputação dos lucros, ou seja, 25 000 € (25% de 100 000 €). No final do ano *t*, a sua participação já se encontrava valorizada em 1 525 000 €.

Como, em termos fiscais, os rendimentos e gastos apurados em consequência da adoção do MEP não concorrem para a formação do lucro tributável, a sociedade Gama terá de deduzir o montante de 25 000 € no quadro 07 da declaração de rendimentos Modelo 22.

No ano *t*+1:

A sociedade Gama terá de registar os lucros que lhe foram efetivamente atribuídos, assim como a parte dos lucros que ficou retida:

Distribuição de lucros (25 000 € * 50% = 12 500 €);

Lucros retidos (25 000 € * 50% = 12 500 €).

Assim, a sociedade Gama apenas deverá considerar o valor dos lucros distribuídos, no valor de 12 500 € (os lucros retidos são uma mera variação patrimonial), que não deverá ser acrescido ao lucro tributável.

Na mensuração das participações de capital em empreendimentos conjuntos (SP de IRC), passou a ser fiscalmente neutro utilizar o método de equivalência patrimonial ou o método de consolidação patrimonial.

CORREÇÕES FISCAIS

4. Contratos de construção

Desenvolvimento do tema

As obras cujo ciclo de produção ou tempo de duração seja superior a um ano, e ainda aquelas cuja duração seja igual ou inferior a um ano mas que o seu início e fim se situem em períodos de tributação diferentes, encontram-se reguladas no artigo 19.° do Código do IRC, que estabelece quais os critérios a ter em conta no apuramento dos resultados. No essencial, este normativo institui que deve existir uma correlação temporal entre os gastos e os réditos num determinado período de tributação.

Tendo em conta o âmbito de aplicação deste artigo, enquadram-se no conceito de contratos de construção, nomeadamente, as prestações de serviços de construção civil, tais como a construção de imóveis, a construção de pontes, autoestradas, navios, aeroportos, etc. Excluem-se, no entanto, da aplicação desta norma legal as obras próprias vendidas fracionadamente pelo construtor, no âmbito do artigo 18.° do Código do IRC.

Para efeitos de uma correta mensuração dos réditos provenientes dos contratos de construção civil, é necessário proceder a um controlo dos custos incorridos em cada ano do projeto, comparando depois este valor com o total de gastos estimados. O controlo rigoroso sobre os custos incorridos decorre da necessidade de balanceamento dos réditos com os gastos, isto é, como as obras decorrem em mais do que um período, no final de cada período, a entidade poderá ter gastos para os quais poderá ainda não ter os respetivos réditos associados.

Em termos fiscais, a mensuração do rédito e dos gastos nos contratos de construção tem por base o método da percentagem de acabamento, isto é, o valor a reconhecer como rédito é balanceado com os gastos efetivamente incorridos em determinado período de tributação e que são proporcionais ao trabalho concluído.

Assim, deste balanço, a empresa terá que comparar os gastos efetivamente incorridos com os gastos estimados, aplicando a mesma proporção ao valor dos réditos, tenha ou não havido faturação ao cliente.

Refira-se, no entanto, que este método só pode ser aplicado quando o desfecho da obra possa ser estimado com fiabilidade, como é o caso, por exemplo, de uma situação em que exista um orçamento que estime com fiabilidade os custos estimados e o valor do preço a pagar pelo cliente da obra.

Por outro lado, se não for possível determinar o montante dos gastos e dos réditos de acordo com a normalização contabilística e/ou o desfecho de um contrato de construção não possa ser estimado de forma fiável, considera-se que o rédito do contrato corresponde aos gastos totais do contrato. Ou seja, consagra-se que em cada período de tributação se igualem os gastos incorridos com os réditos (independentemente de terem sido faturados ou não) com o objetivo de se obter um resultado nulo. O lucro, neste caso, é totalmente diferido para o período em que ocorrer o fim do contrato.

Podemos afirmar, portanto, que o regime fiscal é muito semelhante ao regime previsto na normalização contabilística, pois em qualquer um deles o princípio básico a ter em conta é a necessidade de balanceamento entre os gastos e réditos.

De salientar, por último que, ainda que os sujeitos passivos contabilizem como gastos as perdas esperadas correspondentes a gastos ainda não suportados, em termos fiscais esses gastos não são aceites.

Vejamos um exemplo:

A empresa A, Lda., tem como atividade principal a construção civil e, no ano *t*, foi-lhe adjudicada uma obra para a construção de um hotel.

Os réditos da obra, cujo orçamento foi aprovado pelo cliente, e os gastos estimados são os seguintes:

Réditos.............................. 2 000 000 €
Gastos................................ 1 500 000 €

A obra só foi concluída no ano *t*+2. A informação financeira relativa aos vários períodos de tributação é a seguinte:

	Ano *t*	Ano *t*+1	Ano *t*+2	Total
Serviços faturados	700 000 €	900 000 €	400 000 €	2 000 000 €
Gastos	610 000 €	720 000 €	170 000 €	1 500 000 €

Admitindo que o desfecho do contrato é estimado com fiabilidade, qual o resultado fiscal deste contrato de construção?

RESOLUÇÃO:

Como o desfecho do contrato é estimado com fiabilidade, podemos adotar o método da percentagem de acabamento. Assim, temos:

ANO	Gastos do período	Gastos estimados até ao fim	% de acabamento	Serviços faturados	Réditos a reconhecer
Ano *t*	610 000	890 000	40,6	700 000	812 000
Ano *t+1*	720 000	170 000	88,6	900 000	960 000
Ano *t+2*	170 000	-	100	400 000	228 000

No ano *t* e *t+1*, a empresa faturou ao seu cliente um montante de serviços prestados abaixo do valor dos réditos que reconheceu. No entanto, em *t+2*, a empresa faturou serviços de montante superior aos réditos que reconheceu.

Exercícios

A empresa Constrói celebrou um contrato para a construção de um imóvel, no valor de 1 200 000 €. O prazo previsto para a construção do imóvel era de 26 meses, iniciando-se em março do ano *t* e terminando em abril do ano *t+2*.

O custo estimado para a realização da obra no início era de 1 000 000 €, tendo sido revisto no fim do ano *t+1* para os 950 000 €.

A faturação acordada com o cliente é a seguinte: 40% no ano *t*, 40% no ano *t+1* e 20% no ano *t+2*.

Sabem-se, ainda, os seguintes dados:

(em euros)

	ano *t*	ano *t+1*	ano *t+2*
Encargos incorridos no ano	350 000	440 000	160 000
Custos estimados até ao final da obra	650 000	160 000	-
Faturação	480 000	480 000	240 000

a) Calcular o resultado fiscal, considerando-se que o desfecho do contrato é estimado com fiabilidade

b) Admita-se agora que o desfecho do contrato não é estimado com fiabilidade. Qual o resultado fiscal?

RESOLUÇÃO:

a) Neste caso, iremos aplicar o método da percentagem de acabamento, dado que é o este o método a adotar quando o desfecho do contrato é estimado com fiabilidade.

Assim temos:

	Ano *t*	Ano *t+1*	Ano *t+2*
Custos incorridos acumulados	350 000	790 000	950 000
Custos totais estimados	1 000 000	950 000	950 000
% Acabamento	35%	83,16%	100%
Faturação emitida no ano	480 000	480 000	240 000
Rédito do período	420 000	577 920	202 080
Diferença	-60 000	97 920	-37 920

De acordo com o método da percentagem de acabamento, a empresa teria que reconhecer como rédito, contabilístico e fiscal, em ano *t, t+1 e t+2*, respetivamente, 420 000 €, 577 920 € e 202 080 €.

b) Como agora o desfecho do contrato não consegue ser estimado com fiabilidade, iremos considerar que o rédito do contrato corresponde aos gastos totais do contrato. Desta forma, iremos apenas reconhecer os réditos até ao ponto que for provável que os gastos incorridos sejam recuperados. Assim temos:

	Ano *t*	Ano *t+1*	Ano *t+2*
Custos incorridos	350 000	440 000	160 000
Custos incorridos acumulados	350 000	790 000	950 000
Custos totais estimados	1 00 000	950 000	950 000
Faturação emitida no ano	480 000	480 000	240 000
Rédito do período	350 000	440 000	410 000

Neste método, o lucro da obra é totalmente diferido para o final a obra, pelo que é somente no ano *t+2* que a empresa irá reconhecer os ganhos do contrato.

5. Subsídios

Síntese

- Todos os subsídios devem ser reconhecidos como ganhos da empresa, assegurando, assim, a sua neutralidade fiscal.
- Os subsídios à produção/exploração são reconhecidos no ano em que são recebidos.
- Os subsídios à criação de emprego devem ser reconhecidos ao longo dos anos em que os postos de trabalho têm de ser mantidos.
- Um subsídio ao investimento de um bem depreciável é reconhecido durante o período de depreciação do bem.
- Um subsídio de um bem não depreciável, que seja um ativo intangível, é reconhecido como ganho durante 20 anos.
- Um subsídio de um bem não depreciável, que não seja um ativo intangível, é reconhecido como ganho durante o período em que não puder ser vendido, ou durante 10 anos se não existir essa cláusula de não-venda.

Desenvolvimento do tema

O Código do IRC determina que os subsídios[27] devem ser reconhecidos como rendimentos[28]. No entanto, esse reconhecimento depende do tipo de

[27] Os métodos de contabilização dos subsídios, segundo o Sistema de Normalização Contabilística (SNC), encontram-se descritos na Norma Contabilística e de Relato Financeiro

subsídio em causa, o que pode determinar que o rendimento não seja totalmente reconhecido no ano em que o subsídio é recebido. Contudo, para efeitos do reconhecimento do subsídio, em sede de IRC, o momento relevante é o do recebimento do subsídio.

Assim, temos três tipos de subsídios: para exploração, para criação de postos de trabalho e para investimento. No caso dos subsídios à exploração (de produção), estes devem ser reconhecidos como rendimentos no momento em que são atribuídos à empresa. Já os subsídios à criação de emprego devem ser reconhecidos durante o período em que os postos de trabalho têm de ser mantidos. Por fim, os subsídios ao investimento dividem-se em subsídios para aquisição de ativos depreciáveis e ativos não depreciáveis. No caso dos primeiros, o subsídio deve ser reconhecido como ganho ao longo do pe-

(NCRF) 22, denominada «Contabilização dos Subsídios do Governo e Divulgação de Apoios do Governo», e que tem por base a IAS 20, designada por «Contabilização de Subsídios do Governo e Divulgação de Assistência Governamental» (Accounting for Government Grants and Disclosure of Government Assistance). Estes subsídios, segundo a NCRF 22, «*são auxílios do Governo na forma de transferência de recursos para uma entidade em troca do cumprimento passado ou futuro de certas condições relacionadas com as atividades operacionais da entidade*» (cf. Rodrigues, João, ob. cit., pág. 249). Os subsídios ao investimento (que também podem ser designados por subsídios relacionados com ativos) consistem em «*subsídios do Governo cuja condição primordial é a de que a entidade que a eles se propõe deve comprar, construir ou por qualquer forma adquirir ativos a longo prazo*» (cf. Rodrigues, João, ob. cit., pág. 249). Os subsídios à exploração, ou subsídios relacionados com rendimentos, são, também, subsídios do Governo «*que se destinam a compensar gastos incorridos na exploração*» (cf. Rodrigues, João, ob. cit., pág. 764). Sendo assim, os subsídios à criação de emprego são atribuídos quando uma «*empresa compromete-se a manter os postos de trabalho por três/quatro anos*» (cf. Rodrigues, João, ob. cit., pág. 764). Por fim, os outros subsídios «*serão todos aqueles que não se encaixem nas definições anteriores*» (cf. Rodrigues, João, ob. cit., pág. 764). A NCRF 22 refere, ainda, que um «*subsídio do Governo não é reconhecido, até que haja segurança razoável de que a entidade cumprirá as condições a ele associadas, e que o subsídio será recebido*» (cf. Rodrigues, João, ob. cit., pág. 250). Em alguns casos, «*um subsídio do Governo pode ser concedido para a finalidade de dar suporte financeiro imediato a uma entidade e não como um incentivo para levar a cabo dispêndios específicos*» (cf. Rodrigues, João, ob. cit., pág. 250) e, também, «*pode tomar a forma de transferência de um ativo não monetário, tal como terrenos ou outros recursos, para uso da entidade*» (cf. Rodrigues, João, ob. cit., pág. 251). Após reconhecimento do subsídio, qualquer contingência que se verifique, esta já deve ser tratada tendo em conta a NCRF 21 – Provisões, Passivos Contingentes e Ativos Contingentes.

[28] Considerando que o Código do IRC adotou um conceito de lucro que consiste na diferença entre o património líquido no fim e no início do período de tributação, com as correções estabelecidas no código, os subsídios quer sejam ou não destinados à exploração serão sempre de tributar, quer por via do resultado líquido, quer por via de variações patrimoniais positivas.

ríodo de depreciação previsto no Decreto Regulamentar n.º 25/2009, de 14 de setembro, para cada bem específico. No caso dos ativos não depreciáveis, tratando-se de ativos intangíveis, o subsídio deve ser reconhecido durante 20 anos. Caso não sejam ativos intangíveis, então se existir no contrato de atribuição do subsídio, uma cláusula de não venda do ativo por x anos, o subsídio deve ser reconhecido como ganho durante esse mesmo número de anos. Se essa cláusula não existir, então, deve-se considerar um período de 10 anos para reconhecimento do ganho.

Figura 5 – Esquema de contabilização dos subsídios

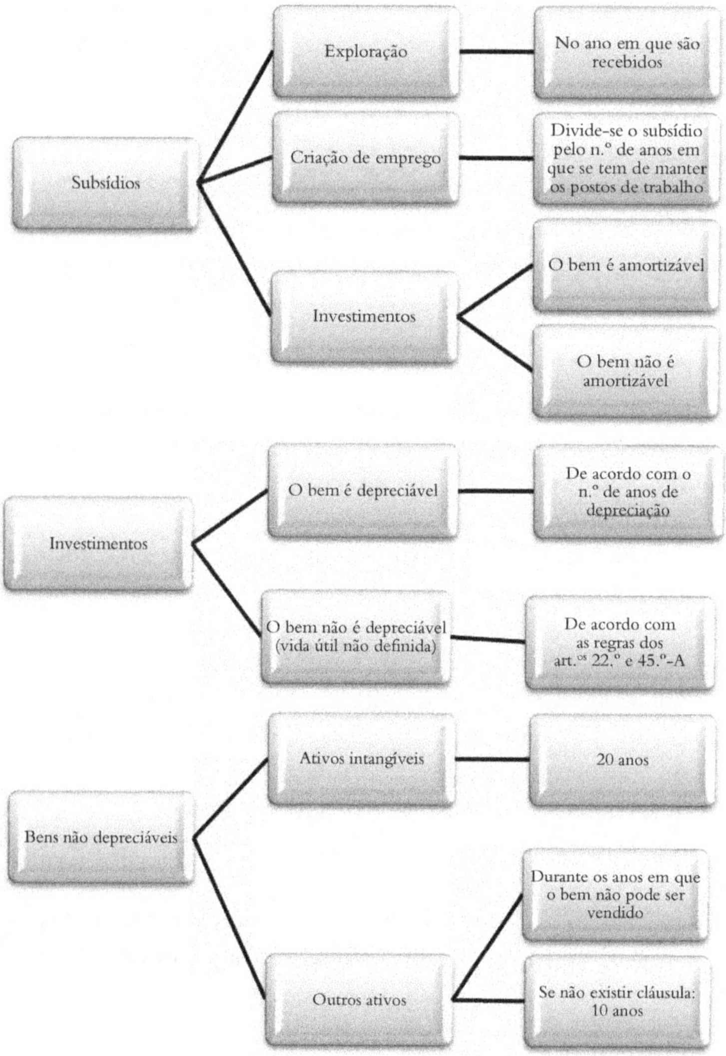

Desta forma, os subsídios são considerados ganhos em função da sua própria natureza, sendo tributados na totalidade no ano em que são recebidos (caso dos subsídios à exploração) ou ao longo de vários exercícios (subsídio de emprego e de investimento).

Exercícios

Exercício 1:

Uma empresa recebe em março do ano t, um subsídio de 50 000 € para a criação de 3 postos de trabalho, com a duração de 18 meses, de 1 de março do ano *t* a 31 de agosto do ano *t*+1. Como deve o subsídio ser reconhecido como rendimento em sede de IRC?

Exercício 2:

No ano *t*, foi atribuído a uma empresa um subsídio de 100 000 € para aquisição de um edifício industrial no valor de 200 000 € (mensurado ao custo), cujo pagamento foi feito em *t*+1. Qual o montante que concorre para a formação do lucro tributável do período do ano t?

Exercício 3:

A empresa Z recebeu, no ano *t*, um subsídio, no montante de 20 000 €, com o objetivo de compensar a empresa pela redução de preços ditadas por imposição do Governo.

Qual o tratamento fiscal a dar a este subsídio?

E se o subsídio tivesse sido atribuído no ano *t*, mas recebido (em partes iguais) no ano *t* e no ano *t*+1?

Exercício 4:

Uma sociedade recebeu do Estado, no ano *t*, um subsídio no montante de 10 000 € para a criação de dois postos de trabalho sujeitos à condição de os manter por um período mínimo de 5 anos.

Qual o tratamento fiscal a dar ao referido subsídio?

Exercício 5:

Em janeiro do ano *t*, a sociedade Quelhas adquiriu um equipamento por 200 000 €, o qual entrou imediatamente em funcionamento, tendo-lhe sido atribuído um período de vida útil de 5 anos. Para a aquisição deste equipamento, a sociedade tinha-se candidatado a um auxílio do estado para a aquisição desse equipamento.

Todavia, a atribuição do subsídio a esse investimento, no montante de 100 000 €, apenas foi contratualizada no ano *t*+1, ficando estipulado que aquele montante seria pago em duas parcelas de 50 000 € cada, a primeira no ano *t*+1 e a segunda em *t*+2.

Como deve ser reconhecido, em termos fiscais, o subsídio recebido?

Exercício 6:

A sociedade Gama recebeu, no ano *t*, um subsídio no montante de 50 000 €, destinado à compra de um terreno para ser utilizado na sua atividade. Não está estabelecido qualquer período obrigatório de manutenção do ativo.

Como deverá proceder a sociedade?

Como procederia caso o terreno tivesse uma claúsula de não venda por 15 anos?

Exercício 7:

Foi adquirida uma patente (registada no ano *t*) por um período indefinido, pelo preço de 100 000 €, tendo sido recebido, para o efeito, um subsídio no valor de 20 000 €.

Qual o tratamento fiscal a dar ao subsídio?

Soluções:

Exercício 1:

Dado que o período abarca mais de um exercício, a empresa deve reconhecer um proveito em cada ano, em função do número de meses da obrigação de manutenção dos postos de trabalho. Assim, temos 10 meses no ano *t*, pelo que a empresa deve reconhecer 10/18 do subsídio como rendimento (ou seja, um valor de 27 778 €), sendo o restante (8/18), reconhecido como rendimento no ano *t*+1 (22 222 €).

Exercício 2:

Antes do reconhecimento do subsídio, há que ter presente a depreciação contabilística do edifício (200 000 €), a uma taxa de 5%, ou seja:

Parte do edifício não aceite fiscalmente (artigo 10.° n.° 3 do Dec. Regulamentar n.° 25/2009): 200 000 € * 25% = 50 000 €

Depreciação anual: 200 000 € * 5% = 10 000 €

Depreciação não aceite fiscalmente: 10 000 € * 25% = 2500 €

Reconhecimento do subsídio:

A parte do subsídio correspondente ao valor da depreciação aceite fiscalmente deve ser reconhecida na mesma proporção da depreciação calculada sobre o valor de aquisição, independentemente do seu recebimento. Neste caso, temos 3750 € correspondente a 5% de 75 000 €.

A parte do subsídio correspondente ao valor do terreno deve ser reconhecida em 10 anos, sendo o primeiro o do seu recebimento. Como a empresa apenas recebeu o subsídio em *t*+1, não deve reconhecer qualquer valor no ano *t* correspondente ao valor do terreno.

Exercício 3:

Trata-se de um auxílio à exploração, cujo enquadramento fiscal se encontra previsto na alínea j) do n.º 1 do artigo 20.º do Código do IRC. Como não se destina a compensar gastos que a empresa vai suportar no futuro, o seu valor é considerado como rendimento, na íntegra, no ano do recebimento.

Caso fosse recebido em partes iguais no ano *t* e no ano *t*+1, então seria considerado rendimento em 10 mil no ano *t* e em 10 mil no ano *t*+1.

Exercício 4:

Trata-se de um subsídio à criação de emprego. Como a empresa assumiu o compromisso de manter os postos de trabalho por um período mínimo de 5 anos, o valor que concorre para a formação do lucro tributável do ano *t* (e seguintes) será de:

10 000 € / 5 = 2000 €

Exercício 5:

Depreciação do equipamento a efetuar anualmente:

200 000 * 20% = 40 000 €

Reconhecimento do subsídio:

100 000 * 20% = 20 000 € (mesma proporção da depreciação)

A empresa deverá incluir o valor do subsídio, proporcionalmente, ao valor da depreciação, independentemente do recebimento. Como apenas foi contratualizado no ano *t*+1, será nesse ano que deverá ser incluído no lucro tributável o valor proporcional à depreciação do ano *t* e *t*+1, ou seja, o valor de 40 000 € (a soma do 1/5 do subsídio relativo ao ano *t* e *t*+1)

Exercício 6:

Não havendo nenhum período em que o ativo seja inalienável, o subsídio deverá ser incluído no lucro tributável por um período de 10 anos. Assim, a sociedade deverá acrescer 5000 € (50 000 € / 10 anos) ao lucro tributável.

Caso existisse uma claúsula de não venda, seria considerado como rendimento ao longo dos 15 anos da referida claúsula.

Exercício 7:

A patente é registada no ativo intangível, ficando sujeita a amortização nos termos da normalização contabilística aplicável.

Assim, a entidade deverá acrescer ao lucro tributável o valor de 1000 € (20 000 €/20 anos, referente ao subsídio).

Por outro lado, a entidade adquirente da patente poderá deduzir ao seu lucro tributável o valor de 5000 € (100 000 € / 20 anos), nos termos do artigo 45.°-A, n.° 1, do Código do IRC, correspondente à amortização fiscal e acrescer o valor de 10 000 €, correspondente à amortização contabilística.

6. Variações patrimoniais positivas e negativas

Síntese

- As variações patrimoniais positivas aumentam o resultado líquido do exercício (RLE) (logo aumentam o IRC a pagar pela empresa), exceto as descritas no artigo 21.° do Código do IRC.
- As variações patrimoniais negativas diminuem o RLE (logo diminuem o IRC a pagar pela empresa), exceto as descritas no artigo 24.° do Código do IRC.

Desenvolvimento do tema

As variações patrimoniais correspondem a factos contabilísticos que embora não alterem o resultado líquido, aumentam/diminuem a situação líquida da empresa (aumentando ou diminuindo o valor da classe 5). Como tal, considerando o conceito de rendimento acréscimo atrás referido, terão de ser consideradas para efeito do cálculo do imposto.

Contudo, o legislador optou por excecionar algumas situações, que pela sua natureza, ou não devem aumentar o resultado, ou então não o devem diminuir.

Não afetam o RLE as seguintes Variações Patrimoniais Positivas (VPP):

- As entradas de capital, incluindo os prémios de emissão de ações ou quotas, bem como as coberturas de prejuízos, a qualquer título, feitas pelos titulares do capital;[29] [30] [31]
- As mais-valias potenciais ou latentes, ainda que expressas na contabilidade, incluindo as reservas de revalorização legalmente autorizadas; [32] [33]
- As contribuições, incluindo as participações nas perdas, do associado ao associante no âmbito da associação em participação e da associação à quota.[34] [35]

[29] Exclui-se também a atribuição de instrumentos financeiros derivados que devam ser reconhecidos como instrumento de capital próprio.

[30] A exigibilidade de «prestações suplementares» porque originam movimentos a crédito nos capitais próprios, i.e., constituem variações patrimoniais positivas quantitativas não refletidas no resultado líquido devem, em nossa opinião, ser enquadradas no artigo 21.º, alínea a) do Código do IRC, pelo que não devem concorrer para o apuramento do lucro tributável do IRC (Guimarães, Joaquim, ob. cit.).

[31] Inclui aumentos de capital decorrentes de operações de fusão e cisão.

[32] Exclui-se também as variações decorrentes da contabilização de impostos diferidos.

[33] Relativamente as mais-valias potenciais e latentes, existe um despacho sobre o tratamento das reavaliações (ou revalorizações) não previstas legalmente (Processo n.º 1794/89, sobre o qual recaiu despacho de 21 de dezembro de 1989), segundo o qual: «*as reavaliações do ativo imobilizado não enquadráveis em diploma legal são variações patrimoniais, que se encontram excluídas na alínea b) n.º 1 do artigo 21.º do Código do IRC. Assim sendo, não há lugar à tributação das reservas de reavaliação não constituídas ao abrigo de legislação fiscal. Refira-se, no entanto, que o valor reavaliado não releva, quer para a determinação das reintegrações, quer para apuramento de uma eventual mais-valia realizada*». Contudo, no âmbito dos processos de recuperação de empresas, o n.º 2 do artigo 268.º do Código da Insolvência e da Recuperação de Empresas (CIRE) refere o seguinte: «*Não entram igualmente para a formação da matéria coletável do devedor as variações patrimoniais positivas resultantes das alterações das suas dívidas previstas em plano de insolvência ou em plano de pagamentos*».

[34] As variações patrimoniais (positivas ou negativas) decorrentes da adoção do método da equivalência patrimonial, não concorrem para a determinação do lucro tributável, por determinação do n.º 8 do artigo 18.º do Código do IRC, devendo os rendimentos provenientes dos lucros distribuídos ser imputados ao período de tributação em que se adquire o direito aos mesmos.

[35] Nos termos da Circular n.º 7/2020, do Gabinete da Diretora Geral da Autoridade Tributária e Aduaneira, sobre a qual recaiu despacho de 13 de agosto de 2020 da mesma Diretora Geral, no que respeita aos contratos sob locação em curso, objeto de alteração de política contabilística por aplicação da IFRS 16, não existindo qualquer regra especial que afaste ou difira a aceitação para efeitos fiscais das variações patrimoniais positivas e negativas decorrentes dessa transição, as mesmas concorrem para o resultado tributável nos termos e condições previstos nos artigos 21.º e 24.º do Código do IRC. Contudo, os montantes de variações patrimoniais a considerar para efeitos de apuramento do lucro tributável, e que tenham por base os registos contabilísticos nas contas de resultados transitados, ou outras contas de capitais próprios, decorrentes da aplicação do regime transitório previsto no Apêndice C da IFRS 16,

Não afetam o RLE as seguintes Variações Patrimoniais Negativas (VPN):

- As que consistam em liberalidades ou não estejam relacionadas com a atividade do contribuinte sujeita a IRC;
- As menos-valias potenciais ou latentes, ainda que expressas na contabilidade;
- As saídas em dinheiro ou em espécie, a favor dos titulares do capital, a título de remuneração ou de redução do mesmo, ou de partilha do património;[36]
- As prestações do associante ao associado, no âmbito da associação em participação;
- Não obstante o disposto na alínea c) do número anterior, concorrem, ainda, para a determinação do lucro tributável, nas mesmas condições referidas para os gastos e perdas, as variações patrimoniais negativas não refletidas no resultado líquido do período de tributação relativas à distribuição de rendimentos de instrumentos de fundos próprios adicionais de nível 1 ou de fundos próprios de nível 2 que cumpram os requisitos previstos no Regulamento (UE) n.º 575/2013, do Parlamento Europeu e do Conselho, de 26 de junho de 2013, desde que não atribuam ao respetivo titular o direito a receber dividendos nem direito de voto em assembleia geral de acionistas e não sejam convertíveis em partes sociais.

Apresentam-se alguns exemplos daquilo que aqui poderá ser englobado, para efeitos de tributação:

- Subsídios não destinados à exploração que devam ser incluídos nos resultados (ver capítulo de subsídios);
- Algumas regularizações não frequentes e de grande significado.

devem corresponder à consideração para este efeito das amortizações fiscais dos ativos sob direito de uso, referentes a períodos anteriores, que resultariam da aplicação da IFRS 16 que não foram considerados para apuramento do lucro tributável nesses períodos.

11. À entrega dos bens objeto de contratos de locação é aplicável, de forma extensiva, a alínea a) do n.º 6 do artigo 46.º do Código do IRC, pelo que os resultados que se vierem a apurar concorrem para a formação do lucro tributável nos termos gerais, não assumindo a qualificação de mais-valias ou menos-valias fiscais.

[36] Não obstante, concorrem, ainda, para a determinação do lucro tributável, nas mesmas condições referidas para os gastos e perdas, «as variações patrimoniais negativas não refletidas no resultado líquido do período de tributação relativas à distribuição de rendimentos de obrigações subordinadas ou outros títulos subordinados, desde que não atribuam ao respetivo titular o direito a receber dividendos nem direito de voto em assembleia geral de acionistas e não sejam convertíveis em partes sociais» (n.º 2 do artigo 24.º do Código do IRC).

Saliente-se que, com a alteração ocorrida em 2010, por via da entrada em vigor do SNC, as remunerações atribuídas a título de participação no lucro passaram a integrar os gastos previstos no artigo 23.º do Código do IRC, devendo ser contabilizados no período económico a que respeitam, desde que estejamos perante uma obrigação constitutiva para a empresa (estas gratificações eram anteriormente consideradas variações patrimoniais negativas nos termos do n.º 2 do artigo 24.º que concorriam para a formação do lucro tributável do período a que respeitava o resultado em que participavam). Mantém-se, contudo, a obrigatoriedade do seu pagamento até ao fim do período de tributação seguinte (artigo 23.º-A, n.º 1, alínea n) do Código do IRC) e a limitação ao dobro da remuneração mensal os beneficiários que sejam titulares, direta ou indiretamente, de partes representativas de, pelo menos, 1% do capital social, bem como os órgãos sociais.

No caso de a empresa receber uma doação, esse ativo deve ser contabilizado na conta de ativo fixo respetiva, por contrapartida da conta 59.4 de capital próprio[37]. O valor a considerar deve ser o valor patrimonial para efeitos de IMI. Caso esse valor não exista, deve ser usado o valor resultante de uma avaliação.

Exemplo:

No ano *t*, uma sociedade adquiriu a título gratuito (doação) um prédio para arrendamento de escritórios com um valor patrimonial tributário de 800 000 €. O prédio está avaliado em 750 000 €.

Qual o valor a ter em conta para efeitos fiscais deste incremento patrimonial?

A sociedade beneficiária deverá acrescer ao lucro tributável o montante relativo ao valor de mercado do imóvel, o qual não pode ser, no entanto, inferior ao valor patrimonial tributário (VPT) do mesmo, à data da transmissão. Assim, como o VPT é superior ao valor de mercado, esta sociedade deverá acrescer ao lucro tributável, do ano t, o valor de 800 000 €.

[37] As variações patrimoniais positivas, obtidas a título gratuito, passaram a concorrer para o lucro tributável na sequência da abolição do imposto sobre sucessões e doações operada pelo Decreto-Lei n.º 287/2003, de 12 de novembro.

Exercícios

Exercício 1: Distribuição de lucros

Uma sociedade atribuiu em assembleia geral, realizada no ano *t*, e pagou no ano *t*, a título de participação nos lucros do ano *t*-1, um prémio de 50 000 € ao seu sócio-gerente e de 100 000 € aos trabalhadores. A remuneração mensal do sócio-gerente (14 meses) é de 2000 €.

Exercício 2: Prémios de emissão de ações

A sociedade X, com o capital social de 100 000 €, representado por 100 000 ações de 1 € cada, decidiu adquirir, no ano *t*, 5000 ações próprias, representativas de 5% do seu capital social. O preço de aquisição será de 1,5 €, cada, o que equivale a um total de 7500 €. Durante o ano *t+2*, alienou esse lote ações pelo valor total de 8250 €.

Para efeitos fiscais como deve ser tratada esta operação?

Exercício 3:

Uma sociedade, que se dedica à atividade de consultadoria, entrega o imóvel onde tem prosseguido a sua atividade para realização do capital social de uma outra entidade, cujo objeto consiste na compra e venda de bens mobiliários.

Qual o enquadramento desta operação na ótica da sociedade beneficiária?

Exercício 4:

A sociedade AB (associante) celebrou, em 31 de junho do ano t, com a sociedade XY (associada), que se dedica à atividade de restauração, um contrato de associação em participação com a duração de 15 anos. A associada efetuará uma contribuição inicial no valor de 30 000 € recebendo anualmente, em contrapartida, uma percentagem de 20% sobre o valor do lucro da atividade da associante.

Qual o enquadramento fiscal das realidades acima descritas, quer na perspetiva do associante, quer na perspetiva do associado?

Resolução:

Exercício 1:

Os 100 000 € são aceites como custo fiscal (artigo 23.º, n.º 2, alínea d)), sendo que do sócio-gerente é aceite 2 vezes o valor da remuneração média mensal.

Como tal, a remuneração aceite como custo fiscal é de:
(2000 * 14 / 12) * 2 = 4667 €

O valor de 45 333 € (diferença entre os 50 000 € pagos e os 4667 € aceites fiscalmente), não é aceite fiscalmente, pelo que, este valor acresce à matéria coletável.

Exercício 2:

A sociedade X alienou por 8250 € um lote de ações que lhe havia custado 7500 €. Logo teve um ganho de 750 €.

A aquisição de quotas ou ações próprias determina uma redução no capital próprio, mas não do capital social, sendo ainda necessário, para poder efetuar a compra que a empresa disponha de reservas livres em dobro do contravalor a prestar. De acordo com o SNC, esta redução é inscrita a débito numa subconta de capital próprio. Na alienação, a empresa não deve reconhecer qualquer ganho ou perda na demonstração de resultados porque se trata de uma operação no âmbito dos capitais próprios, o que quer dizer que os eventuais ganhos deverão afetar uma conta de reservas.

Esta operação, para efeitos fiscais, enquadra-se na alínea a) do n.º 1 do artigo 21.º do Código do IRC, logo, não concorre para a formação do lucro tributável.

Exercício 3:

A entrega do imóvel para a realização do capital social constitui uma variação patrimonial positiva excluída de tributação, nos termos da alínea a) do n.º 1 do artigo 21.º do Código do IRC.

Exercício 4:

Na perspetiva do associante, o valor recebido a título de contribuição inicial tem a natureza de variação patrimonial positiva, a qual, nos termos da alínea c) do n.º 1 do artigo 21.º do Código do IRC, se encontra excluída de tributação. Já o valor respeitante às prestações efetuadas ao associado a título de participação nos lucros, tem a natureza de uma variação patrimonial negativa, a qual, nos termos da alínea d) do n.º 1 do artigo 24.º do Código do IRC, também se encontra excluída de tributação.

Por seu turno, na perspetiva do associado, o valor da sua contribuição inicial é um gasto dedutível nos termos do n.º 1 do artigo 23.º do Código do IRC, pois foi suportado para obter ou garantir um rendimento sujeito a

IRC. Ao invés, o rendimento respeitante a 20% do lucro é sujeito a tributação nos termos gerais, embora com a possibilidade de ficarem isentos de tributação, se forem reunidas as condições aplicáveis do regime de *participation exemption* (n.º 4 do artigo 51.º do Código do IRC).

7. Encargos não dedutíveis

Síntese

- Os encargos não dedutíveis são aqueles que sendo aceites como custo contabilístico, não o são enquanto gasto fiscal.
- Estes encargos devem ser acrescidos à matéria coletável, no Quadro 7 da Declaração Modelo 22.

Desenvolvimento do tema

Existem diversos campos da Modelo 22[38], que devem ser preenchidos com os custos que não são aceites fiscalmente, nos termos do artigo 23.º-A do Código do IRC:

Encargos não dedutíveis
IRC, incluindo as tributações autónomas e os impostos diferidos, e outros impostos que direta ou indiretamente incidam sobre os lucros [artigo 23.º-A, n.º 1, alínea a)] Deve-se considerar o valor de estimativa de IRC, incluindo a derrama estadual e municipal, bem como os impostos diferidos.
Encargos evidenciados em documentos emitidos por sujeitos passivos com NIF inexistente ou inválido ou por sujeitos passivos cessados oficiosamente [artigo 23.º-A n.º 1, alínea c)] Neste campo devem ser incluídas as importâncias constantes de documentos emitidos por sujeitos passivos com n.º de identificação fiscal inexistente ou inválido, ou cessados oficiosamente pelos serviços nos termos do n.º 6 do artigo 8.º do Código do IRC ou por sujeitos passivos que não tenham entregue a declaração de inscrição, prevista na alínea a) do n.º 1 do artigo 117.º do mesmo diploma legal.

[38] Atualizado com o Despacho n.º 10911/2021 do Gabinete do Secretario de Estado Adjunto e dos Assuntos Fiscais, publicado na 2.ª Série do Diário da República n.º 217/2021, de 9 de novembro..

Impostos, taxas e outros tributos que incidam sobre terceiros que o sujeito passivo não esteja legalmente obrigado a suportar [artigo 23.º-A, n.º 1, alínea f)]
Quaisquer impostos e outros encargos que incidam sobre terceiros (por exemplo as retenções na fonte de IRS e IRC, bem como o imposto de selo a ser liquidado por terceiros), que o sujeito passivo não esteja legalmente autorizado a suportar. Também não é aceite o IVA suportado em resultado de não ser exercido o direito à sua restituição, conferido pela 8.ª Diretiva do Conselho (79/1072/CEE), de 6 de dezembro, por entender que não se verifica o requisito de indispensabilidade exigido pelo n.º 1 do artigo 23.º do Código do IRC (Circular n.º 14/2008). Neste campo, deve ainda adicionar-se a eventual insuficiência de estimativa de imposto no ano anterior e registada na conta 6885 – Insuficiência da estimativa para impostos. Saliente-se que, na declaração Modelo 22, existe um campo para deduzir o eventual excesso de estimativa de imposto no ano anterior e registada na conta 7882 – Excesso da estimativa para impostos. Sempre que nos termos da NCRF 25 – Impostos sobre o Rendimento, forem reconhecidos impostos diferidos, tal reconhecimento não concorre para a formação do resultado tributável, pelo que terá sempre que ser corrigido no Quadro 07 da Modelo 22.
Multas, coimas, juros compensatórios, juros moratórios e demais encargos pela prática de infrações [artigo 23.º-A, n.º 1, alínea e)]
Trata-se contudo de encargos de natureza não contratual, procurando-se desta forma não beneficiar infrações. Inclui também as custas dos processos, honorários de advogados e ainda outras despesas efetuadas pela empresa em consequência de infrações de natureza fiscal, de trânsito, ou outra, exceto as de origem contratual, quando a sua pretensão não obtiver vencimento.
Indemnizações por eventos seguráveis [artigo 23.º-A, n.º 1, alínea g)]
Esta norma tem como objetivo evitar certas formas de evasão ou abuso fiscal. Contudo, é apenas aplicável a indemnizações pagas a terceiros. Ou seja, os danos próprios, independentemente do risco ser ou não segurável, são aceites como custos fiscais. Por exemplo, no caso da existência de uma franquia, esse valor concorre para o lucro tributável, não sendo considerado neste campo. De acordo com a Informação Vinculativa no Processo 609/96 com despacho de 1996-04-30, os gastos suportados voluntariamente pela entidade, com o objetivo de evitar acréscimos em gastos futuros, serão fiscalmente aceites por enquadramento no artigo 23.º do Código do IRC, desde que o aumento dos gastos que esta suportaria pelo agravamento dos prémios de seguro seja, efetivamente, superior ao valor das indemnizações por si pagas diretamente.
Ajudas de custo e encargos com compensação pela deslocação em viatura própria do trabalhador [artigo 23.º-A, n.º 1, alínea h)]
Refira-se que uma viatura é considerada como própria do trabalhador se não fizer parte do ativo da empresa, nem provocar qualquer tipo de gastos na mesma. É irrelevante se a viatura é propriedade do trabalhador, desde que seja utilizada por ele, e não seja propriedade da empresa. Estes gastos são aceites fiscalmente se faturados a clientes, ou sempre que sujeitos a tributação em sede de IRS na esfera do trabalhador beneficiário. Só deverão ser incluídos neste campo, se a entidade patronal não dispuser de mapas que permitam controlar as deslocações a que esses gastos se referem, os conhecidos boletins itinerários. Contudo, caso a empresa não disponha de mapas, mas os rendimentos sejam tributados em categoria A na esfera dos trabalhadores, não terão de ser considerados neste campo do Quadro 7 (sendo sujeita a retenção na fonte em IRS, conforme o n.º 4 do artigo 103.º do Código do IRS). Esta norma aplica-se também a sócios-gerentes, gerentes e administradores, nas mesmas condições que aos trabalhadores. Assim, as despesas faturadas a clientes, despesas não faturadas a clientes mas tributadas em sede de IRS do colaborador da empresa e despesas não faturadas a clientes nem tributadas em sede de IRS do colaborador mas com mapas justificativos são aceites como custo fiscal em sede de IRC, e sujeitas a tributação autónoma. Ou seja, apenas as despesas não faturadas a clientes nem tributadas em sede de IRS do colaborador e sem mapas justificativos não são aceites como custo fiscal em IRC[39].

[39] *Vd., sobre este assunto*, a Circular n.º 12, de 29 de abril de 1991, o Decreto-Lei n.º 106/98, de 24 de abril e o Decreto-Lei n.º 137/2010, de 28 de dezembro.

Despesas não documentadas [artigo 23.º-A, n.º 1, alínea b)]

Existe uma diferença entre encargos não devidamente documentados e gastos não documentados. Embora ambos não sejam aceites fiscalmente, os segundos são também sujeitos a tributação autónoma. Assim, desincentiva-se, através de uma penalização forte, aquilo que antes era designado por «despesas confidenciais». Um encargo deve entender-se como não documentado, quando não apoiado em documento externo que permita conhecer fácil, clara e precisamente a operação que lhe está subjacente, nem permita evidenciar a causa e a natureza do mesmo. Deve incluir todos os gastos não documentados que foram reconhecidos na contabilidade.

Encargos não devidamente documentados

Encargos cuja documentação não cumpra o disposto nos n.ºs 3 e 4 do artigo 23.º;

As importâncias constantes de documentos emitidos por sujeitos passivos com n.º de identificação fiscal inexistente ou inválido, ou cessados oficiosamente pelos serviços nos termos do n.º 6 do artigo 8.º do Código do IRC.

Encargos com o aluguer de viaturas sem condutor [artigo 23.º-A, n.º 1, alínea i)][40]

São acrescidos neste campo os gastos com o aluguer de condutor de viaturas ligeiras de passageiros ou mistas, na parte correspondente ao valor das depreciações dessas viaturas, que não sejam aceites fiscalmente (artigo 34.º, n.º 1, alíneas c) e e)). Ver também Circular n.º 24/91, de 19 de dezembro.

Exemplo: se uma empresa tiver um contrato de aluguer de longa duração sem condutor, e um valor de viatura de 40 000 €, tendo uma amortização financeira de 10 000 € (25% desse valor), o limite das depreciações seria de 6250 € (25 000 * 25%).

Acréscimo no campo 732 : 3750 €

Correção no campo 365, acréscimo de 3500 € (35% desse valor), como tributação autónoma.

Despesas ilícitas [artigo 23.º-A, n.º 1, alínea d)]

Encargos com combustíveis [artigo 23.º-A, n.º 1, alínea j)]

Apenas será de acrescer na parte em que o SP não faça prova de que os mesmos respeitam a bens pertencentes ao seu ativo ou por ele utilizados em regime de locação financeira e de que não são ultrapassados os consumos normais.

O ónus da prova de que os consumos normais não foram ultrapassados pertence ao sujeito passivo, pelo que, nas faturas de combustível, deve constar, além da matrícula da viatura, o número de quilómetros percorridos à data do abastecimento.[41]

[40] *Vd.*, sobre este assunto, a Informação Vinculativa n.º 694/2019, com referência ao processo n.º 15076, de 24 de abril de 2019, sobre o enquadramento, em sede de IRC, de um gasto decorrente de um furto de valores monetários. Salienta-se o facto de em tal informação se afirmar que «em regra, não se poderá concluir que as perdas que resultem de furtos possam ser consideradas como decorrentes da atividade normal desenvolvida pelos sujeitos passivos, nem que contribuam para obter ou garantir rendimentos sujeitos a IRC, não podendo, dessa forma, aceitar-se para efeitos fiscais, a sua dedutibilidade». Contudo, não deixa de ser admitido que, em situações excecionais que cumpram certas condições, «tal princípio possa ser derrogado, devendo, para o efeito, proceder-se a uma análise casuística e circunstanciada da situação em concreto. Verificação da necessidade de existir numerário em caixa, que o seu quantitativo seja razoável face ao caso concreto e que a ocorrência do sinistro seja devidamente comprovada.»

[41] *Vd.*, sobre o assunto, o Acórdão do TCAS de 14 de janeiro de 2020, proferido com referência ao processo n.º 282/03.6BTLRS, disponivel em www.dgsi.pt.

Encargos relativos a barcos de recreio e aeronaves de passageiros [artigo 23.º-A, n.º 1, alínea k)]
Juros e outras formas de remuneração de suprimentos e empréstimos feitos pelos sócios à sociedade [artigo 23.º-A, n.º 1, alínea m)] Neste caso apenas será de acrescer ao lucro tributável o valor dos suprimentos e outros empréstimos dos sócios à sociedades, na parte em que excedam a taxa definida na Portaria n.º 279/2014, de 30 de dezembro. De acordo com a referida portaria, o valor limite da remuneração dos suprimentos e empréstimos feitos pelos sócios à sociedade aceite como gastos, tem por base a taxa EURIBOR a 12 de meses acrescida de um *spread* de 2%. No caso de se tratar de uma PME, tal como definidas no Decreto-Lei n.º 372/2007, de 6 de novembro, o *spread* a acrescer àquela taxa é, por seu turno, de 6%. Na base desta norma está a tentativa de se evitar que as sociedades distribuam lucros encobertos aos seus acionistas.
Gastos não dedutíveis referentes à participação nos lucros por membros dos órgãos sociais [artigo 23.º-A, n.º 1, alínea o)] Passou, a partir de 1 de janeiro de 2014, a constar deste artigo. Até essa data, constava no artigo 24.º do Código do IRC, considerando-se uma variação patrimonial negativa que não concorria para o lucro tributável. Refira-se, no entanto, que estes gastos apenas serão de acrescer ao lucro tributável quando as respetivas importâncias não sejam pagas aos beneficiários até ao fim do período de tributação seguinte. Acresce à matéria coletável as gratificações aos órgãos sociais que sejam detentores de mais de 1% do capital social da empresa, na parte que excede 2 vezes a remuneração média mensal (*vd.*, sobre este assunto, a Circular n.º 8/2000, de 11 de maio, da Direção de Serviços do IRC).
Contribuição sobre o sector bancário [artigo 23.º-A, n.º 1, alínea p)] Esta contribuição foi criada com o propósito de assegurar que todos os agentes participam no esforço de consolidação orçamental, principalmente aqueles que têm maior capacidade contributiva. Esta taxa foi criada com o Orçamento do Estado para 2011 e tem vindo a ser renovada sucessivamente. A taxa varia entre 0,0003% e 0,07% e incide sobre o passivo apurado e aprovado pelos sujeitos passivos deduzido dos fundos próprios de base (tier 1) e complementares (tier 2) e dos depósitos abrangidos pelo Fundo de Garantia de Depósitos e sobre o valor nocional dos instrumentos financeiros derivados fora do balanço apurado pelos sujeitos passivos. Com a alteração introduzida pela Lei do Orçamento de Estado para 2020, foi criado o adicional a esta contribuição do setor bancário («adicional de solidariedade» sobre o sector bancário). O valor deste novo «adicional» corresponde à aplicação de uma percentagem de 0,02% sobre os valores dos elementos dos passivos das instituições bancárias abrangidas, acrescida da aplicação de uma percentagem de 0,00005% sobre o valor nocional dos instrumentos financeiros derivados fora do balanço dessas mesmas entidades.
Contribuição extraordinária sobre o sector energético [artigo 23.º-A, n.º 1, al. q)] À imagem de outros sectores, o Orçamento de Estado para 2014 (Lei n.º 83-C, de 31 de dezembro) criou uma contribuição sobre o sector energético, a qual tem como objetivo arrecadar receita para o Fundo para a Sustentabilidade Sistémica do Sector Energético.
Importâncias pagas ou devidas a entidades não residentes sujeitas a um regime fiscal privilegiado [artigo 23.º-A, n.º 1, alínea r) e n.º 7] Trata-se de uma norma antiabuso que visa impedir que as importâncias pagas ou devidas, a qualquer título, a pessoas singulares ou coletivas residentes fora do território português e aí submetidas a um regime fiscal a que se referem os n.os 1 ou 5 do artigo 63.º-D da Lei Geral Tributária (LGT), ou cujo pagamento seja efetuado em contas abertas em instituições financeiras aí residentes ou domiciliadas, salvo se o sujeito passivo provar que tais encargos correspondem a operações efetivamente realizadas e não têm um carácter anormal ou um montante exagerado, sem que essas transferências respeitem a verdadeiras operações comerciais[42].

[42] O disposto na alínea r) do n.º 1 aplica-se igualmente às importâncias indiretamente pagas ou devidas, a qualquer título, às pessoas singulares ou coletivas residentes fora do território português e aí submetidas a um regime fiscal claramente mais favorável a que se referem os n.os 1 ou 5 do artigo 63.º-D da LGT, quando o sujeito passivo tenha ou devesse ter conhecimento do seu destino, presumindo-se esse conhecimento quando existam relações especiais,

Refira-se que, para além destes encargos não serem dedutíveis para efeitos fiscais ainda se encontram sujeitos a tributação autónoma, salvo se, em ambos os casos, os sujeitos passivos comprovarem que tais encargos correspondem a operações efetivamente realizadas e não têm um carácter anormal ou um montante exagerado.

Contribuição extraordinária sobre a indústria farmacêutica [artigo 23.º-A, n.º 1, alínea s), aditada pela Lei n.º 114/2017, de 29 de dezembro]

A contribuição extraordinária sobre a indústria farmacêutica (CEIF) foi criada pela Lei n.º 82-B/2014, de 31 de dezembro (Lei do Orçamento do Estado para 2015), com o objetivo de financiar o Serviço Nacional de Saúde.

A taxa incidente sobre as transações de medicamentos em território nacional varia entre 2,5% e 14,3%, consoante o tipo de medicamento, e é calculada sobre o valor total das vendas.

Adicionalmente, também não concorre para a formação do lucro tributável os gastos com as contribuições de solidariedade sobre os setores da energia e da distribuição alimentar, adicional de solidariedade sobre o setor bancário.

Outras perdas relativas a instrumentos de capital próprio e gastos suportados com a transmissão onerosa de instrumentos de capital próprio de entidades não residentes sujeitas a um regime fiscal privilegiado [artigo 23.º-A, n.os 2 e 3)]

Não são aceites como gasto as menos-valias e outras perdas relativas a instrumentos de capital próprio, na parte do valor que corresponda à distribuição de lucros e reservas ou mais-valias realizadas, relativamente à mesma entidade que tenha beneficiado, no próprio período de tributação ou nos 4 anteriores, do regime da *participation exemption*. Por outro lado, também não são aceites como gastos, as despesas incorridas com a alienação de instrumentos de entidades com residência em *offshores*.

Correções relativas a períodos de tributação anteriores

De acordo com o princípio da periodização económica, os rendimentos e os gastos, bem como outras componentes positivas ou negativas do lucro tributável, devem ser imputados ao período de tributação a que digam respeito. Podem, no entanto, ser deduzidos noutro período se no período a que deviam ser imputados eram totalmente desconhecidos ou manifestamente imprevisíveis. Não sendo este o caso, tratando-se de gastos relativos a período de tributação anteriores devem ser acrescidos ao LT no campo 710. Por outro lado, tratando-se de réditos de outros períodos devem ser deduzidos ao LT no campo 756.

Gastos de benefícios de cessação de emprego, benefícios de reforma e outros benefícios pós emprego ou a longo prazo dos empregados

Estes gastos, se não forem considerados rendimentos de trabalho e não forem enquadrados no artigo 43.º, não são dedutíveis. Apenas serão considerados como gastos no período de tributação em que sejam colocados à disposição dos funcionários, sendo deduzidos no campo 761.

Para efeito da alínea h) do n.º 1 do artigo 23.º-A do Código do IRC, as ajudas de custo se faturadas a clientes são aceites como custo fiscal. Se não forem faturadas a clientes, podem ser ou não aceites fiscalmente. Assim, se forem tributadas em IRS serão aceites como custo fiscal em IRC. Se não forem tributadas em IRS, só serão aceites no caso de existir uma justificação para a deslocação (observando os limites em vigor para a administração pública).

nos termos do n.º 4 do artigo 63.º, entre o sujeito passivo e as referidas pessoas singulares ou coletivas, ou entre o sujeito passivo e o mandatário, fiduciário ou interposta pessoa que procede ao pagamento às pessoas singulares ou coletivas.

Para efeitos dos limites de aplicação e de valores, temos (considerando todo o percurso do colaborador)[43].

- Até 20 km, não tem direito a ajudas de custo;
- Entre 20 e 50 km, têm direito a 25% das deslocações diárias;
- A partir de 50 km, tem direito a 100% das deslocações diárias.

Exercícios

Exercício 1:

A empresa X pagou juros (Euribor a 12 meses + spread de 10%) durante o ano t, no valor de 30 000 €, ao seu sócio único, resultante dos suprimentos que este fez à empresa, no valor de 300 000 €. Esta empresa, de acordo com o certificado emitido pelo IAPMEI, é considerada uma PME, nos termos do Decreto-Lei n.º 372/2007, de 6 de novembro. Os juros pagos são ou não considerados gasto fiscal na totalidade?

Exercício 2:

No ano *t*, foi celebrado um contrato de ALD relativamente a uma viatura ligeira de passageiros. O valor da viatura é de 55 000 €. A amortização financeira no ano *t* foi de 12 000 €.

Qual o montante que não é aceite como gasto fiscal?

Exercício 3:

Uma dada empresa pretende reconhecer como gasto do período, no ano *t*, e com base numa estimativa fiável, a sua obrigação construtiva relativa aos benefícios dos empregados, a título de participação nos lucros, fundamentando-se na prática passada.

[43] O Acórdão do Tribunal Central Administrativo Norte, datado de 8 de novembro de 2007, indica que só são devidas ajudas de custo quando o trabalhador é deslocado do seu local habitual de trabalho. Se for contratado especificamente para trabalhar num local fora da sede da entidade patronal, já não serão devidas ajudas de custo. Assim, são devidas ajudas de custo quando houve mudança do local de trabalho contratualmente previsto ou deslocações, por força da prestação ocasional do trabalho fora do local habitual ou por força da transferência das instalações da sua entidade patronal. Quando não verificada aquela circunstância, a respetiva retribuição constituirá um complemento de remuneração sujeita a tributação, em sede de IRS, na esfera do beneficiário (cf. Acórdão proferido com referência ao processo n.º 01006/04.6BEBRG, disponível em www.dgsi.pt).

Com base nos cálculos efetuados, a empresa estimou em 5% as gratificações a atribuir, cabendo ao gerente o valor de 7500 €, auferindo uma remuneração mensal de 3000 €.

O seu filho é sócio da empresa com uma participação de 20%.

Quais as correções fiscais a efetuar?

EXERCÍCIO 4:

No final do ano *t*, a empresa R reconheceu como gastos dedutíveis em gratificações o valor de 150 000 €, correspondente a 20% do resultado líquido do período. Ao gerente foi atribuído o montante de 18 000 €, sendo o restante repartido pelos restantes empregados.

Sabendo que:

- O vencimento anual (14 meses) do gerente, no ano *t*, foi de 60 000 €;
- O gerente detém 10% da empresa;
- As gratificações não vieram a ser pagas durante o ano *t*+1.

Qual o valor que a empresa pode considerar como gasto fiscal, respetivamente, no ano *t* e no ano *t*+1?

SOLUÇÕES:

EXERCÍCIO 1:

Nos termos da alínea m) do n.º 1 do artigo 23.º-A do Código do IRC e da Portaria n.º 279/2014, de 30 de dezembro, no caso das PME é considerado como gasto aceite fiscalmente o valor dos juros à taxa EURIBOR a 12 meses acrescida de um *spread* de 6%. Como a empresa acordou com o sócio o pagamento de uma taxa de juro indexada à EURIBOR a 12 meses, acrescida de um *spread* de 10%, terá que acrescer ao lucro tributável o valor correspondente à diferença.

EXERCÍCIO 2:

Nestes casos, o valor aceite fiscalmente é aquele que seria aceite caso a empresa optasse por adquirir o carro. Assim teríamos 12 000 – 6250* = 5750 €

* Valor aquisição: 25 000 € (valor máximo aceite fiscalmente) ⋆ 25% (Taxa prevista no Decreto Regulamentar n.º 25/2009, de 14 de setembro) = 6250 €

Exercício 3:

Embora o gerente não seja detentor direto de nenhuma participação na sociedade, considera-se que seja, a título indireto, por via do seu filho (cf. n.º 6 do artigo 23.º-A do Código do IRC).

Valor da gratificação a atribuir ao gerente: 7500 € (a ser pago ou colocado a disposição ate ao fim do ano *t*+1)

Remuneração mensal média do gerente: 3000 * 14 / 12 = 3500 €

Limite: 300 * 2 = 7000 €

Valor não aceite como gasto fiscal (acresce no Quadro 07 da modelo 22): 500 € (7500 – 7000).

Exercício 4:

Sendo o gerente titular de 10% do capital da sociedade, a gratificação que lhe foi atribuída fica sujeita ao limite previsto no artigo 23.º-A, n.º 1, alínea o).

Ordenado médio mensal: 60 000 : 12 = 5000

Limite do gasto dedutível: 5000 * 2 = 10 000

Gasto não dedutível para efeitos fiscais (valor a acrescer no quadro 07): 8000 € (18 000 € – 10 000 €).

No ano *t*:

A empresa só podia considerar como gasto fiscal o valor de 10 000 € (60 000 / 12 * 2).

Na declaração de rendimentos do ano *t*+1, a sociedade tinha de acrescer o IRC que deixou de ser liquidado no ano *t*+1, acrescido dos juros compensatórios por não ter pago as gratificações.

8. Imparidades de inventários e imparidades de ativos não correntes

Desenvolvimento do tema

Os inventários integram o ativo corrente das empresas, onde devem permanecer até ao reconhecimento do rédito, ou seja, até que os inventários sejam vendidos, salvo quando sejam consumidos no decurso normal da atividade ou o seu destino for o abate.[44] O valor atribuído pelas empresas aos seus inventários tem uma importante influência nos seus resultados, sendo

[44] *Vd.*, sobre o abate ao ativo de existências armazenadas fora do território nacional, a Informação Vinculativa n.º 1489/1995, em que se afirma que «o valor das existências armazenadas fora do território nacional, abatido ao inventário poderá ser considerado custo do exercício em que se proceder ao abate, nos termos da alínea a) do n.º 1 do art.º 23.º do Código do IRC, desde que sejam cumpridos os seguintes condicionalismos: 1. Comunicar previamente aquele facto – indicando o dia e local – aos serviços competentes, para que os agentes de fiscalização possam, se assim o entenderem, exercer o devido controle. Aquela comunicação deverá ser feita com a devida antecedência, por forma a que seja possível solicitar às entidades fiscais do país em que os bens se encontram armazenados, se os serviços assim o entenderem, a confirmação da referida destruição. 2. Elaboração de auto de destruição ou inutilização dos bens objeto de abate, com indicação dos respetivos valores, quantidades e referências, comprovado pelos responsáveis dos sectores de onde os bens eram originários e testemunhado pela entidade que procedeu ao abate.
Este auto deverá, também, ser comprovado pelo Diretor Financeiro e por uma entidade considerada idónea, que poderá ser um revisor oficial de contas. 3. Caso as autoridades fiscais do país em que os bens se encontram armazenados exijam o cumprimento de outras formalidades para efeitos do controlo do IVA relativo aos bens objeto de abate, deverão esses elementos ser igualmente relevantes para efeitos de dedutibilidade em IRC.»

que o seu correto tratamento contabilístico revela-se, naturalmente, de uma grande relevância.

Assim, os inventários, dependendo da atividade exercida pela empresa, podem ser divididos como se segue:

- Mercadorias;
- Matérias-primas e subsidiárias;
- Produtos e trabalhos em curso;
- Subprodutos e resíduos;
- Produtos acabados.

O custo dos inventários deve incluir todos os custos de compra, os custos de conversão (produção transformação) e outros custos incorridos para colocar os inventários no seu local e nas suas condições atuais.

Por seu lado, os custos de compra dos inventários devem incluir o valor dos direitos de importação e outros impostos, custos de transporte, manuseamento bem como o valor dos descontos comerciais e abatimentos.

Já como custos de conversão consideram-se os materiais incorporados, os gastos gerais de fabrico e a mão-de-obra utilizada.

Podem ainda ser incluídos outro tipo de gastos, como por exemplo, encargos financeiros relativamente a inventários que requeiram um período alargado de tempo e quantias avultadas de dinheiro para serem construídos.

O Sistema de inventário permanente é obrigatório, desde 2016, para todas as entidades que apliquem o SNC ou as IFRS, exceto para as microentidades, empresas do sector primário e entidades que predominantemente prestem serviços e com um CMVMC (custo das mercadorias vendidas e das matérias consumidas) inferior a 300 000 € ou em que tal CMVMV seja mais de 20% dos custos operacionais.[45]

[45] De acordo com o Ofício-circulado n.º 20.193, de 23 de junho de 2016, é aceitável, para efeitos fiscais, que o registo contabilístico possa ser efetuado, pelo menos, no final de cada mês. A Comissão de Normalização Contabilística, em parecer emitido à Administração Tributária entendeu que «a aplicação do sistema de inventário permanente na escrituração comercial digráfica pode basear-se em registos extra contabilísticos, os quais deverão identificar os bens quanto à natureza, quantidade e custos unitários e globais, suscetíveis de permitirem o controlo da correspondência entre os valores constantes dos registos contabilísticos e os valores apurados com base nas contagens físicas dos inventários».

Quanto às fórmulas de custeio de saída, temos:

- A identificação específica que se traduz na incorporação de custos específicos a elementos identificados de inventário. Este método é aconselhável no uso de itens segregados para um projeto específico;
- A fórmula «*first in first out*» (FIFO), a qual nos indica que o custo das mercadorias vendidas tem por base os primeiros itens dos inventários a serem comprados, de maneira a que os itens que permaneçam em armazém no fim do período sejam aqueles que foram comprados em último;
- E o custo médio ponderado, em que o custo de cada item é determinado a partir da média ponderada do custo de itens semelhantes no começo de um período e do custo de itens semelhantes comprados ou produzidos durante o período.

Por sua vez, considera-se como valor realizável líquido a quantia líquida que uma entidade espera vir a realizar com as vendas e que é igual ao preço de venda estimado no decurso ordinário da atividade da empresa, menos os custos estimados de acabamento e os necessários para realizar a venda.

No que respeita à sua mensuração, os inventários são inicialmente reconhecidos pelo custo de aquisição ou de produção, podendo, posteriormente, vir a ser mensurados ou ao custo ou ao valor realizável líquido, dos dois o que for mais baixo. Ou seja, inicialmente a mensuração dos inventários deverá ser feita ao custo de aquisição, mas se a empresa estimar que o valor de venda menos os custos estimados de acabamento e os necessários para realizar a venda são inferiores ao valor de custo deverá reduzir o valor dos inventários para o valor realizável líquido.

Em termos fiscais, a matéria referente aos inventários encontra-se prevista nos artigos 26.º a 28.º do Código do IRC e é muito semelhante às regras utilizadas na normalização contabilística.

O artigo 26.º do Código do IRC estabelece que, para efeitos de determinação do lucro tributável, os rendimentos e gastos dos inventários são os que resultam da aplicação dos critérios de mensuração previstos no SNC que utilizem:

- Custos de aquisição ou de produção;
- Custos padrão apurados de acordo com técnicas contabilísticas que podem, no entanto ser corrigidas pela Administração Fiscal em caso de desvios significativos;

- Preços de venda deduzidos da margem normal de lucro, utilizado em sectores em que é muito difícil apurar o custo de aquisição ou de produção;
- Preços de venda dos produtos colhidos de ativos biológicos no momento da colheita, deduzidos dos custos estimados no ponto de venda, excluindo os de transporte e outros necessários para colocar os produtos no mercado.

Podem, no entanto, ser utilizados outros critérios de mensuração, desde que seja solicitada autorização à Administração Fiscal até ao termo do período de tributação, indicando o critério a adotar e a justificação para a sua utilização.

A entidade deve, na data do balanço, testar o valor dos inventários para aferir se o valor pelo qual os inventários foram inicialmente mensurados (valor de custo) é superior ao seu valor realizável líquido. Se assim for, a entidade deve considerar uma perda por imparidade e reduzir o valor dos inventários para o seu valor realizável líquido, dado que os bens do ativo não devem ser registados por quantias superiores em relação à quantia que se estima vir a receber com a sua venda. O valor da imparidade corresponde, assim, à diferença entre o custo dos inventários e o seu valor realizável líquido.

Para a determinação da estimativa do valor realizável líquido dever-se-ão criar condições para a existência de provas, as mais fiáveis possíveis, que de facto demonstrem que as quantias a recuperar com a venda dos inventários são inferiores ao custo dos inventários.

Porém, quando a circunstância que ditou o ajustamento deixar de se verificar, a imparidade deve ser revertida, devendo os inventários voltar a refletir o valor mais baixo entre o custo de aquisição o seu valor realizável líquido.

Se, e quando, a circunstância que ditou o registo da imparidade deixar de se verificar a entidade deve reverter o ajustamento e voltar a mesurar os inventários pelo seu valor inicial, sendo essa reversão considerada como um rendimento para efeitos de determinação do lucro tributável.

Vejamos um exemplo:

Uma marca de telefones tem, a 31 de dezembro do ano *t*, um *stock* elevado de aparelhos que sabe que ficarão ultrapassados assim que lançar no mercado a sua mais recente criação. Admite, para escoar esse *stock*, vir a lançar, uma campanha de venda desses telefones a um preço de saldo, preço esse que será inferior ao seu preço de produção. Pela informação disponível o número de aparelhos é de 2500 unidades a que corresponde um valor (custo de produção) de 120 € a unidade. O preço de venda estimado será de 80 € a unidade.

Indique qual o valor da perda por imparidade a criar?

RESOLUÇÃO:

Custo de produção total: 2500 * 120 = 300 000 €

Preço de venda estimado: 2500 * 80 = 200 000 €

Perda por imparidade aceite fiscalmente: 100 000 €

Exercícios

EXERCÍCIO 1:

No ano *t*, a sociedade X adquiriu, por 100 000 €, uma máquina para a sua atividade, que mensurou pelo custo de aquisição. A taxa de depreciação daquele equipamento, nos termos do Decreto Regulamentar n.º 25/2009, é de 25% ao ano.

No ano *t+1*, a empresa registou uma perda por imparidade, não aceite fiscalmente, no valor de 10 000 €.

Qual o tratamento fiscal destes acontecimentos, admitindo que o valor residual da máquina é zero?

EXERCÍCIO 2:

Uma empresa adquiriu no ano *t* um equipamento, por 50 000 € que afetou ao seu ativo não corrente pelo seu valor de aquisição. A vida útil do ativo é de 5 anos, nos termos do Decreto Regulamentar n.º 25/2009, de 14 de setembro.

No ano *t+2* a empresa contabilizou uma perda por imparidade não aceite fiscalmente, no valor de 5000 €.

No ano *t+4* a empresa alienou a máquina pelo valor de 15 000 €.

Qual o tratamento fiscal destes acontecimentos, admitindo que o valor residual da máquina é zero e que o coeficiente de correção monetária é 1?

EXERCÍCIO 3:

A sociedade X dedica-se ao comércio a retalho de roupa. Este sector caracteriza-se, em regra, pela distinção das suas coleções em dois: outono/ /inverno e primavera/verão. O período da primeira situa-se entre os meses de setembro e janeiro e, o da segunda entre os meses de fevereiro a agosto.

O que a empresa X não consegue vender da coleção de uma estação no período normal da estação, vende em período de saldos (com uma redução de 50% sobre o preço de venda ao público), antes da entrada da outra estação.

Normalmente a empresa aplica uma margem de lucro de 30% sobre o valor de compra. São os seguintes os dados relativos ao ano *t*:

Custo de aquisição da coleção de primavera/verão: 220 000 €

Vendas em época normal: 260 000 €.

Pretende-se a análise da situação da empresa relativamente aos saldos dos ativos para se aferir os eventuais ajustamentos a realizar.

Exercício 4:

Uma empresa que se dedica ao fabrico de calças de ganga verificou, no fim do período do ano *t*, que um lote de 500 peças do seu produto estava com defeito. O custo de produção foi de 15 000 € e a empresa estima que apenas consiga vender aquele lote por 10 000 €.

Qual o valor da perda por imparidade?

Soluções:

Exercício 1:

Ano *t*

Valor da depreciação: 100 000 € * 25% = 25 000 €

Esta depreciação é aceite na totalidade para efeitos fiscais.

Ano *t+1*

Valor da depreciação: 100 000 € * 25% = 25 000 €

Perda por imparidade: 10 000 €

Apenas é aceite como gasto fiscal o valor da depreciação. Acresce ao lucro tributável o valor de 10 000 €, relativo à perda por imparidade.

Ano *t+2*

Quantia depreciável: 100 000 € – 50 000 € – 10 000 € = 40 000 €

Depreciação: 40 000 € / 2 = 20 000 €

Valor da perda por imparidade não aceite em 2015 a dividir pelo n.º de anos de vida útil que faltam – 10 000 € / 2 = 5000 €

A empresa pode deduzir o valor da depreciação e ainda deduzir 5000 €, referente a parte da perda por imparidade

Ano *t+3*

Depreciação: 40 000 € / 2 = 20 000 €

A empresa pode deduzir o valor da depreciação e ainda deduzir 5000 €, referente a parte da perda por imparidade

Exercício 2:

Ano *t*

Depreciação: 50 000 € / 5 = 10 000 €

Esta depreciação é aceite na totalidade para efeitos fiscais.

Ano *t+1*

Depreciação: 50 000 € / 5 = 10 000 €

Esta depreciação é aceite na totalidade para efeitos fiscais.

Ano *t+2*

Depreciação: 50 000 € / 5 = 10 000 €

Perda por imparidade: 5000 €

Apenas é aceite como gasto fiscal o valor da depreciação. Acresce ao lucro tributável o valor de 5000 €, relativo à perda por imparidade

Ano *t+3*

Quantia depreciável: 50 000 € – 30 000 € – 5000 € = 15 000 €

Depreciação: 15 000 € / 2 = 7500 €

Valor da perda por imparidade não aceite no ano *t+2* a dividir pelo n.º de anos de vida útil que faltam – 5000 € / 2 = 2500 €

A empresa pode deduzir o valor da depreciação e ainda deduzir 2500 €, referente a parte da perda por imparidade. Deduz esse valor dado que o abateu no cálculo da depreciação.

Ano *t+4*

Mais-valia contabilística = 15 000 € – (50 000 € – 37 500 € – 5000 € = 7500 €

Mais-valia fiscal = 15 000 € – (50 000 € – 40 000 €) * 1 = 5000 €

Neste ano a empresa deduz o valor de 7500 €, relativo à mais-valia contabilística e acresce o valor da mais-valia fiscal, no montante de 5000 €.

Exercício 3:

Coleção de outono/inverno:

Custo de aquisição total da coleção........ 220 000 €

Vendas.. 260 000 € (corresponde a um custo de aquisição de 200 000 €)

O que restou da coleção de outono/inverno (20 000 €), se fosse vendida no período normal, resultaria num rédito de vendas de 26 000 €. Assim, o rédito das vendas será de apenas 13 000 €, ou seja, resulta numa imparidade de 7000 €, que deve ser reconhecida contabilisticamente a 31 de dezembro de *t+1*. Esta perda por imparidade é aceite fiscalmente.

Exercício 4:

A empresa pode criar uma perda por imparidade no valor de 5000 €.

9. Imparidades de créditos

Síntese

- Se a dívida de um cliente é considerada de cobrança duvidosa (em mora), a empresa pode realizar imparidades de créditos, que serão aceites como gastos fiscais se realizadas de acordo com as regras do IRC.
- Apenas serão aceites imparidades de créditos que resultem da atividade normal da empresa, incluindo os juros pelo atraso no pagamento.
- Em função do tempo de mora (a 31 de dezembro de cada período de tributação ou no final deste se for diferente do ano civil), a empresa pode realizar as seguintes imparidades:]6-12 meses]: 25%;]12-18 meses]: 50%;]18-24 meses]: 75%; mais de 24 meses: 100%. Note-se que estes valores são o limite da imparidade.
- Em cada período de tributação, a empresa apenas pode considerar como imparidade do exercício (para efeitos fiscais), o limite menos o valor já realizado em imparidades em anos anteriores (relativo a cada dívida, naturalmente).
- Dívidas sobre o Estado, créditos cobertos por seguros, créditos sobre pessoas singulares ou coletivas em «relação especial» com a empresa não podem ser sujeitos a imparidades fiscais, independentemente do tempo de mora da dívida.
- Dívidas em processo de insolvência ou dívidas reclamadas em tribunal podem ser objeto de imparidade a 100%, independentemente do tempo de mora.
- Se a imparidade contabilística > imparidade fiscal, a diferença acresce à matéria coletável.

- Se a imparidade contabilística < imparidade fiscal, não há correção fiscal mas perde o benefício nos anos seguintes.
- Se a dívida for paga, a imparidade é anulada, devendo ser considerada como ganho.

Desenvolvimento do tema

Independentemente dos ajustamentos que sejam feitos à luz da NCRF 18 (Inventários) ou NCRF 12 (Imparidade de ativos), para efeitos fiscais, nos termos da alínea a) do n.º 1 do artigo 28.º-A e do n.º 1 do artigo 28.º-B do Código do IRC, apenas são aceites as perdas por imparidade de créditos, com referência ao fim do período de tributação e que preencham, simultaneamente, três requisitos:

- Respeitem a créditos resultantes da atividade normal, ou seja, aquele que resulta das atividades principais e recorrentes da empresa[46];
- O risco de incobrabilidade se considere justificado;[47]
- Estejam evidenciados na contabilidade como créditos de cobrança duvidosa[48].

As imparidades para cobrança duvidosa são realizadas em função do tempo da dívida. Contudo, a mora conta-se a partir da data em que a dívida está em vencimento e não a partir da data da fatura (sendo obrigatório a empresa elaborar um balancete de saldo de clientes).

Período em mora	Valor do limite da imparidade
]0, 6 meses]	0%
]6, 12 meses]	25%
]12, 18 meses]	50%
]18, 24 meses]	75%
Mais de 24 meses	100%

[46] Excluem-se as operações financeiras, tais como adiantamentos, rendimentos de imóveis ou de participações de capital. Desde 2014, os juros de mora passaram a estar incluídos no montante de dívida a considerar para efeitos de imparidades.

[47] O risco de incobrabilidade, refere o n.º 1 do artigo 28.º-B° do Código do IRC, que tal risco se considera verificado nos seguintes casos: «*a) O devedor tenha pendente processo de insolvência e de recuperação de empresas ou processo de execução; b) Os créditos tenham sido reclamados judicialmente; c) Os créditos estejam em mora há mais de seis meses desde a data do respetivo vencimento e existam provas objetivas de imparidade e de terem sido efetuadas diligências para o seu recebimento*».

[48] Embora a Comissão de Normalização Contabilística não considere obrigatório, o normal é que se evidencie estas dívidas numa conta específica, de «*créditos de cobrança difícil ou duvidosa*».

Saliente-se que, no que respeita a dívidas em que exista processo especial de revitalização (PER) quando for celebrado e depositado, na Conservatória do Registo Comercial, acordo sujeito ao Regime Extrajudicial de Recuperação de Empresas (RERE)[49] ou processo de execução, de falência ou insolvência sobre o devedor, bem como créditos reclamados judicialmente ou em tribunal, a empresa pode registar uma imparidade de 100%, independentemente do tempo de mora decorrido (alíneas a) e b) do n.º 1 do artigo 28.º-B).

Não são contudo aceites as seguintes dívidas, nos termos do n.º 3 do mesmo artigo 28.º-B:[50]

«a) Os créditos sobre o Estado, Regiões Autónomas e autarquias locais ou aqueles em que estas entidades tenham prestado aval;

b) Os créditos cobertos por seguro, com exceção da importância correspondente à percentagem de descoberto obrigatório, ou por qualquer espécie de garantia real;

c) Os créditos sobre pessoas singulares ou coletivas que detenham mais de 10% do capital da empresa ou sobre membros dos seus órgãos sociais, salvo nos casos previstos nas alíneas a) e b) do n.º 1;

d) Os créditos sobre empresas participadas em mais de 10% do capital, salvo nos casos previstos nas alíneas a) e b) do n.º 1.

Adicionar:

e) Os créditos entre empresas detidas, direta ou indiretamente, nos termos do n.º 6 do artigo 69.º, em mais de 10% do capital pela mesma pessoa singular ou coletiva, salvo nos casos previstos nas alíneas a) e b) do n.º 1. (Adicionado pelo OE/2019).»

Nota: as últimas três alíneas aludem às denominadas «relações especiais».

O Código de IRC refere, contudo, que devem existir elementos objetivos de diligências no sentido de cobrar a dívida, tais como cartas, *faxes* ou emails. Adicionalmente, as empresas têm de elaborar um balancete de antiguidade dos saldos por cliente a 31 de dezembro de cada ano.

[49] O Regime Extrajudicial de Recuperação de Empresas (RERE) foi aprovado pela Lei n.º 8/2018, de 2 de março, com vista a «regular os termos e os efeitos das negociações e do acordo de reestruturação que seja alcançado entre um devedor e um ou mais dos seus credores, na medida em que os participantes manifestem, expressa e unanimemente, a vontade de submeter as negociações ou o acordo de reestruturação ao regime previsto na presente lei».

[50] *Vd.*, o Parecer n.º 11/95, do Centro de Estudos Fiscais, que entende que não são passíveis de ajustamento por riscos de cobrança os créditos provenientes de adiantamentos a fornecedores, juros de mora e venda de imobilizado.

Assim, tomemos o seguinte exemplo de apuramento das imparidades aceites fiscalmente:

Dívida de 1000 €, considerada em mora a 1 de junho do ano *t*.

- A 31/12/ano *t*, teremos 7 meses em mora, pelo que o limite é de 25%. A empresa pode registar uma imparidade de 250 €.
- A 31/12/ano *t+1*, teremos 19 meses, pelo que o limite é de 75%. Contudo, isso não significa que a empresa possa registar de imparidades 750 €. Esse valor é o limite máximo da conta de imparidades, mas como a empresa já registou, ano *t*, um valor de 250 €, agora apenas pode registar a diferença desse valor para o limite, ou seja, pode registar 500 € (ou seja, o limite é o stock da conta, sendo o valor da imparidade aceite fiscalmente em cada ano o fluxo).
- A 31/12/ano *t+2*, temos 31 meses, pelo que o limite é de 100%. Tal como em *t+1*, a empresa apenas pode registar a diferença do saldo acumulado na conta de imparidades (que agora é de 1000 €) e o limite, podendo assim registar como custo fiscal no ano *t+2* o valor de 250 €.

Assim, para efeitos de apuramento do lucro tributável, temos[51]:

- Se a imparidade contabilística > imparidade fiscal: a diferença acresce à matéria coletável, mas é recuperável nos anos seguintes.
- Se a imparidade contabilística < Iimparidade fiscal: não há correção, mas perde a possibilidade de no futuro registar a diferença como imparidades fiscais.

[51] Sempre que se verificar a inclusão neste campo de valores reconhecidos no resultado contabilístico do período não aceites para efeitos fiscais, a administração fiscal permite que, nesses casos, à medida que forem sendo fiscalmente aceites valores superiores, não aceites nos períodos em que foram reconhecidos na contabilidade, o sejam posteriormente, mediante a dedução no quadro 07 da declaração modelo 22. Trata-se mais uma vez de uma diferença temporária, cujo efeito fiscal acaba por ser anulado em períodos fiscais posteriores. Nos casos inversos, em que não tenham sido reconhecidas perdas por imparidade, ou ajustamentos até aos limites que seriam fiscalmente aceites, nada impede que o sejam mais tarde, sem prejuízo de a administração fiscal poder proceder às correções que entender adequadas, quando fundamentadamente demonstrar que tal procedimento visou apenas intenção de evasão fiscal. É neste sentido que aponta o Ofício n.º 2248, da Direção de Serviços do IRC, de 19 de janeiro de 1998, o qual poderá manter atualidade.

Exercícios

EXERCÍCIO 1:

Caso Prático de Imparidades

Entidade	Valor dívida	Data mora	Imparidades 2019	Imparidades 2020	Imparidades 2021	Imparidades aceites fiscalmente 2021	Correção 2021
Empresa X	10 000	1-4-2020	0	2500	7500		
Empresa Y	5000	1-3-2020	0	0	2500		
Empresa Z	20 000	1-8-2021	0	0	5000		
Ministério da Economia	10 000	1-4-2019	0	0	10 000		
Sócio com 5% capital	5000	1-4-2019	0	0	5000		

EXERCÍCIO 2:

Uma empresa que no ano t tenha na conta de imparidades um valor de 200 000 €, quanto poderá considerar como aceite fiscalmente, considerando a seguinte estrutura das dívidas:

Cliente A, em mora há 13 meses: 50 000 €

Cliente B (dívida em mora há 18 meses) (participado em 11% pela empresa): 40 000 €

Cliente C, em mora há mais de 24 meses: 100 000 €

Empréstimo a um ex-colaborador, em mora há 8 meses: 50 000 €

EXERCÍCIO 3:

Na contabilidade da sociedade X foram contabilizadas, no ano *t*, as seguintes perdas por imparidade:

Dividas a receber (Clientes evidenciados como de cobrança duvidosa e que comprovadamente foram feitas diligências pela empresa para recuperar a dívida):

Sociedade ABC (participada em 50% pela sociedade X), em mora há 25 meses: 120 000 €

– Sociedade XYZ, em mora há 17 meses: 60 000 €

Outros devedores e credores (empréstimo concedido):

Administrador da empresa, em mora há 10 meses: 40 000 €

Aplicações Financeiras (Ações Banco TTT): 80 000 €

Qual o montante que pode ser aceite como gasto fiscal a título de perdas por imparidade?

Soluções:

Exercício 1

Entidade	Valor dívida	Data mora	Imparidades 2019	Imparidades 2020	Imparidades 2021	Imparidades aceites fiscalmente 2021	Correção 2021
Empresa X	10 000	1-4-2020	0	2500	7500	5000	2500
Empresa Y	5000	1-3-2020	0	0	2500	2500	0
Empresa Z	20 000	1-8-2021	0	0	5000	0	5000
Ministério da Economia	10 000	1-4-2019	0	0	10 000	0	10 000
Sócio com 5% capital	5000	1-4-2019	0	0	5000	1250	3750

Exercício 2:

Pode realizar imparidades de 50% do cliente A e 100% do cliente C, pelo que o valor aceite fiscalmente é de 125 000 €. Não pode realizar imparidades fiscais relativas ao Cliente B (dado que a participação é superior a 10%) e não pode fazer a imparidade da dívida do ex-colaborador, dado que não resulta da atividade normal da empresa.

Acresce 75 000 € no Q7 da Modelo 22.

Exercício 3:

Perdas por imparidade não aceites:

- Crédito sobre a sociedade ABC: empresa participada em mais de 10%.
- Crédito sobre administrador: por não resultar da atividade normal.
- Perdas por imparidade de investimentos financeiros: não aceite em termos fiscais por não estar prevista na alínea a) do n.º 1 do artigo 28.º-A.

A empresa terá que acrescer, ao lucro tributável do ano *t*, o valor de 240 000 €.

- Crédito sobre XYZ: considera-se como gasto o valor correspondente a 50% de 60 000 €, ou seja, 30 000 €, se no ano anterior não existiam provas objetivas de imparidade e diligências para o seu recebimento.

Montante aceite como gasto fiscal = 30 000 €

10. Depreciações

Síntese

- Apenas para elementos do ativo não corrente (fixo) sujeitos a depreciação.
- Métodos de cálculo: método da linha reta (outrora designado por quotas constantes), método das quotas decrescentes ou outro aceite pela Autoridade Tributária e Aduaneira.
- O método das quotas decrescentes não é aplicável a: bens adquiridos em estado de uso; edifícios; viaturas ligeiras de passageiros ou mistas; mobiliário e equipamentos sociais.
- Taxas de depreciação: Decreto Regulamentar n.º 25/2009, de 14 de setembro (alterado pelo Decreto Regulamentar n.º 4/2015, de 22 de abril).
- Elementos de valor inferior a 1000 € podem ser depreciados num só ano.
- As despesas em I&D também podem ser depreciadas num ano, exceto se efetuadas por terceiros mediante contrato
- Mensuração: pelo preço de aquisição/produção, valor de revalorização ou valor de mercado, se não houver outro.
- Atenção ao artigo 33.º n.º 1 do Código do IRC: depreciações não aceites como custo.
- Para cada bem é obrigatório o uso do mesmo método desde o início do funcionamento até ao final.
- Pode variar-se entre a quota mínima e a quota máxima no método da linha reta (antes designado por método das quotas constantes).

- Se a depreciação contabilística > depreciação fiscal: a diferença acresce à matéria coletável, mas é recuperável nos anos seguintes.
- Se a depreciação contabilística < depreciação fiscal: não há qualquer correção, mas perde a possibilidade de no futuro amortizar a diferença.
- Podem ser feitas desvalorizações excecionais por causas anormais, se comprovadas e aceites pela Autoridade Tributária e Aduaneira.

Desenvolvimento do tema

Para efeitos fiscais, a utilização das depreciações obriga a conjugar o disposto no Código do IRC (artigos 29.° a 34.° do Código do IRC), com o Decreto Regulamentar n.° 25/2009, de 14 de setembro, alterado pelo Decreto Regulamentar n.° 4/2015, de 22 de abril.

Nos termos do n.° 1 do artigo 1.° deste decreto regulamentar, «*podem ser objeto de depreciação ou amortização os elementos do ativo sujeitos a deperecimento, considerando-se como tais os ativos fixos tangíveis, os ativos intangíveis e as propriedades de investimento contabilizadas ao custo histórico que, com carácter sistemático, sofrerem perdas de valor resultantes da sua utilização ou do decurso do tempo*».

As depreciações ou amortizações irão incidir sobre o custo de produção ou de aquisição do ativo. Enquanto este último é o respetivo preço de compra, acrescido dos gastos acessórios suportados até à sua entrada em funcionamento ou utilização, o custo de produção de um ativo obtém-se adicionando ao custo de aquisição das matérias-primas, de consumo e da mão-de-obra direta, os outros custos diretamente imputáveis ao produto considerado, assim como a parte dos custos indiretos respeitantes ao período de construção ou produção que, de acordo com o sistema de custeio utilizado, lhe seja atribuível.

No custo de aquisição/produção inclui-se também o IVA suportado que nos termos legais não for dedutível. Contudo, o custo de aquisição/produção, para efeitos das depreciações fiscais, não considera (ao contrário da contabilidade), as despesas estimadas de desmantelamento ou qualquer outro custo residual (custo no final da vida útil do ativo, por via do seu fim).

Figura 6 – Utilização das tabelas do Decreto Regulamentar n.º 25/2009, de 14 de setembro

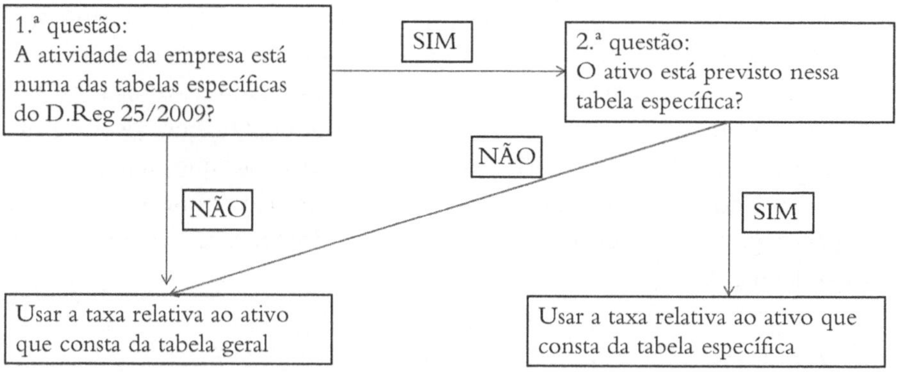

São também considerados no custo de aquisição/produção os custos dos empréstimos obtidos (incluindo as diferenças de câmbios) se relativos ao período anterior à entrada em funcionamento do ativo (se superior a 1 ano).

Nos termos do Código do IRC estão previstos dois métodos para depreciação dos ativos: método da linha reta e o método das quotas decrescentes.

O método regra é, conforme dispõe o n.º 1 do artigo 30.º, o método da linha reta, em que o valor da depreciação anual é calculado multiplicando o valor a depreciar (valor de aquisição / produção – valor residual) pela taxa de depreciação.

As taxas utilizadas deverão ser iguais ou inferiores às taxas previstas nas tabelas anexas ao Decreto Regulamentar n.º 25/2009, de 14 de setembro para o respetivo ativo, com o limite de metade daquela taxa (embora possa ser aceite uma depreciação inferior a metade, desde que comunicado e justificado à AT). Note-se que as quotas perdidas devem ser evidenciadas na Modelo 32, sendo consideradas, como veremos mais à frente neste livro, no cálculo das mais- e menos-valias.

Ainda quanto à determinação da taxa, deverá recorrer-se preferencialmente às taxas específicas previstas nas tabelas anexas ao Decreto Regulamentar, em função da atividade desenvolvida (Tabela 1) e só subsidiariamente, às taxas genéricas (Tabela II). Ou seja, na utilização das tabelas deve seguir-se o método ilustrado na Figura 6.

Nos casos de elementos do ativo não corrente sujeito a depreciação em que não seja possível estabelecer a taxa de depreciação, nos termos do descrito supra, são aceites as taxas que pela AT sejam consideradas adequadas, a requerimento do interessado.

Contudo, existe a possibilidade de aplicação do regime intensivo de utilização dos ativos depreciáveis. Ou seja, a possibilidade de aplicação de um acréscimo às taxas normais de amortização, de 25% no caso de laboração em dois turnos e de 50% no caso de ser superior a dois turnos. Também de salientar que, relativamente aos bens adquiridos em estado de uso, as taxas de reintegração são calculadas com base no correspondente período de utilidade esperada, suscetível de correção quando inferior ao que objetivamente deveria ter sido estimado, sendo certo que é necessário conhecer o ano em que pela primeira vez tiverem entrado em funcionamento e o número de anos já decorrido.

EXEMPLO DE DEPRECIAÇÕES PELO MÉTODO DA LINHA RETA:

Se um equipamento é adquirido por 1000 €, sem valor residual, e com uma taxa de depreciação de 20%, a depreciação anual aceite fiscalmente é de 200 € (1000 * 20%). O mesmo bem, se tiver um valor residual de 100 €, terá uma depreciação anual de 180 € [(1000 – 100) * 20%].

Como método alternativo, prevê-se a utilização do método das quotas decrescentes, que pode ser aplicável aos ativos fixos tangíveis novos, adquiridos a terceiros ou construídos ou produzidos pela própria empresa, e que não sejam: a) edifícios, b) viaturas ligeiras de passageiros ou mistas, exceto quando afetas à exploração de serviço público de transportes ou destinadas a ser alugadas no exercício da atividade normal do sujeito passivo, c) mobiliário e equipamentos sociais.

No caso da utilização do método das quotas decrescentes, aplicam-se os seguintes coeficientes:

- Se a amortização ocorrer entre 1 e 4 anos (inclusive): 1,5;
- Se a amortização ocorrer entre 5 e 6 anos: 2;
- Se a amortização ocorrer durante mais de 6 anos: 2,5.

EXEMPLO DE DEPRECIAÇÕES PELO MÉTODO DAS QUOTAS DECRESCENTES:

Se uma empresa adquirir, no ano *t,* um equipamento por 100 000 €, sujeito a depreciação por um período de 5 anos (taxa de 20%), como proceder à amortização, utilizando o método das quotas decrescentes?

SOLUÇÃO:

Aplicando o coeficiente de 2, temos uma taxa de amortização anual de 40%

ANO	CÁLCULO	QUOTA ANUAL	VALOR LÍQUIDO CONTABILÍSTICO
Ano *t*	100 000 * 40%	40 000 €	60 000 €
Ano *t+1*	60 000 * 40%	24 000 €	36 000 €
Ano *t+2*	36 000 * 40%	14 400 €	21 600 €
Ano *t+3*	21 600 * 40%	8640 €	12 960 €
Ano *t+4*	12 960 * 40%	5184 €	7776 €

Todavia, quando o valor da depreciação, pelo método das quotas decrescentes, for inferior ao valor da depreciação pelo número de anos que falta para depreciar totalmente o ativo, aplica-se a regra da divisão do valor residual pelo número de anos que falta depreciar:

ANO	CÁLCULO	QUOTA ANUAL	VALOR LÍQUIDO CONTABILÍSTICO
Ano *t*	100 000 * 40%	40 000 €	60 000 €
Ano *t+1*	60 000 * 40%	24 000 €	36 000 €
Ano *t+2*	36 000 * 40%	14 400 €	21 600 €
Ano *t+3*	21 600 / 2	10 800 €	10 800 €
Ano *t+4*	10 800 €	10 800 €	0,00 €

Como se pode observar, as quotas a considerar no ano *t+3* e no ano *t+4* serão de 10 800 € em cada ano.

Admite-se, ainda, a possibilidade de utilização de outros métodos de depreciação e amortização para efeitos fiscais, que não o método da linha reta ou das quotas decrescentes, sempre que a natureza do deperecimento ou a atividade económica o justifiquem e sejam aceites pela Autoridade Tributária e Aduaneira, mediante requerimento prévio apresentado para o efeito. Este requerimento só é obrigatório no caso de o método em causa conduzir a quotas de depreciação/amortização que excedam as quotas utilizadas no método de linha reta ou no método das quotas decrescentes, de acordo com o disposto no artigo 31.º do Código do IRC.

Refira-se, ainda, que os métodos de depreciação devem ser uniformemente seguidos ao longo dos períodos de tributação. Isto é, salvo autorização pela AT, a empresa deve manter o mesmo método de depreciação para o ativo específico ao longo da sua vida útil. Ou seja, se no 1º ano de depreciação do equipamento X a empresa escolheu o método das quotas constantes, deve manter esse método para o equipamento X ao longo da sua vida útil desse ativo.

EXEMPLO:

Uma empresa adquiriu uma máquina para a sua fábrica, no ano *t*, pelo valor de 100 000 €. A taxa de amortização é de 20%, pelo que o período mínimo de vida útil é de 5 anos e o período máximo de vida útil de 10 anos correspondendo a este uma quota mínima de 10%.

Suponhamos que a empresa tinha procedido à amortização da máquina do seguinte modo:

- Ano *t* 100 000 € * 20% = 20 000 €
- Ano *t+1* 100 000 € * 15% = 15 000 €
- Ano *t+2* 100 000 € * 8% = 8 000 €
- Ano *t+3* 100 000 € * 20% = 20 000 €
- Ano *t+4* 100 000 € * 20% = 20 000 €
- Ano *t+5* 100 000 € * 17% = 17 000 €

Ora, verifica-se que, no ano *t+2*, a empresa utilizou uma quota de depreciação que é inferior à quota mínima, perdendo, por isso, a possibilidade de considerar como custo, para efeitos fiscais, em exercícios futuros, o valor de 2 000 € correspondente a 2% (10% – 8%), que, neste caso, seria corrigido no ano *t+5*. (É neste exercício que a empresa ultrapassa os 100% de amortização, sendo de proceder à respetiva correção, uma vez que, em *t+2*, apesar de ter considerado a taxa de 8% é como tivesse amortizado a 10%).

Assim, para efeitos de apuramento do lucro tributável[52]:

- Se a depreciação contabilística > depreciação fiscal: a diferença acresce à matéria coletável, mas é recuperável nos anos seguintes.
- Se a depreciação contabilística < depreciação fiscal: não há correção, mas perde a possibilidade de no futuro amortizar a diferença.

Contudo, devemos ainda atender a algumas regras específicas relativamente às depreciações necessárias para efeitos do imposto em análise:

- Elementos de reduzido valor: os elementos do ativo sujeitos a deperecimento, cujos custos unitários de aquisição ou de produção não ultrapassem 1000 euros, podem ser totalmente depreciados ou amortizados num só período de tributação, devendo constar dos mapas das depreciações e amortizações pelo seu valor global, numa linha própria para

[52] As taxas perdidas acumuladas de um ativo devem ser indicadas na coluna 14 do mapa de depreciações e amortizações (modelo 32 de IRC). Salienta-se, como veremos mais à frente, que, estas quotas perdidas não podem ser recuperadas, pelo que não devem ser utilizadas no cálculo das mais e menos-valias.

os elementos adquiridos ou produzidos em cada período de tributação, com esta designação, elementos estes cujo período máximo de vida útil se considera, para efeitos fiscais, de um ano.

- Projetos de desenvolvimento: as despesas com projetos de desenvolvimento podem ser consideradas como gasto fiscal no período de tributação em que sejam suportadas.
- Edifícios: relativamente à depreciação dos edifícios, caso o valor do mesmo não esteja separado entre a conta de terrenos e a conta de edifícios, uma vez que apenas os últimos podem ser objeto de depreciação fiscal, deve-se acrescer 25% do valor da depreciação contabilística no Quadro 7 da Modelo 22. Contudo, o Decreto Regulamentar n.º 25/2009, de 14 de setembro, eliminou a exigência de evidenciar separadamente na contabilidade a parte do valor dos imóveis correspondentes ao terreno, transferindo-se essa exigência para o processo de documentação fiscal.
- Viaturas ligeiras de passageiros: a não-aceitação como gasto das depreciações de viaturas ligeiras de passageiros e mistas cujo custo de aquisição ultrapasse o montante definido na Portaria n.º 467/2010, de 7 de julho, por imposição da alínea e) do n.º 1 do artigo 34.º do Código do IRC.

Descrição	Período de tributação anterior a 1-1-2010	Período de tributação iniciado em, ou a partir de 1-1-2010	Período de tributação iniciado em, ou a partir de 1-1-2011	Período de tributação iniciado em, ou a partir de 1-1-2012
Viaturas ligeiras de passageiros ou mistas convencionais	29 927,87	40 000	30 000	25 000
Viaturas ligeiras de passageiros ou mistas exclusivamente elétricas	29 927,87	40 000	45 000	50 000

Em 2021, mantêm-se em vigor os atuais limites à dedutibilidade dos gastos com depreciações de viaturas ligeiras de passageiros ou mistas adquiridas até 31 de dezembro de 2014 com os limites estabelecidos relativamente às viaturas adquiridas nos períodos de tributação que se iniciem em ou após 1 de janeiro de 2015, com as seguintes particularidades:

- Viaturas movidas exclusivamente a energia elétrica: 62 500 €;
- Viaturas híbridas *plug-in*: 50 000 €;
- Viaturas movidas a GPL ou GNV: 37 500 €
- Restantes viaturas: 25 000 €.

Salienta-se ainda as alterações, ocorridas em 2012, ao artigo 29.º do Código do IRC (Elementos depreciáveis ou amortizáveis) e ao artigo 1.º do Decreto Regulamentar n.º 25/2009, de 14 de setembro (Condições gerais de aceitação das depreciações e amortizações), segundo as quais passaram a ser aceites como gastos as depreciações e amortizações praticadas sobre os ativos biológicos que não sejam consumíveis (de produção), contabilizados ao custo histórico que, com carácter sistemático, sofram perdas de valor resultantes da sua utilização ou do decurso do tempo.

Por sua vez, não são aceites para efeitos do apuramento do lucro tributável, as seguintes depreciações:

- Que sejam praticadas em anos posteriores ao tempo máximo de vida útil do bem.
- De barcos de recreio e aviões de turismo, exceto se a empresa tiver como atividade o serviço público de passageiros ou de aluguer.

Relocação financeira:

Nos termos do artigo 25.º do Código do IRC, as operações de relocação financeira não tem qualquer impacto no apuramento do lucro fiscal, nem no apuramento das depreciações fiscais, conforme quadro abaixo:

TIPO DE OPERAÇÃO	CONSEQUÊNCIAS AO NÍVEL FISCAL
RELOCAÇÃO FINANCEIRA	O locatário não apura qualquer resultado para efeitos fiscais Mantém-se para o bem o mesmo regime de depreciações
VENDA COM LOCAÇÃO DE RETOMA - LEASEBACK ATIVOS NÃO CORRENTES	O locatário não apura qualquer resultado para efeitos fiscais Mantém-se para o bem o mesmo regime de depreciações

Nos termos da Circular n.º 7/2020, do Secretário de Estado dos Assuntos Fiscais, o modelo de dependência parcial da contabilidade, na metodologia de amortização dos ativos sob direito de uso, deverá atender aos procedimentos contabilísticos previstos na IFRS 16, balizados pelo regime fiscal de depreciações e amortizações estabelecido do Código do IRC e demais legislação complementar. A data de reconhecimento do ativo sob direito de uso é a que releva para efeitos de aplicação do regime fiscal de depreciações e amortizações, por aplicação conjugada do n.º 4 do artigo 29.º do Código do IRC com o estabelecido na alínea b) do n.º 2 do artigo 1.º do Decreto Regulamentar n.º 25/2009, de 14 de setembro. Na mensuração inicial dos ativos, para efeitos de determinação da base fiscal amortizável, devem ser excluídos os montantes referentes a pagamentos de locação que revistam a natureza de meras estimativas ou provisões não fiscalmente aceites. Acresce que os elementos passíveis de assumir a natureza de estimativa ou provisão não aceites fiscalmente encontram-se expressamente excluídos do valor depreciável ou amortizável, ou seja, os que se referem à estimativa de custos de desmantelamento e o valor residual (cf. alíneas a) e b) do n.º 2 do artigo 31.º do Código do IRC e alíneas a) e b) do n.º 5 do artigo 2.º do Decreto Regulamentar n.º 25/2009, de 14 de setembro). Entende-se que são passíveis de revestir a mesma natureza de estimativa ou provisão fiscalmente não aceite os custos estimados com penalidades por *terminus* do contrato ou eventuais montantes estimados a título do exercício de uma opção de extensão do período de locação. De notar que a eventual inclusão ou exclusão de determinados montantes da base amortizável, para efeitos de apuramento das amortizações fiscalmente aceites, não se limita aos montantes acima referidos e dependerá sempre da análise casuística das condições contratuais. Na mensuração subsequente, o método fiscal de amortização dos ativos sob direito de uso será o da linha reta, tal como previsto na IFRS 16, e o reconhecimento de ganhos ou perdas resultantes dos testes de imparidade condicional deverá observar o disposto no artigo 31.º-B do Código do IRC. Uma vez que não se encontram previstas taxas de amortização para os ativos sob direito de uso nas tabelas anexas ao Decreto-Regulamentar n.º 25/2009, de 14 de setembro, é conforme ao princípio de utilidade económica do funcionamento dos bens que enforma o regime fiscal, que o período de vida útil dos ativos sob direito de uso seja determinado atendendo às taxas das tabelas I e II dos ativos subjacentes.

Exercícios

1) Caso prático de depreciações – ano 2020, usando o método da linha reta. Atividade da empresa: produção de plásticos.

Equipamento	Ano aquisição	Valor aquisição	Valor residual	Depreciação 2020	Taxa depreciação	Deprec. fiscal	Correção MC
Automóvel (não é elétrico)	2017	65 000	0	16 250	25%		
Edifício industrial	2014	1 000 000	100 000	50 000	5%		
Computadores	2018	50 000	0	16 665	33,33%		
Equipamentos formação profissional	2014	30 000	0	4998	16,66%		
Avião particular	2015	500 000	50 000	100 000	20%		

2) Caso prático de depreciações (nota: ano de 2018 para depreciações do exercício. Depreciações acumuladas são até 2018, inclusive). Use a tabela de «bebidas alcoólicas» e o método da linha reta.

Equipamento	Ano aquisição	Valor aquisição	Valor residual	Taxa depreciação	Depreciação exercício	Depreciação acumulada
Automóvel	2015				5000	20 000
Cuba de vinho em madeira	2005	10 000			571,2	
Cuba de vinho metálica		15 000	3000		799,2	8791,2
Computadores	2016	3000	0			
Ferramentas e utensílios	2016	5000			1250	3750
Maquinaria específica	2008	20 000	1000		2375	26 125
Alambique	2006		0		667	8658
Edifício industrial	2001	500 000			21 000	378 000
Reservatório de água de superfície	2001	50 000	0		2500	45 000
Instalações de depósito em betão	2003		5000		1250	
Balança	2012	2000	0	12.5%	250	1750

3) Qual o valor da depreciação no último ano de um ativo com valor de aquisição de 100 000 e valor residual de 0 (zero) e taxa de amortização de 25%, utilizando as quotas decrescentes? (construa o quadro para todos os anos)

4) Complete o quadro de depreciações, usando o método da linha reta.

Equipamento	Ano aquisição	Valor aquisição	Valor residual	Taxa depreciação	Depreciação 2018	Depreciação acumulada 2018
A	2011		4000	10%	1600	
B		500 000		2%	9000	324 000
C	2015	10 000	0	25%		10 000
D	2004	30 000	1000		1931,4	
E	2012	10 000		5%	500	3500

5) No encerramento das contas de 2020 (a 31/12), a empresa Quelhas Lda., com atividade de consultoria, tinha o seguinte ativo fixo tangível:

Ativo fixo	Taxa depreciação	Valor aquisição	Valor residual	Ano aquisição
Edifício sede	2%	400 000	50 000	2010
Equipamento escritório	16,66%	20 000	0	2015
Computadores	33,33%	5000	0	2018
Telemóveis	33,33%	400	0	2019
Automóvel	25%	20 000	0	2017

Sabendo que a empresa usa o método da linha reta para todos os ativos, qual o valor:

a) Das depreciações fiscais do período
b) Das depreciações fiscais acumuladas (incluindo 2020)

6) Construa o quadro de depreciações, seguindo o método das quotas decrescentes, de um equipamento industrial, com um valor aquisição de 50 000 e um valor residual de 4000 e com uma taxa de amortização de 16,66%.

7) O mesmo quadro mas sem valor residual

8) Qual o valor da amortização no último ano de um ativo com valor de aquisição de 20 000 e valor residual de 0 (zero) e taxa de amortização de 20%, utilizando as quotas decrescentes?

Soluções:

1)

Equipamento	Ano aquisição	Valor aquisição	Valor residual	Depreciação 2018	Taxa depreciação	Depreciação fiscal	Correção MC
Automóvel	2016	65 000	0	16 250	25%	6250	10 000
Edifício industrial	2013	1 000 000	100 000	50 000	5%	33 750	16 250
Computadores	2017	50 000	0	16 665	33,3%	16 665	0
Equipamentos formação profissional	2013	30 000	0	4998	16,66%	0	4998
Avião particular	2015	500 000	50 000	100 000	20%	0	100 000

2)

Equipamento	Ano aquisição	Valor aquisição	Valor residual	Taxa depreciação	Depreciação exercício	Depreciação acumulada
Automóvel	2015	20 000	0	25%	5000	20 000
Cuba de vinho em madeira	2005	10 000	2000	7,14%	571,2	7996,8
Cuba de vinho metálica	2008	15 000	3000	6,66%	799,2	8791,2
Computadores	2016	3000	0	33,33%	999,9	2999,7
Ferramentas e utensílios	2016	5000	0	25%	1250	3750
Maquinaria específica	2008	20 000	1000	12,5%	2375	26 125
Alambique	2006	10 000	0	6,66%	667	8658
Edifício industrial	2001	500 000	80 000	5%	21 000	378 000
Reservatório de água de superfície	2001	50 000	0	5%	2500	45 000
Instalações de depósito em betão	2003	30 000	5000	5%	1250	20 000
Balança	2012	2000	0	12,5%	250	1750

3)

Ano	VR início	Coeficiente	Depreciação	Depreciação Acumulada	VR final
t	100 000	0,375	37 500	37 500	62 500
t+1	62 500	0,375	23 437,5	60 937,5	39 062,5
t+2	39 062,5	0,50	19 531,25	80 468,75	19 531,25
t+3	19 531,25	-----	19 531,25	100 000	0

4)

Equipamento	Ano aquisição	Valor aquisição	Valor residual	Taxa Depreciação	Depreciação 2018	Depreciação acumulada 2018
A	2011	20 000	4000	10%	1600	12 800
B	1983	500 000	50 000	2%	9000	324 000
C	2015	10 000	0	25%	2500	10 000
D	2004	30 000	1000	6,66%	1931,4	28 971
E	2012	10 000	0	5%	500	3500

5)

a) Das depreciações do período

Ativo	Depreciação período
Edifício sede	5250 €
Equipamento escritório	3332 €
Computadores	1666 €
Telemóveis	133 €
Automóvel	5000 €

b) Das depreciações acumuladas

Ativo	Depreciações acumuladas
Edifício sede	57 750 €
Equipamento escritório	20 000 €
Computadores	5000 €
Telemóveis	266 €
Automóvel	20 000€

6)

1	0,166	46000,00	2	15272,00	7666,67	15272,00	3818,00
2	0,166	30728,00	2	10201,70	6145,60	10201,70	3818,00
3	0,166	20526,30	2	6814,73	5131,58	6814,73	3818,00
4	0,166	13711,57	2	4552,24	4570,52	4570,52	3818,00
5	0,166	9141,05	2	-	4570,52	4570,52	3818,00
6	0,166	4570,52	2	-	4570,52	4570,52	3818,00

7)

1	0,166	50000,00	2	16600,00	8333,33	16600,00	4150,00
2	0,166	33400,00	2	11088,80	6680,00	11088,80	4150,00
3	0,166	22311,20	2	7407,32	5577,80	7407,32	4150,00
4	0,166	14903,88	2	4948,09	4967,96	4967,96	4150,00
5	0,166	9935,92	2	-	4967,96	4967,96	4150,00
6	0,166	4967,96	2	-	4967,96	4967,96	4150,00

8)

PERÍODO TRIBUTAÇÃO	VALOR CONTABILÍSTICO	DEPRECIAÇÃO ANUAL	DEPRECIAÇÃO ACUMULADA	VALOR CONTABILÍSTICO
ano t	20 000 €	8000 €	8000 €	12 000 €
t+1	12 000 €	4800 €	12 800 €	7200 €
t+2	7200 €	2880 €	15 680 €	4320 €
t+3	4320 €	2160 €	17 840 €	2160 €
t+4	2160 €	2160 €	20 000 €	-

11. Realizações de utilidade social

Síntese

- Gastos com benefícios sociais aos trabalhadores são aceites como custo (e em alguns casos com majoração), desde que tenham um carácter universal e não sejam considerados rendimentos de trabalho.
- Despesas com seguros de saúde e vida e contribuições para fundos de pensões são aceites como gasto fiscal, até 15% da despesa com pessoal, ou 25% se os trabalhadores não tiverem direito à Segurança Social.
- Donativos e mecenato, são aceites como custo fiscal, com majoração, dentro de limites estabelecidos no EBF.
- Todos estes gastos são considerados como gastos fiscais desde que, naturalmente, cumpram os requisitos gerais dos artigos 23.° e 23.°-A do Código do IRC.

Desenvolvimento do tema

Gastos das empresas:

São considerados como gastos os suportados com a manutenção facultativa de apoios sociais aos trabalhadores, familiares e reformados (creches, cantinas, bibliotecas e escolas), desde que tenham carácter geral e não tenham a natureza de rendimentos de trabalho[53].

[53] *Vd.*, sobre o enquadramento fiscal de despesas efetuadas por uma empresa com almoços convívio entre os funcionários, incluindo o jantar de Natal, a Informação Vinculativa

No mesmo sentido, são tidos como gastos as depreciações e as rendas de imóveis relativos à manutenção facultativa de creches, lactários, jardim-de-infância, cantinas, bibliotecas e escolas, feitas em benefício do pessoal, reformados ou familiares, bem como outras realizações de utilidade social. Os benefícios devem ser estabelecidos segundo um critério objetivo e idêntico para todos os trabalhadores ainda que não pertencentes à mesma classe profissional, salvo em cumprimento de instrumentos de regulamentação coletiva de trabalho. Estes gastos, incluindo as depreciações e rendas, quando digam respeito a creches, lactários e jardins-de-infância, têm uma majoração de 40% para efeitos do cálculo do lucro tributável, majoração essa que deve ser incluída no Quadro 7 da Modelo 22.

São também aceites como gastos as despesas com seguros (vida, saúde, e acidentes pessoais) e contribuições para Fundos de Pensões, desde que não ultrapassem os 15% das despesas com o pessoal (isto é, todas as remunerações sujeitas a descontos legais) ou 25% se os trabalhadores não tiverem direito a reforma da Segurança Social, e garantam exclusivamente benefícios de reforma/pré-reforma ou saúde/invalidez pós-emprego (desde que cumpridos os requisitos cumulativos do n.º 4 do artigo 43.º)[54].

Também os gastos com os passes sociais atribuídos com carácter geral aos seus trabalhadores são aceites para efeitos de IRC, (com uma majoração a partir do Orçamento de Estado para 2020, de 130% dos gastos e a partir do Orçamento de Estado para 2023, de 150%) independentemente de constituírem rendimento em sede de IRS, na esfera do trabalhador, por se

n.º 2321/2017, de 28 de julho, em que se considerou que «os gastos incorridos pela empresa com almoços convívio entre os trabalhadores, incluindo o jantar de Natal, podem ser considerados realizações de utilidade social e, como tal, ser dedutíveis fiscalmente, nos termos do n.º 1 do artigo 43.º do CIRC, uma vez que: revestem caráter geral (ou seja, são extensivos a todos os trabalhadores da empresa, não sendo atribuídos apenas a um grupo restrito) e visam o bem-estar dos trabalhadores».

[54] *Vd.*, sobre um programa em que é dada a possibilidade de escolha entre diferentes benefícios a todos os trabalhadores da empresa, a Informação Vinculativa n.º 2957/2008, de 22 de outubro, em que se considerou que «dentro de um limite estabelecido, entre os elencados no n.º 2 do artigo 43.º, podem considerar-se cumpridas as condições estabelecidas nas alíneas a) e b) do n.º 4 do artigo 43.º do CIRC». Mais se refere em tal orientação administrativa que «a dedutibilidade fiscal, nos termos do n.º 2 do artigo 43.º do Código do IRC, não fica prejudicada caso hajam trabalhadores que não pretendam ser abrangidos por qualquer um dos benefícios, desde que comuniquem tal intenção à empresa por escrito e desde que cumpridas as demais condições estabelecidas pelo n.º 4».

encontrarem expressamente excluídos pela alínea d) do n.º 8 do artigo 2.º do Código do IRS. Adicionalmente, os gastos com «Ticket infância» (vales sociais), através dos quais os empregados pagam a educação dos filhos nos estabelecimentos de ensino aderentes, só são dedutíveis em sede de IRC, sempre que sejam cumpridas as condições deste artigo 43.º e nas condições referidas no Decreto-Lei n.º 26/99, de 28 de janeiro, ou seja:

- Os atribuídos a todos os trabalhadores que tenham filhos ou equiparados com idade inferior a 7 anos dos quais tenham a responsabilidade pela educação e subsistência;
- Desde que atribuídos aos respetivos utilizadores a título gratuito e sejam insuscetíveis de qualquer outra forma de transmissão;
- Quando não constituam uma substituição, ainda que parcial, da retribuição laboral devida ao trabalhador;
- Apenas podem ser consideradas, em cada período, as importâncias que sejam entendidas como razoáveis, nomeadamente em função da dimensão da empresa e da remuneração do trabalhador.

Nas condições referidas, os valores em causa não constituem rendimento tributável para IRS na esfera dos seus beneficiários, por referência expressa da alínea b), do n.º 8 do artigo 2.º do Código do IRS.

No caso de incumprimento relativo às aplicações em fundos de pensões, há que considerar que o incumprimento das condições estabelecidas nos n.os 2, 3 e 4, à exceção das referidas nas alíneas c) e g) deste último número, leva a que ao valor do IRC liquidado relativamente a esse período de tributação deve ser adicionado o IRC correspondente aos prémios e contribuições considerados como gasto em cada um dos períodos de tributação anteriores, nos termos deste artigo.

Esta correção é majorada (agravada) em 10% do IRC de cada período de tributação (sendo que os 10% são multiplicados pelo número de anos decorridos), a contar do período em que cada um daqueles prémios e contribuições foram considerados como gastos, não sendo, em caso de resgate em benefício da entidade patronal, considerada como rendimento do período de tributação a parte do valor do resgate correspondente ao capital aplicado.

Mecenato:

De acordo com o artigo 61.° do EBF, os donativos são, para efeitos fiscais, entregas em dinheiro ou em espécie, concedidos, sem contrapartidas monetárias ou comerciais, a entidades públicas ou privadas, cuja atividade principal se desenvolva nas áreas social, cultural, ambiental, desportiva ou ambiental[55]. No caso de donativos em espécie, o valor a considerar, para efeitos do cálculo da dedução ao lucro tributável, é o valor fiscal que os bens tiverem no exercício em que forem doados, deduzido, quando for caso disso, das depreciações ou provisões efetivamente praticadas e aceites como custo fiscal ao abrigo da legislação aplicável.

[55] Uma outra questão prende-se com a associação do nome do doador a iniciativas promovidas pelo beneficiário e a classificação ou não da contribuição do primeiro como donativo, com consequência e benefícios fiscais. Assim, se associado ao donativo constar o nome do doador numa certa iniciativa, tendo como objetivo a busca de uma imagem pessoal ou institucional de responsabilidade cívica, que o identifique junto do público em geral, porque o espírito de liberalidade é preponderante, estar-se-á perante um donativo, desde que se preencham um conjunto de critérios tais como os descritos na Circular n.° 2/2004, de 20 de janeiro, da Direção de Serviços do IRC, e que tem como ideia subjacente a inexistência de publicidade a um produto, serviço ou a sua marca.

Realizações de utilidade social e mecenato

Apêndice						
Artigo	Gasto aceite	Entidades beneficiárias	Carácter	Majoração	N.º	Alínea
62.º	Totalidade	Estado e Fundações privadas	Social	140%	1	a), b), c), d)
			Contratos plurianuais	130%		
			Cultural, ambiental, desportivo, educacional	120%		
	8/1000	Determinadas n.º 3, alíneas a), b), c), d), e) e f)	Geral	130%	3,4	
			Infância, 3.ª idade, toxico-dependentes e igualdade social e laboral	140%	4	a), b), c)
	8/1000	*Idem*	Apoio familiar	150%	5	a), b), c), d), e) e f)
	6/1000	Determinadas n.º 3, alíneas a), b), c), d), e) e f)	Geral	120%	7	a)
			Contratos plurianuais	130%		b)
			Infantil	140%		c)
	1/1000	Resp organismos associativos do doador	Satisf dos fins estatutários	-	8	
	8/1000	Hospitais EPE	Mecenato social	130%/140%		g)
62.º-A	Totalidade	Determinados n.º 1 e 2	Científico	130%	2	
	80/1000	1 e 3	Científico	130%	3	
		1, 2 e 3	Contratos plurianuais	140%	4	

Nota: existe um limite global de 80/1000 do volume de negócios no que respeita aos donativos com deduções, fazendo com que as deduções, na sua totalidade, não possam ultrapassar esse limite.

Exercícios

Exercício 1:

Uma empresa, em que a massa salarial representa 40 000 €, realiza um contrato de seguro de vida aplicável a todos os trabalhadores, com um custo de 10 000 €. Qual seria o valor aceite, se:

– Todos os trabalhadores tiverem direito à segurança social?
– Os trabalhadores não tiverem direito à segurança social?

Exercício 2:

A sociedade Y, Lda., com sede em Leiria, atribuiu, no *ano t*, um donativo à Junta de Freguesia no valor de 10 000 €. Atendendo a que naquele ano o seu volume de negócios foi 3 000 000 €, calcule o valor da majoração.

Exercício 3:

A sociedade X, SA atribui, no *ano t*, um donativo em dinheiro no valor de 25 000 € a uma IPSS. Sabendo que o seu volume de negócios naquele ano foi de 3 500 000 €, calcule o valor da majoração.

Exercício 4:

Uma empresa atribui à generalidade dos seus trabalhadores um seguro de saúde. No *ano t*, as despesas com a apólice de grupo atingiram o montante de 8000 €, tendo as despesas com pessoal atingido o valor de 50 000 €.

Qual o valor fiscalmente aceite como gasto, admitindo que os trabalhadores descontam para a segurança social?

Soluções

Exercício 1:

No caso de terem direito à segurança social, o limite aceite fiscalmente é de 15% da massa salarial, ou seja, 6000 €, pelo que a empresa terá de acrescer no Quadro 7 da Modelo 22 o valor de 4000 €. Caso não haja o direito à segurança social, o limite sobe para 25%, o que significa que passa a ser de 10 000 €. Neste caso não há correção fiscal.

Exercício 2:

Pode majorar 40%, sem qualquer limite (artigo 62.° do EBF)

Exercício 3:

Cálculo do limite: 3 500 000 € * 8 / 1000 = 28 000 €

Valor do donativo: 25 000 €

Cálculo da majoração: 25 000 € * 30% = 7500 €

O valor da majoração com o limite (7500 €) deduz no quadro 07.

Exercício 4:

O valor fiscalmente aceite é de 50 000 € * 15% = 7500 €

Logo, não é aceite como gasto fiscal o montante de 500 € (acresce no Quadro 07 da modelo 22).

12. Quotizações para associações empresariais

Desenvolvimento do tema

Até ao limite de 2‰ do volume de negócios respetivo, é considerado gasto ou perda do exercício, para efeitos da determinação do lucro tributável, o valor correspondente a 150% do total das quotizações pagas a favor das associações empresariais em conformidade com os estatutos.

Assim, o valor correspondente à majoração de 50% será deduzido no campo 774 do Quadro 07, da respetiva Declaração Modelo 22.

Chama-se a atenção para o facto de que o encargo efetivamente suportado pela empresa ser sempre aceite como gasto na sua totalidade, uma vez que o limite imposto por esta norma apenas põe em causa a dedutibilidade da majoração e não do montante despendido com as quotizações.

EXEMPLO:

Considerando uma empresa cujo volume de negócios ascendeu a 1 000 000 € e que efetuou quotizações para uma associação empresarial, de acordo com os seus estatutos, no valor de € 1800 €, o limite ascenderia a 2000 € (isto é, 2‰ * 1 000 000 €).

Já a majoração do gasto seria de 900 € (50% * 1800 €). Contudo aplicado o limite, só é considerado, para efeitos de majoração, 200 €, que correspondem à diferença entre os 1800 €, já considerados como custo na contabilidade, e os 2000 € de limite.

Desta forma, deverá deduzir-se 200 € no quadro 07 da Declaração Modelo 22.

13. Ativos intangíveis

Desenvolvimento do tema

Neste capítulo, iremos abordar o regime fiscal dos ativos intangíveis para os quais, de acordo com a normalização contabilística ou com a política da empresa, não tenha sido estimada uma vida útil. A vida útil de um bem é tida como o período durante o qual o bem gera influxos para a entidade e é durante esse período que a empresa reflete, nas suas contas, o desgaste desses bens. Não estando determinado o período durante o qual se espera que o bem gere influxos, diz-se que tem uma vida útil indefinida. Se um bem com vida útil definida é sujeito a depreciações, um bem com vida útil indefinida não o é.

O Código do IRC distingue, portanto, os investimentos efetuados pelas empresas em ativos intangíveis com vida útil definida daqueles que não a têm. Para os primeiros, aplica-se o disposto no artigo 29.º do Código do IRC («Elementos depreciáveis ou amortizáveis»), o qual já foi aqui abordado. Já para os segundos, o tratamento fiscal, desde 1 de janeiro de 2014, encontra-se previsto no artigo 45.º-A do Código do IRC.

É importante referir, em primeiro lugar, que como este artigo foi introduzido no Código do IRC apenas em janeiro de 2014, só se encontram abrangidos os ativos intangíveis que tenham sido reconhecidos contabilisticamente como tal após aquela data.

À data em que aquele dispositivo legal entrou em vigor, o Código do IRC passou a aceitar como gastos dedutíveis, os encargos com amortizações de alguns elementos do ativo não corrente, para os quais não existia reflexo na contabilidade, cuja atualização de valor na contabilidade apenas decorria da eventual imparidade em que se encontrasse face ao seu valor de mercado ou ao seu valor realizável líquido.

Embora, para efeitos fiscais, se possa aceitar como gasto as perdas por imparidade em ativos não correntes, desde que estejam em conformidade com o disposto no artigo 31.º-B do Código do IRC, a verdade é que o legislador fiscal foi mais longe, optando pela introdução de uma norma que permitisse a repartição dos gastos de uma forma sistemática, como medida de incentivo ao investimento e de promoção da competitividade da economia portuguesa, pois tratam-se de ativos com elevado potencial e que podem contribuir para o crescimento do país.

Assim, a partir de 1 de janeiro de 2014, passou a ser aceite para efeitos fiscais, em partes iguais, durante os primeiros 20 períodos de tributação, após o reconhecimento inicial, o custo de aquisição de certos ativos intangíveis, nos termos da normalização contabilística, quando esses ativos sejam reconhecidos autonomamente.

Sucede que, no plano contabilístico, foi introduzido, com efeitos a partir de 1 de janeiro de 2016, um conjunto de alterações, por força do Decreto-lei n.º 98/2015, de 2 de junho, que transpôs para a ordem jurídica interna a Diretiva n.º 2013/34/UE do Parlamento Europeu e do Conselho, de 26 de junho, com vista à redução do peso global da regulamentação existente sobre as pequenas e médias empresas no seio da União Europeia, com enfâse na redução da carga burocrática, potenciando o aumento de competitividade deste tipo de empresas.

Dessas alterações introduzidas ao nível do Sistema de Normalização Contabilística, destacam-se as que se prendem com o tratamento contabilístico dos ativos intangíveis, constante da NCRF 6, que prescreve que os ativos intangíveis sem vida útil definida passaram a ser amortizados num período de 10 anos, sem prejuízo da eventual imparidade sempre que existam indícios de que o item esteja em imparidade.

Continua, portanto, a existir diferenças de tratamento dos ativos intangíveis nos planos contabilístico e fiscal, com impacto ao nível do imposto corrente.

De referir que a opção por repartir o custo de aquisição por 20 anos após o seu reconhecimento inicial, e não por um período mais longo (ou mais curto), teve na sua base a avaliação de várias experiências tidas a nível internacional, bem como as orientações constantes do Código da Propriedade Industrial, que apontam para um período temporal dessa amplitude.

Por outro lado, sublinha-se que nem todos os ativos classificados pelas entidades como intangíveis podem ser abrangidos para efeitos de aplicação deste novo regime. Ora bem, um ativo intangível pode ser adquirido ou gerado internamente. Se um ativo sem vida útil definida for adquirido, separadamente ou através de uma concentração de atividades (fusão, cisão, entrada de ativos), os custos com a sua aquisição podem ser repartidos por 20 anos nos moldes atrás enunciados. Quando os ativos são adquiridos separadamente, o critério de mensuração é o seu preço de custo. Por sua vez, tratando-se de ativos adquiridos no âmbito de uma concentração de atividades, o critério de mensuração é o justo valor à data da operação, sendo este considerado o preço de custo.

Já se o ativo intangível for gerado internamente, e ainda que reúna os requisitos para que contabilisticamente possa ser refletido nas demonstrações financeiras da empresa, o seu custo já não pode ser repartido por 20 anos. A razão para que não se possa reconhecer, contabilisticamente, o seu custo prende-se com um dos critérios de reconhecimento: o ativo tem de ser mensurado com fiabilidade. Ora, ao não ter sido objeto de transação, ou seja, como o ativo foi gerado internamente, não se admite que a sua mensuração seja feita com fiabilidade.

Terá sido, aliás, essa a razão de não se conseguir mensurar com fiabilidade os ativos intangíveis gerados internamente, como, por exemplo, o *goodwill* gerado internamente, que levou o legislador fiscal a circunscrever a aplicação deste regime inovador aos ativos intangíveis adquiridos para os quais é possível determinar o seu custo de aquisição, o que quer dizer que os ativos intangíveis gerados internamente são excluídos deste regime fiscal.

Vejamos então, para efeitos fiscais, a lista de ativos em que as empresas podem investir e para os quais será aplicável o presente regime fiscal:

- Elementos da propriedade industrial adquiridos a título oneroso e que não tenham vigência temporal limitada, tais como: marcas, alvarás, processos de produção, modelos ou outros direitos assimilados;
- O *goodwill* adquirido numa concentração de atividades empresariais.
- Nos termos da Circular n.º 7/2020, os ativos sob direito de uso, objeto de contratos de locação abrangidos e não isentos do procedimento de registo no ativo introduzido pela aplicação da IFRS 16, são ativos intangíveis sujeitos a deperecimento.

Por sua vez, fora deste regime ficam os seguintes ativos:

- Ativos intangíveis adquiridos no âmbito de operações de fusão, cisão ou entrada de ativos, quando seja aplicado o regime especial aplicável às fusões, cisões e entradas de ativos;

- *Goodwill* respeitante a participações sociais;
- Ativos intangíveis adquiridos a entidades residentes em país, território ou região sujeitos a um regime fiscal claramente mais favorável.

Vejamos dois exemplos:

Exemplo 1:

A empresa Inventa adquiriu uma patente a outra entidade, por 500 000 €, tendo sido reconhecido na sua contabilidade de acordo com o seu custo de aquisição.

Qual o tratamento fiscal a dar a este investimento?

Tendo em conta que se trata de um ativo intangível adquirido a título oneroso e que foi reconhecido autonomamente na contabilidade do adquirente, a empresa Inventa poderá considerar como gasto fiscal, durante 20 anos, o valor de 25 000 €, que corresponde à vigésima parte do custo de aquisição.

Exemplo 2:

Uma empresa investiu 2 000 000 € no desenvolvimento de um motor elétrico para veículos que tem uma autonomia muito superior ao da sua concorrência. Dado que já existem marcas interessadas em usar este motor, a empresa decidiu, no ano de 2018, reconhecer como um ativo intangível nas suas demonstrações financeiras.

Qual o tratamento fiscal a dar a este ativo intangível?

De acordo com o artigo 45.º-A, é aceite como gasto o custo de aquisição de um ativo intangível, o que quer dizer que o valor dos intangíveis gerados internamente não pode ser dedutível no âmbito desta norma. Neste caso, tratando-se de um projeto de desenvolvimento, pode ser considerado como gasto na totalidade, nos termos do artigo 32.º do Código do IRC.

Já vimos que os intangíveis sem vida útil definida podem, por um lado, ver o seu custo de aquisição, para efeitos fiscais, ser aceite fiscalmente durante 20 anos, como se de uma depreciação se tratasse, embora não o seja concetualmente e, por outro, ver o valor de aquisição ajustado, para efeitos contabilísticos, por via do reconhecimento de uma perda por imparidade. Estas perdas por imparidade podem, na eventualidade de ocorrerem situações anormais com efeito adversos nos ativos, e desde que previstas no artigo 31.º-B do Código do IRC, ter igualmente reflexos ao nível fiscal. São exemplos de causa anormais os fenómenos naturais, inovações técnicas excecionalmente rápidas ou alterações significativas.

Sempre que estas perdas por imparidade tiverem reflexo fiscal, o custo de aquisição que ainda não tenha sido imputado para efeitos fiscais, deverá ser ajustado da perda por imparidade, sendo o custo de aquisição corrigido repartido pelo número de anos que faltam até perfazer os 20.

Vejamos um exemplo:

No ano *t*, a sociedade X adquiriu, por 500 000 €, um *software* desenvolvido especificamente para a sua atividade, que mensurou pelo custo de aquisição. No ano *t+2*, a empresa reconheceu uma perda por imparidade por um motivo devidamente justificado e aceite pela Autoridade Tributária e Aduaneira, no valor de 54 000 €.

Qual o tratamento fiscal destes acontecimentos?

Dado que o intangível cumpre os requisitos para que seja aceite como gasto 1/20 do seu valor de aquisição, temos:

No ano *t e t+1*

Gasto aceite fiscalmente em cada ano: 500 000 € / 20 = 25 000 €

Ano *t* +2

Perda por imparidade: 54 000 € (aceite como gasto fiscal)

Valor corrigido: (Valor de aquisição – gasto aceite em 2014 e 2015 – perda por imparidade) a dividir pelo número de anos que faltam (18)

(500 000 € – 50 000 € – 54 000 €) / 18 = 22 000 €

Gasto aceite fiscalmente em 2016: 22 000 €

Exercícios

A sociedade X adquiriu, no âmbito de uma fusão por incorporação ocorrida em dezembro de ano t, a totalidade do património da sociedade Z. Em troca, os sócios de Z irão receber ações de X no valor de 500 000 €, tendo sido aumentado o capital social desta em 400 000 € e o restante é considerado (100 000 €) como prémio de emissão.

Informação adicional:

- Valor dos capitais próprios de Z na data da fusão: 350 000 €
- Justo valor dos ativos: 2 450 000 €
- Justo valor dos passivos: 1 980 000 €

Determinar, caso exista, o valor do *goodwill* e qual o tratamento fiscal a dar ao mesmo?

RESOLUÇÃO:

Cálculo do *goodwill*:

Custo da concentração: 500 000 €

Justo valor dos ativos – justo valor dos passivos: 470 000 €

Estamos perante um pagamento em excesso, uma vez que o custo da concentração excede o justo valor da empresa adquirida, pelo que a diferença será considerada como *goodwill*.

Goodwill: 500 000 € – 470 000 € = 30 000 €

Como o *goodwill* (30 000 €) foi adquirido no âmbito de uma concentração de atividades, a empresa poderá repartir, durante 20 anos, em partes iguais o valor do seu custo de aquisição, a partir do momento do seu reconhecimento.

Assim, a empresa X poderá deduzir ao lucro tributável o valor de: 30 000 € / 20 = 1500 €.

14. Mais e menos-valias de ativos tangíveis e intangíveis

Síntese

- Sempre que a empresa vende um ativo fixo (tangível ou intangível), apura, contabilisticamente, no momento da alienação, uma mais-valia (ou menos-valia) contabilística. A mais-valia contabilística é um ganho contabilístico e a menos valia contabilística é um gasto.
- No encerramento do período de tributação, deve apurar a mais ou menos-valia fiscal, eliminando-se, no Quadro 7 da Modelo 22, o efeito da mais ou menos-valia contabilística (a mais-valia contabilística será colocada a deduzir e a menos valia contabilistica a acrescer).
- Simultaneamente, deve considerar o efeito da mais ou menos-valia fiscal (a mais-valia fiscal será colocada a acrescer e a menos-valia fiscal a deduzir).
- Caso haja reinvestimento (nas condições previstas no Código do IRC), há lugar apenas à tributação de 50% da mais-valia fiscal.

Desenvolvimento do tema

O Código do IRC define um regime de tributação de mais-valias e de reinvestimento, que, desde 2002, se tem mantido estável. São consideradas mais ou menos valias os ganhos ou as perdas obtidos voluntariamente ou as perdas sofridas relativamente a elementos do ativo fixo tangível, intangível, ativos biológicos consumíveis e propriedades de investimento mediante transmissão onerosa, qualquer que seja o título por que se opere e, bem assim, num conceito mais alargado, os derivados de sinistros e os resultantes da afetação permanente dos mesmos elementos a fins alheios à atividade exercida[56] [57] [58] [59] [60].

[56] Contudo, o conceito de mais e menos-valias exclui os «abates» de elementos do ativo não corrente, que como vimos anteriormente, são objeto de imparidades e não de menos-valias.

[57] Saliente-se que no conceito de mais e menos-valias, cabem ainda, nos termos do n.º 5 do artigo 46.º do Código do IRC n.º 5, as transmissões onerosas, designadamente: «a) a promessa de compra e venda ou de troca, logo que verificada a tradição dos bens; b) as mudanças no modelo de valorização relevantes para efeitos fiscais, nos termos do n.º 9 do artigo 18.º, que decorram, designadamente, de reclassificação contabilística ou de alterações nos pressupostos referidos na alínea a) do n.º 9 deste mesmo artigo; c) a transferência de elementos patrimoniais no âmbito de operações de fusão, cisão ou entrada de ativos, realizadas pelas sociedades fundidas, cindidas ou contribuidoras; d) a extinção ou entrega pelos sócios das partes representativas do capital social das sociedades fundidas, cindidas ou adquiridas no âmbito de operações de fusão, cisão ou permuta de partes sociais; e) a anulação das partes de capital detidas pela sociedade beneficiária nas sociedades fundidas ou cindidas em consequência de operações de fusão ou cisão; f) a remição e amortização de participações sociais com redução de capital; g) a anulação das partes de capital por redução de capital social destinada à cobertura de prejuízos de uma sociedade quando o respetivo sócio, em consequência da anulação, deixe de nela deter qualquer participação; h) a afetação dos elementos patrimoniais previstos no n.º 1 de uma entidade residente a um seu estabelecimento estável situado fora do território português relativamente ao qual tenha sido exercida a opção pelo regime previsto no n.º 1 do artigo 54.º-A». No entanto, não se consideram mais-valias ou menos-valias, conforme dispõe o n.º 6 do mesmo preceito legal: «a) os resultados obtidos em consequência da entrega pelo locatário ao locador dos bens objeto de locação financeira; b) os resultados obtidos na transmissão onerosa, ou na afetação permanente nos termos referidos no n.º 1, de títulos de dívida cuja remuneração seja constituída, total ou parcialmente, pela diferença entre o valor de reembolso ou de amortização e o preço de emissão, primeira colocação ou endosso».

[58] Caso as partes de capital tenham sido adquiridas em data anterior à da entrada em vigor do Código do IRC, as mais-valias e menos-valias decorrentes da transmissão onerosa dessas partes de capital não concorrem para a determinação do lucro tributável (regime transitório definido no artigo 18.º-A do Decreto-Lei n.º 442-B/88, de 30 de novembro).

[59] É de chamar a atenção ainda para a Lei n.º 32/2019, de 3 de maio, que reforça o combate às práticas de elisão fiscal, transpondo a Diretiva Anti-Elisão Fiscal (ATAD) – Diretiva (UE) 2016/1164, do Conselho de 16 de julho, e em conformidade procedeu à alteração do Código do IRC, designadamente, o n.º 14 do artigo 46.º que passa a dispor que: «verificando-se a desafetação de elementos do ativo de um estabelecimento estável situado fora do território português, considera-se como custo de aquisição, para efeitos fiscais, o respetivo valor líquido contabilístico, desde que este não exceda o valor de mercado nessa data».
O mesmo diploma legal aditou os seguintes normativos:

Ou seja, vejamos o que ocorre na contabilidade, caso a empresa decida vender 2 ativos fixos:

Ativo 1	Ativo 2
Valor venda: 1000 Valor aquisição: 2000 Depreciações acumuladas: 800	Valor venda: 3000 Valor aquisição: 4000 Depreciações acumuladas: 1200

«15 – No caso de entidades que transfiram a respetiva sede ou direção efetiva para território português, considera-se que o custo de aquisição, para efeitos fiscais, dos elementos do ativo detidos pela entidade à data dessa transferência, e que não se encontrassem nessa data afetos a estabelecimento estável situado em território português, corresponde ao respetivo valor líquido contabilístico, desde que, no caso de elementos do ativo, este não exceda o valor de mercado à data da transferência.
16 – O disposto no número anterior não é aplicável às entidades que:
a) anteriormente à transferência da sede ou direção efetiva já tinham sede ou direção efetiva em território português e não fossem consideradas como residentes noutro Estado, nos termos de convenção para evitar a dupla tributação; ou
b) nos termos de convenção para evitar a dupla tributação sejam consideradas como:
  i) residentes em território português anteriormente à transferência da sua sede ou direção efetiva; ou
  ii) residentes noutro Estado após a transferência da sede ou direção efetiva.
17 – O disposto nos n.os 14 a 16 é aplicável aos ativos correntes e não correntes, bem como aos passivos correntes e não correntes:
a) Que sejam afetos a um estabelecimento estável situado fora do território português;
b) de entidades que transfiram a respetiva sede ou direção efetiva para território português que não fossem anteriormente imputáveis um estabelecimento estável situado em território português.
18 – Para efeitos do apuramento dos resultados respeitantes a elementos do passivo referidos nas alíneas a) e b) do número anterior considera-se o respetivo valor líquido contabilístico à data da transferência.
19 – Não obstante o disposto nos n.os 14 a 18, caso os elementos patrimoniais ou as entidades provenham de outro Estado membro da União Europeia, o sujeito passivo pode optar por considerar, para efeitos fiscais, o valor considerado nesse outro Estado membro para efeitos da determinação do lucro aí sujeito ao imposto sobre as sociedades, desde que esse valor reflita o valor de mercado à data da transferência».

[60] A Comissão Europeia publicou, a 22 de dezembro de 2021, uma proposta de Diretiva (que vem sendo designada por «ATAD 3») com medidas de combate ao recurso abusivo a entidades fictícias («*shellcompanies*») para efeitos fiscais indevidos, alterando a Diretiva 2011/16/UE do Conselho, de 15 de Fevereiro de 2011, relativa à cooperação administrativa no domínio da fiscalidade (designada «DAC»).

No caso do ativo 1, temos o seguinte registo contabilístico:

4... - AFT	
Si: 2000	2000

4... - Depreciações Acumuladas	
800	Si: 800

Caixa e equivalente	
1000	

6 ... Perdas	
200	

Verifica-se que o valor recebido (1000) é inferior ao valor do bem (2000) menos as depreciações acumuladas (800). Pelo que, o valor em falta deve ser registado como uma perda, dado que a empresa vendeu por 1000, um ativo cujo valor contabilístico era de 1200. Estamos, assim, perante uma menos--valia contabilística.

No caso do ativo 2, temos o seguinte registo contabilístico:

4... - AFT	
Si: 4000	4000

4... - Depreciações Acumuladas	
1200	Si: 1200

Caixa e equivalente	
3000	

7 ... Perdas	
	200

Verifica-se que o valor recebido (3000) é superior ao valor do bem (4000) menos as depreciações acumuladas (1200). Pelo que o valor em falta deve ser registado como um ganho, dado que a empresa vendeu por 3000, um ativo cujo valor contabilístico era de 2800. Estamos, assim, perante uma mais-valia contabilística.

A forma de apurar a mais-valia / menos-valia contabilística é feita a partir da seguinte fórmula:

MVc / mvc = VR – (Vaq. – AAc)

Em que:

MVc /mvc	Mais-valia contabilística /menos-valia contabilística
VR..............	Valor de realização
Vaq..............	Valor de aquisição
AAc.............	Depreciações acumuladas na contabilidade

A mais-valia / menos-valia fiscal é obtida a partir da seguinte fórmula:

MVf / mvf = VR – (Vaq – Aac) x Coef.

Em que:

MVf /mvf......	Mais-valia/menos-valia fiscal
VR................	Valor de realização
VAq...............	Valor de aquisição / produção[61]
Aac...............	Depreciações acumuladas aceites fiscalmente e imparidades relevantes para efeitos fiscais
Coef.............	Coeficiente de desvalorização monetária[62]

Diferenças entre a mais-valia contabilística e a fiscal:

- Na mais-valia fiscal, é utilizado um coeficiente para compensar a desvalorização monetária (inflação), o que não acontece na mais-valia contabilística.
- Enquanto na mais-valia contabilística as depreciações são as praticadas na contabilidade, na mais-valia fiscal as depreciações são as aceites fiscalmente. No apuramento da mais-/menos-valia fiscal, deve verificar-se se as depreciações acumuladas são as fiscalmente aceites (através do ano de aquisição, ano de venda e taxa de depreciação). Se não forem as fiscalmente aceites, deve ser efetuada uma correção das depreciações acumuladas no cálculo da mais-valia fiscal.

[61] Caso tenha havido, na vida do ativo, uma reavaliação contabilística, essa reavaliação não será considerada para efeitos fiscais, mantendo-se o valor de aquisição e as depreciações aceites fiscalmente que decorrem desse valor de aquisição.

[62] Os coeficientes de desvalorização monetária são aplicáveis no apuramento das mais- e menos-valias fiscais de ativos fixos tangíveis, ativos intangíveis, ativos biológicos que não sejam consumíveis, propriedades de investimento e partes de capital (ou seja, no apuramento de mais- e menos-valias fiscais respeitantes aos restantes instrumentos financeiros não são aplicados os coeficientes de desvalorização monetária).

Assim, na Modelo 22, há que expurgar o valor das mais- e menos-valias contabilísticas (que estão a afetar o resultado contabilístico) e passar a incluir as mais e menos-valias fiscais. O racional da operação é o seguinte:

	RL contabilístico	IRC	Modelo 22
Mais-valia contabilística	Aumenta	-	A deduzir
Menos-valia contabilística	Reduz	+	A acrescer
Mais-valia fiscal	n.a	+	A acrescer
Menos-valia fiscal	n.a	-	A deduzir

Na prática, uma empresa pode ter 4 situações:

<table>
<tr><td rowspan="2">Mais-valia contabilística
Mais-valia fiscal</td><td>A deduzir</td></tr>
<tr><td>A acrescer</td></tr>
<tr><td rowspan="2">Mais-valia contabilística
Menos-valia fiscal</td><td>A deduzir</td></tr>
<tr><td>A deduzir</td></tr>
<tr><td rowspan="2">Menos-valia contabilística
Mais-valia fiscal</td><td>A acrescer</td></tr>
<tr><td>A acrescer</td></tr>
<tr><td rowspan="2">Menos-valia contabilística
Menos-valia fiscal</td><td>A acrescer</td></tr>
<tr><td>A deduzir</td></tr>
</table>

Regras específicas a observar nas mais e menos-valias fiscais:

Para efeito do cálculo das menos-valias de veículos ligeiros de passageiros, barcos e aeronaves, aos quais antes se aplicava o regime geral, desde a entrada em vigor do SNC, tal cálculo passa a ser considerado para efeitos de lucro tributável apenas no valor que seja fiscalmente dedutível.

Ou seja, relativamente aos barcos de recreio e aviões de turismo (que não sejam afetos à exploração de serviço público de transportes, nem se destinem a ser alugados no exercício da atividade normal do sujeito passivo), não são aceites as menos-valias apuradas, uma vez que, nos termos da alínea e) do n.º 1 do artigo 34.º do Código do IRC, não são fiscalmente depreciáveis.

Já quanto às viaturas ligeiras de passageiros ou mistas (que igualmente não estejam afetas à exploração de serviço público de transportes, nem se destinem a ser alugadas no exercício da atividade normal do sujeito passivo), não são dedutíveis as menos-valias na parte que corresponderem aos limites definidos como máximo de depreciações aceite fiscalmente, em cada período de tributação. Ou seja, caso se apure uma menos-valia fiscal na alienação de viaturas ligeiras de passageiros, no cálculo da mesma deve se considerar, nas depreciações acumuladas, apenas o valor aceite fiscalmente, tendo em consideração os limites atrás referidos[63].

[63] Sobre o assunto, *vd.*, a Circular n.º 6/2011, da Autoridade Tributária e Aduaneira.

No entanto, se for apurada uma mais-valia fiscal, o cálculo deve considerar, nas depreciações acumuladas, o valor aceite fiscalmente (de acordo com a taxa de depreciação em vigor), mas sem considerar os limites previstos.

Dois exemplos:

a) Considere a venda no *ano t* de uma viatura ligeira de passageiros, por 15 000 €, cujo valor de aquisição, no *ano t-2,* foi de 50 000 €. Para efeitos fiscais, apenas foram aceites, em *t-2* e *t-1,* uma depreciação de 6250 € por ano, num total de 12 500 €. Como esta venda apura uma menos valia fiscal, o seu cálculo usa como depreciações acumuladas os 12 500 € (considerando assim o limite de 25 000 € em vigor a partir de 1-1-2012) e não o valor de 25 000 €, caso não se considerasse esse limite.

b) Considere o exemplo anterior, mas com um valor de venda de 30 000 €. Nesse caso, usando o valor de 25 000 € de depreciações acumuladas, sem considerar o limite, temos uma mais-valia fiscal de 5000 €.

O artigo 27.° do EBF prevê uma isenção de IRC relativa às mais-valias obtidas por pessoas coletivas que não tenham domicílio em território português e aí não possuam estabelecimento estável ao qual as mesmas sejam imputáveis, quando realizadas com a transmissão onerosa de partes sociais, outros valores mobiliários, *warrants* autónomos emitidos por entidades residentes em território português e negociados em mercados regulamentados de bolsa e instrumentos financeiros derivados celebrados em mercados regulamentados de bolsa.

Esta isenção não será, contudo, aplicada aos sujeitos passivos não residentes e sem estabelecimento estável em território português que sejam domiciliados em país, território ou região sujeitos a um regime fiscal claramente mais favorável, constante de lista aprovada por portaria do Ministro das Finanças.

Será igualmente afastada a isenção relativamente às mais-valias realizadas por pessoas coletivas com a transmissão onerosa de partes sociais em sociedades residentes em território português cujo ativo seja constituído, em mais de 50%, por bens imóveis aí situados ou que, sendo sociedades gestoras ou detentoras de participações sociais, se encontrem em relação de domínio, tal como esta é definida no artigo 13.° do Regime Geral das Instituições de Crédito e Sociedades Financeiras, aprovado pelo Decreto-Lei n.° 298/92, de 31 de dezembro, a título de dominantes, com sociedades dominadas, igualmente residentes em território português, cujo ativo seja constituído, em mais de 50%, por bens imóveis aí situados.

REINVESTIMENTO DAS MAIS-VALIAS FISCAIS:

O Código do IRC dispõe de um regime que permite o reinvestimento do valor de realização, não tributando metade das mais-valias, desde que:

- O reinvestimento seja efetuado em bens do ativo fixo tangível, ativos intangíveis e ativos biológicos não consumíveis;[64] [65]
- O período de reinvestimento seja de 4 anos, decomposto da seguinte forma: o ano anterior à alienação, o próprio ano e os dois anos seguintes. E seja mantido pelo período mínimo de 1 ano, contado após o final do período em que ocorre o reinvestimento ou a realização, se posterior.[66] [67]

Existe, porém, a exclusão deste regime de reinvestimento em bens adquiridos em estado de uso a sujeitos passivos de IRS ou IRC com os quais existam relações especiais.

No entanto, não são suscetíveis de beneficiar deste regime as propriedades de investimento, ainda que reconhecidas na contabilidade como ativo fixo tangível.

Se não for concretizada a intenção de reinvestimento (total ou parcial), no 2.° exercício ao do ano da alienação, considera-se como proveito a diferença não incluída no lucro, majorada de 15%.

CASO PRÁTICO:

Venda no ano *t*, pelo valor de 8000 €, um bem adquirido no ano *t-3* por 5000 €, com depreciações acumuladas de 2000 e assuma um coeficiente de 1,03.

Mais-valia fiscal: 8000 – (5000 – 2000) * 1,03
= 4910

[64] Nos termos da Circular n.° 7/2020, do Secretário de Estado dos Assuntos Fiscais, apenas os contratos de locação financeira relevam para efeitos do regime do reinvestimento previsto na alínea a) do n.° 1 do artigo 48.° do Código do IRC.

[65] No caso concreto da permuta de bens, estabelece o Despacho n.° 589/96, de 30 de abril, que *«se os bens recebidos em troca tiverem a natureza de imobilizado corpóreo, o respetivo valor será elegível como reinvestimento, para efeitos do disposto no art.° 45.° [hoje, 48.°] do Código do IRC, desde que tais bens sejam recebidos no prazo de dois anos contados a partir da data da realização (data da celebração do contrato de permuta)»*.

[66] O controlo do reinvestimento deverá ser efetuado nas declarações anuais de informação contabilística e fiscal (IES) referentes aos exercícios abrangidos pelo período em que o reinvestimento poderá ser cumprido.

[67] A Lei n.° 21/2021, de 20 de abril, veio estabelecer que fica suspensa, durante o período de tributação de 2020 e durante o período de tributação seguinte, a contagem do prazo de reinvestimento previsto na alínea *a*) do n.° 1 do artigo 48.° do Código do IRC.

HIPÓTESE 1 – Reinvestimento total:

Se a empresa reinvestiu 8000 € num bem ativo fixo tangível, deve inscrever o valor de 2455 (50% * 4910) no Quadro 7.

HIPÓTESE 2: Não reinvestimento.

Deve ser tributada pelos 4910 €, inscrevendo no Quadro 7 esse valor.

HIPÓTESE 3: Reinvestimento parcial.

Neste caso, passado 2 anos, deverá inscrever no Quadro 07:

% do valor não reinvestido * 50% da mais valia apurada * majoração 15%.

Exercícios

Nota: coeficientes são usados a título exemplificativo, não sendo os que resultam da portaria em vigor

Exercício 1:

Apure a mais/menos valia contabilística e fiscal (considerando a venda dos ativos em 2020)

Automóvel			Máquina	
Valor realização	20 000		Valor realização	140 000
Valor aquisição	60 000		Valor aquisição	200 000
Ano aquisição	2018		Ano aquisição	2015
Taxa depreciação	25%		Taxa depreciação	10%
Coeficiente (fictício)	1,1		Coeficiente (fictício)	1,2

Exercício 2:

Em janeiro de 2018, a empresa Quelhas Lda. classificou um ativo fixo tangível, que se encontrava registado pelo modelo do custo, como ANCDV (ativo não corrente detido para venda), tendo sido mensurado pela quantia escriturada.

O ativo foi adquirido, no ano 2015, por 80 000 €. Estimou-se um período de vida útil de 8 anos (taxa 12,5%), coincidente com taxa prevista legalmente.

No final de 2018, o justo valor, deduzido dos custos de venda, era de 48 500 €. O ANCDV foi alienado, em 2019, por 60 000 €. Qual será o resultado contabilístico e fiscal resultante da alienação do ativo, assumindo um coeficiente de 1,04?

EXERCÍCIO 3:

Um AFT adquirido, em 2010, por 30 000 €, foi depreciado na contabilidade pelo método da linha reta, à taxa de 10%. Contudo, a taxa prevista no Decreto Regulamentar n.º 25/2009, de 14 de setembro, é de 25%. Este ativo foi vendido após os 10 anos (2020) por 10 000 €. Qual a consequência fiscal?

EXERCÍCIO 4:

Determinada empresa obteve uma mais-valia fiscal com a alienação de uma máquina, ano *t*, no valor de 2000 €. Tendo em conta que:

- O valor de realização foi de 15 000 €
- Foi declarada a intenção de reinvestimento da totalidade do valor de realização;
- A empresa acresceu ao seu lucro tributável o valor de 1000 €
- Em *t*+2 apenas foi reinvestido, na compra de outra máquina, o valor 7500 €

Quais as correções a efetuar, dado que a empresa apenas reinvestiu parcialmente o valor de realização?

SOLUÇÕES:

EXERCÍCIO 1:

Veículo:

Mais ou menos-valia contabilística: Mvc = VR – (Vaq – Aac)

Aac = 60 000 * (25% * 2) = 30 000

mvc = 20 000 – (60 000 – 30 000)= -10 000

mvf = 20 000 – (60 000 – 30 000) * 1,1 = -13 000

mvf não dedutível (acresce no Quadro 07) = 20 000 – (20 000 * 25 000 / 60 000) = 8333 € a acrescer

Máquina:

Aac = 200 000 * (10% * 5)= 100 000

Mvc = 140 000 – (200 000 – 100 000) = 40 000

Mvf = 140 000 – (200 000 – 100 000) * 1,2= +20 000

Exercício 2:

Considerando que o bem tem, em 2018, um valor contabilístico de 50 000 € (80 000 – 80 000 * 12,5% * 3), o facto de ser registado como ANCDV pelo valor de 48 500 €, obriga ao reconhecimento, em 2018, de uma imparidade de 1500.

Em 2019, teremos uma mais-valia contabilística de 11 500 €, que resulta de: Mvc = 60 000 – 48 500 (o valor do registo como ANCDV, que a partir de 2015 deixa de ter depreciações). A mais-valia fiscal é de 8000 €, que resulta de: Mvf = 60 000 – 50 000 * 1.04 (sendo os 50 mil resultado do valor contabilístico apurado até 2018, pelas depreciações fiscais).

Exercício 3:

Ao decidir depreciar pela taxa de 10%, a empresa depreciou sempre abaixo do mínimo legal (quota mínima seria metade da quota de 25%, logo 12,5%). Como tal, se tivesse usado a taxa de 12,5%, faria depreciações durante 8 anos. Desta forma, as depreciações do 9.º e 10.º ano não são aceites fiscalmente (essas depreciações são de 3000/ano, totalizando 6000 não aceites fiscalmente).

Logo, a Mvc = 10 000 – (30 000 – 30 000)= 10 000

Mvf = 10 000 – (30 000 – 30 000 + 6000) * 1,18 = 2920

Exercício 4:

Em *t*+2, a empresa terá de acrescer ao lucro tributável a parte proporcional não incluída, acrescida de 15%: 7500 / 15 000 * 1000 * 1,15 = 575 €

15. Patentes

Desenvolvimento do tema

A Lei n.º 2/2014, de 16 de janeiro, que procedeu à reforma do IRC, introduziu, no diploma que regula este imposto, um regime que confere um tratamento fiscal benéfico para os rendimentos provenientes de patentes e outros direitos de propriedade industrial, com o intuito de promover e incentivar as atividades de investigação e desenvolvimento, na área da tecnologia, as quais são de vital importância para uma economia moderna e para a criação de emprego. Nesse contexto, desde 1 de janeiro de 2014, os rendimentos de patentes e outros direitos de propriedade industrial são considerados apenas em 50%[68] do seu valor bruto, para efeitos de determinação do lucro tributável. Este regime foi alterado pela Lei do Orçamento de Estado para 2020, deixando de aludir somente aos direitos de propriedade industrial, para passar a abranger os direitos de propriedade industrial ou intelectual.

Para ser possível beneficiar deste regime, a empresa tem de ser proprietária da patente, ter desenvolvido a invenção patenteada e ter utilizado o conhecimento técnico em produtos ou processos. Consideram-se incluídos no regime de «patent box», os rendimentos provenientes de contratos que tenham por objeto a cessão ou utilização temporária de patentes, desenhos ou modelos industriais sujeitos a registo, e, a partir do Orçamento de Estado para 2020, os direitos de autor sobre programas de computador, incluindo os decorrentes da violação destes direitos.

[68] Com a Lei do Orçamento de Estado para 2022, o n.º 1 remete para a fórmula do n.º 8 que consiste no seguinte: DQ / DT x RT x 85%. Isto é, são passíveis de ser deduzidos ao lucro tributável até 85% dos rendimentos elegíveis.

Para beneficiar desta isenção, a qual é apenas aplicável aos ativos registados a partir de 1 de janeiro de 2014, devem ser preenchidos os seguintes requisitos: (i) o cessionário utilize os direitos na prossecução de uma atividade de natureza comercial, industrial ou agrícola, (ii) os resultados da utilização dos direitos pelo cessionário não se materializem na entrega de bens ou prestações de serviços que originem gastos fiscalmente dedutíveis na entidade cedente, ou em sociedade que com esta esteja integrada num grupo de sociedades ao qual se aplique o RETGS, sempre que entre uma ou outra e o cessionário existam relações especiais e (iii) o cessionário não seja uma entidade residente num paraíso fiscal.

Este regime não se aplica, nos termos do n.º 4 do artigo 50.º-A, aos rendimentos decorrentes de prestações acessórias de serviços incluídas nos contratos referidos no n.º 1, os quais, para o efeito, devem ser autonomizados dos rendimentos provenientes da cessão ou da utilização temporária de direitos de propriedade industrial.

Este regime sofreu, no entanto, com o Decreto-Lei n.º 47/2016, de 22 de agosto, algumas alterações por forma a assegurar a conformidade do regime aplicável aos rendimentos desta natureza com o estipulado no âmbito dos acordos internacionais, ao nível da União Europeia e da Organização para a Cooperação e Desenvolvimento Económico, a que Portugal se vem vinculando conjuntamente com um leque alargado de países, no quadro do combate à evasão fiscal, como é o caso da erosão da base tributária e transferência de lucros entre países, designado por Projeto BEPS (Base Erosion Project Shifting), embora estas alterações se tenham limitado ao estritamente necessário por forma a não desvirtuar os objetivos traçados.

Tais alterações legislativas passaram pela introdução de limites ao benefício, por forma a garantir que, quer os regimes que já se encontravam em vigor, quer aqueles que viessem a ser constituídos no futuro, não promovessem a evasão fiscal nem a competitividade fiscal prejudicial.

A metodologia adotada pelos países que tributavam de forma mais favorável os rendimentos de patentes consiste na implementação de um mecanismo que relaciona o valor das despesas qualificáveis, com o valor total das despesas incorridas pela empresa para desenvolver o ativo protegido, relacionando-o depois com os rendimentos totais derivados desse ativo, metodologia esta designada por «Abordagem Nexus Modificada».

Adicionalmente, é introduzida uma majoração de 30% aplicável às despesas qualificáveis incorridas com o desenvolvimento do ativo protegido por propriedade industrial ou intelectual, tendo como limite o total das despesas incorridas com esse ativo.

Uma vez que as alterações introduzidas visam excluir determinados gastos não diretamente relacionados com as atividades de investigação e desenvolvimento, como por exemplo, os juros, os sujeitos passivos devem adotar procedimentos contabilísticos que permitem fazer uma distinção clara entre os rendimentos e gastos, ou perdas, relacionadas com o direito de propriedade dos demais rendimentos e gastos.

Todavia, apesar das alterações introduzidas, com efeitos a partir de 1 de julho de 2016, foi decidido introduzir um regime transitório para salvaguardar os interesses das patentes e dos beneficiários já existentes à data da entrada em vigor destas alterações, garantindo-se as anteriores condições por um período de 5 anos que terminará a 30 de junho de 2021.

O montante da dedução previsto no âmbito da patent box, deve obedecer à seguinte fórmula:

$$\frac{DQ}{DT} * RT * 85\%$$

Em que:

DQ, corresponde ao valor das despesas qualificáveis incorridas para desenvolver o ativo protegido pela propriedade industrial ou intelectual;

DT, corresponde ao valor das despesas totais incorridas para desenvolver os ativos protegidos pela propriedade industrial ou intelectual;

RT, corresponde a rendimento total derivado do ativo protegido pela propriedade industrial ou intelectual.

Quando os rendimentos sejam obtidos no estrangeiro e tenham sido sujeitos a retenção na fonte, para efeitos de eliminação da dupla tributação jurídica internacional, também se consideram apenas 50% desses rendimentos para o cálculo do correspondente crédito de imposto.

Exercícios

A sociedade Y, SA. registou uma patente, no ano 2015, relativamente a um método inovador de tratamento da queda do cabelo.

Este método permitiu-lhe celebrar vários contratos com empresas, onde foi autorizado o uso do tratamento, designadamente com uma entidade com sede nos EUA que irá comercializar o tratamento e de quem foi recebido, como contrapartida por essa cedência, durante o ano 2020, o valor de 350 000 €, sujeito a uma retenção na fonte de 35 000 €.

Qual o valor a englobar para efeitos de determinação do lucro tributável?

Exercício 2:

Uma empresa comercializa um *software* de gestão, por si concebido, tendo procedido ao respetivo registo. Com a cedência do *software*, a empresa presta ainda serviços de formação inicial na utilização do mesmo e de apoio na resolução de problemas. O valor do investimento foi feito, de forma mais intensa, em períodos anteriores à comercialização do software.

Pretende-se saber se aos rendimentos correspondentes aos serviços de formação e apoio é aplicável o benefício previsto no artigo 50.º-A do Código do IRC e se os gastos dedutíveis são os correspondentes a gastos acumulados ou apenas os registados em cada período?

Exercício 3:

A sociedade Inventa, SA dedica-se à atividade de produção e comercialização de soluções de software, incluindo serviços de apoio e manutenção de eventuais problemas, e à de consultoria. No âmbito destas atividades, a sociedade procede à celebração de contratos que têm por objeto a cessão ou utilização temporária de direitos de autor sobre programas de computador por si desenvolvidos, os quais foram objeto de registo (2 de janeiro de 2020) na respetiva entidade competente.

Relativamente à sua atividade sabe-se o seguinte:
Ano 2018
Atividade de consultoria – 400 000 €
Direitos de autor – 0 €
Gastos e perdas fiscais gerados com o desenvolvimento do *software* – 150 000 €

Ano 2019
Atividade de consultoria – 500 000 €
Direitos de autor – 0 €
Gastos e perdas fiscais gerados com o desenvolvimento do *software* – 200 000 €

Ano 2020
Atividade de consultoria – 200 000 –
Direitos de autor – 550 000 €
Gastos e perdas fiscais gerados com o desenvolvimento do *software* – 100 000 €
Calcular o valor do benefício fiscal a usufruir no ano de 2020.

Exercício 4:

Tendo em conta os elementos do exercício anterior, considere que o valor das despesas totais (150 000 €) eram respeitantes a depreciações de imóveis, juros de financiamento bancário e prestação de serviços de uma entidade relacionada.

Qual o valor do benefício fiscal a usufruir no ano de 2020?

Solução:

Exercício 1:

Trata-se, neste caso, de um contrato que tem por objeto a utilização temporária de um direito de propriedade industrial (patente).

Como, de acordo com o artigo 50.º-A do Código do IRC, apenas concorrem para a determinação do lucro tributável 50% desses rendimentos, no ano 2019, a sociedade Y, SA irá apenas refletir no seu lucro tributável o valor de 175 000 € (50% * 350 000). Esta fórmula de cálculo, de acordo com o regime transitório, é válida até 30 de junho de 2021.

Exercício 2:

Nos termos do n.º 4 do artigo 50.º-A do Código do IRC, não são elegíveis, para efeitos do regime de *patent box*, os rendimentos decorrentes de prestações acessórias de serviços incluídas nos contratos referidos no n.º 1 do mesmo preceito legal, pelo que os rendimentos decorrentes da formação inicial e de apoio na resolução de problemas não poderão ser tidos como elegíveis.

Quanto à dedução dos gastos, nos termos do n.º 6 do normativo citado, o benefício só é aplicável à parte do rendimento que exceda o saldo negativo acumulado entre os rendimentos e ganhos relativos a cada direito e os gastos e perdas incorridos com a realização das atividades de investigação para o respetivo desenvolvimento, registados nos períodos de tributação anteriores.

Por seu lado, o n.º 9 determina, na sua alínea a), que, para efeitos da fórmula prevista no n.º 8, apenas são considerados os gastos ou perdas incorridos ou suportados que estejam diretamente relacionados com as atividades de I&D, excluindo, nomeadamente, os gastos e perdas de natureza financeira tais como juros, bem como os relativos à aquisição, construção ou depreciação de imóveis. Já a alínea b) do mesmo n.º 9 concede uma majoração de 30% ao montante total das despesas qualificáveis incorridas para desenvolver o ativo protegido, tendo como limite o montante das despesas totais incorridas para desenvolver o ativo protegido.

Assim, e no caso apresentado, o desenvolvimento da plataforma é contínuo e o valor substancial foi registado em períodos anteriores, pelo que os gastos entram para os valores das despesas qualificáveis. De qualquer modo, o regime exige que as despesas de I&D tenham sido incorridas e realizadas diretamente pelo beneficiário ou que resultem de atividades desta natureza contratadas a outra entidade, desde não esteja em situação de relações especiais com o beneficiário, nos termos do n.º 4 do artigo 63.º do Código do IRC.

Exercício 3:
Ano 2018
Resultado líquido do período – 250 000 € (400 000 € – 150 000 €)

Ano 2019
Resultado líquido do período – 300 000 € (500 000 € – 200 000 €)

Ano 2020
Resultado líquido do período – 650 000 € (750 000 € – 100 000 €)

Nos termos do n.º 6 do artigo 50.º-A do Código do IRC, na sequência da celebração do contrato de cessão da patente, o rendimento líquido proveniente deste intangível, no ano 2020, corresponde a 450 000 € (550 000 € – 100 000 €).

Há que ter em conta, para o computo do benefício, o saldo negativo acumulado dos anos anteriores, no valor de 350 000 € (150 000 € + 200 000 €).

Se o cálculo do benefício terminasse no n.º 7, o benefício concedido corresponderia a 50 000 € [50% * (650 000 € – 100 000 € – 350 000 €)] e o lucro tributável no ano 3 corresponderia a 600 000 € (650 000 € – 50 000 €).

Como o valor das despesas qualificáveis fosse igual ao valor das despesas totais, não existe qualquer impacto no valor do benefício por aplicação dos números 8 e 9 do artigo 50.º-A do Código do IRC.

Exercício 4:

Considerando que o valor das despesas totais incorridas para desenvolver o software é de 450 000 € (150 000 € + 200 000 € + 100 000 €), face à definição de despesas qualificáveis dada pelo n.º 9 do artigo 50.º-A do Código do IRC, as despesas qualificáveis corresponderiam a 300 000 € (450 000 € – 150 000 €).

Porém, há, ainda, que ter em conta o disposto na alínea b) do n.º 9 do mesmo normativo legal, que concede uma majoração de 30% ao montante total das despesas qualificáveis incorridas para desenvolver o ativo protegido, tendo como limite o montante das despesas totais incorridas para desenvolver esse mesmo ativo, ou seja: 30% * 300 000 € = 90 000 € à 300 000 € + 90 000 € = 390 000 €).

Assim, tendo e conta o disposto nos n.os 8 e 9 do artigo 50.º-A do Código do IRC, o valor a deduzir corresponde a 43 333 € (390 000 €/450 000 € * 50 000 €).

16. *Participation exemption*

Desenvolvimento do tema

A distribuição de lucros e reservas gerados pelas sociedades aos seus detentores de capital, sendo um facto sujeito a IRC, dá origem a uma dupla tributação da mesma realidade, tanto na sociedade que apura esses lucros, como na sociedade que os recebe, na medida em que os irá incluir na sua base tributável.

Porém, o Código do IRC consagra um mecanismo que elimina as tributações sucessivas, ainda que em sujeitos passivos distintos, e que consiste na não consideração, para efeitos da determinação do lucro tributável dos sujeitos passivos de IRC com sede ou direção efetiva em território português, dos lucros e reservas distribuídos, quer esta distribuição seja feita por entidades residentes ou não residentes em território português. Instrumento este que foi profundamente reformulado no âmbito da reforma do IRC, operada pela Lei n.º 2/2014, de 16 de janeiro, e que entrou em vigor a 1 de janeiro de 2014, a qual teve por base tornar o sistema fiscal português mais competitivo, através de um regime mais atrativo à internacionalização das empresas portuguesas.

Trata-se de um regime de *participation exemption* de cariz universal, dado que abrange o investimento efetuado pelas empresas portuguesas, independentemente do local onde ele se materializa e, horizontal, na medida em que é aplicável quer à distribuição de lucros, quer às mais-valias apuradas com a alienação de partes de capital e de outros instrumentos de capital próprio (como por exemplo as prestações suplementares).

Até à entrada em vigor da reforma do IRC, Portugal era um dos poucos países da Europa que não dispunha de um regime desta natureza, o que o tornava pouco atraente para os investidores, ao mesmo tempo que a sua falta de interesse potenciava a saída das empresas portuguesas para territórios onde a tributação era considerada mais vantajosa, nomeadamente a Holanda, que em matéria de competitividade fiscal é considerado como um exemplo a seguir. Este regime é acompanhado por um conjunto de requisitos que visam assegurar a substância das operações por ele abrangidas.

Assim, não concorrem para a determinação do lucro tributável da sociedade beneficiária, os lucros e reservas distribuídos (assim como também não concorrem para a determinação do lucro tributável da sociedade beneficiária as mais- e menos-valias fiscais), desde que se verifiquem, cumulativamente, os seguintes requisitos:

- O sujeito passivo detenha, direta ou indiretamente, uma participação não inferior a 10% do capital social ou dos direitos de voto da entidade que distribui os lucros ou reservas [redação dada pela Lei do Orçamento de Estado para 2016 (Lei n.º 7-A/2016, de 30 de março), dado que, no regime inicial de 2014, a participação limite era de 5%];
- A participação tenha sido detida, de modo ininterrupto, durante o ano anterior à distribuição dos lucros ou reservas ou, se detida há menos tempo, seja mantida o tempo necessário para completar aquele período [redação dada pela Lei do Orçamento de Estado para 2016 (Lei n.º 7-A/2016, de 30 de março), dado que, no regime inicial de 2014, estava previsto 24 meses];
- O sujeito passivo não seja abrangido pelo regime de transparência fiscal, previsto no artigo 6.º do Código do IRC;
- A entidade que distribui os lucros ou reservas esteja sujeita e não isenta de IRC, e a taxa legal aplicável à entidade não seja de valor inferior a 60% da taxa de IRC em vigor, a qual é de 21% para 2018;
- A entidade que distribui os lucros ou reservas não tenha residência ou domicílio em país, território ou região sujeito a um regime fiscal claramente mais favorável, constante da lista aprovada por portaria[69] do membro do Governo responsável pela área das finanças.

[69] A lista de países, territórios ou regiões com um regime claramente mais favorável foi aprovada pela Portaria n.º 150/2004, de 13 de fevereiro, com as alterações introduzidas pelas Portarias n.ºs 292/2011, de 8 de novembro, 345-A/2016, de 30 de dezembro e 309-A/2020, de 31 de dezembro.

Refira-se que o disposto no n.º 1 do artigo 51.º-C do Código do IRC não é aplicável às mais-valias e menos-valias realizadas mediante transmissão onerosa de partes sociais, bem como à transmissão de outros instrumentos de capital próprio associado às partes sociais, designadamente prestações suplementares, quando o valor dos bens imóveis ou dos direitos reais sobre bens imóveis situados em território português, com exceção dos bens imóveis afetos a uma atividade de natureza agrícola, industrial ou comercial que não consista na compra e venda de bens imóveis, represente, direta ou indiretamente, mais de 50% do ativo (aplicável apenas para ativos adquiridos a partir de 2014, sendo que se o imóvel tiver sido adquirido antes de 2014 não há esta limitação da norma antiabuso).

As perdas por imparidade, e outras correções de valor de partes sociais ou de outros instrumentos de capital próprio, que tenham concorrido para a formação do lucro tributável, ao abrigo do estabelecido no n.º 2 do artigo 28.º-A do Código do IRC, consideram-se componentes positivas do lucro tributável no período de tributação em que ocorra a respetiva transmissão onerosa, sempre que seja aplicado o disposto nos n.os 1 a 3 do artigo 51.º-C do mesmo diploma legal.

Quanto aos requisitos de natureza formal, é de aludir que a prova de acesso ao regime deve ser confirmada através da entrega, à entidade que se encontra obrigada a fazer a retenção na fonte, de declarações ou documentos confirmados e autenticados pelas autoridades públicas do Estado onde a entidade que distribui os lucros ou as reservas tem o seu domicílio[70].

Referencia-se ainda que, tratando-se de rendimentos sob a forma de mais-valias fiscais provenientes da liquidação e partilha de sociedades[71], a que se refere o artigo 81.º do Código do IRC, à imagem do que sucede com as mais e menos-valias fiscais com a alienação de partes sociais, também estas não concorrem para a determinação do lucro tributável desde que, logicamente, se encontrem reunidos todos os requisitos previstos para o acesso ao regime da *participation exemption*. De notar, no entanto, que, em caso de na liquidação ser apurada uma menos-valia, e não obstante a mesma ser dedu-

[70] Quanto à veracidade das declarações ou documentos referidos e das informações neles constantes há uma repartição do ónus da prova: recai sobre a Administração Fiscal quando se tratam de entidades residentes na União Europeia, no Espaço Económico Europeu e num Estado com o qual Portugal tenha celebrado uma CDT; caso não reúna estes requisitos cabe ao próprio sujeito passivo demonstrar a veracidade do cumprimento dos requisitos.

[71] A partir de 1 de janeiro de 2014, todos os ganhos obtidos com a liquidação e partilha do património de sociedade são havidos como mais-valias.

tível na sua totalidade, àquele valor será abatido o montante de prejuízos fiscais utilizados durante a aplicação do regime de tributação dos grupos de sociedades ou o montante dos lucros e reservas que usufruíram do regime de eliminação da dupla tributação económica.

Por último, é de mencionar que este regime é igualmente aplicável aos lucros e reservas distribuídos, assim como às mais e menos-valias fiscais obtidas por estabelecimentos estáveis situados em território português de:

- Entidades residentes num Estado-membro da União Europeia, desde que se encontrem reunidos todos os requisitos estabelecidos no artigo 2.° da Diretiva n.° 2011/96/EU, do Conselho, de 30 de novembro[72];
- Entidades residentes no Espaço Económico Europeu que esteja vinculado a cooperação administrativa equivalente à estabelecida no âmbito da União Europeia;
- Entidades residentes num Estado, que não conste da lista de países, territórios ou regiões sujeitos a um regime fiscal claramente mais favorável, constante da portaria n.° 150/2004, de 13 de fevereiro, com o qual tenha sido celebrada convenção para evitar a dupla tributação, que preveja cooperação administrativa, estando nesse Estado sujeita e não isenta de um imposto similar ao IRC.

Caso os sujeitos passivos não reúnam os requisitos para beneficiar do regime da *participation exemption*, relativamente aos lucros e reservas distribuídos provenientes de investimentos efetuados no estrangeiro, podem, ainda assim, beneficiar do crédito de imposto que se encontra previsto nos artigos 91.° e 91.°-A do Código do IRC.

Por um lado, o artigo 91.° do Código do IRC refere-se à aplicação de um crédito de imposto por dupla tributação jurídica internacional, aplicável quando na matéria coletável do sujeito passivo, residente em território português, tenham sido incluídos lucros ou prejuízos obtidos no estrangeiro por um seu estabelecimento estável, o que ocorre quando os sujeitos passivos não fizeram a opção pela tributação desse estabelecimento estável separadamente da sua casa-mãe residente em território português, e que corresponde à menor das seguintes importâncias:

[72] O artigo 2.° da Diretiva estabelece que são elegíveis as sociedades que: (i) revistam uma das formas societárias previstas no seu anexo A; (ii) sejam consideradas residentes num Estado-membro da EU e que nos termos da CDT não sejam consideradas residentes fora da EU, e; (iii) estejam sujeitas e não isentas, sem possibilidade de opção, a qualquer um dos impostos elencados no seu anexo B.

- Imposto sobre o rendimento pago no estrangeiro;
- Fração do IRC, calculado antes da dedução, correspondente aos rendimentos que no país em causa possam ser tributados, incluindo o valor do imposto pago no estrangeiro, líquido dos gastos suportados para a sua aquisição. Esta dedução é efetuada pelo país onde os sujeitos passivos possuam estabelecimento estável e, em caso de insuficiência de coleta, o crédito de imposto pode ainda ser deduzido nos cinco períodos de tributação seguintes.

Por outro lado, o artigo 91.º-A do Código do IRC refere-se à aplicação de um crédito de imposto por dupla tributação económica internacional, destinado a abranger os lucros e reservas incluídos no lucro tributável dos sujeitos passivos, desde que tais rendimentos não tenha beneficiado do regime de *participation exemption* e desde que o sujeito passivo opte pela aplicação desta dedução, e corresponde à menor das seguintes importâncias:

- Imposto sobre o rendimento pago estrangeiro;
- Fração do IRC, calculado antes desta dedução, correspondente aos lucros e reservas distribuídos, incluindo o valor do imposto pago no estrangeiro, líquido dos gastos suportados para a sua aquisição. Esta dedução é efetuada pelo país onde os sujeitos passivos possuam estabelecimento estável e, em caso de insuficiência de coleta, o crédito de imposto pode ainda ser deduzido nos cinco períodos de tributação seguintes.

Porém, só é aplicável quando o sujeito passivo de IRC possua uma participação, direta ou indireta, na entidade que distribui os lucros ou reservas não inferior a 5% e desde que essa participação seja detida por um período ininterrupto de 24 meses ou, se for detida por um período inferior, que seja mantida durante o tempo necessário para completar aquele período.

Relativamente ao regime fiscal aplicável à exportação de dividendos e reservas, isto é, aos dividendos e reservas pagos por entidades residentes em território português à sua casa-mãe situada fora deste território, encontra-se, igualmente, prevista uma isenção, nos casos em que a participação, direta ou indireta, no capital social de sociedades residentes em território português seja não inferior a 5% e desde que essa participação seja mantida, de forma ininterrupta, por um período mínimo de 24 meses anteriores à distribuição de dividendos. Caso o requisito temporal se venha a verificar posteriormente, o beneficiário dos rendimentos não residente em território português pode solicitar o seu reembolso no prazo de 2 anos contados a partir do momento em que se completou o período de detenção da participação de 24 meses.

Para efeitos de aplicação deste regime de eliminação da dupla tributação na exportação de dividendos e reservas, é ainda necessário que se verifique que o beneficiário desses rendimentos seja residente num Estado-membro da UE, num Estado-membro do EEE que esteja vinculado a cooperação administrativa no domínio da fiscalidade no âmbito da União Europeia ou num Estado com o qual tenha sido celebrada uma CDT, que preveja a cooperação administrativa no domínio da fiscalidade.

Exercícios

Exercício 1:

Em 2019, a sociedade XYZ recebeu, da sociedade XTR, lucros no montante de 500 000 €.

Ambas as sociedades têm sede em território português e a sociedade XYZ detém a participação de 15% na sociedade XTR, desde 2013.

Qual será o enquadramento, nos termos e para os efeitos do artigo 51.º do Código do IRC, tendo em conta que ambas as sociedades são sujeitas e não isentas de imposto?

Exercício 2:

Em 2011, a sociedade Y adquiriu 30% da sociedade Z, pelo montante de 1 500 000 €. Em 2019, a sociedade Z distribui resultados, cabendo à Y lucros no valor de 500 000 €.

Qual o valor dos lucros distribuídos a considerar em 2018?

Exercício 3:

Admita agora que, em julho de 2019 (ano seguinte ao do exercício anterior), a sociedade Y procede à venda da participação que tem em Z, pelo montante de 400 000 €.

Qual o valor da mais-valia fiscal, tendo em conta o coeficiente de desvalorização da moeda de 1,07 (fictício)?

Soluções:

Exercício 1:

Tendo em conta que a sociedade XYZ detém, ininterruptamente, uma participação superior a 5% na sociedade XTR há mais de 24 meses, os lucros distribuídos não concorrem para a formação do lucro tributável de XYZ.

Exercício 2:

De acordo com o regime previsto no artigo 51.° do Código do IRC, a sociedade Y pode deduzir ao lucro tributável a totalidade dos lucros distribuídos por Z

Exercício 3:

A menos valia contabilística é de 1 100 000 € (400 000 – 1 500 000). Por outro lado, a menos valia fiscal é de 1 205 000 (400 000 – 1 500 000 * 1,07).

No entanto, apenas é aceite como gasto fiscal, o montante de 705 000 € (1 205 000 – 500 000), pois de acordo com o n.° 2 do artigo 23.°-A, não são dedutíveis as menos valias e outras perdas relativamente a instrumentos de capital próprio, na parte que diz respeito a lucros ou reservas distribuídos que tenham beneficiado no próprio período ou nos 4 anteriores da eliminação da dupla tributação económica dos lucros e reservas distribuídos.

APURAMENTO DO IMPOSTO

17. Reporte de prejuízos

Síntese

- Ao lucro fiscal (apurado no final do Quadro 7 da Modelo 22), uma empresa pode, de acordo com as regras estabelecidas no Código do IRC, deduzir os prejuízos fiscais de anos anteriores.
- Os limites de anos de reporte de um prejuízo fiscal (contados a partir do ano seguinte ao do apuramento do prejuízo) são:
  a) Prejuízos até 2009 (inclusive): 6 anos de reporte;
  b) Prejuízos de 2010 e 2011: 4 anos de reporte;
  c) Prejuízos de 2012 e 2013: 5 anos de reporte;
  d) Prejuízos de 2014-2016: 12 anos de reporte.
  e) Prejuízos de 2017–2022 (exceto para PME´s que mantêm os 12 anos): 5 anos.
  f) Prejuízos fiscais de 2023 e seguintes: sem limite de reporte.[73]
- Até 2012, podia-se reportar prejuízos até ao montante do lucro do ano. Entre 2012 e 2013, houve um limite de reporte de prejuízos até 75% do lucro desse ano. Entre 2014 e 2022, esse limite passou para 70%. A partir de 2023, o limite passou a ser de 65%.
- A regra até 2016 é que se reportava sempre o prejuízo dos anos mais antigos. A partir de 2017, deixou de ser obrigatório esse reporte pelo prejuízo mais antigo.
- Pode reportar-se vários anos de prejuízo num único ano de lucros ou usar um ano de prejuízos em vários anos de lucros.

[73] Considera-se sem prazo de reporte, os prejuízos fiscais de anos anteriores que estejam em reporte a 1 de janeiro de 2023.

Desenvolvimento do tema

A atividade empresarial é exercida, com carácter continuado, ao longo de vários exercícios económicos, observando o princípio contabilístico da continuidade. No entanto, face às necessidades de avaliar o desempenho da empresa, de prestar contas com os acionistas e de dar informação a investidores, Estado, clientes, fornecedores, etc., o desempenho das empresas é medido em ciclos, ciclos esses que, em regra, duram um ano. Durante esse período a atividade tanto pode gerar lucros como prejuízos.

O IRC determina que o apuramento do lucro tributável é feito de harmonia com o princípio da periodização económica (especialização dos exercícios), sendo com base na regra da anuidade que o carácter contínuo da atividade deixa de existir. Este mecanismo permite que os prejuízos ocorridos em determinado período de tributação possam ser compensados em exercícios posteriores em que se verificassem resultados positivos.

No plano fiscal, a possibilidade de reporte de prejuízos fiscais tem sofrido inúmeras alterações, ora aumentando ou diminuindo os prazos de reporte e os limites, consoantes as necessidades de receita do Estado. Por um lado, aumenta-se o prazo, como ocorreu recentemente com a Reforma de IRC em 2014, no sentido de apoiar as empresas e integrado num plano do Governo de crescimento económico de apoio à internacionalização das empresas e da criação de emprego. Noutros casos reduz-se o prazo, quando o objetivo se prende com questões políticas ou necessidade de receita por parte do Estado.

A verdade é que as alterações têm sido bastante frequentes como se pode verificar, a título meramente exemplificativo, no que aconteceu nos últimos 14 anos:

Prejuízos até 2009 (inclusive): 6 anos de reporte
Prejuízos de 2010 e 2011: 4 anos de reporte
Prejuízos de 2012 e 2013: 5 anos de reporte
Prejuízos de 2014 a 2016: 12 anos de reporte
Prejuízos de 2017 a 2022:
- 12 anos no caso de PME (Decreto-Lei n.º 372/2007)[74]
- 5 anos nos restantes casos

[74] Para prejuízos gerados desde 2017, os prejuízos fiscais apurados em determinado período de tributação são deduzidos aos lucros tributáveis, havendo-os, de um ou mais dos cinco períodos de tributação posteriores, à exceção dos sujeitos passivos que exerçam, diretamente e a título principal, uma atividade económica de natureza agrícola, comercial ou industrial e que sejam classificados como micro, pequena e média empresa, os quais podem fazê-lo em um ou mais dos doze períodos de tributação posteriores.

Prejuízos de 2023 e seguintes: sem limite de reporte

Note-se, que se houver atividades isentas e tributáveis, os prejuízos das atividades isentas não comunicam aos lucros das atividades tributáveis. Da mesma forma, havendo aplicação de métodos indiretos não há dedução dos prejuízos fiscais.

A partir de 2012 existem os seguintes limites à utilização dos prejuízos: em 2012 e 2013, só podem ser usados prejuízos até 75% do lucro tributável (mantendo, assim, um mínimo de 25% do lucro tributável como matéria coletável), sendo que, entre 2014 e 2022, esse limite passa para 70% do lucro tributável.

A partir de 2023 o limite passou a ser de 65%.

EXEMPLO:

Ano	**Lucro/Prejuízo após Q7 da** Modelo **22**	**Valor do reporte de prejuízos**	**Lucro/prejuízo fiscal**	**Ano(s) do reporte de prejuízos**
2006	-50 000	----------	-50 000	----------
2007	-200 000	----------	-200 000	----------
2008	+60 000	60 000	0	50 000 de 2006 e 10 000 de 2007
2009	+40 000	40 000	0	40 000 de 2007
2010	-30 000	----------	-30 000	----------
2011	-70 000	----------	-70 000	----------
2012	+100 000	75 000 (aplica-se limite de 75% do lucro)	25 000	75 000 de 2007
2013	-50 000	----------	-50 000	----------
2014	-20 000	----------	-20 000	----------
2015	+50 000	35 000 (aplica-se o limite de 70%)	15 000	35 000 de 2011 (1)
2016	+30 000	21 000 aplica-se o limite de 70%)	9000	21 000 de 2013 (2)
2017	+150 000	49 000 (3)	101 000	29 000 de 2013 20 000 de 2014

(1) – Apesar de só se ter usado 125 000 de 2007 (de um prejuízo de 200 000), não é possível continuar a usar o prejuízo de 2007 a partir de 2014, dado que passaram os 6 anos de limite de reporte.

(2) – Em 2016 já não é possível continuar a usar o prejuízo de 2011, dado que já passaram 4 anos.

(3) – Em 2017 não se aplica o limite de 70% do lucro, dado que o prejuízo ainda por reportar, de 49 000, é inferior a esse limite.

Com base neste exemplo, é possível estabelecer algumas regras que devem ser usadas no reporte de prejuízos:

- Até 2016, a utilização dos prejuízos deve seguir o princípio de usar primeiro o prejuízo mais antigo, sendo que esta norma foi revogada com a Lei do Orçamento de Estado para 2017;
- Um ano de prejuízo pode ser usado em vários anos de lucro;
- Da mesma forma, vários anos de prejuízo podem ser usados num único ano de lucro.

Nos termos do «Orçamento Retificativo 2020», devido à situação epidemiológica provocada pelo coronavírus SARS-CoV-2, foi alterada a regra de reporte de prejuízos para os anos de 2020 e 2021.

Assim, os prejuízos fiscais apurados nos períodos de tributação de 2020 e 2021, por sujeitos passivos que exerçam, diretamente e a título principal, uma atividade económica de natureza agrícola, comercial ou industrial, são deduzidos aos lucros tributáveis, nos termos e condições estabelecidos no artigo 52.° do Código do IRC, de um ou mais dos doze períodos de tributação posteriores, independentemente de os sujeitos passivos estarem ou não abrangidos pelo Decreto-Lei n.° 372/2007, de 6 de novembro, que cria a certificação eletrónica do estatuto de micro, pequena e média empresas (PME). O limite à dedução previsto no n.° 2 do artigo 52.° do Código do IRC é elevado em 10 pontos percentuais, quando a diferença resulte da dedução de prejuízos fiscais apurados nos períodos de tributação de 2020 e 2021. Acresce que a contagem do prazo de reporte de prejuízos fiscais previsto no n.° 1 do artigo 52.° do Código do IRC, aplicável aos prejuízos fiscais vigentes no primeiro dia do período de tributação de 2020, fica suspensa durante esse período de tributação e o seguinte.[75]

[75] Relativamente ao reporte de prejuízos para 2020 e 2021, *vd.*, ainda o n.° 14 da Lei n.° 75/2020, de 27 de novembro, bem como o artigo 3.° do Anexo IV da Lei n.° 27-A/2020, de 24 de julho, que confere a possibilidade de, verificadas as condições dos n.os 2 e 3 e do artigo 4.°, os prejuízos fiscais vigentes da entidade adquirida à data da aquisição da participação social poderem ser «transmitidos e deduzidos ao lucro tributável do sujeito passivo adquirente, na proporção da sua participação no capital social, desde que não ultrapasse o período referido no n.° 1 do artigo 52.° do Código do Imposto sobre o Rendimento das Pessoas Coletivas, aprovado pelo Decreto-Lei n.° 442-B/88, de 30 de novembro (Código do IRC), contado a partir do período a que os mesmos se reportam na sociedade adquirente, nos seguintes termos: a) O montante dos prejuízos a deduzir em cada período não pode ultrapassar 50% do lucro tributável do sujeito passivo adquirente, sem prejuízo do limite estabelecido no n.° 2 do artigo 52.° do Código do IRC; b) A percentagem de participação a utilizar para o cálculo do valor total dos prejuízos a deduzir pela entidade adquirente é a que corresponder à percentagem média de detenção direta verificada em cada período de tributação.»

Contudo, a regra geral de dedução de prejuízos deixa de ser aplicável quando se verificar, à data do termo do período de tributação em que é efetuada a dedução, que, em relação àquele a que respeitam os prejuízos, se verificou a alteração da titularidade de mais de 50% do capital social ou da maioria dos direitos de voto[76].

Até 31 de dezembro de 2022, o Ministro podia autorizar, em casos especiais de reconhecido interesse económico e, mediante requerimento a apresentar nos 30 dias após as alterações referidas, que não fosse aplicável a referida limitação. A Lei do Orçamento de Estado para 2023 veio eliminar essa necessidade de solicitar a autorização para continuar a deduzir os prejuízos fiscais, revogando, em consequência, os n.os 10, 12 a 14 do normativo legal em análise. No entanto, clarificou-se que as alterações de mais de 50% do capital social ou dos direitos de voto são suscetíveis de ditar a perda do direito de reporte, caso se conclua que a operação teve como principal objetivo, ou como um dos principais objetivos, a evasão fiscal.

Quando se efetuarem correções aos prejuízos fiscais declarados pelo sujeito passivo, devem alterar-se, em conformidade, as deduções efetuadas, não se procedendo, porém, a qualquer anulação ou liquidação, ainda que adicional, de IRC, se decorrerem mais de quatro anos relativamente àquele a que o lucro tributável respeite (n.º 4 do artigo 52.º Código do IRC). Quando o reporte de prejuízos for mal preenchido na Declaração Modelo 22 de IRC e já não seja possível apresentar declaração de substituição, o meio adequado para corrigir a situação será o procedimento de revisão dos atos tributários, previsto no artigo 78.º da LGT.

Nas sociedades sujeitas ao regime de transparência fiscal, os prejuízos fiscais de sociedades civis não constituídas sob forma comercial, sociedades de profissionais e sociedades de simples administração de bens serão deduzidos unicamente aos lucros tributáveis das mesmas sociedades (n.º 7 do artigo 52.º do Código do IRC), diferentemente dos agrupamentos complementares de empresas (ACE) ou de agrupamentos europeus de interesse económico (AEIE), em que a imputação dos resultados fiscais (lucros ou prejuízos) é sempre feita aos seus sócios (n.º 2 do artigo 6.º do Código do IRC).

Caso o apuramento do lucro seja efetuado através de métodos indiretos, não será possível, para esse exercício, a utilização de reporte de prejuízos de anos anteriores. Tal não invalida, naturalmente, que em anos seguintes (em

[76] Note-se que não são consideradas as alterações previstas no n.º 9 do artigo 52.º do Código do IRC.

que o lucro tributável seja apurado pelas regras gerais) esses prejuízos não possam ser usados (desde que cumpridos os requisitos atrás enunciados).

Reforça-se, por fim, que, a partir de 2017, deixou de ser obrigatório a utilização em primeiro lugar dos prejuízos mais antigos. Isso resulta da alteração em 2016 do prazo de 12 para 5 anos, o que fez com que os prejuízos de 2014 e 2015 tivessem um período mais longo que os gerados entre 2017 e 2022.

Exercícios

Exercício 1:

Caso prático de reporte de prejuízos

Período	Lucro/prejuízo fiscal	Reporte
2010	-100 000	
2011	-20 000	
2012	40 000	
2013	30 000	
2014	-40 000	
2015	100 000	
2016	150 000	

Exercício 2:

Complete o quadro de reporte de prejuízos, admitindo que se trata de uma PME, nos termos do Decreto-Lei n.º 372/2007, de 6 de novembro:

Período	Lucro/prejuízo fiscal	Prejuízos acumulados	Reporte	Matéria coletável	Último ano para reporte
2007	-200 000				
2008	-120 000				
2009	30 000				
2010	-50 000				
2011	20 000				
2012	20 000				
2013	-30 000				
2014	60 000				
2015	80 000				
2016	50 000				
2017	-35 000				

Exercício 3:

Uma empresa que em 2010 apurou um prejuízo de 60 000 €, que nos anos seguintes apurou lucros, de acordo com a seguinte informação, quanto pode deduzir em cada ano?

- 2011: lucro de 40 000 €
- 2012: lucro de 10 000 €
- 2013: lucro de 6 000 €
- 2014: lucro de 4 000 €

Exercício 4:

Complete o quadro de reporte de prejuízos

Período	Lucro/prejuízo fiscal	Prejuízos acumulados	Reporte	Matéria coletável	Último ano para reporte
2013	-200 000				
2014	-120 000				
2015	30 000				
2016	-50 000				
2017	20 000				
2018	20 000				
2019	-30 000				
2020	60 000				

Exercício 5:

A agência de viagens Sol e Mar, foi constituída em 2008 com um capital social de 100 000 € pelos sócios X, Y, W e Z todos pessoas singulares. Em dezembro de 2017, os sócios Y, W e Z decidiram alienar, por 60 000 €, as suas quotas ao sócio X, dado que não acreditam na viabilidade da empresa. A escritura de cessão de quotas foi celebrada ainda em dezembro, no dia 20.

A empresa tinha acumulado prejuízos no valor de 350 000 €, entre 2014 e 2016.

Quais as consequências desta alteração de titularidade?

Soluções

Exercício 1:

Ano	Lucro/prejuízo fiscal	Reporte	Explicação
2010	-100 000		4 anos de reporte.
2011	-20 000		4 anos de reporte.
2012	40 000	-30 000	Dedução parcial do prejuízo de 2010. Aplicação do limite de 75%.
2013	30 000	-22 500	Dedução parcial do prejuízo de 2010. Aplicação do limite de 75%.
2014	-40 000		12 anos de reporte.
2015	100 000	-60 000	Dedução dos prejuízos de 2011 e 2014. Abaixo do limite de 70%.
2016	150 000		

Exercício 2:

Período	Lucro/prejuízo fiscal	Prejuízos acumulados	Reporte	Matéria coletável	Ano de reporte
2007	-200 000	-200 000		0	2013
2008	-120 000	-320 000		0	2014
2009	30 000	-290 000	30 000	0	
2010	-50 000	-340 000		0	2014
2011	20 000	-320 000	20 000	0	
2012	20 000	-305 000	15 000	5000	
2013	-30 000	-205 000		0	2018
2014	60 000	-30 000	42 000	18 000	
2015	80 000	-	30 000	50 000	
2016	50 000			50 000	
2017	-35 000	-35 000			2029

Exercício 3:

Pode deduzir 40 000 em 2011 (não há limite percentual); 7500 em 2012 (limite de 75%); 4500 em 2013 (limite de 75%) e 2800 em 2014 (limite de 70%). Refira-se que apenas foram usados 54 800 €, tendo ficado por usar 5200 €, que pela passagem de 4 anos, ficam sem possibilidade de serem dedutíveis.

Exercício 4:

Período	Lucro/prejuízo fiscal	Prejuízos acumulados	Reporte	Matéria coletável	Ano de reporte
2013	-200 000	-200 000		0	2018
2014	-120 000	-320 000		0	2026
2015	30 000	-299 000	21 000	9000	
2016	-50 000	-349 000			2028
2017	20 000	-335 000	14 000	6000	
2018	320 000	-111 000	224 000	96 000	
2019	-30 000	-141 000			2024
2020	60 000	-99 000	42 000	18.000	

Notas:

- No período de 2015, a empresa deduziu parte dos prejuízos fiscais gerados em 2013, utilizando a regra FIFO, até ao máximo de 70% do lucro tributável;
- No período de 2017, a empresa deduziu parte dos prejuízos fiscais gerados em 2013, utilizando a regra FIFO, até ao máximo de 70% do lucro tributável;
- No período de 2018, a empresa deduziu o remanescente dos prejuízos fiscais de 2013 e parte dos prejuízos fiscais de 2014, utilizando a regra FIFO;
- Por fim, no período de 2020, como deixou de existir a regra FIFO, a empresa deve utilizar primeiro os prejuízos fiscais gerados em 2019 e só depois os prejuízos fiscais gerados em 2014 e 2016.

Exercício 5:

O n.º 8 do artigo 52.º do Código do IRC introduz uma limitação ao direito de reporte de prejuízos fiscais, quando se dê uma alteração de titularidade de mais de 50% do capital social ou dos direitos de voto da sociedade que detém os prejuízos. Neste caso, houve uma alteração de 75% do capital social da sociedade Sol e Mar, no entanto, há que ter em atenção as exceções previstas no n.º 9 do artigo 52.º do Código do IRC, designadamente quando o adquirente detenha ininterruptamente, direta ou indiretamente, mais de 20% do capital social ou dos direitos de voto da sociedade desde o início do período de tributação a que respeitam os prejuízos fiscais (alínea e)).

Assim, dado que o adquirente, sócio X, já detinha 25% do capital social da sociedade, a Sol e Mar pode continuar a deduzir os seus prejuízos fiscais aos lucros tributáveis futuros.

18. O procedimento de demonstração do preço efetivo na transmissão de imóveis

Síntese

- A determinação do valor patrimonial tributário (VPT) dos imóveis, obtida através da fórmula prevista nos artigos 38.° e seguintes do Código do IMI, tem importantes implicações ao nível da tributação do rendimento, mais precisamente, quando o valor de transação do imóvel diverge do seu VPT.

Desenvolvimento do tema

O artigo 64.° do Código do IRC e a correção ao valor de transmissão de direitos reais sobre bens imóveis

Com a epígrafe «correções ao valor de transmissão de direitos reais sobre bens imóveis», o artigo 64.° encontra-se inserido nas disposições comuns e diversas do Código do IRC.

Corresponde ao anterior artigo 58.°-A, tendo sido aditado pelo artigo 5.° do Decreto-Lei n.° 287/2003, de 12 de novembro, que procedeu à reforma da tributação do património, alterando diversa legislação tributária conexa com essa reforma, designadamente o Código do IRS e o Código do IRC. Essa alteração deveu-se ao intuito do legislador em introduzir normas antiabuso e de combate à fraude e evasão fiscal, por forma a manter a equidade na tributação do património.

Nesse sentido, dispõe o n.º 1 do artigo 64.º que os alienantes e os adquirentes de imóveis devem adotar, para efeitos de determinação do lucro tributável, valores normais de mercado que não podem ser inferiores aos valores patrimoniais definitivos. Estes valores patrimoniais são os que serviram de base à liquidação do Imposto Municipal sobre as Transmissões Onerosas (IMT), ou os que serviriam, no caso de não haver lugar à liquidação deste imposto.

Assim, encontra-se subjacente a esta norma não só a exigência da verificação da existência de transmissões onerosas de direitos reais sobre bens imóveis com reflexo no lucro tributável, mas também que o valor declarado, no âmbito dessas transmissões, seja diferente do valor normal de mercado ou do valor patrimonial tributário. Verificados estes requisitos, entende o legislador que pode haver abuso da forma jurídica.

Ademais, estabelece-se no n.º 2 do ainda artigo 64.º do Código do IRC que, caso o valor constante do contrato seja inferior ao valor patrimonial tributário definitivo do imóvel, será este o valor a ter em conta para determinação do lucro tributável, impondo-se ao sujeito passivo alienante uma correção na declaração de rendimentos do período a que respeita a alienação correspondente à diferença positiva entre o valor patrimonial definitivo do imóvel e o valor constante do contrato.

Impõe-se, assim, o princípio base de que os vendedores e compradores de direitos reais de imóveis devem adotar, nas suas transações, valores de mercado que não poderão ser inferiores aos VPT definitivos que serviram de base à liquidação de IMT.

Daí que, sempre que se verifiquem desvios negativos entre o valor declarado pelas partes e o respetivo VPT, ou seja, sempre que este seja superior àquele, será o VPT o valor relevante para efeitos de determinação do lucro tributável.

A aplicação desta regra implicará a obrigação de os sujeitos passivos de IRC cumprirem as obrigações de natureza contabilística e declarativa, para além da eventual obrigação de entrega de imposto, só sendo suscetível de ser afastada na sequência de um procedimento tributário que possibilite a demonstração, perante a administração tributária, que os valores das transações praticados foram efetivamente inferiores aos valores patrimoniais tributários respetivos.

Razão por que foi instituída a possibilidade de os sujeitos passivos exibirem elementos de prova que comprovem que o valor declarado e registado na contabilidade é o verdadeiro preço de compra (no caso do comprador) e/ou o verdadeiro preço de venda (no caso do alienante), em conformidade com o disposto no artigo 139.° do Código do IRC.

Imagine-se, por exemplo, a sociedade «Vendas, Lda.», cuja atividade é a compra e venda de imóveis, tendo procedido à venda de um imóvel, em 18 de junho de 2022, pelo preço de 350 000 €. Este imóvel havia sido objeto de uma segunda avaliação, nos termos do Código do IMI, em que lhe foi fixado o VPT definitivo de 400 000 €, valor este notificado à sociedade adquirente em 12 de dezembro de 2023. Que correções haveria a efetuar para efeitos do artigo 64.° do Código do IRC?

Ora, nos termos do n.° 4 do citado artigo 64.° e, não tendo o VPT sido determinado até ao final do prazo estabelecido para entrega da declaração Modelo 22 relativa ao período de tributação em que se considera realizado o rendimento relativo à transmissão, a sociedade «Vendas, Lda.» tinha que apresentar uma declaração de substituição durante o mês de janeiro do ano de 2024, correspondente à diferença positiva entre o VPT e o preço de venda, isto é, deveria fazer acrescer, no campo 745 do Quadro 07 da Declaração Modelo 22, a importância de 50 000 €. Já o adquirente do imóvel adotaria o VPT para a determinação de qualquer resultado tributável em IRC relativamente ao imóvel, estando obrigado a comprovar o tratamento contabilístico e fiscal dado ao mesmo no seu processo de documentação fiscal.

O procedimento de prova do preço efetivo como garantia impugnatória

Tendo por base o princípio consagrado no artigo 73.° da LGT, de que «as presunções consagradas nas normas de incidência tributária admitem sempre prova em contrário», a lei criou um procedimento tributário em ordem a permitir ao sujeito passivo de IRC demonstrar que o preço efetivamente praticado é inferior ao VPT fixado e, assim, afastar a presunção resultante do referido artigo 64.° do Código do IRC.

Ora, este procedimento é instaurado mediante requerimento dirigido ao diretor de finanças competente, a apresentar no mês de janeiro do ano seguinte àquele em que ocorreu a transmissão (caso o valor patrimonial tributário já se encontre definitivamente fixado) ou nos 30 dias posteriores à data em que a avaliação se tornou definitiva (nos restantes casos) e rege-se, nos termos do n.° 5 da norma transcrita, «*pelo disposto nos artigos 91.° e 92.° da Lei Geral Tributária, com as necessárias adaptações, sendo igualmente aplicável o disposto no n.° 4 do artigo 86.° da mesma lei*».

Equipara-se, assim, este procedimento àquele previsto nos artigos 91.º e 92.º da LGT (pedido de revisão da matéria coletável fixada por métodos indiretos), constituindo o mesmo uma condição necessária à abertura da via contenciosa (n.º 7 do artigo 129.º do Código do IRC), sendo conferido ao contribuinte a possibilidade de, na impugnação respetiva, e ao abrigo do princípio da impugnação unitária modelado pelo artigo 54.º do CPPT, discutir qualquer ilegalidade, seja do ato consequente, seja do próprio procedimento de prova do preço efetivo.

Do pedido de revisão da matéria coletável como reação à utilização dos métodos indiretos e das adaptações necessárias face ao procedimento de prova do preço efetivo

No nosso sistema fiscal, a matéria coletável é, em regra, determinada com base nas declarações dos contribuintes, nos termos do n.º 1 do artigo 75.º da LGT, havendo mesmo uma «presunção da verdade»[77] das mesmas. O n.º 2 do artigo 59.º do CPPT acrescenta ainda que «o apuramento da matéria tributável far-se-á com base nas declarações dos contribuintes, desde que estes as apresentem nos termos previstos na lei e forneçam à A.T. os elementos indispensáveis à verificação da sua situação tributária».

Assim, se a declaração apresentada pelo contribuinte estiver de acordo com os dados constantes da sua contabilidade, estando esta organizada nos termos da lei e não se verificando quaisquer erros, imprecisões ou outros indícios fundados de que ela não corresponde à realidade (situações previstas no n.º 2 do artigo 75.º da LGT), pressupõe-se que tal declaração é verdadeira e de boa-fé, sendo a matéria coletável declarada considerada a real.

Contudo, a Administração Tributária pode, em determinadas situações, ser chamada a apurar o lucro tributável, o que faz através de duas formas distintas:

- Avaliação direta: determinação do valor real dos rendimentos ou bens sujeitos a tributação segundo os critérios próprios de cada tributo (artigos 81.º, n.º 1 e 83.º, n.º 1);
- Avaliação indireta[78]: determinação do valor dos rendimentos ou bens tributáveis a partir de indícios, presunções ou outros elementos de que a Administração Tributária disponha e apenas nos casos e condições

[77] Guerreiro, António Lima, *Lei Geral Tributária Anotada*, Editora Rei dos Livros, pág. 331.

[78] Como ensina José Xavier de Basto em «O princípio da tributação do rendimento real e a Lei Geral Tributária», *Fiscalidade*, n.º 5, janeiro 2001, pág. 15, «*a avaliação indireta (...) é própria das situações em que se rompeu a confiança na qualidade das informações do contribuinte, sendo então a administração chamada a reconstituir a verdade material por apelo a outros elementos disponíveis*».

expressamente previstos na lei (n.os 2 dos citados artigos). O Código do IRS (artigo 39.º), o Código do IRC (artigo 52.º) e o Código do IVA (artigo 90.º) preveem a possibilidade da aplicação de métodos indiretos nos termos da LGT.

Se o primeiro critério não oferece dúvidas, na medida em que a partir dele a matéria coletável e, consequentemente, a prestação tributária são determinadas com base no valor real dos rendimentos ou bens sujeitos a tributação, o mesmo não sucede com a avaliação indireta, com os chamados métodos indiretos.

O recurso a estes métodos está legitimado por força do princípio da capacidade contributiva que admite à Administração Tributária a faculdade de conhecer o rendimento tributável de forma indireta, quando comprove que não pode fazê-lo, por via direta.

A avaliação com base em métodos indiretos subentende, pois, a impossibilidade do apuramento do valor real efetivo dos bens ou rendimentos sujeitos a tributação que, por isso, e para não descurar a descoberta da verdade material, tem de ser determinado com recurso a indícios, presunções ou outros elementos a que a Administração Tributária tenha acesso, conduzindo a uma quantificação presuntiva com base em indicadores legais.

A sua utilização «traduz-se no recurso por banda da A.T., a elementos de facto conhecidos que, utilizados segundo as regras da experiência, pautados por critérios de razoabilidade e normalidade, conduzem à extrapolação de outros desconhecidos que servem de suporte ao juízo valorativo extraído pela mesma»[79].

Ou seja, «o valor real dos bens ou rendimentos determinados pela avaliação indireta só pode ser, pois, o presumido e jamais o efetivo»[80]. Porém, o apuramento por métodos indiretos deve conduzir a juízos razoavelmente fortes, assentarem em razões sólidas, pois só estas são de molde a criarem uma convicção de verdade.

Antes de mais, a determinação do lucro tributável por métodos indiretos tem um carácter subsidiário da avaliação direta, sendo de lhe aplicar, ao abrigo do artigo 85.º da LGT, sempre que possível e a lei não prescrever em sentido diferente, as regras da avaliação direta.

[79] Cf. Acórdão do Tribunal Central Administrativo do Sul, datado de 20 de maio de 2008, com referência ao processo n.º 2270/08, disponível em www.dgsi.pt.

[80] Guerreiro, António Lima, ob. cit., pág. 360.

Por outro lado, a aplicação de métodos indiretos é, ainda, de ordem excecional, só sendo opção quando for a única forma de cálculo da matéria coletável. Ou seja, «só na impossibilidade de comprovação e quantificação direta e dos elementos indispensáveis à determinação da matéria coletável é que pode ser feito com recurso a métodos indiretos ou indiciários»[81].

«Ora, é desta natureza da avaliação que necessariamente decorrem alguns dos pressupostos básicos da sua legitimidade. O primeiro é que a avaliação tem o claro recorte de uma medida excecional. É um método indispensável, mas apenas perante a existência de declarações fraudulentas. O segundo é que o recurso a métodos indiciários constitui sempre uma sanção pela violação, que deverá ter existido, de deveres de cooperação do contribuinte, sobremaneira a violação das obrigações legais acessórias de declaração, de faturação e de escrituração.»[82]

Pois bem:

Perante a aplicação pela Administração Tributária de métodos indiretos, e salvo os casos de aplicação do regime simplificado de tributação e de correções meramente aritméticas da matéria tributável resultantes de imposição legal[83], de acordo com o n.º 14 do artigo 91.º da LGT, o sujeito passivo pode requerer, de forma fundamentada, a revisão da matéria tributável fixada por métodos indiretos através de requerimento fundamentado dirigido ao órgão da AT da área do seu domicílio fiscal ou sede. O sujeito passivo goza de um prazo de 30 dias contados a partir da data da notificação da decisão para apresentação desse requerimento, devendo o mesmo conter a indicação do perito[84] que o representa.

O pedido de revisão da matéria coletável tem, nos termos do n.º 2 do artigo 91.º da LGT, efeito suspensivo. Ao ser recebido o pedido de revisão e estando reunidos os requisitos legais da sua admissão, o órgão da Administração Tributária designará também, e no prazo de 8 dias, um perito desta e

[81] Cf. Acórdão do Tribunal Central Administrativo do Sul, datado de 16 de março de 2005, com referência ao processo n.º 01024/03, disponível em www.dgsi.pt.

[82] Sanches, José Luís Saldanha, «As avaliações do IVA e os deveres de cooperação dos retalhistas», *Fisco*, n.º 2 de 15/11/1988, pág. 8.

[83] Nestes casos, e como refere António Lima Guerreiro (cf. ob. cit., pág. 385), os meios próprios de reação serão a impugnação judicial ou a reclamação graciosa.

[84] Em caso de falta do perito designado pelo contribuinte, o órgão da Autoridade Tributária e Aduaneira marcará para o 5.º dia subsequente a realização de nova reunião, sendo aquele advertido para apresentar justificação da falta e ainda que a não justificação da falta ou a não comparência à segunda reunião implica desistência da reclamação.

marcará uma reunião entre ele e o perito indicado pelo contribuinte, a realizar no prazo máximo de 15 dias.

Tanto ao sujeito passivo, como ao órgão da Administração Tributária, cabe a faculdade de requererem a nomeação de um perito independente até à marcação da reunião referida no n.º 3.

O sujeito passivo ao apresentar pedido de revisão da matéria tributável não está sujeito a qualquer encargo em caso de indeferimento do pedido, salvo nos casos em que se verifiquem cumulativamente as circunstâncias do n.º 9, já que eles conduzirão a um agravamento até 5% da coleta reclamada.

Visa-se, assim, a obtenção de um acordo quanto ao valor da matéria tributável a considerar para efeitos de tributação.

Da derrogação do sigilo bancário no procedimento de prova efetivo

Face à sua inserção, do ponto de vista jurídico, no âmbito da proteção da intimidade e da reserva de vida privada, as restrições ao segredo bancário operam somente nos casos legalmente previstos e no respeito pelo princípio da proporcionalidade.

Na sua redação inicial, o n.º 6 do artigo 139.º do Código do IRC (anterior artigo 129.º) dispunha nos seguintes termos: «em caso de apresentação do pedido de demonstração previsto no presente artigo, a administração fiscal pode aceder à informação bancaria do requerente e dos respetivos administradores ou gerentes, referente ao exercício em que ocorreu a transmissão e ao exercício anterior». Esta redação veio a ser alterada pelo artigo 52.º da Lei n.º 53-A/2006, de 29/12 (Lei do Orçamento de Estado para 2007), tendo sido acrescentada a obrigação de anexar os correspondentes documentos de autorização[85].

Ora, esta norma prevê também uma derrogação ao dever do sigilo bancário, como a que prevê o artigo 63.º-B da LGT, mas aquela mediante autorização dos visados, revestindo, pois, natureza de lei especial.

Ao conferir à Administração Tributária a prerrogativa de aceder à informação bancária dos administradores ou gerentes da sociedade, o n.º 6 do artigo 139.º do Código do IRC reveste a natureza de cláusula antiabuso num determinado contexto específico (a transmissão de imóveis com preço efetivamente inferior ao valor patrimonial tributário que serviu de base à liquidação do IMT).

[85] Sublinhado nosso.

Com esta norma, pretendeu o legislador reunir um conjunto de garantias credíveis e minimamente sólidas que permitam concluir que aquele foi efetivamente o preço praticado numa determinada transação de imóveis, pelo que o levantamento do sigilo bancário representa um meio de prova essencial.

Na verdade, a lei faz recair o ónus da prova sobre o contribuinte e estipula que essa prova terá de ser feita obrigatoriamente, entre outros recursos, através da informação bancária. Não o sendo, se não for dada a autorização para a derrogação do sigilo, parece que a consequência será o impedimento do acesso ao procedimento previsto no artigo 139.º do Código do IRC.

É, pois, sobre o contribuinte que recai a opção de escolher entre a possibilidade de afastar a norma do artigo 64.º do Código do IRC, autorizando o acesso à sua informação bancária e obter dos administradores ou gerentes autorização similar, ou não.

Sendo que a possibilidade de obter as autorizações dos gerentes ou administradores é matéria que deve ser tratada na esfera da relação existente entre esses órgãos e as respetivas entidades onde prestam ou prestaram serviços.

Só que dada a massificação das relações tributárias, assentes no princípio declarativo e a concomitante massificação das relações bancárias, cujos registos servem de suporte aos lançamentos contabilísticos, dir-se-á que o acesso aos dados bancários do contribuinte constitui o meio de prova, por excelência, da veracidade das declarações e dos registos contabilísticos. De forma que o cumprimento eficaz do ónus da demostração da efetividade de certa operação económica e do valor implicado depende muito mais dos registos bancários do que apenas dos registos contabilísticos.

O acesso aos dados referidos coloca-se, pois, como medida idónea e necessária ao fim em vista, porquanto estando em causa a demonstração de que o preço efetivo foi inferior ao preço de mercado, importa garantir o acesso aos dados bancários do impugnante e dos seus administradores, tendo em vista assegurar a veracidade do declarado.

Importa, por último, notar que o objetivo do procedimento é chegar a um acordo, o qual só tem consequências no âmbito dele, não estando em causa a avaliação da situação tributária dos intervenientes, pelo que a informação bancária só pode ser utilizada nesse âmbito.

EXEMPLO 1:

A sociedade XYZ, que se dedica à compra e venda de imóveis, alienou, no ano t, dois imóveis por 200 000 € e 300 000 €, cujo valor patrimonial tributário (VPT) é de, respetivamente, 250 000 € e 350 000 €.

Qual o valor de realização a considerar na alienação dos dois imóveis?

Resposta:

Nos termos do artigo 64.º do Código do IRC, nos casos em que o valor constante do contrato é inferior ao VPT que serviu de base à liquidação de IMT, é este o valor a considerar, pelo alienante, para efeitos de determinação do lucro tributável, devendo a correção ser efetuada na declaração de rendimentos do período de tributação a que é imputável o rédito da venda.

Assim, o alienante, terá de acrescer, no campo 745 do quadro 07 da declaração modelo 22 de IRC do ano t, o valor total de 100 000 €, correspondente à diferença entre o valor do contrato dos imóveis e o VPT definitivo (250 000 € – 200 000 e 350 000 € e 300 000 €, uma vez que aquele é inferior a este último.

Não obstante, a sociedade pode apresentar um requerimento, dirigido ao diretor de finanças competente, por forma a lograr fazer prova de que o preço efetivamente praticado na transmissão dos imóveis foi inferior ao VPT (artigo 139.º do Código do IRC).

Exemplo 2:

Uma determinada sociedade comprou um imóvel em leilão por 150 000 €, cujo valor patrimonial tributário (VPT) é de 250 000 €, tendo pago IMT sobre o montante de 150 000 € e não sobre o VPT. A empresa pretende vender o imóvel pelo valor de 200 000 €.

Qual o valor da mais-valia fiscal?

Resposta:

Antes dos cálculos, é importante referir que, no caso particular da compra de imóveis ao Estado em leilão, não se justifica pôr em causa o preço constante do contrato para efeitos de liquidação do IMT dado que não se enquadra em situações normais de mercado. Assim, o valor efetivo de compra a considerar é de 150 000 €, pelo que deve ser este o valor a ser considerado pelo adquirente numa futura transmissão do imóvel.

No entanto, na venda do imóvel, a sociedade já terá de aplicar o disposto no artigo 64.º do Código do IRC, considerando como valor de venda o VPT do imóvel (250 000 €), uma vez que este é superior ao valor do contrato (200 000 €).

Assim, aquando da venda, são os seguintes os valores a considerar, para efeitos contabilísticos:

Valor de venda – 200 000 €;

Valor de aquisição – 150 000 €;

Apurando-se assim um resultado contabilístico de 50 000 €.

Para efeitos fiscais, terão de ser efetuadas as seguintes correções no cálculo do lucro tributável: Campo 745 do quadro 07 da DM 22 – 50 000 € (250 000 € – 200 000 €)

Lucro tributável – 100 000 € (50 000 € + 50 000 €)

Não obstante, a sociedade pode sempre dirigir um requerimento ao diretor de finanças competente para demonstrar que o preço efetivamente praticado na transmissão dos imóveis foi inferior ao VPT (artigo 139.º do Código do IRC)

Exemplo 3:

A sociedade XYZ adquiriu, em 28 de janeiro do ano t, por 500 000 €, um imóvel avaliado nos termos do Código do IMI, também em 500 000 €. Após a aquisição, o valor do VPT foi atualizado, passando a ser de 700 000 €, com data de 22 de maio do ano t. A 31 de janeiro do ano t+1, o imóvel foi alienado por 600 000 €.

Qual o valor do da mais-valia fiscal apurada com a alienação do imóvel em 31-01-t+1?

Resposta:

Nos termos do n.º 1 do artigo 64.º do Código do IRC, os alienantes e adquirentes de direitos reais sobre bens imóveis devem adotar, para efeitos da determinação do lucro tributável nos termos do Código do IRC, valores normais de mercado que não podem ser inferiores aos valores patrimoniais tributários definitivos que serviram de base à liquidação do IMT ou que serviriam no caso de não haver lugar à liquidação deste imposto.

Se o valor de alienação constante do contrato for inferior ao VPT, será este último a considerar pelo adquirente e pelo alienante, devendo o adquirente adotar o VPT definitivo para a determinação de qualquer resultado tributável em IRC.

Assim, teremos:

Mais-valia contabilística

Valor de aquisição – 500 000 €

Valor de alienação – 600 000 €

Mais-valia – 100 000 €

Mais-valia fiscal

Valor de aquisição (VPT) – 600 000 €

Valor de alienação (VPT) – 700 000 €

Mais-valia fiscal – 100 000 €
Campo 745 do quadro 07 da DM 22 – 100 000 € (600 000 € – 500 000 €)
Lucro tributável – 200 000 € (100 000 € + 100 000 €)

Não obstante, a sociedade pode apresentar um requerimento, dirigido ao diretor de finanças competente, e fazer prova de que o preço efetivamente praticado na transmissão dos imóveis foi inferior ao VPT (artigo 139.° do Código do IRC).

19. Dedutibilidade dos gastos de financiamento (juros)

Síntese

- Apenas são aceites como custos fiscais os gastos com juros de financiamentos até um máximo de 1 000 000 € ou até 30% do EBITDA (será considerado o maior dos dois valores).
- Contudo, o limite de 30% do EBITDA apenas se verificou em 2017. Até 2017, houve um período de transição, em que os limites foram: 2014: 60%; 2015: 50%; 2016: 40%.

Desenvolvimento do tema

Para fazer face às necessidades de investimento, as empresas recorrem frequentemente quer a capital próprio quer a capital alheio, como, por exemplo, empréstimos bancários. O recurso a capital alheio irá, naturalmente, gerar encargos financeiros.

Porém, para efeitos fiscais, existem limites, anualmente, à possibilidade de deduzir esses encargos. Isto é, de acordo com o previsto no artigo 67.° do Código do IRC, as empresas apenas poderão considerar como gastos num determinado período de tributação, um dos seguintes limites, consoante o que for maior:

i) Até um máximo de um milhão de euros de gastos de financiamento líquidos (GFL); ou

ii) Até 30% do seu EBITDA (resultado antes de impostos, depreciações e GFL).

O resultado antes de impostos, depreciações e GFL corresponde, em termos contabilísticos, ao valor que consta na demonstração de resultados por naturezas, antes de serem tidos em conta os gastos ou reversões de depreciação e de amortização e as perdas ou reversões de imparidade de investimentos depreciáveis ou amortizáveis, os GFL e o imposto sobre o rendimento do período.

Por sua vez, serão de considerar como gastos de financiamento as importâncias devidas ou associadas à remuneração de capitais alheios deduzidos de rendimentos de idêntica natureza. São exemplos de gastos de financiamento os seguintes[86]:

- Juros de descobertos bancários;
- Juros de empréstimos obtidos a curto e longo prazo;
- Juros de obrigações e outros títulos assimilados;
- Amortizações de descontos ou de prémios relacionados com empréstimos obtidos;

[86] Note-se que a Lei n.º 32/2019, de 3 de maio, procedeu à alteração do artigo 67.º do Código do IRC, passando o n.º 12 deste normativo a dispor que, para efeitos de tal preceito legal, «consideram-se: a) gastos de financiamento, os juros de descobertos bancários e de empréstimos obtidos a curto e longo prazos ou quaisquer importâncias devidas ou imputadas à remuneração de capitais alheios, abrangendo, designadamente, pagamentos no âmbito de empréstimos participativos e montantes pagos ao abrigo de mecanismos de financiamento alternativos, incluindo instrumentos financeiros islâmicos, juros de obrigações, abrangendo obrigações convertíveis, obrigações subordinadas e obrigações de cupão zero, e outros títulos assimilados, amortizações de descontos ou de prémios relacionados com empréstimos obtidos, amortizações de custos acessórios incorridos em ligação com a obtenção de empréstimos, encargos financeiros relativos a locações financeiras, depreciações ou amortizações de custos de empréstimos obtidos capitalizados no custo de aquisição de elementos do ativo, montantes calculados por referência ao retorno de um financiamento no âmbito das regras em matéria de preços de transferência, montantes de juros nocionais no âmbito de instrumentos derivados ou de mecanismos de cobertura do risco relacionados com empréstimos obtidos, ganhos e perdas cambiais relativos a empréstimos obtidos e instrumentos associados à obtenção de financiamento, bem como comissões de garantia para acordos de financiamento, taxas de negociação e gastos similares relacionados com a obtenção de empréstimos; b) gastos de financiamento líquidos, os gastos de financiamento que concorram para a formação do lucro tributável após a dedução, até à respetiva concorrência, do montante dos juros e outros rendimentos de idêntica natureza, sujeitos e não isentos».

- Amortizações de custos acessórios[87] relacionados com empréstimos obtidos;
- Encargos financeiros relativos a locações financeiras;[88]
- Diferença de câmbios desfavoráveis relativos a empréstimos em moeda estrangeira.

Para efeitos de apuramento dos GFL, poderão ser deduzidos àqueles, por exemplo, os seguintes rendimentos:

- Juros de depósitos;
- Juros de empréstimos concedidos, incluindo a empresas associadas e subsidiárias;
- Ganhos obtidos com diferenças de câmbio favoráveis;
- Outros rendimentos similares a juros.

Nos termos das alterações introduzidas pela Lei n.° 31/2019, de 3 de maio, o conceito de EBITDA corresponde ao resultado antes de depreciações, amortizações, gastos de financiamento líquidos e impostos corresponde ao lucro tributável ou prejuízo fiscal sujeito e não isento, adicionado dos gastos de financiamento líquidos e das depreciações e amortizações que sejam fiscalmente dedutíveis.

No entanto, até à entrada em vigor do identificado diploma legal, o conceito de EBITDA correspondia ao EBITDA contabilístico corrigido de:

a) Ganhos e perdas resultantes de alterações de justo valor que não concorram para a determinação do lucro tributável;
b) Imparidades e reversões de investimentos não depreciáveis ou amortizáveis;
c) Ganhos e perdas resultantes da aplicação do método da equivalência patrimonial ou, no caso de empreendimentos conjuntos que sejam sujeitos passivos de IRC, do método de consolidação proporcional;
d) Rendimentos ou gastos relativos a partes de capital às quais seja aplicável o regime de *participation exemption*;

[87] Incluem-se neste conceito, designadamente, os custos diretamente atribuíveis à aquisição, emissão ou alienação de um ativo ou passivo financeiro, designadamente, as comissões bancárias e o imposto do selo.

[88] *Vd.*, sobre este assunto, a Circular n.° 7/2020, do Gabinete da Diretora Geral da Autoridade Tributária e Aduaneira, sobre a qual recaiu despacho da mesma datado de 13 de agosto de 2020.

e) Rendimentos ou gastos imputáveis a estabelecimento estável situado fora do território português tributado separadamente da casa-mãe;
f) A contribuição extraordinária sobre o sector energético.

Relativamente ao limite indexado ao EBITDA, foi criado um regime transitório que vigorou até 2017. Assim, durante os períodos de tributação iniciados entre 2014 e 2017, devem ser considerados, para efeitos da regra de limitação à dedutibilidade de gastos de financiamentos, os seguintes limites:

- 2014 – 60% do EBITDA;
- 2015 – 50% do EBITDA;
- 2016 – 40% do EBITDA;
- 2017 – 30% do EBITDA.

Esta limitação é aplicável aos sujeitos passivos com sede ou direção efetiva e ainda aos estabelecimentos estáveis de entidades não residentes, independentemente da localização do domicílio fiscal do credor e de existirem ou não relações especiais entre o devedor e o credor, com exceção das seguintes entidades:

- Entidades sujeitas à supervisão do Banco de Portugal e do Instituto de Seguros de Portugal;
- Sucursais em Portugal de instituições de crédito e outras instituições financeiras ou empresas de seguros;
- Sociedades de titularização de créditos constituídas nos termos do Decreto-Lei n.º 453/99, de 5 de novembro.

VEJAMOS O SEGUINTE EXEMPLO:

Considere os seguintes dados relativamente à sociedade Quelhas, no período de tributação de 2014:

- EBITDA: 2 500 000 €
- GFL: 1 200 000 €

Qual o montante de gastos de financiamento líquidos que a sociedade Quelhas poderá deduzir no ano de 2014?

Determinar qual o limite superior:

1.º Limite: 1 000 000 €

2.º Limite: 1 500 000 € (60% do EBITDA – regime transitório para 2014)

No período de 2014, tendo em conta o 2.º limite, a sociedade Quelhas poderá deduzir a totalidade dos GFL, ou seja, 1 200 000 €.

Quanto aos encargos que não sejam dedutíveis, pelo facto de os gastos líquidos superarem os limites previstos, de referir que poderão ainda ser aproveitados e abatidos como gasto nos cinco períodos de tributação posteriores por via do reporte, desde que somados aos gastos de financiamento desse mesmo período e não ultrapassem o maior dos limites supra indicados. Quem, pelo contrário, tenha gastos inferiores a 30% do resultado antes de impostos, gastos líquidos e depreciações, pode usar a parte não utilizada desse limite (limite que iremos designar de «folga») em cada um dos cinco períodos de tributação posteriores, até à sua integral utilização[89].

VEJAMOS OUTRO EXEMPLO:

Considere agora os seguintes dados relativamente à mesma sociedade e no período de 2015.

– EBITDA: 3 000 000 €

– GFL: 500 000 €

Qual o montante de gastos de financiamento líquidos que poderá deduzir no ano de 2015?

Em primeiro lugar, vamos apurar qual o limite a aplicar:

1.º Limite: 1 000 000 €

2.º Limite: 1 500 000 € (50% do EBITDA – regime transitório para 2015)

No ano de 2015, a sociedade Quelhas poderá deduzir a totalidade dos GFL, independentemente do limite.

Vamos agora apurar a «folga»:

– 30% de 3 000 000 € (EBITDA): 900 000 €

Como se pode verificar o valor, em 2015, dos gastos de financiamento é inferior a 30% do valor do EBITDA, pelo que terá uma folga de 400 000 € que poderá reportar para os cinco anos seguintes.

Para efeitos da identificação dos GFL passíveis de reporte, bem como da parte não utilizada do limite que se deva acrescer ao montante máximo dedutível, ambos durante os cinco períodos subsequentes, consideram-se, em

[89] De referir que, contrariamente ao limite indexado ao valor do EBITDA, não existe nenhum regime transitório aplicável à «folga». Assim o valor de referência para apurar a eventual folga é sempre 30%.

primeiro lugar, os GFL e a parte do limite não utilizada que tenham sido apurados há mais tempo.

Tal reporte deixa, no entanto, de ser aplicável quando se verificar uma alteração da titularidade de mais de 50% do capital social ou da maioria dos direitos de voto, salvo em determinadas situações expressamente elencadas. Poderá, porém, ser obtida autorização, para a realização de tal reporte, do membro do Governo responsável pela área das finanças em caso de reconhecido interesse económico, mediante requerimento a apresentar à Autoridade Tributária e Aduaneira.

VEJAMOS OUTRO EXEMPLO:

Considere os seguintes dados relativamente à sociedade XYZ, relativamente aos períodos de tributação de 2014 a 2017:

Ano	EBITDA	GFL	Limites								Valor aceite	Apuramento do excesso		
			Art.º 67.º, n.º 1, a)	Art.º 67.º, n.º 1, b)		Art.º 67.º, n.º 3		Excesso reportado do ano anterior	Limite			No ano	Valor acumulado	Excesso a reportar
			Valor	%	Valor	%	Valor							
2014	5	2,3	1	60	3	30	1,5	0	3		2,3	0	0	0
2015	5	0,5	1	50	2,5	30	1,5	0	2,5		0,5	1	1	1
2016	5	1	1	40	2	30	1,5	1	3		1	0,5	1,5	1,5
2017	5	1,8	1	30	1,5	30	1,5	1,5	3		1,8	0	1,2	1,2

No ano de 2014, foi possível deduzir a totalidade dos GFL (2,3), tendo em conta o maior dos limites (60% do EBITDA, aplicável por força do regime transitório).

No ano de 2015, para além de ter sido possível deduzir o limite dos GFL (0,5), também foi reportado o valor de 1 a título de «folga», em virtude dos GFL serem inferiores a 30% do EBITDA.

No ano de 2016, continua a ser possível deduzir a totalidade dos GFL (1), dado que aquele valor é inferior ao maior dos limites (30% do EBITDA). Tendo em conta este limite, é possível ainda reportar o valor de 0,5 a título de «folga».

Por fim, em 2017, será possível deduzir o valor de 1,8 porque, embora superior aos limites previstos, aproveitou parte do excesso a reportar de anos anteriores (0,3).

Exercícios

Exercício 1:

Admita-se uma sociedade que, no período de 2014, reconheceu na sua contabilidade, a título de GFL, o montante de 650 000 €.

Sabendo que o EBITDA já corrigido nos termos do n.º 13 do artigo 67.º é de 500 000 €, qual o valor dos GFL que devem ser considerados para efeitos do apuramento do lucro tributável.

Exercício 2:

A sociedade X, no período de 2015, reconheceu na sua contabilidade, a título de GFL, o montante de 1 050 000 €.

Relativamente a esta sociedade sabe-se ainda o seguinte:

- EBITDA contabilístico: 1 750 000 €.
- A empresa reconheceu contabilisticamente a perda que lhe é imputável relativamente a uma participação de 40% que detém noutra sociedade, no valor de 400 000 € (MEP).
- Recebeu dividendos pagos por outra sociedade, onde detém uma participação de 8%, desde 2010, no valor de 120 000 €.
- Gastos relativos a ajustamentos de justo valor, no montante de 15 000 €, relativamente a duas participações financeiras que a empresa possui de, respetivamente, 8% e 10%.

Qual o valor a considerar para efeitos de determinação do lucro tributável de 2015?

Exercício 3:

Suponha-se agora que 80% do capital da sociedade X tinha sido adquirido por outra empresa no ano de 2016. Quais as consequências em termos fiscais?

Solução:

Exercício 1:

- Limite da alínea a): 1 000 000 €
- Limite da alínea b) (60% do EBITDA – regime transitório): 300 000 € (60% * 500 000 €)

Como o montante dos GFL é inferior ao maior dos limites, o sujeito passivo não tem de proceder a qualquer correção no ano de 2014.

Exercício 2:

EBITDA corrigido: 2 045 000 (1 750 000 + 400 000 – 120 000 + 15 000)

– Limite da alínea a): 1 000 000 €

– Limite da alínea b) (50% do EBITDA – regime transitório): 1 022 500 € (50% * 2 045 000)

Como o montante dos GFL é superior em 22 500 € ao maior dos limites (1 022 500 €), o sujeito passivo deverá acrescer este valor ao lucro tributável de 2015. No entanto, o valor do excesso não deduzido pode ainda ser deduzido até ao quinto período de tributação posterior.

Exercício 3:

Como a empresa X tinha um excesso a reportar de GFL referentes a 2015, deveria ter solicitado autorização para a manutenção do direito a deduzir o limite não utilizado, ao Ministro das Finanças, através de requerimento a entregar no prazo de 30 dias a contar daquela alteração de titularidade, demonstrando que a mesma se deveu a razões de interesse económico. Caso não o fizesse, perderia o direito a deduzir a parte do limite de gastos não utilizados.

20. Código Fiscal do Investimento

Em 2014, foi aprovada uma revisão global dos regimes de benefícios ao investimento e à capitalização, adaptando o mesmo às novas circunstâncias, sobretudo ao quadro comunitário. Trata-se do Decreto-lei n.º 382/2014, de 31 de outubro, que aprovou o novo Código Fiscal do Investimento, na sequência da reforma efetuada ao IRC em 2014.

O novo regime fiscal do investimento

Os novos regimes de incentivo passaram a ser considerados para efeitos da exclusão do artigo 92.º do Código do IRC (resultado de liquidação). Isto significa que os benefícios fiscais não entram para o cálculo do mínimo de IRC em 90% do montante que seria apurado se o sujeito passivo não usufruísse de benefícios fiscais.

É de realçar também o regime de remuneração convencional do capital social[90], ou seja, na determinação do lucro tributável passa a poder ser

[90] Esta dedução, nos termos do n.º 2 do artigo 40.º-A do EBF, aplica-se exclusivamente às entradas efetivamente realizadas em dinheiro, no âmbito da constituição de sociedades ou do aumento do capital social da sociedade beneficiária, às entradas em espécie realizadas no âmbito de aumento do capital social que correspondam à conversão de créditos em capital, e ao aumento de capital com recurso aos lucros gerados no próprio exercício, desde que, neste último caso, o registo do aumento de capital se realize até à entrega da declaração de rendimentos relativa ao exercício em causa. Ela deve ainda ser efetuada no apuramento do lucro tributável relativo ao período de tributação em que sejam realizadas as entradas mencionadas na alínea anterior e nos cinco períodos de tributação seguintes e apenas considera as entradas

deduzido um valor relativo à remuneração do capital social por entregas em dinheiro ou através da conversão de suprimentos ou de empréstimos de sócios ou por recurso aos lucros do próprio período que foi de 5% do montante das entradas realizadas até 31 de dezembro de 2016. A partir de 1 de janeiro de 2017, passou a estar contemplada uma dedução ao rendimento no montante correspondente a 7% das entradas, até 2 000 000 € em cada período, independentemente da sua qualificação. Até 31 de dezembro de 2016, este regime só se aplicou, a micro, pequenas e médias empresas (Decreto-Lei n.º 372/2007, de 6 de novembro, alterado pelo Decreto-Lei n.º 143/2009, de 16 de junho) e se os sócios fossem pessoas singulares, sociedades ou investidores de capital de risco. A partir de 1 de janeiro de 2017 a dedução ao lucro tributável passou a ser efetuada no período de tributação e nos 5 períodos de tributação seguintes, eliminando-se ainda as condições acerca da qualidade dos sócios, ou seja, atualmente o benefício fiscal pode ser usufruído tanto por pessoas singulares como por pessoas coletivas. A título de exemplo, assuma-se que uma sociedade realizou, em 2018, um aumento de capital por conversão de suprimentos, no valor de 1 000 000 €. Nos períodos de 2018 a 2023, pode deduzir anualmente uma importância correspondente a 70 000 €. Este benefício fiscal foi revogado pela Lei do Orçamento de Estado para 2023.

Regime de benefícios fiscais contratuais ao investimento produtivo

Este regime vem permitir que o Governo atribua, até 31 de dezembro de 2020, benefícios fiscais por um período até 10 anos, a projetos de investimento superiores a 3 000 000 €. As candidaturas são realizadas na AICEP ou no IAPMEI. O contrato de concessão dos benefícios fiscais é aprovado por resolução do Conselho de Ministros (o artigo 16.º estabelece os procedimentos). Aditamentos ao contrato, desde que não resultem em aumento de benefícios, são aprovados por despacho das finanças e economia.

A Lei n.º 21/2021, de 20 de abril, estabeleceu a prorrogação deste prazo para o ano de 2021, pelo que até 31 de dezembro de 2021, podem ser conce-

em espécie correspondentes à conversão de suprimentos ou de empréstimos de sócios realizadas a partir de 1 de janeiro de 2017 ou a partir do primeiro dia do período de tributação que se inicie após essa data, quando este não coincida com o ano civil e as entradas em espécie correspondentes à conversão de créditos de terceiros realizadas a partir de 1 de janeiro de 2018 ou a partir do primeiro dia do período de tributação que se inicie após essa data, quando este não coincida com o ano civil.

didos benefícios fiscais, em regime contratual, com um período de vigência até 10 anos a contar da conclusão do projeto de investimento, aos projetos de investimento, tal como são caracterizados no presente capítulo, cujas aplicações relevantes sejam de montante igual ou superior a 3.000.000,00 €.

Foi também prorrogado, até dezembro de 2021, os limites máximos aplicáveis aos benefícios fiscais contratuais ao investimento produtivo e do RFAI. Contudo, estes benefícios apenas se aplicam aos sectores previstos nas orientações relativas aos auxílios com finalidade regional, para o período 2014-2020.[91] [92]

O Código Fiscal do Investimento estabelece as condições subjetivas de elegibilidade no seu artigo 3.°, ou seja, as condições que cada investidor tem de demonstrar possuir para efeitos de aplicação do regime. Já o artigo 4.° estabelece as condições objetivas, ou seja, as condições que tem de ser verificadas ao nível do projeto de investimento, para que este seja considerado elegível. Por outro lado, o artigo 6.° estabelece um conjunto de obrigações por parte dos promotores que beneficiem de incentivos fiscais.

Os benefícios fiscais previstos neste diploma, e elencados no artigo 8.°, são:

- Crédito de imposto, entre 10% e 25% do investimento, a deduzir à coleta de IRC: esta dedução é realizada no ano do investimento, ou em anos seguintes (dentro da duração do contrato), quando não possa ser usada nesse ano. No caso de novas sociedades, a dedução do crédito de imposto pode ser feita até ao montante da coleta, enquanto para empresas já existentes, não pode exceder 25% do investimento ou 50% da coleta (o maior dos dois valores);
- Isenção ou redução de IMI e do IMT, durante a vigência do contrato, para prédios afetos ao investimento;
- Isenção de imposto de selo, para atos e contratos necessários ao investimento.

Tendo em conta os critérios de determinação do artigo 9.° do Código Fiscal do Investimento, o benefício fiscal a conceder aos projetos de investimento corresponde a 10% do investimento, tendo as seguintes majorações:

- Até 12% em função do índice per capita de poder de compra da região de localização do projeto (8% nas NUTS 2 com índice per capita

[91] *Vd.*, o Jornal Oficial da União Europeia, n.° C-209, de 23 de julho de 2013 e ainda a Portaria n.° 94/2015, de 27 de março.

[92] No Jornal Oficial C 153/2021, de 29 de abril, foram publicadas as Orientações relativas aos auxílios estatais com finalidade regional adotados pela Comissão Europeia a 19 de abril de 2021 e que são válidos para o período de 2022 a 2027.

superior a 90% da medida nacional; 10% para NUTS 3 com índice per capita superior a 90% da medida nacional e 12% se a região tiver um índice inferior a 80%);
- Até 8% em função dos postos de trabalho criados: entre 50 e 100 postos (+1%); entre 100 e 150 postos (+2%); entre 150 e 200 postos (+3%); entre 200 e 250 postos (+4%); entre 250 e 300 postos (+5%); entre 300 e 400 postos (+6%); entre 400 e 500 postos (+7%) e acima de 500 postos (+ 8%);
- Até 6%, em caso de excecional contributo para o desenvolvimento regional, a redução das assimetrias ou inovação tecnológica.

Contudo, estes benefícios têm de respeitar os limites máximos previstos no artigo 43.°, definidos por região, conforme tabela 1. Saliente-se que estes benefícios não são cumuláveis com outro tipo de benefícios fiscais relativo ao mesmo investimento.

Tabela Limites regionais aos benefícios fiscais

Região/Zona	Limite
Norte	25%
Centro	25%
Alentejo	25%
Açores	45%
Madeira	35%
Algarve	10%
Grande Lisboa: Mafra, Loures, Vila Franca de Xira, S. João das Lampas e Terrugem	10%
Setúbal	10%

Os benefícios, nos termos do artigo 11.°, aplicam-se a ativos tangíveis (com exceção de terrenos, exceto para industrias extrativas, viaturas, mobiliário, equipamento social ou outros bens não afetos à atividade da empresa) ou a ativos intangíveis. Nada impede que estes ativos sejam adquiridos em regime de *leasing*, desde que seja exercida a opção de compra durante a vigência do contrato de concessão de benefícios fiscais.

Caso exista resolução do contrato (artigos 20.° e 21.°), isso implicará a perda total dos benefícios fiscais, com a receita fiscal não arrecada a ter de ser devolvida, acrescida de juros compensatórios, nos termos do artigo 35.° da LGT.

Regime fiscal de apoio ao investimento (RFAI)

Este regime é aplicável aos sectores que se encontram definidos pela Portaria n.º 297/2015, de 21 de setembro, sendo aplicável a ativos tangíveis e intangíveis, com as limitações referidas no ponto anterior.

No caso de empresas não consideradas como micro, pequenas e médias empresas, as aplicações relevantes em ativos intangíveis não podem exceder 50% das aplicações relevantes. O artigo 22.º do diploma estabelece os requisitos para beneficiar deste regime.

Os benefícios fiscais do RFAI são:

- Dedução à coleta, nos termos do artigo 90.º do Código do IRC, de 30% (era de 25% até 2022) do investimento realizado até 15 000 000 € e 10% para o remanescente acima deste valor. Isto quando se trate de investimentos em regiões elegíveis nos termos da alínea a) do n.º 3 do artigo 107.º do Tratado de Funcionamento da União Europeia (TFUE). Caso se trate de regiões elegíveis pela alínea c), a dedução será de 10% do investimento;
- Isenção ou redução do IMI, por um período até 10 anos, assim como a isenção ou redução do IMT e isenção de imposto de selo nas aquisições de prédios.

Esta dedução à coleta é realizada no ano do investimento, até à concorrência do total da coleta de IRC se o investimento for realizado no ano de início de atividade e nos dois períodos de tributação seguintes, e até 50% da coleta de IRC nos restantes casos. Caso a dedução à coleta não possa ser feita integralmente, a parte não deduzida, ainda o pode ser nos 10 períodos seguintes (n.º 3 do artigo 23.º do diploma)[93]. Também aqui se aplicam os limites do artigo 43.º atrás abordados. O RFAI não é cumulável com outros benefícios fiscais, com exceção do regime de Dedução dos Lucros Retidos e Reinvestidos, também aprovado neste diploma. As obrigações acessórias e o regime de incumprimento encontram-se previstos nos artigos 25.º e 26.º do diploma, respetivamente.

[93] A Lei n.º 21/2021, de 20 de abril, determinou que fica suspensa, durante o período de tributação de 2020 e durante o período de tributação seguinte, a contagem dos prazos de dedução à coleta previstos no n.º 3 do artigo 23.º e no n.º 4 do artigo 38.º, ambos do Código Fiscal do Investimento.

Regime de dedução dos lucros retidos e reinvestidos[94] (DLRR)

Este regime aplica-se a micro, pequenas e médias empresas, sendo aplicável aos períodos de tributação iniciados após 1 de janeiro de 2014. Permite às empresas deduzir à coleta 10% dos lucros retidos, desde que sejam reinvestidos no prazo de 4 anos (era de 2 anos até ao Orçamento de Estado para 2018 e era de 3 anos entre o Orçamento de Estado para 2018 e o Orçamento de Estado para 2020), nos investimentos descritos no artigo 30.° do diploma. O montante máximo dos lucros retidos e reinvestidos em cada período de tributação é de 12 000 000 € (Até 31 de dezembro de 2018 era de 7,5M€ e em 2019 era de 10 milhões). Aplica-se, também, um limite de 25% da coleta de IRC para efeitos de dedução máxima deste regime (sendo que a Lei do Orçamento de Estado para 2018 veio estabelecer um limite de 50% para as PME´s). Estes lucros devem ser constituídos no balanço sob a forma de «reserva especial». As obrigações e o regime de incumprimento encontram-se previstos nos artigos 33.° e 34.° do diploma, respetivamente. O incumprimento do disposto neste regime implica a devolução do montante de imposto não liquidado, acrescido de juros compensatórios majorados em 15 p.p.

Sistema de incentivos fiscais em I&D (SIFIDE)

O SIFIDE II, que vigora entre 2014 e 2025 (o prazo foi alargado com o Orçamento de Estado para 2020, passando de 2020 para 2025), e incide sobre as despesas de investigação e desenvolvimento, de acordo com os artigos 36.° e 37.° do Código Fiscal do Investimento. As empresas podem deduzir à coleta o montante de investimento em I&D que não tenha sido objeto de comparticipação estatal ou comunitária, nos seguintes moldes:

- 32,5% das despesas realizadas no período de tributação e adicionalmente, mais 50% do acréscimo das despesas realizadas no período de tributação, face à média aritmética simples dos dois exercícios anteriores, até um limite de 1 500 000 €;
- Caso se trate de sujeitos passivos de IRC que se enquadrem na categoria das micro, pequenas ou médias empresas recém-criadas, que não disponham do histórico dos últimos dois anos, aplica-se uma majoração de 15% à taxa da alínea anterior.

[94] Este benefício fiscal foi revogado pela Lei do Orçamento de Estado para 2023.

Esta dedução tem, contudo, de ser feita em consonância com as regras do artigo 90.° do Código do IRC. Caso as despesas não sejam totalmente deduzidas nesse ano, por insuficiência de coleta, podem ser deduzidas até 8 exercícios seguintes. As condições e obrigações estão previstas nos artigos 39.° a 42.°, todos do Código Fiscal do Investimento.

Limitação à dedução de benefícios fiscais

O artigo 92.° do Código do IRC estabelece uma limitação à dedução de benefícios fiscais, nomeadamente os previstos no Código Fiscal do Investimento. Limitação essa prevista relativamente às entidades que exerçam, a título principal, uma atividade de natureza comercial, industrial ou agrícola, bem como às entidades não residentes mas com estabelecimento estável em território português. O imposto liquidado depois de deduzido dos valores referentes à dupla tributação jurídica internacional, da dupla tributação económica internacional e ainda do valor relativo a benefícios fiscais, não pode ser inferior a 90% do montante da coleta que seria apurado se o sujeito passivo não usufruísse de benefícios fiscais e das contribuições suplementares para fundos de pensões e equiparáveis destinadas à cobertura de responsabilidades com pensões que, em resultado da aplicação das normas internacionais de contabilidade, sejam efetuadas por determinação do Banco de Portugal.

Para efeitos da verificação daquele limite, as entidades têm de comparar o valor do IRC liquidado com a inclusão dos benefícios com o IRC liquidado que se apuraria na ausência desses mesmos benefícios. Isto porque, ao valor do IRC liquidado sem benefícios, deverá ser aplicado o limite de 90%, abaixo do qual não será aceite a dedução dos benefícios fiscais.

A introdução do artigo 92.° do Código do IRC, no ordenamento jurídico, teve como principal objetivo o de criar um limite à redução da taxa efetiva a pagar pelos sujeitos passivos, por via da limitação da utilização de certos benefícios fiscais, cuja usufruição tem, naturalmente, um forte impacto na receita do Estado. Aliás, o impacto é tão ou mais significativo que desde 2005, ano em que a norma foi introduzida no Código do IRC, o limiar abaixo do qual os benefícios fiscais não são aceites tem vindo a sucessivamente a subir. No início era 60% e, atualmente, é de 90%.

Mas se, por um lado, é verdade que foi introduzido um teto para efeitos de usufruição de benefícios, também é verdade que o tipo de benefícios fiscais que se excluem da aplicação daquele limite tem vindo a aumentar, até um ponto tal que nos podemos questionar da utilidade prática da norma. Na verdade, são mais as exceções do que aqueles que efetivamente contam para efeitos da aplicação do limite.

Vejamos, então, quais os benefícios fiscais que ficam excluídos da aplicação do limite mínimo de coleta:

- Os que revistam carácter contratual;
- O sistema de incentivos fiscais em investigação e desenvolvimento empresarial II (SIFIDE II), previsto no Código Fiscal do Investimento;
- Os benefícios fiscais às zonas francas, previstos nos artigos 33.° e seguintes do EBF, e os que operem por redução de taxa;
- O relativo à criação de emprego, previsto no artigo 19.° do EBF;
- A relativa às Sociedades de capital de Risco e Investidores de Capital de Risco, previsto no artigo 32.°-A do EBF;
- O regime fiscal de apoio ao investimento (RFAI), previsto no Código Fiscal do Investimento;
- Incentivo à Capitalização das Empresas;
- O regime de remuneração convencional do capital social, previsto no artigo 41.°-A do EBF;
- O incentivo à produção cinematográfica e audiovisual previsto no artigo 59.°-F do EBF.

Uma vez que a limitação opera através de uma correção ao montante do imposto que seria liquidado caso o sujeito passivo não usufruísse de benefícios fiscais, apenas ficam abrangidas por esta norma as situações em que, desconsiderando os benefícios fiscais, se apura imposto liquidado, deixando de fora naturalmente as situações em que a coleta é nula.

O mesmo se aplica aos casos em que os sujeitos passivos aproveitem de benefícios fiscais que operam por dedução ao rendimento e apurem prejuízos fiscais e, na ausência desses benefícios fiscais, continuem a não apurar imposto liquidado, não há lugar à aplicação do disposto no artigo 92.°.

VEJA-SE O SEGUINTE EXEMPLO:

Considere uma sociedade residente em território português que, no ano de 2014, teve um lucro contabilístico de 44 000 € e deduziu, no quadro 7 da Declaração Modelo 22, os montantes de 5000 € e € 4000 €, relativos, respetivamente, a mecenato científico e à criação de emprego.

Indique se, neste caso, será aplicável a limitação à dedução de benefícios fiscais?

Resolução

IRC liquidado com benefícios:

- Matéria coletável... 35 000 €
- Coleta......................... 25 000 € * 17% + 10 000 € * 21% = 6350 €
- Benefício fiscal no âmbito do mecenato científico .... 5000 €
- Benefício fiscal relativo à criação de emprego .... 4000 €

IRC liquidado sem benefícios fiscais:

- Matéria coletável ....35 000 € + 5000 € = 40 000 € (o benefício relativo à criação de emprego não releva para efeitos do limite)
- Coleta .... 25 000 € * 17% + 15 000 € * 21% = 7400 €
- Limite de 90% = 7400 € * 90% = 6660 €
- 6660 € > 6380 €, logo teria que ser acrescido ao lucro tributável a diferença (280 €).

Exercícios

A empresa X apresenta, em 2014, um lucro tributável de 20 000 € e prejuízos fiscais de anos anteriores no valor de 30 000 €.

Para o apuramento do lucro tributável contribuiu uma dedução de 30 000 €, a título de majoração de donativos atribuídos ao Estado.

Qual o valor da correção a efetuar ao lucro tributável?

Resolução

IRC liquidado com benefícios:

- Matéria coletável .... 6000 €
- Coleta .... 6000 € * 17% = 1020 €

IRC liquidado sem benefícios fiscais:

- Matéria coletável .... 39 000 €
- Coleta......................... 15 000 € * 17% + 24 000 € * 21% = 7590 €
- Limite de 90% = 7590 € * 90% = 6831 €

Teria de ser acrescida, ao lucro tributável, a diferença no valor de 5301 €.

21. Regime especial de tributação de grupos de sociedades

Desenvolvimento do tema

O regime especial de tributação dos grupos de sociedades (RETGS) é dominado por uma lógica de tributação conjunta, sendo a tributação em sede de IRC, em caso de opção, feita através da soma dos resultados agregados das várias sociedades que o compõem, como se de uma só sociedade se tratasse, correspondendo à unidade económica do conjunto, a qual se comporta no mercado como se efetivamente fosse uma única empresa.

Contudo, é de salientar que, em termos fiscais, cada sociedade do grupo não perde a sua personalidade e individualidade jurídica, nem deixa de ser sujeito de relações tributárias próprias, pelo facto de passar a integrar o grupo de sociedades.

A tributação, em sede deste regime, baseia-se na soma algébrica dos lucros tributáveis e prejuízos fiscais individuais das sociedades do perímetro do grupo, permitindo que os prejuízos fiscalmente reconhecidos sejam relevantes para os lucros fiscais das demais sociedades deste, traduzindo-se, efetivamente, numa redução dos impostos pagos por estas.

Para que exista, então, um grupo de sociedades é necessário que a sociedade dominante detenha, direta ou indiretamente, mais de 75% do capital de outra ou de outras sociedades que lhe confiram, pelo menos, mais de 50% dos direitos de voto e que todas as sociedades do grupo tenham a sua sede ou direção efetiva em Portugal. Em matéria de taxas deve salientar-se a alteração introduzida pela Lei do Orçamento de Estado para 2023, pois se até à sua entrada em vigor, os grupos constituídos por empresas todas residentes ou na RAM ou na RAA também tinham que optar pela aplicação da taxa mais elevada do Continente, a partir de 1 de fevereiro de 2023, um grupo constituído por empresas todas elas residentes na RAA ou na RAM devem estar sujeitas à taxa mais elevada aplicável a esta circunscrição. De referir que, para a determinação daquele nível de participação, consideram-se as participações diretas ou indiretas através de uma sociedade residente em Portugal ou então através de sociedades residentes noutro Estado-membro da UE ou do EEE, desde que, neste último caso, exista obrigação de cooperação administrativa no domínio da fiscalidade equivalente à estabelecida na UE, que sejam detidas, direta ou indiretamente, em, pelo menos, 75% pela sociedade dominante através de sociedades integradas no grupo ou de sociedades residentes noutro Estado-membro da UE, detidas, direta ou indiretamente, em, pelo menos, 75% pela sociedade dominante.

Para além disso, é ainda necessário que as participações que a sociedade dominante detém nas sociedades participadas tenham estado na sua posse por um período superior a um ano, com referência à data em que se inicia a aplicação do regime, sendo necessário também que a sociedade dominante não seja detida por nenhuma outra sociedade residente em território português, que reúna as condições para que também ela seja considerada uma sociedade dominante. Por último, a sociedade dominante não pode ter renunciado à aplicação do regime nos três anos anteriores à data de início da sua aplicação, sendo que basta que qualquer um destes requisitos deixe de se verificar para que o regime cesse.

Por outro lado, não podem fazer parte de um grupo as sociedades que, no início ou durante a aplicação do regime, estejam inativas há mais de um ano ou tenham sido dissolvidas, tenha sido contra elas instaurado processo especial de recuperação ou insolvência com despacho de prosseguimento da ação, registem prejuízos fiscais nos três períodos anteriores, com exceção das situações em que a participação seja detida há mais de dois anos. Também estão fora do âmbito deste regime as sociedades sujeitas a uma taxa de IRC inferior à taxa normal mais elevada e não renunciem à sua aplicação, adotem um período de tributação diferente do adotado pela sociedade dominante e não assumam a forma jurídica de sociedade por quotas, sociedade anónima ou sociedade em comandita por ações. Esta renúncia, a partir da Lei do Orçamento de Estado para 2016, deve ser mantida por um período mínimo de três anos. Refira-se ainda que, se algum dos requisitos, exceto o referente aos prejuízos fiscais, se verificar durante a vigência do regime, quer seja ao nível da dominante ou das dominadas, este cessa.

A opção quer pela aplicação do regime especial de tributação de grupos de sociedades, quer em caso de alterações na composição do grupo pela entrada ou saída de sociedades, quer ainda a renúncia ao regime ou cessação do mesmo, deve ser exercida até ao fim do terceiro mês do período de tributação em que estes factos se verifiquem. Em caso de renúncia ao regime, ou em caso de cessação, os sujeitos passivos também devem, até ao final do terceiro mês, comunicar, através do envio da referida declaração, as autoridades fiscais desses factos.

Pode acontecer, no entanto, que a sociedade dominante passe a ser considerada dominada de outra sociedade, residente em Portugal que reúna os requisitos, como consequência da aquisição de pelo menos 75% do capital da primeira por parte desta última. Este facto não determina a cessação da aplicação do regime especial de tributação dos grupos de sociedades, se a sociedade adquirente do grupo, optar pela continuidade da aplicação do regime, sendo necessário para tal que seja comunicado à Administração Fiscal, no prazo de 30 dias a contar da data em que se verificou esse facto. É de mencionar ainda que, neste caso, o requisito temporal tem de ser validado, o que quer dizer que, na prática, a nova sociedade não irá integrar imediatamente o grupo, devendo aguardar que a participação perfaça um ano, com referência ao primeiro dia do período de tributação em que se inicia a aplicação do regime.

Por último, refira-se que, a partir de 1 de janeiro de 2015, por força da transposição para o ordenamento jurídico interno da Diretiva n.º 2014/86, CE, do Conselho, de 18 de julho, que adaptou o regime especial de tributação dos grupos de sociedades à jurisprudência recente do Tribunal de Justiça da União Europeia, passou a ser igualmente possível que as sociedades não residentes em Portugal, embora residentes noutro Estado-membro da UE ou do Espaço Económico Europeu, e que não sejam detidas, direta ou indiretamente, por sociedades residentes em território português, possam ser consideradas sociedades dominantes de um grupo sujeito a este regime em Portugal.

Essas sociedades, para além da verificação dos requisitos que se prendem com o período de detenção da participação e com a percentagem dessa participação, devem igualmente cumprir um conjunto de outros requisitos. Nesse sentido, devem estar sujeitas, no país de residência a um imposto de natureza similar ao IRC e revestir a forma jurídica de uma sociedade de responsabilidade limitada.

No que respeita às obrigações que normalmente recaem sobre as sociedades dominantes, estas passam a ser exercidas por uma sociedade designada pela sociedade dominante, ou por um estabelecimento estável desta se houver, sem prejuízo da responsabilidade solidária da sociedade dominante e das demais sociedades pertencentes ao grupo pelo pagamento do imposto.

O cálculo da matéria coletável do grupo é feito, para cada período de vigência deste regime, pela sociedade dominante, através da soma algébrica dos lucros tributáveis e dos prejuízos fiscais apurados nas declarações periódicas individuais de cada uma das sociedades pertencentes ao grupo. O valor do lucro tributável do grupo constará da declaração de rendimentos relativa a todo o grupo e que é da responsabilidade da sociedade dominante.

Adicionalmente, este regime especial prevê ainda que o lucro tributável possa ser ajustado em função da opção feita pela sociedade dominante pelo regime de limitação da dedutibilidade dos gastos de financiamento aos gastos de financiamento líquido do grupo. Em termos práticos, este limite corresponde ao valor legalmente fixado (artigo 67.° do Código do IRC), calculado com base na soma algébrica dos resultados antes de qualquer tipo de depreciações, amortizações, gastos de financiamento líquidos e impostos apurados pelas sociedades que o compõem.

Quanto à possibilidade de reporte de prejuízos fiscais, aplicável no âmbito da vigência do regime especial de tributação dos grupos de sociedades, há algumas especificidades face ao regime geral a apontar.

Assim, podemos ter, por um lado, prejuízos fiscais apurados pelo próprio grupo como, por outro, poderemos ter prejuízos fiscais que as sociedades haviam apurado em períodos anteriores a terem integrado esse mesmo grupo.

Relativamente aos prejuízos fiscais gerados no âmbito do RETGS, será de salientar que os prejuízos apenas podem ser deduzidos aos lucros tributáveis futuros do grupo com o limite de 65% do lucro tributável do grupo.

Por sua vez, tratando-se de prejuízos fiscais de uma sociedade do grupo que tenham sido gerados antes da sua integração no RETGS, a sua dedução aos lucros tributáveis futuros apenas pode ser feita até ao limite do lucro tributável da entidade a que respeita e não ao lucro tributável do grupo. De notar que a empresa nunca perde o direito de reporte de prejuízos fiscais gerados antes da aplicação do regime, pois mesmo que abandone o grupo pode continuar a deduzir os prejuízos fiscais gerados antes da sua aplicação, desde que, naturalmente, o faça dentro do prazo de reporte que lhe corresponde, ou outro em vigor no momento em que nasceu o direito ao reporte de prejuízos.

Por outro lado, os prejuízos fiscais que tenham sido gerados na vigência do regime de tributação dos grupos, relativamente a uma sociedade que abandone o grupo, extinguem-se com a sua saída, ou seja, nem o grupo pode deduzir a quota-parte dos prejuízos fiscais dessa sociedade, nem a própria sociedade, que assim perde o direito aos mesmos.

O cálculo da quota-parte dos prejuízos fiscais da sociedade que abandona o grupo faz-se, de acordo com o procedimento divulgado nos exemplos em anexo à Circular n.º 5/2015, do Gabinete do Diretor-Geral da Autoridade Tributária e Aduaneira, quando da determinação das quotas-partes dos prejuízos fiscais do Grupo imputáveis a cada uma das sociedades, nos termos dos n.os 4 e 5 do artigo 71.º do Código do IRC, ou seja, usando um critério de proporcionalidade que consiste na relação entre os prejuízos fiscais gerados por cada uma das sociedades do grupo e o total dos prejuízos fiscais gerados, nesse mesmo período, por todas as sociedades do grupo.

Por último, cumpre aludir ao facto de que, se o capital social da sociedade dominante de um grupo de sociedades abrangido pelo RETGS, for adquirido por outra sociedade, que tenha optado pela continuidade da aplicação do regime, os prejuízos fiscais do grupo gerados em períodos anteriores à aquisição podem, em casos de reconhecido interesse económico e mediante requerimento a apresentar à Administração Fiscal, a entregar juntamente com a comunicação de opção a partir do momento em que nos termos legais for considerada como a nova sociedade dominante, ser dedutíveis ao lucro tributável do novo grupo.

VEJAMOS UM EXEMPLO:

A sociedade Z passou a fazer parte de determinado grupo económico, no período de 2014. Neste período, apresentou prejuízos fiscais dedutíveis relativos ao ano de 2013 (ano anterior a ter integrado o grupo) no valor de 1000 €.

No período de 2014, as declarações do grupo apresentam os seguintes resultados:

- Sociedade dominante R: lucro tributável de 10 000 €
- Sociedades dominadas X e Y: lucro tributável de 2000 € cada
- Sociedade Z: lucro tributável de 500 €
- Grupo: prejuízos fiscais dedutíveis de 3000 €

Vamos ver então o cálculo da determinação da matéria coletável do grupo em 2014:

- Soma algébrica dos lucros tributáveis = 14 500 €
- Prejuízos fiscais dedutíveis = 3350 € (ficaram por deduzir 650 € de prejuízos fiscais da sociedade Z).

Relativamente às regras de pagamento, o Código do IRC estabelece regimes diferentes, consoante as entidades exerçam, ou não, a título principal uma atividade de natureza comercial, industrial ou agrícola. Dentro das que exercem a título principal uma atividade de natureza comercial, industrial ou agrícola, podemos destacar, ainda, a existência de um regime específico aplicável aos grupos de sociedades.

Ora bem, conforme já foi referido, as entidades que exercem uma atividade de natureza comercial, industrial ou agrícola devem proceder, respetivamente, ao pagamento do imposto e da derrama estadual em três prestações, de acordo com as regras anteriormente referidas. No âmbito deste regime, tratando-se de pagamentos por conta relativos ao primeiro período de tributação em que é aplicado o regime especial dos grupos, cada empresa irá então calcular o pagamento do imposto como se de uma empresa individual se tratasse, sendo o total dessas importâncias tido em conta para efeitos de determinação do imposto a final.

A partir do primeiro período de tributação, o cálculo dos pagamentos por conta a efetuar terá em linha de conta o montante de imposto liquidado pelo grupo, relativamente ao ano anterior, competindo à sociedade dominante a sua liquidação e entrega ao Estado.

No período de tributação seguinte a ter cessado a aplicação do regime de tributação dos grupos, o imposto passa a ser calculado individualmente por cada uma das empresas, tendo por base o imposto que deveria ter sido liquidado caso não tivesse integrado o grupo.

A partir de 1 de julho de 2010, com a aprovação da Lei do Orçamento de Estado para 2010, como já referimos, os sujeitos passivos que se encontram obrigados a efetuar os pagamentos por conta e o pagamento especial por conta, ficam ainda sujeitos ao pagamento da derrama estadual. Portanto, uma breve nota apenas para referir que, no que toca às entidades abrangidas por este regime especial, é devido um pagamento adicional por conta por cada uma das empresas que integra o grupo, incluindo a sociedade dominante.

No que toca ao pagamento especial por conta, é de mencionar que o mesmo será devido por cada uma das sociedades do grupo, incluindo a sociedade dominante, sendo o cálculo feito relativamente a cada uma delas, deduzindo o valor dos pagamentos por conta que seria devido por cada uma das sociedades, caso não se tivesse aplicado o regime especial dos grupos.

Exercícios

EXERCÍCIO 1:

Em 2020, os resultados apurados pelo grupo de empresas abrangidas pelo regime de tributação dos grupos de sociedades, foram os seguintes:

- A sociedade dominante D apresentou um prejuízo fiscal de 100 000 €
- As sociedades dominadas D1 e D2, apresentam lucro tributável de 50 000 € e 150 000 €, respetivamente.

O grupo tem prejuízos fiscais dedutíveis de 100 000 €.

Determine o lucro tributável e a matéria coletável do grupo.

SOLUÇÃO:

O lucro tributável do grupo obtém-se através da soma algébrica dos lucros tributáveis ou prejuízos fiscais das empresas que o integram.

Assim, temos: -100 000 + 50 000 + 150 000 = 100 000 €

Ao valor do lucro tributável do grupo é deduzido o valor dos prejuízos fiscais de anos anteriores, pelo que, à partida: 100 000 – 100 000 = 0

No entanto, a dedução de prejuízos fiscais de anos anteriores não pode ser superior a 70% do lucro tributável (n.º 2 do artigo 52.º do Código do IRC), pelo que a matéria coletável do grupo será de 30 000 (70% * 100 000).

22. A neutralidade no diferimento da tributação das operações de fusão, cisão, entrada de ativos e permutas de partes sociais

Síntese

- O regime de neutralidade fiscal, aplicável apenas às operações descritas no artigo 73.° do Código do IRC, é um regime de cariz comunitário, introduzido com o objetivo de incentivar a reestruturação do tecido empresarial português de uma forma eficiente e fortalecedora.

Desenvolvimento do tema

Do regime de neutralidade fiscal

O Decreto-lei n.° 442-B/88, de 30 de novembro, diploma que aprovou o Código do IRC, identificava as fusões e cisões de empresas como uma área em que se fazia sentir uma necessidade crescente de a fiscalidade adotar uma postura de neutralidade. Escreveu-se, no ponto 11 do preâmbulo daquele diploma, que «*a reorganização e o fortalecimento do tecido empresarial não devem ser dificultados, mas antes incentivados, pelo que, refletindo, em termos gerais, o consenso que, ao nível dos países da CEE, tem vindo a ganhar corpo neste domínio, criam-se condições para que aquelas operações não encontrem qualquer obstáculo fiscal à sua efetivação, desde que, pela forma como se processam, esteja garantido que apenas visam um adequado redimensionamento das unidades económicas*».

Foram estas preocupações de neutralidade fiscal que estiveram também na base do Decreto-lei n.º 123/92, de 2 de julho, quando, com ele, se alterou o regime das fusões e cisões constante do Código do IRC, em transposição das Diretivas 90/434/CEE e 90/435/CEE, ambas de 23 de julho. De acordo com os considerandos da primeira destas Diretivas, «as fusões, as cisões, as entradas de ativos e as permutas de ações entre sociedades de Estados-membros diferentes podem ser necessárias para criar, na Comunidade, condições análogas às de um mercado interno e assegurar deste modo a realização e o bom funcionamento do mercado comum; que essas operações não devem ser entravadas por restrições, desvantagens ou distorções especiais resultantes das disposições fiscais dos Estados-membros; que importa, por conseguinte, instaurar, para essas operações, regras fiscais neutras relativamente à concorrência, a fim de permitir que as empresas se adaptem às exigências do mercado comum, aumentem a sua produtividade e reforcem a sua posição concorrencial no plano internacional».

O regime especial da neutralidade fiscal, aplicável apenas às operações descritas no artigo 73.º do Código do IRC, é, assim, um regime de cariz comunitário, que contem em si um elenco fechado de definições, com o objetivo de incentivar a reestruturação do tecido empresarial português de uma forma eficiente e fortalecedora.

Ele assenta, essencialmente, na continuidade do exercício de uma atividade económica com o consequente diferimento da tributação dos elementos transferidos para o momento da sua efetiva realização, diferimento de tributação este que o Acórdão do Supremo Tribunal Administrativo datado de 20 de dezembro de 2011 identifica como um «regime de adiamento, até à sua realização efetiva, da tributação das mais-valias relativas aos bens transferidos, aplicado aos bens que estejam afetos a esse estabelecimento estável [e que] permite evitar a tributação das mais-valias correspondentes, garantindo ao mesmo tempo a sua tributação posterior pelo Estado da sociedade contribuidora, no momento da sua realização» (cf. Acórdão proferido com referência ao processo n.º 0865/11, disponível em www.dgsi.pt).

Suponhamos por exemplo, que as administrações de duas sociedades, Alfa e Beta, decidem reunir o seu património, mediante a incorporação por fusão do património de Beta em Alfa. A sociedade Alfa (incorporante) é considerada uma entidade transparente, nos termos do artigo 6.º do Código do IRC, e a sociedade Beta (incorporada) está enquadrada no regime geral de IRC. Será que a operação descrita se pode enquadrar no regime de neutralidade fiscal?

Ora, neste caso, tal enquadramento seria rejeitado visto que as sociedades, ou entidades, transparentes estão afastadas do regime especial de neutralidade fiscal, uma vez que as mesmas não são tributadas em IRC e a alínea a) do n.º 7 do artigo 73.º do Código do IRC determina que tal regime se aplica às sociedades com sede, ou direção efetiva, em território português sujeitas e não isentas de IRC.

Assim, o regime de neutralidade aplica-se às seguintes entidades:

- Sociedades residentes em território português sujeitas e não isentas (objetivamente);
- Sociedade(s) de outros EM, nas condições do artigo 3.º da Diretiva 2009/133/CE;
- Sujeitos passivos que não sejam sociedades, desde que residentes em território português (Cooperativas, pessoas coletivas de direito público e privado); e
- Organismos de Investimento Coletivo (artigo 22.º do EBF).

No entanto, ele já não é aplicável às operações de fusão, cisão e entradas de ativos em que sejam transmitidos navios ou aeronaves, ou bens móveis afetos à sua exploração, a favor de entidades de navegação marítima ou aérea não residentes em Portugal.

As operações de fusão e cisão

O n.º 1 do artigo 73.º do Código do IRC introduz a operação de fusão[95] como a primeira forma de reestruturação suscetível de usufruir deste regime especial de neutralidade fiscal, dispondo, em 5 alíneas, as modalidades suscetíveis de serem reconduzidas a tal conceito, às quais se conferiu características próprias, e mais amplas, para efeitos deste regime de neutralidade fiscal do que as previstas no Código das Sociedades Comerciais.

Assim, encontramos, na alínea a), a modalidade de fusão por incorporação, em que se transfere, de forma global, o património de uma sociedade para outra já existente, atribuindo-se aos sócios daquela, partes sociais desta; na alínea b), a da fusão-concentração, na qual, mediante a constituição de uma nova sociedade, se transfere globalmente os patrimónios das sociedades fundidas e se atribui aos sócios destas partes de capital da nova sociedade; e

[95] No Código das Sociedades Comerciais, a fusão surge, no n.º 1 do artigo 97.º, como a operação em que duas ou mais sociedades, ainda que de tipo diverso, se fundem mediante a sua reunião numa só.

nas alíneas c), d) e e) as modalidades de transferência do conjunto dos ativos e passivos da sociedade fundida para uma sociedade beneficiária, nas situações em que é a beneficiária a detentora da totalidade das partes representativas do seu capital, nas situações em que é a fundida a detentora da totalidade (fusão inversa[96]) e ainda quando a totalidade das partes representativas do capital social de ambas seja detida pelo mesmo sócio.

Não são, no entanto, consideradas fusões:

- A operação de liquidação por transmissão global, prevista no artigo 148.° do CSC, ao qual é aplicável o regime das sociedades em liquidação;
- Os trespasses, enquanto negócio jurídico em que se transmite um estabelecimento comercial no seu todo;
- Os empreendimentos conjuntos ou «*joint ventures*»;
- A operação de venda-fusão, em que ocorre a transmissão global do património por contrapartida de partes sociais da adquirente, liquidação da fundida e atribuição aos sócios desta das partes sociais da adquirente; e
- A operação de fusão-triangular, que se efetua através da incorporação numa subsidiária de uma sociedade do património e atribuição aos sócios desta subsidiária de partes de capital, que, por sua vez, as entrega aos sócios da fundida.

EXEMPLO:

Por decisão conjunta das administrações das sociedades Alfa e Beta, em que a primeira detém 90% do capital da segunda, foi apresentado aos sócios o projeto comum de fusão por incorporação do património de Beta em Alfa. Não houve relação de troca alegando-se que a fusão se enquadra no âmbito da fusão simplificada prevista no artigo 116.° do CSC (sociedade detida a 90% por outra) e, portanto, e para efeitos fiscais, na alínea c) do n.° 1 do artigo 73.° do Código do IRC. Nesse contexto, aos sócios minoritários foi-lhes dada uma quantia em dinheiro de acordo com o justo valor da sua participação.

A operação descrita pode beneficiar do regime de neutralidade fiscal?

[96] Saldanha Sanches define a fusão inversa como uma «operação através da qual uma sociedade é incorporada e dissolvida numa sua subsidiária que detém a 100%» (Cf., J. L. Saldanha Sanches, «Fusão inversa e neutralidade (da administração) fiscal», *Fiscalidade* n.° 34, abril de 2008).

Não. Para que a operação se enquadre na alínea c) do n.º 1 do artigo 73.º do Código do IRC, a sociedade incorporada tem de ser detida na totalidade pela sociedade incorporante. Neste exemplo, os sócios minoritários tinham que receber ações da sociedade incorporante na proporção do valor da sua participação na sociedade incorporada.

Já a «cisão»[97] de sociedades, figura jurídica prevista nas alíneas a) a c) do n.º 1 do artigo 118.º do CSC, constitui uma operação pela qual uma sociedade separa do seu património alguns (cisão parcial) ou a totalidade (cisão total) dos seus elementos ativos ou passivos para os integrar noutra, ou noutras, sociedades estas já constituídas ou a constituir no futuro.

Tal como sucede com as operações de fusão, também quanto à cisão, o Código do IRC diz-nos quais as operações que podem ser configuradas como tal, ou seja, distingue as situações de cisão simples, em que a sociedade cindida destaca um ou mais ramos de atividade (para constituir novas sociedades ou as fundir com sociedades já existentes), mas mantém a sua atividade (com, pelo menos, um dos ramos), das situações de cisão-dissolução, em que a sociedade cindida é dissolvida, não mantendo a atividade, dividindo-se o seu património em duas ou mais partes, sendo cada uma destinada a constituir uma nova sociedade, bem como das situações ainda de cisão-fusão, em que se destacam ou dissolvem partes do património, dividindo-se o património em duas ou mais partes, e fundindo-se com sociedades já existentes (ou com partes de património destacados de outras sociedades).

Em qualquer um dos tipos de cisão elencados exige-se, como contrapartida, a atribuição aos sócios da sociedade cindida de partes de capital social da sociedade beneficiária.

Exemplo:

A Sociedade ABC cindiu-se, destacando todo o seu património, para com ele constituir 3 novas sociedades. Os três sócios da sociedade cindida, acordaram que cada um ficava detentor da totalidade de cada uma das 3 novas sociedades, usando a prorrogativa prevista no artigo 127.º do CSC.

[97] Os elementos essenciais da cisão são circunscritos, por Luís Manuel Teles de Menezes Leitão (Cf., «Fusão, cisão de sociedades e figuras afins», *Fisco* n.º 57, setembro de 1993, págs. 18 e seguintes), aos seguintes: negócio jurídico de cisão; transmissão de bens determinados ou, no caso de cisão total, do património a título universal «pro quota»; manutenção da garantia patrimonial dos credores; contraprestação em ações, ou em outros títulos de participação social.

Admitindo que o valor do património transmitido é igual, é possível, ao abrigo do RNF, utilizar este método de repartição do património?

Não. A atribuição de partes sociais não é deixada ao arbítrio dos sócios. A neutralidade é respeitada se os sócios receberem uma parte do capital da entidade que beneficiou com a transmissão de um património que era seu, proporcionalmente ao valor daquele que detinham na sociedade cindida. Assim, cada sócio deve receber partes de capital de cada uma das novas sociedades, proporcionalmente ao valor transmitido.

Por outro lado, sob a epígrafe «*regime aplicável aos sócios das sociedades fundidas ou cindidas*», estabelece o artigo 76.° do Código do IRC que, quando lhes sejam atribuídas partes de capital em resultado daquelas operações, não haverá lugar ao apuramento de ganhos ou perdas para efeitos fiscais em virtude da fusão ou cisão, desde que, na sua contabilidade, seja mantido, para as novas participações sociais, o valor pelo qual as antigas se encontravam registadas, sem prejuízo da tributação das importâncias que lhes sejam eventualmente atribuídas em consequência da fusão ou cisão. Regime que é igualmente aplicável aos sócios das sociedades que sejam objeto das demais operações de fusão ou cisão abrangidas pela Diretiva n.° 2009/133/CE, do Conselho, de 19 de outubro.

Para além disso, é ainda necessário, de acordo com o n.° 5 do artigo 78.° do Código do IRC, que os sócios da sociedade fundida ou cindida integrem, no processo de documentação fiscal, uma declaração que contenha, para além da identificação da operação realizada e das entidades intervenientes, a data dela, o número e o valor nominal das partes sociais entregues e recebidas, o valor, para efeitos fiscais, das partes sociais entregues e recebidas e respetivas datas de aquisição, a quantia em dinheiro eventualmente recebida, o nível percentual da participação detida antes e após a operação de fusão ou cisão, sem prejuízo das correções a que se refere o n.° 4 do artigo 76.° do Código do IRC.

EXEMPLO:

A Sociedade X cindiu-se, destacando do seu património um dos ramos de atividade, para com ele se fundir com outra sociedade, tendo sido feita a opção pela aplicação do regime de neutralidade fiscal porque se encontravam reunidos todos os requisitos legais. No entanto, o sócio único da sociedade cindida não optou pela aplicação do regime de neutralidade fiscal, tendo registado uma menos-valia fiscal com a operação de troca de títulos.

O facto de o sócio não ter optado pela aplicação do regime de neutralidade fiscal é impeditivo da aplicação do regime especial às sociedades intervenientes?

Não: os sócios não ficam obrigados a acompanhar a opção pela aplicação do regime de neutralidade fiscal, feita pelas sociedades intervenientes; contudo, e continuando a seguir o entendimento do Parecer do Centro de Estudos Fiscais, n.º 61/2016, não poderão beneficiar do regime de diferimento de tributação.

Acresce que:

- Não existe um direito de opção a exercer pelos sócios;
- A lei expressamente prevê a obrigatoriedade de manutenção do atributo fiscal-valor nas sociedades beneficiárias, mas não o faz relativamente aos sócios;
- Também não lhes foi vedada a possibilidade de procederem ao step-up da base fiscal das participações; e
- A Diretiva 2009/133 não se opõe à opção do sócio de atualizar o valor fiscal dos títulos recebidos.

Da particularidade da operação de entrada de ativos

O n.º 3 do artigo 73.º, do Código do IRC define legalmente a entrada de ativos[98], figura original do direito fiscal (uma vez que ao nível do direito societário[99] não se estabeleceu um regime particular para a entrada de ramos de atividade), como a «*operação pela qual uma sociedade (sociedade contribuidora) transfere, sem que seja dissolvida, o conjunto ou um ou mais ramos da sua atividade para outra sociedade (sociedade beneficiária), tendo como contrapartida partes do capital social da sociedade beneficiária*».

Assim, para a concretização de uma entrada de ativos, exige-se que a sociedade contribuidora destaque um ou mais ramos da sua atividade a favor da sociedade beneficiária, os quais serão incorporados no seu acervo patrimonial, passando, assim, o exercício de determinada atividade a ser prosseguido através da sociedade beneficiária, sobre a qual a primeira passa a deter uma participação social.

Para aplicabilidade do regime da neutralidade fiscal exige-se ainda que a sociedade contribuidora não seja dissolvida, por efeito da operação de

[98] Conceito que apenas foi transposto para o direito interno com o Decreto-lei n.º 6/93, de 9 de janeiro.

[99] Nesta perspetiva, aplica-se à entrada de ativos o disposto no artigo 28.º do CSC – «Entradas em espécie».

entrada de ativos, e que a transferência desses ativos para a sociedade beneficiária dê lugar à emissão de partes sociais desta última, as quais serão atribuídas à sociedade contribuidora[100], não sendo possível a entrega de quantias em dinheiro como contrapartida da transferência efetuada. A data de aquisição, para efeitos fiscais, da participação social dada em contrapartida da entrada de ativos deverá ser a da subscrição do aumento de capital em espécie.

Este último requisito representa uma das principais condições distintivas entre a operação de entrada de ativos e as operações de fusão ou de cisão, visto que as participações sociais dadas em contrapartida da transmissão patrimonial não são atribuídas aos sócios da sociedade contribuidora, mas à própria sociedade.

Contrariamente ainda ao que acontece com as operações de fusão e cisão, a definição legal não especifica, para a operação de entrada de ativos, se a sociedade beneficiária tem de existir previamente ou se pode ser criada *ex novo* por efeito dessa entrada, pelo que, as duas hipóteses são viáveis.

Relembra-se que, tal como nas fusões e cisões, o regime especial estatuído nos artigos 73.º e seguintes se aplica, de acordo com o n.º 7 daquela primeira norma, às operações de entradas de ativos em que intervenham sociedades com sede ou direção efetiva em território português sujeitas e não isentas de IRC, e à sociedade ou sociedades de outros Estados membros da União Europeia, desde que todas as sociedades se encontrem nas condições estabelecidas no artigo 3.º da Diretiva n.º 2009/133/CE, de 19 de outubro.

VEJAMOS UM EXEMPLO:

A sociedade Z, sucursal em Portugal da sociedade R, entidade residente em Alemanha, a qual tem como objeto social a realização de todo o tipo de operações e serviços próprios de caixas de aforro e demais intermediários financeiros, quer ao nível bancário, quer ao nível financeiro. Face às dificuldades atravessadas pelo sector em que se insere, o grupo económico, em que a sociedade Z se insere, tem sido objeto de uma reestruturação em Alemanha, passando a mesma a exercer a sua atividade financeira de forma indireta através de um banco criado para o efeito, pelo que para este serão transmitidos a totalidade dos ativos e passivos associados à atividade financeira da sociedade R, isto é, a sociedade Z será um dos «ativos» objeto de transmissão visto que

[100] Em termos de direito societário, corresponderá a um aumento de capital da sociedade beneficiária subscrito por entradas em espécie da sociedade contribuidora, nos termos previstos nos artigos 28.º e 29.º do CSC.

apenas se dedica à atividade financeira. Qual o enquadramento fiscal desta operação?

À partida, esta operação poderá enquadrar-se no regime especial de neutralidade fiscal, entendendo-se que a mesma está, expressamente, contemplada na alínea c) do n.º 1 do artigo 74.º do Código do IRC, uma vez que há uma transferência de estabelecimento estável situado no território português de uma sociedade residente noutro Estado membro da União Europeia para outra sociedade residente do mesmo Estado membro, e os elementos patrimoniais afetos a esse estabelecimento vão continuar afetos a estabelecimento estável situado em território português, concorrendo para a determinação do lucro que lhe seja imputável.

Do conceito de ramo de atividade

Subjacente a este regime de neutralidade previsto nos artigos 73.º e seguintes do Código do IRC encontra-se a exigência de, para efeito das operações de cisão definidas nas alíneas a), c), d) e e) do n.º 2 do artigo 73.º e das operações de entrada de ativos, os elementos patrimoniais destacados configurem, no seu todo, um ramo de atividade.

Ramo de atividade este que é entendido, de acordo com o n.º 4 do artigo 73.º do Código do IRC, como o conjunto de elementos que constituem, do ponto de vista organizacional, uma unidade económica autónoma, ou seja, um conjunto estruturado de elementos ativos e passivos capazes de funcionar pelos seus próprios meios. Esta condição tem de se verificar em ambas as sociedades envolvidas na operação e não pode surgir como consequência da própria operação, exigindo-se que a exploração daquela unidade económica autónoma enquanto ramo de atividade continue a ser feita sem qualquer ajuste de recursos.

A jurisprudência do Tribunal de Justiça da União Europeia (TJUE) ajuda-nos na compreensão da definição e da extensão necessárias na verificação da existência de uma «unidade económica autónoma», estabelecendo que este conceito «deve ser apreciado, em primeiro lugar, de um ponto de vista funcional – os ativos transferidos devem poder funcionar como uma empresa autónoma, sem necessidade, para esse efeito, de investimentos ou entradas suplementares – e somente em segundo plano, de um ponto de vista financeiro»[101].

[101] *Vd.*, por todos, o Acórdão «Andersen og Jensen» datado de 15 de janeiro de 2002, proferido com referência ao processo n.º C-43/00.

EXEMPLO:

A Sociedade A destacou do seu património a participação que detinha (100%) na sociedade Y, para com ela constituir uma nova sociedade (B, SGPS), recebendo ações da sociedade beneficiária. A sociedade A enquadrou a operação de cisão na alínea a) do n.º 2 do artigo 73.º do Código do IRC.

Foi transmitido um ramo de atividade?

Não. O simples destaque de uma participação social não é considerado como um ramo de atividade, pelo que a operação não se pode enquadrar no RNF.

A determinação do lucro tributável no regime especial

O artigo 74.º do Código do IRC estabelece um conjunto de obrigações, no que concerne às operações de fusão, cisão, ou entrada de ativos, quer para as sociedades fundidas ou cindidas ou contribuidoras, quer para as sociedades beneficiárias.

Assim, na determinação do lucro tributável das sociedades fundidas ou cindidas ou contribuidoras (no caso da entrada de ativos), não será considerado nenhum resultado derivado da transferência dos elementos patrimoniais em consequência da operação, nem serão considerados como rendimentos, nos termos do n.º 3 do artigo 28.º e do n.º 3 do artigo 28.º-A do Código do IRC, os ajustamentos em inventários e as perdas por imparidade e outras correções de valor que respeitem a créditos ou inventários, bem como as provisões e encargos objeto de transferência que sejam aceites fiscalmente, desde que a transferência dos elementos seja feita por uma sociedade residente em território português para uma sociedade, designadamente, também residente no mesmo território.

Já no que respeita, especificamente, à operação de entrada de ativos, as mais-valias ou menos-valias realizadas respeitantes às participações sociais recebidas em contrapartida da operação são calculadas, no caso da sociedade contribuidora, considerando, como valor de aquisição, o valor líquido contabilístico aceite para efeitos fiscais que os elementos do ativo e do passivo tinham nessa sociedade antes da realização da operação.

Por seu lado, a(s) sociedade(s) beneficiária(s) terá(ão) de manter, para efeitos fiscais, os elementos patrimoniais transmitidos pelos mesmos valores que possuíam na sociedade fundida ou cindida ou contribuidora. Sendo transmitidos elementos do ativo fixo tangível, do ativo intangível e propriedades de investimento sujeitos a depreciações ou amortizações e contabilizados ao custo histórico, estes serão efetuados de acordo com o regime que vinha sendo seguido, respetivamente, nas sociedades fundidas, cindidas ou na sociedade contribuidora enquanto os ajustamentos em inventários, as perdas por imparidade e as provisões que forem transferidos têm, para efeitos fiscais, o regime que lhes era aplicável nas sociedades fundidas, cindidas ou na sociedade contribuidora.

EXEMPLO:

A sociedade Alfa vai incorporar através de uma fusão a Sociedade Beta, onde detém uma participação de 100%, cujo custo de aquisição foi de 700 000 € (700 000 € contabilizado como investimento financeiro e 200 000 € como *goodwill*). Contabilização da fusão, admitindo o justo valor igual ao valor contabilístico.

	Alfa SA	*Beta SA*
Investimentos financeiros	*500 000*	
Goodwill	*200 000*	
Ativos fixos tangíveis	*50 000*	*500 000*
Depósitos	*5 000*	*50 000*
Total Ativo	*755 000*	*550 000*
Capital social	*350 000*	*450 000*
Reservas	*200 000*	*50 000*
Passivo	*205 000*	*50 000*
Total CP + Passivo	*755 000*	*550 000*

Contabilização da fusão:

Incorporação do património de Beta		
Descrição	*Débito*	*Crédito*
Ativos	*550 000*	
Passivos		*50 000*
Investimentos financeiros (anulação)		*500 000*

	Alfa Sa
Investimentos financeiros	
Goodwill	*200 000*
Ativos fixos tangíveis	*550 000*
Depósitos	*55 000*
Total Ativo	*805 000*
Capital social	*350 000*
Reservas	*200 000*
Passivo	*255 000*
Total CP + Passivo	*805 000*

As permutas de partes sociais

A transposição da diretiva comunitária para o direito interno da operação de permuta de partes sociais ocorreu somente com o Decreto-lei n.° 6/93, de 9 de janeiro. Com este diploma legal consagrou-se, então, o regime de neutralidade fiscal para as operações de permuta de partes sociais, o qual consiste na não tributação dos sócios da sociedade adquirida, quer sejam pessoas coletivas quer sejam pessoas singulares, aquando da permuta das partes sociais detidas nessa sociedade pelas partes sociais da sociedade adquirente, desde que se verifiquem, cumulativamente, as seguintes condições:

- A sociedade adquirente da participação social deve ficar com a maioria dos direitos de voto da sociedade adquirida;
- Em troca, os sócios da sociedade adquirida devem receber partes representativas do capital social da sociedade adquirente e, eventualmente, uma quantia em dinheiro não superior a 10% do valor nominal ou, na sua falta, do valor contabilístico dos títulos entregues;
- Os sócios da sociedade adquirida devem continuar a valorizar, para efeitos fiscais, as novas participações pelo valor atribuído às entregues;
- As sociedades envolvidas na operação (adquirente e adquirida) devem ter sede ou direção efetiva em território português ou num Estado membro da União Europeia;
- As sociedades envolvidas na operação preencher as condições estabelecidas na Diretiva n.° 2009/133/CE, do Conselho, de 19 de outubro;
- Os sócios da sociedade adquirida devem ter domicílio, sede ou direção efetiva num Estado membro da União Europeia ou num Estado

terceiro, quando os títulos recebidos sejam representativos do capital social de uma entidade residente em território português.

VEJAMOS UM EXEMPLO:

A sociedade Alfa procede à entrega de 250 000 ações da sociedade Beta (sociedade adquirida) à sociedade Gama (sociedade adquirente), a qual passa a ser titular de 58% do capital social da primeira, assegurando, assim, a maioria dos direitos de voto sobre a sociedade adquirida. Em troca, a sociedade Alfa passa a ser titular de 99% do capital social da sociedade adquirente, não recebendo qualquer quantia em dinheiro e reconhecendo as respetivas ações ao custo histórico das ações da sociedade adquirida.

Quer a sociedade adquirente, quer a adquirida, têm sede ou direção efetiva em território português, assim como os sócios desta última. Ambas estão ainda sujeitas ao regime geral do IRC.

Ora, formalmente, perante estes factos, não há nada que impeça que esta operação seja qualificada como uma permuta de partes sociais para efeitos de aplicação do regime de neutralidade fiscal.

A cláusula sectorial antiabuso

Cumpre ainda uma nota sobre a cláusula (especial[102]) antiabuso constante do n.º 10 do artigo 73.º, do Código do IRC, decorrente do artigo 15.º da Diretiva n.º 2009/133/CE, de 19 de outubro, o qual prevê a possibilidade de os Estados-membros recusarem aplicar, ou retirarem, os benefícios derivados da aplicação do regime da neutralidade fiscal, se for evidente que as operações de fusão, cisão, entrada de ativos e permuta de partes sociais têm como principal objetivo, ou como um dos objetivos principais, a fraude ou evasão fiscais.

Neste sentido, estabelece aquele n.º 10 que «*o regime especial da neutralidade fiscal não se aplica, total ou parcialmente, quando se conclua que as operações abrangidas pelo mesmo tiveram como principal objetivo ou como um dos principais objetivos a evasão fiscal, o que pode considerar-se verificado, nomeadamente, nos casos em que as sociedades intervenientes não tenham a totalidade dos seus rendimentos sujeitos ao mesmo regime de tributação em IRC ou quando as operações não tenham sido realizadas por razões económicas válidas, tais como a reestruturação ou a racionalização das atividades das sociedades que nelas participam, procedendo-se então, se for caso disso, às correspondentes liquidações adicionais de imposto*».

[102] Por oposição à cláusula geral antiabuso prevista no n.º 2 do artigo 38.º da LGT.

Ou seja, é estabelecida uma presunção ilidível de evasão fiscal, sempre que as sociedades intervenientes não tenham a totalidade dos seus rendimentos sujeitos ao mesmo regime de tributação em IRC ou quando se verifique a ausência de razões económicas válidas nas operações realizadas.

A transmissibilidade de prejuízos fiscais do artigo 75.º do Código do IRC

Ainda no âmbito do regime de neutralidade fiscal, o legislador consagrou a possibilidade de as entidades contribuidoras poderem transmitir a favor das entidades beneficiárias os prejuízos fiscais que tenham sido gerados antes da operação de reestruturação, derrogando-se, dessa forma, o princípio da identidade jurídica, no qual os prejuízos fiscais gerados por uma entidade apenas podem ser deduzidos aos lucros tributáveis futuros da mesma entidade.

Até 31 de dezembro de 2013, esta possibilidade de transmissão de prejuízos fiscais encontrava-se sujeita a reconhecimento do interesse económico[103] que revestia a operação, mediante entrega de um requerimento dirigido ao Ministro das Finanças, contendo um conjunto de elementos necessários ao conhecimento, tanto na sua vertente económica, como jurídica, da operação e que se encontravam previstos na Circular n.º 7/2005, de 16 de maio.

Sucede que, com a Reforma do IRC de 2014, operada pela Lei n.º 2/2014, de 16 de janeiro, que entrou em vigor a 1 de janeiro de 2014, foram alterados os pressupostos de concessão do direito à transmissibilidade de prejuízos fiscais, que se encontravam previstos no n.º 1 do artigo 75.º do Código do IRC.

Isto é: a partir de 1 de janeiro de 2014, a possibilidade de se poderem transmitir os prejuízos fiscais passou a ser concedida de forma automática, não sendo necessária a análise prévia por parte da AT quanto ao interesse económico da operação, o qual deve ser aferido com base nos elementos

[103] A generalidade da jurisprudência entendia que «os conceitos de "razões económicas válidas" e "inserção numa estratégia de redimensionamento e desenvolvimento empresarial de médio ou longo prazo, com efeitos positivos na estrutura produtiva" para efeitos de transmissibilidade dos prejuízos fiscais, prevista no artigo 69.º do CIRC, são, segundo o entendimento que vem sendo a ser perfilhado pela jurisprudência, conceitos indeterminados cujo preenchimento cabe à Administração e que, ao contrário do poder discricionário verdadeiro e próprio, como poder de eleger uma de entre várias soluções igualmente válidas, só admitem uma solução justa no caso concreto, constituindo tais conceitos indeterminados matéria de discricionariedade técnica, insindicável judicialmente» (cf., entre outros, o Acórdão do Tribunal Central Administrativo Norte, datado de 8/6/2011, com referência ao processo n.º 00003/07.4BCPRT, disponível em www.dgsi.pt).

cedidos pelos requerentes, bastando, portanto, apenas que à operação seja aplicável o regime de neutralidade fiscal.

Assim, a transmissão de prejuízos fiscais é admitida nos seguintes situações:

- Às operações de fusão;
- Às operações de cisão-dissolução, transmitindo-se os prejuízos fiscais para as sociedades beneficiárias na mesma proporção do valor de mercado dos patrimónios destacados;
- Às operações de fusão, cisão, entrada de ativos, em que se transfere um estabelecimento estável de uma entidade residente noutro Estado-membro para uma entidade residente em território nacional, verificando-se a extinção do estabelecimento estável;
- Às transferências de estabelecimentos estáveis em Portugal de entidades residentes noutro Estado-membro, a favor de entidades também residentes noutro Estado-membro, desde que o estabelecimento estável fique em território português.

Já no que respeita às operações que consistam em fusões que envolvam a totalidade de sociedades abrangidas pelo RETGS, relativamente aos prejuízos do grupo, e a transferências de atividade no âmbito das medidas de resolução tomadas pelo Banco de Portugal, nos termos dos artigos 145.º-M e 145.º-O do RGICSF, as mesmas carecem de autorização do membro de Governo responsável, mediante requerimento a apresentar, no prazo de 90 dias, após o pedido do registo da fusão na conservatória do registo comercial e após a deliberação do Banco de Portugal quanto à tomada da medida de resolução.

No entanto, a transmissão de prejuízos fiscais fica sujeita às seguintes limitações:

- Ao n.º 2 do citado artigo 52.º, o qual determina que a dedução a efetuar em cada um dos períodos de tributação não pode exceder o montante correspondente a 70% do respetivo lucro tributável, não ficando, porém prejudicada a dedução de parte desses prejuízos que não tenham sido deduzidos; nas mesmas condições, nos períodos de tributação posteriores. De acordo com o artigo 228.º da Lei do Orçamento de Estado para 2023 aplica-se igualmente aos prejuízos fiscais cujo período de dedução se encontre em curso na data de entrada em vigor dessa mesma lei orçamental.
- E ao n.º 4 do artigo 75.º do Código do IRC, que impõe que, em cada período de tributação, se apure o valor da proporção entre o valor positivo do estabelecimento estável da sociedade contribuidora e o valor

> do património líquido de todas as sociedades envolvidas na operação de entrada de ativos, determinados com base no último balanço anterior à operação[104].

Ou seja, e no que respeita a esta última limitação, pretende-se balizar a dedução dos prejuízos em função do contributo da sociedade contribuidora para

[104] Face à situação epidemológica provocada pelo coronavírus SARS – CoV-2, o Orçamento Retificativo de 2020 (Lei n.° 27-A/2020, de 24 de julho) veio alterar este limite, passando a vigorar, nos próximos três anos, o disposto no seu artigo 14.°:

Artigo 14.°
Incentivo às reestruturações empresariais

1 – Às operações de fusão realizadas durante o ano de 2020, ao abrigo do regime especial previsto nos artigos 73.° e seguintes do Código do IRC, não é aplicável o limite previsto no n.° 4 do artigo 75.° do mesmo Código durante os primeiros três períodos de tributação, desde que preencham cumulativamente as seguintes condições:
a) Os sujeitos passivos envolvidos sejam qualificados como micro, pequena ou média empresa, nos termos previstos no anexo ao Decreto-Lei n.° 372/2007, de 6 de novembro;
b) Nenhum dos sujeitos passivos resulte de cisão efetuada nos três anos anteriores à data da realização da fusão;
c) A atividade principal dos sujeitos passivos seja substancialmente idêntica;
d) Os sujeitos passivos tenham iniciado a atividade há mais de 12 meses;
e) Não sejam distribuídos lucros durante três anos, contados da data de produção de efeitos do presente benefício;
f) Não existam relações especiais entre as sociedades envolvidas, nos termos do n.° 4 do artigo 63.° do Código do IRC;
g) Os sujeitos passivos tenham a situação tributária regularizada à data da fusão.

2 – O disposto no número anterior não prejudica a aplicação do limite estabelecido no n.° 2 do artigo 52.° do Código do IRC.
3 – O artigo 87.°-A do Código do IRC não é aplicável às operações abrangidas pelo n.° 1 nos primeiros três períodos de tributação contados a partir do período da data de produção de efeitos da fusão, inclusive.
4 – Para efeitos da alínea c) do n.° 1, considera-se que os sujeitos passivos têm uma atividade principal substancialmente idêntica quando ambos tenham obtido, no período de tributação anterior à data da produção de efeitos da fusão, um volume de negócios das atividades de uma mesma subclasse da classificação de atividade económica que corresponda a mais de 50% do volume de negócios total obtido.
5 – Em caso de incumprimento do disposto na alínea e) do n.° 1 é adicionado ao cálculo do IRC do período de tributação em que ocorra a distribuição de lucros:
a) O montante correspondente à diferença entre os prejuízos deduzidos e aqueles que teriam sido deduzidos na ausência do presente regime, acrescido em 25%;
b) O imposto total que deixou de ser pago por aplicação do n.° 3, acrescido em 15%.

os resultados futuros da sociedade beneficiária, considerando-se que o mesmo será proporcional ao peso relativo que o património da sociedade contribuidora tem na soma dos patrimónios das entidades envolvidas na operação.

EXEMPLO:

A sociedade X, incorporou no âmbito de uma operação de fusão, os patrimónios das sociedades A, B e C. Apenas a sociedade A tinha prejuízos fiscais ainda não totalmente deduzidos, no valor de 100 000 €. De acordo com o último balanço antes da fusão, o património líquido da incorporante era de 200 000 €, e o património líquido das incorporadas A, B e C, era de, respetivamente, 100 000 €, 300 000 € e 400 000 €.

SOLUÇÃO:

Com base na proporção do património líquido da sociedade incorporada que detém prejuízos fiscais relativamente ao património líquido de todas as sociedades envolvidas na operação, a Sociedade X (incorporante) poderá deduzir, em cada período de tributação, 10% do seu lucro tributável.

Sociedade	*Património líquido*	*Proporção*
A	*100. 000*	*10%*
B	*300 000*	
C	*400 000*	
X	*200 000*	
Total	*1 000 000*	*100%*

A transmissibilidade de benefícios fiscais e de gastos de financiamento

Outra das vantagens acolhidas por este regime de neutralidade fiscal foi introduzida pelo artigo 75.º-A do Código do IRC, aditado pela Lei n.º 2/2014, de 16 de janeiro, o qual passou a admitir a transmissão de benefícios fiscais e de gastos de financiamento líquidos, quando estejam em causa operações de fusão, cisão ou de entrada de ativos, a que seja aplicado o regime especial estabelecido no artigo 74.º do mesmo diploma legal.

No n.º 1 desta norma refere-se que os benefícios fiscais das sociedades fundidas podem ser transmitidos para a sociedade beneficiária, desde que nesta se verifiquem os respetivos pressupostos e se aplique o regime especial estabelecido no artigo 74.º do Código do IRC, alargando-se o n.º 3 deste preceito às operações de cisão e entradas de ativos.

No entanto, enquanto, no caso das operações de fusão neutras, o benefício fiscal opera de forma automática, no caso das operações de cisão e entradas de ativos, a concessão do benefício fica condicionada à apresentação de um pedido de autorização dirigido ao Ministro das Finanças, juntamente com um conjunto de elementos que permitam que a AT valide o cumprimento dos requisitos de aplicação do regime de neutralidade fiscal, as condições e a adequação dos critérios de repartição dos benefícios fiscais, no âmbito da operação visada.

As condições de atribuição do benefício fiscal, no caso de uma operação de cisão ou entrada de ativos, bem como os procedimentos de controlo a ter em conta por parte da AT, são definidas na Portaria n.º 275/2014, de 26 de dezembro.

Isto é, e quanto ao requerimento, deve este ser apresentado no prazo de 30 dias a partir do pedido de registo da operação na Conservatória do Registo Comercial, em conjunto pela(s) sociedade(s) beneficiária(s) da operação e pela sociedade cindida, quando da operação de cisão não resulte a respetiva dissolução, devendo conter, de acordo com o artigo 7.º da Portaria n.º 275/2014, designadamente: a descrição da operação de cisão, acompanhada do projeto; a certidão da Conservatória do Registo Comercial das entidades que requerem a transmissão do benefício; e a relação quantificada e descriminada do montante dos benefícios ainda não utilizados transmissível para a sociedade beneficiária.

Do requerimento de transmissão devem ainda constar a descrição dos critérios de repartição dos montantes referentes aos benefícios fiscais e gastos de financiamento líquido não deduzidos pela sociedade cindida e a justificação dos critérios de repartição adotados pelos contribuintes nos termos do n.º 2 do artigo 4.º, do n.º 2 do artigo 5.º e do n.º 1 do artigo 6.º, todos da Portaria.

Relembra-se que a utilização dos benefícios fiscais depende da verificação dos respetivos pressupostos nas sociedades beneficiárias, sucedendo estas à sociedade cindida em todas as obrigações, designadamente as atinentes ao respetivo controlo e comprovação, associadas aos benefícios fiscais que lhe tenham sido transmitidos.

As obrigações acessórias atinentes ao regime especial de neutralidade fiscal

Praticando uma operação ao abrigo do regime de neutralidade fiscal, as entidades devem comunicar a sua realização na declaração anual de informação contabilística e fiscal, a que se refere o artigo 121.°, relativa ao período de tributação em que a operação é realizada.

Em caso de fusão ou cisão, esta obrigação fica a cargo da(s) sociedade(s) beneficiária(s) ou dos sócios residentes, se aquela(s), assim como a(s) sociedade(s) transmitente(s), não forem residentes em território português, nem disponham de estabelecimento estável aí situado. Já nas operações de entrada de ativos, a obrigação declarativa recai sobre a sociedade beneficiária, exceto se a mesma for uma entidade não residente em território português ou não dispuser de estabelecimento estável aí situado, caso em que a obrigação fica a cargo da sociedade contribuidora, e, em caso de permuta de partes sociais, sobre a sociedade adquirida quando seja residente em território português e pelos respetivos sócios residentes.

A sociedade fundida, cindida ou contribuidora deve ainda fazer constar do processo de documentação fiscal, para efeitos do n.° 1 do artigo 74.° do Código do IRC, uma declaração da sociedade beneficiária de que irá cumprir com o disposto no n.° 3 do artigo 74.°, ou seja, de que irá manter, para efeitos fiscais, os elementos patrimoniais objeto de transferência pelos mesmos valores que tinham na sociedade contribuidora antes da realização da operação; e, sempre que nas operações não participem apenas sociedades residentes em território português, as declarações comprovativas, confirmadas e autenticadas pelas autoridades fiscais do outro Estado membro da União Europeia de que são residentes as outras sociedades intervenientes na operação, de que estas se encontram nas condições estabelecidas no artigo 3.° da Diretiva n.° 2009/133/CE, do Conselho, de 19 de outubro.

Por seu lado, a sociedade beneficiária deve integrar, como determina o n.° 4 do artigo 78.° do Código do IRC, no seu processo de documentação fiscal, as demonstrações financeiras da sociedade fundida, cindida ou contribuidora, antes da operação e a relação dos elementos patrimoniais adquiridos que tenham sido incorporados na contabilidade por valores diferentes dos aceites para efeitos fiscais na sociedade fundida, cindida ou contribuidora, evidenciando ambos os valores, bem como as depreciações e amortizações, provisões, perdas por imparidade e outras correções de valor registados antes da realização das operações, fazendo ainda o respetivo acompanhamento enquanto não forem alienados, transferidos ou extintos, e ainda os benefícios fiscais ou gastos de financiamento líquidos cuja transmissão ocorra nos termos do artigo 75.°-A.

23. Regime simplificado

Desenvolvimento do tema

As empresas em Portugal estão sujeitas ao cumprimento de um número elevado de obrigações, quer sejam de carácter contabilístico quer de carácter fiscal, o que provoca naturalmente, tudo somado, um elevado custo para essas empresas, em particular, para as empresas de reduzida dimensão, que, muitas das vezes, já se deparam com enormes dificuldades em solver as obrigações decorrentes da sua atividade normal.

Tendo essa preocupação em mente, e tendo em conta que as empresas de reduzida dimensão representam a maior fatia do tecido empresarial português, foi introduzido no Código do IRC um regime simplificado de tributação, cujo âmbito de aplicação e forma de determinação da matéria coletável se encontra previsto nos artigos 86.º-A e 86.º-B.

Trata-se, pois, de um regime que visa, designadamente, reduzir os custos emergentes do cumprimento das regras tributárias, através da implementação de formas simplificadas de cumprimento das obrigações fiscais, sejam elas as que decorrem da obrigação principal, que é a de pagamento do imposto, sejam as que decorrem das obrigações acessórias, como sejam as de registo, declarativas e de carácter estatístico.

Uma das características deste regime, cuja adoção visou corrigir um dos pontos negativos do anterior regime simplificado de tributação, que vigorou entre os anos 2001 e 2009 e deu origem a uma elevada litigância com o Estado, é a possibilidade de serem os próprios sujeitos passivos, desde que logicamente reúnam os requisitos, a optar pela sua aplicação manifestando expressamente essa vontade, ou seja, trata-se de um sistema de *opting in* e não de *opting out*.

Assim, podem optar pela aplicação do regime simplificado de determinação da matéria coletável, os sujeitos passivos residentes em território português, não isentos nem sujeitos a um regime especial de tributação,[105] que exerçam a título principal uma atividade de natureza comercial, industrial ou agrícola e que verifiquem, cumulativamente, as seguintes condições:

- Tenham obtido, no período de tributação imediatamente anterior, um montante de rendimentos ilíquidos que não exceda o valor de 200 000 €;
- O total do balanço relativo ao período de tributação imediatamente anterior não exceda o valor de 500 000 €;
- Não estejam legalmente obrigados à revisão legal de contas;
- O capital social não seja detido em mais de 20%, direta ou indiretamente, nos termos do n.° 6 do artigo 69.°, por entidades que não preencham alguma das condições anteriores, exceto quando sejam sociedade de capital de risco ou investidores de capital de risco;
- Adotem o regime de normalização contabilística para microentidades, aprovado pelo Decreto-Lei n.° 36-A/2011, de 9 de março[106];
- Não tenham renunciado à aplicação do regime nos três anos anteriores, com referência à data em que se inicia a aplicação do regime.

Esta opção deve ser formalizada pelos sujeitos passivos, dentro dos prazos que a lei estipula[107], através da entrega, ou de uma declaração de início de ati-

[105] De acordo com a Circular n.° 6/2014, de 28 de março, do Gabinete do Diretor-Geral da Autoridade Tributária e Aduaneira, «ao referir que os sujeitos passivos isentos ou sujeitos a um regime especial de tributação não podem optar pelo regime simplificado, o legislador excluiu do seu âmbito de aplicação subjetiva, designadamente, todos os sujeitos passivos abrangidos pelo regime de transparência fiscal a que se refere o artigo 6.° do CIRC e os sujeitos passivos a que seja aplicável o regime especial de tributação dos grupos de sociedades (RETGS)».

[106] Ao impor a adoção do regime de normalização contabilística para microentidades, o legislador pretendeu que não fossem criadas desigualdades ao nível da base tributável, o que podia acontecer caso fosse permitido que os sujeitos passivos abrangidos pelo regime simplificado aplicassem, indiscriminadamente, a norma contabilística para microentidades (NC-ME) ou a NCRF-PE, uma vez que o valor dos vários rendimentos a considerar para aplicação dos coeficientes poderia ser maior ou menor, dependendo do normativo contabilístico que estivesse a ser utilizado (colocar no rodapé).

[107] Até ao fim do 2.° mês do período de tributação na qual pretendem iniciar a aplicação do regime.

vidade caso se trate de uma sociedade nova[108], ou da entrega de uma declaração de alterações, caso se trate de uma sociedade já existente.

De referir que, como se trata de uma opção, naturalmente que a permanência no regime apenas ocorre enquanto o sujeito passivo reunir os requisitos que lhe permitiram aderir ao mesmo, ou seja, o regime cessa automaticamente quando deixar de se verificar algum dos requisitos atrás enumerados, designadamente, quando os rendimentos sejam de valor superior a 200 000 €, ou quando os sujeitos passivos não cumpram as obrigações de emissão e comunicação das faturas previstas, respetivamente, no Código do IVA e no artigo 3.° do Decreto-Lei n.° 198/2012, de 24 de agosto.

Os efeitos da cessação automática do regime reportam-se ao primeiro dia do período de tributação, exceto no que toca à obrigação de comunicar as faturas. Com efeito, neste último caso, como os sujeitos passivos são obrigados a comunicar mensalmente, até ao dia 5[109] [110] de cada mês, as faturas correspondentes ao mês anterior, logicamente que a data limite para comunicação das faturas correspondentes ao mês de dezembro, será o dia 12 de janeiro do ano seguinte, o que quer dizer que será esta a data limite da comunicação das faturas emitidas no ano anterior. Assim, apenas ocorre a cessação do regime, no caso dos sujeitos passivos não comunicarem as suas faturas, com respeito a qualquer mês do ano, até ao dia 12 de janeiro seguinte.[111]

Por outro lado, para além das razões que o fazem cessar automaticamente, o regime simplificado pode também cessar por opção dos próprios sujeitos passivos, bastando que, para o efeito, procedam à entrega de uma declaração de alterações, expressando a renúncia à aplicação do regime simplificado, cujo prazo ocorre até ao fim do segundo mês do período de tributação no

[108] Em caso de início de atividade, o enquadramento no regime simplificado de determinação da matéria coletável, é feito com base numa estimativa anualizada dos rendimentos.

[109] As faturas emitidas até 31 de dezembro de 2019 podiam ser comunicadas à Administração Tributária até dia 15 do mês seguinte, de acordo com o Despacho n.° 411/2019, do Secretário de Estado dos Assuntos Fiscais, datado de 24 de novembro.

[110] Segundo o artigo 3, n° 3, do Decreto-Lei n.° 198/2012, de 24 de agosto, alterado pelo artigo 317.° da Lei do Orçamento de Estado para 2022. Esta alteração só produziu efeitos a partir de 1 de janeiro de 2023, segundo o disposto no artigo 330.° da Lei do Orçamento de Estado para 2023. No entanto, o Secretário de Estado dos Assuntos Fiscais, através do Despacho n.° 8/2022-XXIII, de 13 de dezembro, concedeu um alargamento do prazo em 3 dias para 2023.

[111] *Vd.*, a Portaria n.° 195/2020, de 13 de agosto, que regulamenta os requisitos de criação do código de barras bidimensional (código QR) e do código único do documento (ATCUD), a que se refere o n.° 3 do artigo 7.° do Decreto-Lei n.° 28/2019, de 15 de fevereiro.

qual pretendem ver cessado o regime, reportando-se os efeitos dessa cessação ao primeiro dia do período de tributação.[112]

Como aludido supra, este regime especial consiste numa alternativa ao regime geral de determinação da matéria coletável, mantendo-se, no entanto, a obrigação das entidades disporem de contabilidade organizada. No entanto, não serão deduzidos quaisquer gastos que os sujeitos passivos tenham suportado no decurso da sua atividade, já que a matéria coletável é determinada pela aplicação de coeficientes, que variam consoante a atividade exercida pelos sujeitos passivos, ao rendimento apurado pelos sujeitos passivos.

Não obstante o apuramento da matéria coletável não levar em linha de conta os gastos efetivamente suportados pelos sujeitos passivos, a verdade é que, ainda assim, há lugar a tributação autónoma quanto aos encargos que digam respeito a despesas não documentadas, aos encargos relacionados com viaturas ligeiras de passageiros, às viaturas ligeiras de utilização mista e ligeiros de mercadorias e às importâncias pagas ou devidas a qualquer título a entidades residentes em paraísos fiscais.[113]

[112] Ficando, no entanto, inibidos de a ele voltar por um período de 3 anos.

[113] No âmbito do combate à evasão e fraude fiscal internacional, vigora em Portugal um sistema misto de prevenção. Por um lado, é consagrada uma lista de jurisdições tidas como «paraísos fiscais», a qual é atualizada quando se entende incluir/retirar alguma jurisdição. Por outro lado, está também consagrada na Lei uma cláusula aberta que permite o alargamento do âmbito de aplicação do regime dos «paraísos fiscais» a outras jurisdições que, embora não constem da «lista negra», se encontrem, pontualmente, em incumprimento dos respetivos critérios.

Existe ainda uma cláusula de salvaguarda, mediante a qual se excluem do âmbito de aplicação destas regras os Estados-Membros da União Europeia (UE) e, ainda, os países que façam parte do Espaço Económico Europeu (EEE), com os quais existem instrumentos vinculativos de cooperação administrativa interestadual equivalentes aos existentes no quadro da UE.

Existem quatro critérios para inclusão na lista:

a) inexistência de um imposto de natureza idêntica ou similar ao IRC ou, existindo, a respetiva taxa aplicável seja inferior a 60% da taxa geral desse imposto;

b) as regras de determinação da matéria coletável sobre a qual incide o imposto sobre o rendimento divirjam significativamente dos padrões internacionalmente aceites ou praticados;

c) a existência de regimes especiais ou de benefícios fiscais dos quais resulta uma redução substancial da tributação; e

d) a legislação ou a prática administrativa não permitam o acesso e a troca efetiva de informações relevantes para efeitos fiscais.

A legislação nacional prevê a já referida cláusula aberta, ao abrigo da qual é permitido à Administração tributária considerar, casuisticamente, outras jurisdições como «paraísos fiscais».

Assim, o apuramento da matéria coletável será feito atendendo aos seguintes coeficientes:

- 0,04 das vendas de mercadorias e produtos, e das prestações de serviços efetuadas no âmbito de atividades hoteleiras e similares, restauração e bebidas, exceto aquelas que se desenvolvam no âmbito da atividade de exploração de estabelecimentos de alojamento local na modalidade de moradia ou apartamento;
- 0,35 dos rendimentos da exploração de estabelecimentos de alojamento local na modalidade de moradia ou apartamento. A partir do OE2020, para as áreas de contenção, o coeficiente passa para 0,5;
- 0,75 dos rendimentos das atividades profissionais constantes da tabela a que se refere o artigo 151.° do Código do IRS;
- 0,10 dos restantes rendimentos de prestações de serviços e subsídios destinados à exploração;
- 0,30 dos subsídios não destinados à exploração;
- 0,95 dos rendimentos provenientes da mineração de criptoativos, de contratos que tenham por objeto a cessão ou utilização temporária da propriedade intelectual ou industrial ou a prestação de informações respeitantes a uma experiência adquirida no sector industrial, comercial ou científico, dos outros rendimentos de capitais, do resultado positivo de rendimentos prediais, do saldo positivo das mais- e menos-valias e dos restantes incrementos patrimoniais;
- 1,00 do valor de aquisição dos incrementos patrimoniais obtidos a título gratuito determinado nos termos do n.° 2 do artigo 21.° do Código do IRC;
- 0,15 dos rendimentos relativos a criptoativos, excluindo os decorrentes da mineração, que não sejam considerados rendimentos de capitais, nem resultem do saldo positivo das mais e menos-valias e dos restantes incrementos patrimoniais (alínea i) aditada pela Lei do Orçamento de Estado para 2023).

Esta determinação é resultado da aplicação, no respetivo território, de uma taxa de imposto inferior a 60% da taxa praticada em território português.
Não obstante, a esta definição e critério acrescem dois pressupostos:
a) a lei desse território promove essa tributação de forma ex-pressa; e
b) quando existam relações especiais entre pessoas ou entidades residentes nesse outro território e pessoas ou entidades residentes em território português.
(*vd.*, sobre a matéria, a Portaria n.° 309-A/2020, de 31 de dezembro de 2020).

Os coeficientes aplicáveis às vendas de mercadorias e produtos, bem como às prestações de serviços efetuadas no âmbito de atividades hoteleiras, restauração e bebidas (0,04) e dos restantes rendimentos de prestações de serviços e subsídios destinados à exploração, são reduzidos em 50% e 25%, respetivamente, no período de tributação de início de atividade e no seguinte.

De referir também que, da aplicação destes coeficientes, nunca poderá resultar uma matéria coletável de valor inferior a 60% do valor anual da retribuição mínima mensal garantida (RMMG[114]).

Esta norma foi válida até 2018, tendo sido revogada pela Lei do Orçamento de Estado para 2019.

Sobre o valor da coleta assim apurada será aplicada a taxa geral de IRC, visto não se encontrar prevista nenhuma taxa específica para este regime especial.

No que respeita à obrigação principal do imposto estão obrigadas a efetuar os pagamentos por conta. Se, à data em que uma determinada empresa tenha optado pelo regime simplificado, ainda não tenha deduzido o saldo por inteiro dos pagamentos especiais por conta de anos anteriores, pode continuar a deduzi-los dentro dos prazos legais.

Como se pode verificar, as sociedades abrangidas pelo regime simplificado de tributação não podem apurar prejuízos fiscais, ainda que se verifique essa ocorrência a nível contabilístico. Mas, e os prejuízos fiscais que tenham sido apurados antes da entrada em vigor deste regime? Pois bem, este regime simplificado visa, como já referimos, o apuramento da matéria coletável (ao contrário do regime que vigorou, entre 2001 e 2009, que visava o apuramento do lucro tributável), o que significa que os sujeitos passivos, para além de não poderem deduzir prejuízos fiscais que tenham sido acumulados

[114] O valor da RMMG está fixado em 665 €, desde 1 de janeiro de 2021 (Decreto-lei n.º 109-A/2020, de 31 de dezembro). Evolução na RMMG nos últimos anos:

Produção de Efeitos	Montante	Legislação
1/1/2010	475 €	Decreto-lei n.º 5/2010, de 15 de janeiro
Produção de Efeitos	**Montante**	**Legislação**
1/1/2011	485 €	Decreto-Lei n.º 143/2010, de 31 de dezembro
1/10/2014	505 €	Decreto-Lei n.º 144/2014, de 30 de setembro
1/1/2016	530 €	Decreto-Lei n.º 254-A/2015, de 31 de dezembro
1/1/2017	557 €	Decreto-Lei n.º 86-B/2016, de 29 de dezembro
1/1/2018	580 €	Decreto-Lei n.º 156/2017, de 28 de dezembro
1/1/2019	600 €	Decreto-Lei n.º 117/2018, de 27 de dezembro
1/1/2020	635 €	Decreto-Lei n.º 167/2019, de 21 de novembro

em períodos anteriores à aplicação do regime, também não irão apurar a derrama municipal.

Exercícios

Exercício 1:

Admita-se uma sociedade que fez a opção pelo regime simplificado de tributação em janeiro do ano *t*. Neste período, apurou um montante de vendas que ascendeu a 150 000 €. Para além disso, considerou como rendimento, o montante de 25 000 €, proveniente da alienação de um equipamento pertencente ao seu ativo fixo tangível que tinha sido adquirido, no ano *t*-3, por 50 000 €. De acordo com o Decreto Regulamentar n.° 25/2009, a taxa de depreciação deste bem é de 20%.

Assumindo um coeficiente de desvalorização monetária de 1,03, qual o valor da matéria coletável desta empresa no ano *t*.

Exercício 2:

Determinada sociedade, que se dedica à atividade de engenharia, fez a opção pelo regime simplificado de tributação, em janeiro no ano *t*. No ano *t*-1, tinha adquirido um equipamento, pelo valor de 25 000 €, que afetou à sua atividade. A taxa máxima de depreciação deste bem, de acordo com o Decreto Regulamentar n.° 25/2009, é de 20%.

No entanto, a referida sociedade decidiu, no ano *t*+1, alienar o aludido bem pelo valor de 18 000 €.

Admitindo um coeficiente de 1, qual o valor da mais-valia a considerar em *t*+1?

Exercício 3:

A empresa X aderiu ao regime simplificado de tributação no dia 28 de janeiro de 2017. Após esse período, decidiu que era mais vantajoso voltar ao regime geral, apresentando, a 3 de março do ano seguinte, a respetiva declarações de alterações comunicando a renúncia ao regime simplificado de tributação.

Quais as consequências desta decisão?

Exercício 4:

Uma empresa, enquadrada no regime simplificado, adquiriu, no ano *t*, uma máquina por 30 000 €, tendo recebido um subsídio de 12 000 €.

A taxa de depreciação da máquina, de acordo com Decreto Regulamentar n.º 25/2009, de 14 de setembro, é de 20%.

Determine a matéria coletável da empresa, admitindo que os rendimentos ilíquidos da sua atividade (venda de eletrodomésticos) foram de 150 000 €.

Exercício 5:

A empresa X aderiu ao regime simplificado de tributação, no dia 15 de fevereiro do ano *t*, tendo entregue a respetiva declaração de alterações. No entanto, de acordo com os dados relativos às demonstrações financeiras desse ano, o valor anual ilíquido de rendimentos foi de 280 000 €, tendo ultrapassado o limite previsto na alínea a) do n.º 1 do artigo 86.º-A do Código do IRC.

Quais as consequências a retirar destes dados?

Soluções

Exercício 1:

De acordo com o artigo 86.º-B do Código do IRC, será aplicável um coeficiente de 0,04 às vendas e 0,95 às mais-valias obtidas.

Assim, o apuramento da matéria coletável será o seguinte:

- Vendas........... 150 000 * 4% = 6000 €
- Mais-valias .... 25 000 – (50 000 – 30 000) * 1,03 = 4400 * 0,95 = = 4180 €

A matéria coletável desta empresa, no período ano *t*, foi de 10 180 € (6000 € + 4180 €).

Exercício 2:

De acordo com o n.º 6 do artigo 86.º-B, ao valor de realização será deduzido o valor de aquisição, líquido das depreciações praticadas, sendo que durante o período em que seja aplicado o regime simplificado serão consideradas as quotas mínimas.

Assim, o apuramento da mais valia será o seguinte:

- Depreciação praticada em *t*-1: 25 000 * 20% = 5000 €
- Depreciação praticada em *t*: 25 000 * 10% = 2500 €

Logo, a mais-valia fiscal é de:

Mvf = 18 000 – (25 000 – 7500) * 1 = 500 € * 0.95 = 475 €

A mais-valia a considerar, para a determinação da matéria coletável, é de 475 €.

EXERCÍCIO 3:

Esta empresa deveria ter comunicado a renúncia ao regime simplificando de tributação, através da entrega de uma declaração de alterações, até ao fim do 2.º mês em que se pretende iniciar a aplicação do regime geral. Logo, por não o ter feito dentro do prazo legal, a empresa tem que permanecer naquele regime, desde que continue a reunir todos os requisitos para o efeito.

EXERCÍCIO 4:

Tratamento fiscal do subsídio:

- Aplicação do coeficiente previsto na alínea d) do n.º 1 do artigo 86.º-B do Código do IRC: 12 000 € * 0,30 = 3600 €
- Montante que, proporcionalmente, corresponde a quota mínima de depreciação da máquina subsidiada: 10% * 3600 € = 360 €

A parcela do subsídio a considerar para o apuramento da matéria coletável é de 360 €.

EXERCÍCIO 5:

No período de tributação ano *t*, não pode ficar abrangido pelo regime simplificado, ficando, automaticamente, enquadrado no regime geral.

24. Taxas

Síntese

- As empresas residentes e os estabelecimentos estáveis de não residentes têm uma taxa de IRC de 21% no Continente e de 14,7% nas Regiões Autónomas.
- As PMES e as *Small Mid Cap* beneficiam de uma taxa reduzida, de 17%, para os primeiros 50 000 € de lucro (11,9% nos Açores e na Madeira). Até 2019, a taxa reduzida aplicava-se ao limite de 15 000 € de lucro fiscal.
- Adicionalmente, o lucro acima de 1 500 000 de € paga derrama estadual.
- Empresas com prejuízo fiscal têm coleta de zero (a coleta em IRC tem de ser sempre maior ou igual a zero)

Desenvolvimento do tema

As taxas normais de IRC são:

ENTIDADES	TAXAS		
	Continente	Madeira	Açores
Entidades residentes e estabelecimentos estáveis de entidades não residentes	21%	14,7%	14,7%
Entidades residentes e estabelecimentos estáveis de entidades não residentes, classificadas como PMES e as *Small Mid Cap* (Decreto-Lei n.º 372/2007, de 6 de novembro)[115]	17% os primeiros 50 000 € de matéria coletável e 21% o restante	11,9% os primeiros 50 000 € de matéria coletável e 14,7% o restante	11,9% os primeiros 50 000 € de matéria coletável e 14,7% o restante

[115] Para as empresas instaladas no interior (artigo 41.º-B do EBF), a taxa, para os primeiros 50 000 €, é de 12,5%.

Entidades residentes que não exercem a título principal uma atividade de natureza comercial, industrial ou agrícola	21%	14,7%	14,7%
Entidades não residentes sem estabelecimento estável	25% a 35%	17,5% a 24,5%	17,5% a 24,5%

Decreto-Lei n.º 372/2007, de 6 de novembro

Tipo de empresa	Volume de negócios	N.º Efetivos	Total de Balanço
Média	< 50 milhões de euros	< 250	< 43 milhões de euros
Pequena	< 10 milhões de euros	< 50	< 10 milhões de euros
Micro	< 2 milhões de euros	< 10	< 2 milhões de euros

Para 2021, a taxa geral de IRC é de 21% enquanto que, para as Regiões Autónomas da Madeira e dos Açores, a taxa geral de IRC é de 14,7%[116].[117]

Tratando-se de rendimentos de entidades que não tenham sede nem direção efetiva em território português e aí não possuam estabelecimento estável ao qual os mesmos sejam imputáveis, a taxa do IRC é de 25%, com exceção dos seguintes rendimentos:

- Prémios de rifas, totoloto, jogo de loto, bem como importâncias ou prémios atribuídos em quaisquer sorteios ou concursos, em que a taxa é de 35%;
- Rendimentos de capitais sempre que sejam pagos ou colocados à disposição em contas abertas em nome de um ou mais titulares mas por conta de terceiros não identificados, em que a taxa é de 35%, exceto quando seja identificado o beneficiário efetivo, termos em que se aplicam as regras gerais;
- Rendimentos de capitais, tal como definidos no artigo 5.º do Código do IRS, obtidos por entidades não residentes em território português, que sejam domiciliadas em país, território ou região sujeitas a um

[116] A aplicação das taxas de 17%, 11,9% está sujeita às regras europeias aplicáveis em matéria de auxílios de minimis (quadro 09 do Anexo D da Declaração Modelo 22 ≤ 200 000 € em 3 anos ou 100 000 € no sector dos transportes rodoviários).

[117] As taxas nas Regiões Autónomas da Madeira e dos Açores são reduzidas até 30% das taxas do continente, por força da Lei das Finanças Regionais (*cf.* artigo 59.º da Lei Orgânica n.º 2/2013, de 2 de setembro). As taxas na Região Autónoma da Madeira foram atualizadas pelo Decreto-lei Regulamentar de n.º 18/2020/M, que alterou o Decreto-lei Regulamentar n.º 2/2001/M, enquanto as taxas de IRC da Região Autónoma dos Açores foram fixadas pelos Decretos-Regulamentares n.ºs 15-A/2021/A e 1/2023/A que alteraram o Decreto-Regulamentar n.º 2/99/A.

regime fiscal claramente mais favorável, constante de lista aprovada por portaria do Ministro das Finanças, em que a taxa é de 35%.

Relativamente ao rendimento global de entidades com sede ou direção efetiva em território português que não exerçam, a título principal, atividades de natureza comercial, industrial ou agrícola, a taxa é de 21%.

Derrama estadual

Adicionalmente ao valor do IRC a pagar, e da derrama municipal, os sujeitos passivos de IRC estão ainda sujeitos ao pagamento de outro adicional: a derrama estatual, em conformidade com o artigo 87.º-A do Código do IRC.

A derrama estadual foi introduzida no ordenamento jurídico interno no âmbito de um conjunto de medidas adicionais de consolidação orçamental, que visaram reforçar e acelerar a redução de défice excessivo, sendo ainda uma medida de natureza temporária. O montante da taxa, desde que foi aprovada em 2010, tem vindo a sofrer sucessivas alterações.

Assim, os sujeitos passivos residentes em território português que exerçam, a título principal, uma atividade de natureza comercial, industrial ou agrícola e os não residentes com estabelecimento estável em Portugal, que apurem um lucro tributável superior a um milhão e meio de euros, sujeito e não isento de IRC, estão obrigados a efetuar o pagamento da derrama estadual, calculada de acordo com a tabela abaixo, sobre o montante do lucro tributável que exceda aquele limite:

Lucro tributável	Taxas
De mais de 1 500 000 € até 7 500 000 €	3%
De mais de 7 500 000 € até 35 000 000 €	5%
De mais de 35 000 000 €	9% (7% até 2017)

Sendo que na Madeira e nos Açores aplicam-se as taxas de 2,1%, 3,5% e 6,3%, respetivamente.

O quantitativo do lucro tributável que exceder 1 500 000 € é dividido em 3 escalões que são os que se encontram no quadro supra. Assim, se o lucro tributável de uma empresa for superior a 35 000 000 €, o seu valor será dividido em três escalões, primeiro, o valor que exceder os 35 000 000 € ao qual se irá aplicar a taxa de 9%[118] (era de 7% até 2017, inclusive), depois, o valor que exceder os 7 500 000 € até aos 35 000 000 €, o qual irá ficar

[118] Taxa revista pela Lei do Orçamento de Estado para 2018.

sujeito à aplicação da taxa de 5% e, por fim, o valor que exceder 1 500 000 € até aos 7 500 000 €, a que se aplicará a taxa de 3%.

Quando seja aplicável o regime especial de tributação dos grupos de sociedades, as taxas referidas supra incidem sobre o lucro tributável apurado na declaração periódica individual de cada uma das sociedades do grupo, incluindo, a da sociedade dominante.

Desta forma, podemos aferir a coleta de imposto de uma empresa residente em Portugal (ou de uma não residente com estabelecimento estável) das seguintes formas:

Empresa não abrangida pela taxa reduzida de 17% (incluindo a derrama estadual) (a que se pode somar o valor da derrama municipal, entre 0% e 1,5%):

	Acima de 35 M€	+ 9%
21% para toda a matéria coletável	Entre 7,5 M€ e 35 M€	+ 5%
	Entre 1,5 M€ e 7,5 M€	+ 3%

Ou em alternativa:

Acima de 35 M€	30%
Entre 7,5 M€ e 35 M€	26%
Entre 1,5 M€ e 7,5 M€	24%
Até 1,5 M€	21%

Exercícios

Exercício 1:

Calcule o valor da coleta, para 2020, para uma empresa não abrangida pela taxa reduzida, para os seguintes valores de matéria coletável:

a) 50 M€.
b) 15 M€.
c) 5 M€.
d) 1 M€.
e) 200 mil €.

Exercício 2:

Calcule o valor da coleta (para o ano de 2019 e para o ano de 2020), para uma empresa abrangida pela taxa reduzida, para os seguintes valores de matéria coletável:

a) 10 mil €.
b) 50 mil €.
c) 150 mil €.

Soluções:

Exercício 1:

a) 13,405 M€.
b) 3,705 M€.
c) 1,155 M€.
d) 0,21 M€.
e) 0,042 M€.

Exercício 2:

a) 1700 € para ambos os anos.
b) para 2019 o valor da coleta é 9900 € e para 2020 o valor da coleta é 9500 €.
c) para 2019 o valor da coleta é de 30 900 € e para 2020 o valor da coleta é de 30 500 €.

25. Tributações autónomas

Síntese

- Para um conjunto de gastos, o Código do IRC prevê que, apesar de aceites fiscalmente, os mesmos sejam sujeitos a tributação autónoma.
- Empresas com prejuízo podem ter IRC a pagar dado que haverá sempre lugar ao pagamento de tributação autónoma relativo a determinados gastos.
- Durante os períodos de 2020, 2021 e 2022, o agravamento da taxa foi suspenso, como medida de apoio à recuperação dos efeitos económicos decorrentes da pandemia da Covid-19, na condição de os sujeitos passivos abrangidos pela medida – microempresas, pequenas e médias empresas nos termos do Decreto-Lei n.° 372/2007 e ainda as cooperativas – terem obtido lucro tributável num dos três períodos de tributação anteriores e terem sido entregues as declarações de rendimentos Modelo 22 e declaração anual de informação contabilística e fiscal, nos períodos de tributação anteriores.
- Quanto à não sujeição a tributação autónoma quando está em causa o período de tributação de início de atividade e seguinte, dispõe o artigo 284.° do Orçamento de Estado de 2022, que essa não sujeição pode durar três anos (o do inicio de atividade e os dois seguintes), quando está o início de atividade ocorrer em 2022 e se tratarem de microempresas, pequenas e médias empresas nos termos do Decreto-Lei n.° 372/2007 e ainda as cooperativas.

Desenvolvimento do tema

As tributações autónomas têm a sua origem, no sistema fiscal português, com a publicação do Decreto-Lei n.º 192/90, de 9 de junho. Este diploma legal previa, no seu artigo 4.º, uma tributação autónoma à taxa de 10%, para despesas confidenciais ou não documentadas e à taxa de 6,4%, para despesas de representação e encargos relacionados com viaturas ligeiras de passageiros. Esta norma veio a ser objeto de diversas alterações até à sua revogação pela Lei n.º 30-G/ /2000, de 29 de dezembro, que aditou, ao Código do IRC, o artigo 69.º-A no qual, para além da manutenção da incidência das tributações autónomas às despesas não documentadas, às despesas de representação e aos encargos com viaturas, estendeu a mesma a outras situações da natureza diversa.

Ora, a tributação autónoma, segundo a doutrina dominante e a jurisprudência, foi criada pelo legislador com o objetivo, por um lado, de incentivar os contribuintes a ela sujeitos a reduzirem tanto quanto possível as despesas que concorrem negativamente para a formação do lucro tributável, e por outro, evitar que, através destas despesas as empresas procedam à distribuição camuflada de lucros, que não seriam assim tributados, bem como combater a fraude e a evasão fiscais que tais despesas ocasionam não apenas em relação ao IRC ou IRS, mas também em relação às correspondentes contribuições, tanto das entidades patronais como dos trabalhadores.

Esta intenção do legislador fica ainda mais vincada quando, para além dos sucessivos aumentos de taxa, penalizando ainda mais os sujeitos passivos que de alguma forma beneficiam de um regime de tributação mais favorável, parte das despesas que agora são tributadas autonomamente, independentemente da existência ou não de matéria coletável para efeitos de IRC[119].

[119] Antes das alterações introduzidas ao Código do IRC pela Lei n.º 30-G/2000, de 29 de dezembro, eram apenas tributadas na percentagem das mesmas que não eram aceites fiscalmente e somente se houvesse matéria coletável. Dispunha o anterior artigo 45.º do Código do IRC (atual artigo 23.º-A), nomeadamente nas alíneas f) e g) do seu n.º 1, que não são dedutíveis para efeito de determinação do lucro tributável os seguintes encargos, mesmo quando contabilizados como custos ou perdas do exercício, «as ajudas de custo e os encargos com compensação pela deslocação em viatura própria do trabalhador, ao serviço da entidade patronal, não faturados a clientes, escriturados a qualquer título, sempre que a entidade patronal não possua, por cada pagamento efetuado, um mapa através do qual seja possível efetuar o controlo das deslocações a que se referem aqueles encargos, designadamente os respetivos locais, tempo de permanência, objetivo e, no caso de deslocação em viatura própria do trabalhador, identificação da viatura e do respetivo proprietário, bem como o número de quilómetros percorridos, excepto na parte em que haja lugar a tributação em sede de IRS na esfera do respetivo bene-

Quis o legislador, com esta alteração, firmar a penalização deste tipo de despesas, fazendo incidir sobre elas uma coleta, independentemente da existência ou não de matéria coletável para efeitos de IRC, deixando assim de passar intacto o contribuinte que não apurava matéria coletável.

A razão de ser, por assim dizer, da tributação autónoma não está tão só no simples arrecadar de mais imposto, tem antes um carácter antiabuso, no sentido de desincentivar o recurso ao tipo de despesas que tributa, as quais, pela sua natureza, são propiciadoras de pagamento de rendimentos camuflados, e em última análise, até de permitir reaver algum do imposto que deixou de ser pago pelo beneficiário dos rendimentos, transferindo a responsabilidade tributária deste para a esfera de quem paga realmente esse rendimento.

Atualmente, a tributação autónoma está prevista no artigo 88.° do Código do IRC e incide sobre os seguintes encargos (procurando, assim, dissuadir os excessos na incorrência destas tipologias de despesas):

- Despesas não documentadas;
- Encargos com viaturas ligeiras de passageiros, viaturas ligeiras de mercadorias referidas na alínea b) do n.° 1 do artigo 7.° do Código do Imposto sobre veículos, motos e motociclos;[120] [121] [122]

ficiário» e «os encargos não devidamente documentados». Prescrevia ainda o n.° 4 do mesmo preceito legal que «sem prejuízo do disposto no número anterior, não concorrem para a formação do lucro tributável as menos-valias e outras perdas relativas a partes de capital, na parte do valor que corresponda aos lucros distribuídos que tenham beneficiado da dedução prevista no artigo 51.° nos últimos quatro anos».

[120] Note-se que os serviços de transporte de passageiros prestados pelos hotéis e agências de viagens, como sejam transferes e pequenos circuitos turísticos, prestados exclusivamente aos seus clientes e realizados em veículos ligeiros de passageiros de sua propriedade, encontram-se inseridos no âmbito da atividade normal do sujeito passivo, porquanto a utilização das viaturas relaciona-se diretamente com a atividade por eles desenvolvida, sendo esses serviços cobrados e faturados aos clientes. Neste sentido, não há lugar ao pagamento de tributação autónoma.

[121] No valor das viaturas ligeiras de passageiros coloca-se a questão do IVA:

1 – No caso das viaturas ligeiras de passageiros a gasolina ou gasóleo, o IVA não é dedutível (artigo 21, n.° 1, al. b)). Nesse caso, o valor que consta no balanço da empresa é o valor de aquisição mais o IVA. É esse valor que será sujeito a depreciação e é sobre esse valor que é apurado o escalão da tributação autónoma e é sobre esse valor que incide a respetiva taxa de tributação autónoma (ex.: uma viatura com um valor de aquisição de 24 000 € + IVA, tem um valor no balanço de 29 520 €, pelo que está no 2.° escalão da tributação autónoma).

2 – No caso das viaturas híbridas e elétricas, quando o IVA é dedutível (até 50 000 € e 62 500 € respetivamente), o valor de balanço é apenas o valor de aquisição (quando o IVA não é dedutível o tratamento é como no ponto anterior), pelo que esse valor de aquisição determina o escalão da tributação autónoma.

- Despesas de representação;[123]
- Despesas correspondentes a importâncias pagas ou devidas, a qualquer título, a pessoas singulares ou coletivas residentes fora do território português e aí submetidas a um regime fiscal claramente mais favorável;
- Encargos dedutíveis relativos a ajudas de custo e compensação pela deslocação em viatura própria do trabalhador;
- Lucros distribuídos por entidades sujeitas a IRC a sujeitos passivos que beneficiam de isenção total ou parcial;
- Os gastos ou encargos relativos a indemnizações, bónus e outras remunerações variáveis pagas a gestores, administradores ou gerentes.

Aos encargos efetuados ou suportados relacionados com viaturas ligeiras de passageiros, viaturas ligeiras de mercadorias referidas na alínea b) do n.º 1 do artigo 7.º do Código do Imposto sobre Veículos, motos ou motociclos, excluindo os veículos movidos exclusivamente a energia elétrica, são aplicáveis as seguintes taxas:

3 – Nas empresas isentas de IVA pelo artigo 9 (não liquidam IVA, mas também não deduzem o IVA suportado), todas as viaturas (sejam a gasolina, gasóleo, híbridas ou elétricas) são registadas no balanço pelo valor de aquisição mais o IVA, aplicando-se também o primeiro ponto.

[122] Nos termos da Circular n.º 7/2020, do Gabinete da Diretora Geral da Autoridade Tributária e Aduaneira, os gastos relacionados com contratos de locação abrangidos pela IFRS 16, incluindo os juros sobre o passivo da locação, que tenham como ativo subjacente viaturas previstas no n.º 3 do artigo 88.º do Código do IRC, estão sujeitos a tributação autónoma.

[123] *Vd.*, sobre este assunto, a Informação Vinculativa n.º 2909/19, proferida com referência ao processo n.º 16012/19, e sobre a qual recaiu despacho de 11 de novembro de 2019, da Diretora de Serviços do IRC, na qual se prescreve, além do mais, que «as despesas efetuadas pelos prestadores de serviços (trabalhadores independentes) ou entidades terceiras no âmbito da sua atividade, como refeições, alojamento e deslocações, são consideradas como gastos inerentes à sua atividade e não da entidade (pessoa coletiva ou singular) a que prestam o serviço», pelo que «não poderão ser aceites como gastos da entidade a quem prestam o serviço, pois não existe vínculo laboral entre a entidade e os prestadores de serviços».

Taxas de tributação autónomas para veículos (Até 2022)

Tributação autónoma	Viaturas a energia elétrica	Viaturas híbridas plug-in[124]	Viaturas a GNV[125]	Outras viaturas
Custo aquisição (CA) inferior a 27 500 €[126]	0%	5%	7,5%	10%
CA entre 27 500 € e 35 000 €	0%	10%	15%	27,5%
CA acima de 35 000 €	0%	17,5%	27,5%	35%

Taxas de tributação autónomas para veículos (Até 2023)

Tributação autónoma	Viaturas híbridas plug-in[127]	Viaturas a GNV[128]	Outras viaturas
Custo aquisição (CA) inferior a 27 500 €[129]	2,5%	2,5%	10%
CA entre 27 500 € e 35 000 €	7,5%	7,5%	27,5%
CA acima de 35 000 €	15%	15%	35%

Tributações autónomas de veículos movidos exclusivamente a energia elétrica

Anos de aquisição	Limites do CA	Taxas
2011	45 000 €	10% se exceder o limite do custo de aquisição
entre 2012 a 2014	50 000 €	10% se exceder o limite do custo de aquisição
desde 2015	62 500 €	10% se exceder o limite do custo de aquisição

Todavia, quando os veículos em causa se encontram afetos à exploração de serviço público de transportes ou a serem alugados no exercício da atividade de aluguer de automóveis não há lugar ao pagamento da tributação autónoma[130].

[124] No caso de viaturas ligeiras de passageiros híbridas *plug-in*, só se aplica estas taxas quando a bateria possa ser carregada através de ligação à rede elétrica e tenham uma autonomia mínima, no modo elétrico, de 50 quilómetros e emissões oficiais inferiores a 50 gCO2/km.

[125] Até 2019, incluia as viaturas movidas a GPL.

[126] Até 2019, o limite era de 25 000 €.

[127] No caso de viaturas ligeiras de passageiros híbridas *plug-in*, só se aplica estas taxas quando a bateria possa ser carregada através de ligação à rede elétrica e tenham uma autonomia mínima, no modo elétrico, de 50 quilómetros e emissões oficiais inferiores a 50 gCO2/km.

[128] Até 2019, incluia as viaturas movidas a GPL.

[129] Até 2019, o limite era de 25 000 €.

[130] A Autoridade Tributária e Aduaneira esclareceu em algumas informações vinculativas que os gastos gerados por viaturas de turismo afetas ao serviço da plataforma UBER não estão sujeitos a tributações autónomas, porque as mesmas estão abrangidas pela exceção prevista no n.º 6 do artigo 88.º do Código do IRC.

A partir de 2014, deixou de se ter em conta o ano de aquisição (ou locação) para o cálculo da tributação autónoma, passando as taxas a ser aplicáveis por intervalos de valores de aquisição, independente do ano em que os bens foram adquiridos.

Ficam excluídas da aplicação destas taxas de tributação autónoma:

- As viaturas movidas exclusivamente a energia elétrica, desde que o valor de aquisição não exceda o valor previsto na Portaria n.º 467/2010, de 7 de julho, caso em que ficam sujeitos a uma tributação de 10%;
- As viaturas ligeiras de passageiros, motos e motociclos, afetos à exploração de serviço público de transportes, destinados a serem alugados no exercício da atividade normal do sujeito passivo;
- As viaturas automóveis relativamente às quais tenha sido celebrado o acordo previsto no n.º 9) da alínea b) do n.º 3 do artigo 2.º do Código do IRS. Isto é, quando a utilização da viatura por trabalhadores ou órgãos sociais seja considerada rendimento de trabalho dependente (Categoria A), correspondente a 0,75% do custo de aquisição por mês de utilização (n.º 5 do artigo 24.º do Código do IRS).

A partir de 2015, as taxas de tributação autónoma, previstas no n.º 3 do artigo 88.º do Código do IRC, passaram a aplicar-se às viaturas ligeiras de mercadorias referidas na alínea b) do n.º 1 do artigo 7.º do Código do ISV (isto é, as viaturas que nos termos do ISV não estão sujeitas à taxa reduzida e intermédia). Veículos semelhantes a automóveis ligeiros de passageiros, mas com uma homologação europeia N1 (ligeiro de mercadorias), não enquadráveis em nenhumas das taxas da tabela B do Código do ISV, passam também a estar sujeitos a esta tributação autónoma.

As viaturas ligeiras sobre as quais não incide tributação autónoma são:

- Automóveis ligeiros de utilização mista, com peso bruto superior a 2500 kg, lotação mínima de sete lugares, incluindo o do condutor e que não apresentem tração às quatro rodas, permanente ou adaptável;
- Automóveis ligeiros de utilização mista que, cumulativamente, apresentem peso bruto superior a 2300 kg, comprimento mínimo da caixa de carga de 145 cm, altura interior mínima da caixa de carga de 130 cm medida a partir do respetivo estrado, que deve ser contínuo, ante para inamovível, paralela à última fiada de bancos, que separe completamente o espaço destinado ao condutor e passageiros do destinado às mercadorias, e que não apresentem tração às quatro rodas, permanente ou adaptável; e

- Automóveis ligeiros de mercadorias, de caixa aberta ou sem caixa, com lotação superior a três lugares, incluindo o do condutor e sem tração às quatro rodas, permanente ou adaptável.

Taxas de tributação autónoma[131]

Descrição do gasto	Taxas
Despesas de representação, considerando-se como tal, nomeadamente, as despesas suportadas com receções, refeições, viagens, passeios e espetáculos oferecidos no País ou no estrangeiro a clientes ou fornecedores ou ainda a quaisquer outras pessoas ou entidades (inclui despesas com camarotes em estádios de futebol)	10%
Despesas não documentadas	50%
Despesas não documentadas quando o sujeito passivo for total ou parcialmente isento de IRC e não exercer a título principal uma atividade de natureza comercial, industrial ou agrícola	70%
Ajudas de custo e deslocações em viatura própria do colaborador, não faturadas a clientes, exceto na parte em que haja lugar a tributação em sede de IRS na esfera do respetivo beneficiário[132]	5%
Gastos relativos a indemnizações decorrentes da cessação de funções de gestor, administrador ou gerente	35%
Gastos relativos a bónus e outras remunerações variáveis pagas a gestores, administradores ou gerentes	35%
Lucros distribuídos por entidades sujeitas a IRC a sujeis passivos que beneficiem de isenção total ou parcial, abrangendo os rendimentos de capitais, quando as partes sociais a que respeitam os lucros não tenham permanecido na titularidade do mesmo sujeito passivo ininterruptamente durante o ano anterior à data da colocação à disposição (deduz-se o imposto que possa ter sido retido na fonte, caso não seja dedutível nos termos do n.º 2 do art.º 90.º do CIRC)	23%
Pagamentos efetuados, a qualquer título, a pessoas singulares ou coletivas residentes fora do território e aí sujeitos a um regime fiscal mais favorável[133]	35%
Pagamentos efetuados, a qualquer título, a pessoas singulares ou coletivas residentes fora do território e aí sujeitos a um regime fiscal mais favorável quando o sujeito passivo for total ou parcialmente isento de IRC e não exercer a título principal uma atividade de natureza comercial, industrial ou agrícola	55%

Nota: estas taxas são agravadas em 10 p.p. quando o SP apresente prejuízos fiscais no respetivo período de tributação. A partir do Orçamento de Estado para 2020, este agravamento não se verifica no período de tributação de início de atividade e seguinte.

[131] Conforme informação vinculativa n.º 15957, sancionada por despacho de 25 de junho de 2019, da Diretora de Serviços de IRC da Autoridade Tributária e Aduaneira, «no caso das empresas transportadoras de mercadorias, dada a natureza da respetiva atividade, os encargos relativos a ajudas de custo pagas aos motoristas são fiscalmente dedutíveis ainda que os mesmos não sejam expressamente evidenciados nas faturas emitidas aos clientes». Conforme já anteriormente sancionado por aquela entidade, foi reforçado que «as empresas estão obrigadas a possuir elementos que permitam conhecer o nome do beneficiário, o local para onde se deslocou e a respetiva data, o montante diário que lhe foi atribuído e o valor faturado, com menção do serviço a que tais gastos vão ser imputados».

[132] Nos termos do n.º 1 do artigo 63.º-D da LGT, a lista dos países, territórios ou regiões com regime claramente mais favorável é aprovada, por portaria, pelo membro do Governo responsável pela área das finanças, após parecer prévio da Autoridade Tributária e Aduaneira.

[133] Face à situação epidemiológica provocada pelo coronavírus SARS-CoV-2, as PME´s e cooperativas, não têm, para 2020 e 2021, o agravamento dos 10 pontos percentuais da

Por fim, cumpre ainda chamar a atenção para o facto de o n.º 21 do artigo 88.º agora em análise, aditado pela Lei n.º 7-A/2016, de 30 de março, ter sido alterado pela Lei do Orçamento de Estado para 2018, passando a dispor que «a liquidação das tributações autónomas em IRC é efetuada nos termos previstos no artigo 89.º e tem por base os valores e as taxas que resultem do disposto nos números anteriores, não sendo efetuadas quaisquer deduções ao montante global apurado, ainda que essas deduções resultem de legislação especial».

Exercícios

EXERCÍCIO 1:

Determinada empresa possuía as seguintes viaturas, no seu ativo não corrente, a 31 de dezembro de 2020:

- 2 viaturas ligeiras de passageiros, adquiridas em 2016. O seu custo de aquisição foi de, respetivamente, 45 000 € e 63 000 €;
- 1 veículo elétrico, adquirido em 2017, por 36 000 €;
- 1 veículo movido a GPL, adquirido em 2018, cujo custo de aquisição foi de 28 000 €.

A empresa adota o método da linha reta como política de depreciações, sendo que os veículos são depreciados à taxa de 25%.

Calcule o valor das tributações autónomas.

EXERCÍCIO 2:

A sociedade W, com sede nas Ilhas Maurícias, efetuou suprimentos, em 2019, à sociedade A, com sede em Lisboa, e que é detida a 100% por W. Os suprimentos, no valor de 30 000 000 €, são remunerados à taxa de 12% e os juros são anuais e pagos postecipadamente.

Perante estes factos, a empresa foi notificada, nos termos do n.º 8 do artigo 23.º-A do Código do IRC, para fazer prova de que aqueles encargos correspondem a operações efetivamente realizadas e não têm um carácter anormal ou um montante exagerado.

tributação autónoma, desde que o sujeito passivo tenha obtido lucro tributável em um dos três períodos de tributação anteriores e as obrigações declarativas previstas nos artigos 120.º e 121.º do Código do IRC, relativas aos dois períodos de tributação anteriores, tenham sido cumpridas nos termos previstos nos referidos normativos legais. Esta norma voltou a ser prorrogada para o exercício de 2022 e de 2023.

Na resposta, a empresa W não conseguiu fazer prova do que lhe tinha sido solicitado.

Quais as consequências fiscais a que a sociedade A ficará sujeita?

EXERCÍCIO 3: TRIBUTAÇÃO AUTÓNOMA DE OUTRAS DESPESAS (EMPRESA COM LUCRO E COM PREJUÍZO) considere que se trata do ano de 2019, sem a suspensão do aumento de 10 p.p. na tributação autonoma de empresas com prejuízos fiscais

Suponha que uma empresa teve os seguintes gastos:

- Ajudas de custo: 5000
- Despesas de representação: 8000
- Despesas não documentadas: 1000
- Pagou um bónus ao gestor de 35 000
- Admita que ele auferiu uma remuneração anual de 25 000.

Qual o valor das tributações autónomas?

SOLUÇÕES:

EXERCÍCIO 1:

Nos termos do n.os 3 e 5 do artigo 88.º do Código do IRC, as taxas a aplicar incidem sobre o valor das depreciações praticadas, com exceção dos veículos elétricos.

Cálculo das depreciações

- Veículos ligeiros: 45 000 * 25% + 36 000 * 25% = 20 250 €
- Veículo elétrico: 36 000 * 25% = 9000 €
- Veículo a GPL: 28 000 * 25% = 7000 €

Para efeitos de cálculo da tributação autónoma a pagar, apenas relevam as depreciações sobre os veículos ligeiros e a GPL. Assim temos:

20 250 € * 35% + 7000 € * 27,5% = 7087,5 € + 1925 € = 9012,5 €

EXERCÍCIO 2:

Para além de não ser aceite como gasto, nos termos da alínea r) do n.º 1 do artigo 23.º-A do Código do IRC, aquele valor ainda sofrerá uma tributação autónoma de 35%. Assim, temos:

Cálculo dos juros (admitindo que é o ano inteiro de 2018):

30 000 000 € * 12% = 3 600 000 €

Cálculo da tributação autónoma:

3 600 000 € * 35% = 1 260 000 €

Exercício 3:

Com lucro:

- Ajudas de custo: 5% * 5000 = 250
- Despesas de representação: 10% * 8000 = 800
- Despesas não documentadas: 50% * 1000 = 500
- 25% da remuneração anual: 25 000 * 25% = 6250; Bónus do gestor: 35% * (35 000 – 31 250) = 1312,50

Total de tributações autónomas = 2862,50

Com prejuízo, as tributações autónomas aumentam 10 p.p., passando o total para 4637,50 €.

26. Pagamento especial por conta; Pagamento adicional por conta; Pagamento por conta e retenções na fonte

Síntese

- O pagamento especial por conta foi eliminado com o Orçamento de Estado para 2022, tendo o primeiro pagamento, referente a março de 2022, sido "suspenso", por despacho do Secretário de Estado dos Assuntos Fiscais, em virtude da não aprovação, à data, da referida lei orçamental. Não obstante, esta subsecção é mantida dada a relevância do tema para os períodos de tributação até 2021, inclusive.
- A partir de 2019, com o Orçamento de Estado, o pagamento especial por conta passou a ser facultativo, sem obrigação de requerimento, desde que a empresa tenha cumprido as suas obrigações fiscais nos dois anos anteriores.
- A partir do 2.° ano, as empresas, em geral, tinham de fazer o pagamento por conta, no 7.°, 9.° e 12.° mês do período de tributação (normalmente em julho, setembro e dezembro). Contudo, caso a empresa tivesse prejuízos fiscais no ano anterior (e dessa forma a coleta seja zero), não há lugar ao pagamento por conta.
- A partir do 3.° ano de atividade (inclusive), as empresas tinham de efetuar o pagamento especial por conta (PEC), no 3.° e 10.° mês do período de tributação (normalmente março e outubro). Este pagamento era obrigatório. Ou seja, se a aplicação da fórmula der um valor posi-

tivo, a empresa era obrigada a realizar o PEC por esse montante; caso o valor apurado seja negativo (ou seja, se o valor dos pagamentos por conta do ano anterior exceder o resto da fórmula), é que não há lugar ao pagamento de PEC.

- O PEC abate à coleta, mas apenas até ao montante desta. Ou seja, se o PEC for superior à coleta, o imposto apurado (coleta – PEC) tem de ser maior ou igual a zero.
- O pagamento por conta abate ao imposto apurado, sem qualquer restrição (pode ser devolvido na integra à empresa).
- Empresas sujeitas à derrama estadual tem, ainda, de realizar o pagamento adicional por conta (julho, setembro e até 15 de dezembro).

Desenvolvimento do tema

Pagamento por conta:
O pagamento por conta é obrigatório a partir do 2.º ano de atividade da empresa, devendo ser realizado no 7.º, 9.º e até ao dia 15 do 12.º mês do período de tributação (caso o período de tributação seja o ano civil, o mais frequente, então o pagamento por conta realiza-se nos meses de julho, setembro e até 15 de dezembro). Contudo, o 3.º pagamento por conta é facultativo, caso a empresa considere que não terá coleta suficiente para justificar esse pagamento, pode não realizá-lo. Refira-se, no entanto, que, ao suspender a terceira prestação, se se vier a verificar que deixou de ser paga uma importância superior a 20% da que normalmente deveria ter sido entregue, a empresa terá que pagar juros e coima.

O apuramento do pagamento por conta faz-se da seguinte forma:

- Se o Volume de negócios[131] do ano anterior for inferior ou igual a 500 000 €, então o pagamento por conta é igual a 80% da coleta do ano anterior.
- Se o Volume de negócios do ano anterior for superior a 500 000 €, então o pagamento por conta será igual a 95% da coleta do ano anterior.

Naturalmente, o valor apurado pelas percentagens atrás referidas é divido por 3, sendo que cada pagamento corresponde, assim, a 1/3 do valor total

[131] O conceito de volume de negócios consiste no montante líquido que resulta das vendas e prestações de serviços, exceto se esse montante for inferior a 75% dos rendimentos totais, caso em que deve somar-se os rendimentos de outras fontes.

a pagar durante o exercício em causa. Caso a coleta do ano anterior seja zero (ou seja, a empresa no ano anterior teve um prejuízo fiscal), então não há lugar à realização de pagamentos por conta. Para o ano de 2021, o Orçamento de Estado aprovou a suspensão do pagamento por conta para as cooperativas, micro, pequenas e médias empresas.

Pagamento especial por conta (PEC):

O pagamento especial por conta (PEC) era obrigatório a partir do 3.º ano (inclusive) de atividade da empresa, não podendo deixar de ser realizado. Contudo, com a aprovação da Lei do Orçamento de Estado para 2019, o PEC passou a ser facultativo, sem que para isso a empresa tenha de fazer qualquer requerimento ou comunicação, desde que tenha cumprido as suas obrigações fiscais nos 2 anos anteriores. Isto porque com a Lei do Orçamento de Estado para 2019 foi aditado a alinea e ao n.º 11 do artigo 106.º, que indica que: «e) Os sujeitos passivos que não efetuem o pagamento até ao final do terceiro mês do respetivo período de tributação, desde que as obrigações declarativas previstas nos artigos 120.º e 121.º, relativas aos dois períodos de tributação anteriores, tenham sido cumpridas nos termos neles previstos.» Mais ainda, foi também aditado um n.º 15 ao supracitado artigo 106.º, que refere que: «15 – A dispensa a que se refere a alínea e) do n.º 11 é válida por cada período de tributação, verificados os requisitos aí previstos, cabendo à Autoridade Tributária e Aduaneira a verificação da situação tributária do sujeito passivo.»

Desta forma, nesta subsecção do livro, relativa ao PEC, mantivemos a descrição das regras de calculo e pagamento (que não foram alteradas para 2019). Outro aspeto tem a ver com a redução do PEC. Essa redução foi válida para 2017 e 2018, mas à data (final de 2018), não se preve que a redução se mantenha para 2019. Desta forma, optámos por nos exercicios no final deste capítulo manter a redução, indicando ser válida apenas para 2018. Assim, o leitor terá ambas as situações presentes nos exercícios (com e sem redução). Este pagamento é devido, numa prestação a realizar no 3.º mês do período de tributação, ou caso seja essa a opção, no 3.º e 10.º meses do período de tributação (ou seja, normalmente, em março e outubro).

Estão sujeitos ao PEC os residentes que exercem a título principal uma atividade económica e os não residentes com estabelecimento estável, à exceção do ano de início de atividade e do ano seguinte (2.º ano de atividade, dado que o PEC apenas se aplica a partir do 3.º ano de atividade). Estão dispensados de efetuar o PEC os sujeitos passivos totalmente isentos ainda que a isenção não inclua rendimentos que sejam sujeitos a tributação por retenção na fonte com carácter definitivo, bem como os sujeitos passivos que apenas aufiram rendimentos não sujeitos ou isentos os que se encontrem processo de insolvência e recuperação de empresas (CIRE), os sujeitos passivos com atividade cessada em IVA e os sujeitos passivos no regime simplificado.

O pagamento especial por conta efetuado num determinado exercício deve ser deduzido à coleta de IRC e incluído na respetiva declaração Modelo 22 e, se esta for insuficiente, pode ainda ser deduzido na declaração Modelo 22 até ao 6.º período seguinte (artigo 93.º Código do IRC). Caso a empresa cesse a atividade ou os 6 anos sejam ultrapassados, pode solicitar o reembolso do PEC.

O pagamento especial por conta é, assim, calculado através da seguinte fórmula:

$$\mathbf{850\ € + 20\% \star [1\%\,VN_{(t-1)} - 850] - Pag.conta_{(t-1)}}$$

VN – Volume de negócios, apurado nos termos do artigo 143.º do Código do IRC.

No entanto, saliente-se que o valor ($1\%\,VN_{(t-1)} - 850$) não pode ser inferior a zero e o valor [$850 + 20\% \star (1\%\,VN_{(t-1)} - 850)$] não pode ser superior a 70 000 €. Se o valor total apurado pela fórmula for negativo (ou seja, se o valor dos pagamentos por conta do ano anterior for superior ao resto da formula), então assume-se que o valor é zero, e não há lugar à realização do PEC. Note-se, também, que o pagamento por conta a considerar na fórmula é o devido nos termos do artigo 105.º do Código do IRC, e não o efetuado pela empresa (se superior).

Com a Lei n.º 10-A/2017, de 29 de março, foi decidida uma redução do pagamento especial por conta, aplicável aos períodos de tributação que se iniciem em 2017 e em 2018. Relativamente à redução para 2017, ela aplica-se apenas para as empresas que, no período de tributação iniciado em 2016, tenham pago ou colocado à disposição rendimentos do trabalho dependente a pessoas singulares residentes em território português num montante igual ou superior a 7420 €. Para 2018, a redução aplicar-se-á a todas as empresas. Adicionalmente, esta redução só se aplica às empresas que tenham a sua situação tributária e contributiva regularizada.

Essa redução consiste em:

a) Redução de 100 € sobre o montante apurado nos termos do artigo 106.º do Código do IRC;

b) Redução adicional de 12,5% sobre o montante que resultar da aplicação da alínea anterior.

Ou seja, o PEC de 2017 e 2018 passa a ser igual a:

$$(PEC - 100\ €) * 0.875$$

Pagamento adicional por conta:
O pagamento da derrama estadual deverá ser efetuado em três pagamentos adicionais por conta, nos meses de julho, setembro e até 15 de dezembro, do ano a que respeita o lucro tributável (ou então nos 7.º, 9.º e até ao dia 15 do 12.º mês para quem adota um período de tributação diferente do ano civil) e até ao último dia do prazo para entrega declaração de rendimentos modelo 22, ou seja, até 31 de maio (ou até ao dia 31 do 5.º mês para quem adota um período diferente de tributação), pela diferença que existir entre o valor total da derrama e o valor dos pagamentos adicionais por conta entretanto efetuados.

O cálculo do pagamento adicional por conta é feito aplicando as taxas previstas no quadro abaixo ao valor do lucro tributável do período anterior que exceda 1 500 000 €. Assim, temos:

Lucro tributável	Taxas
De mais de 1 500 000 € até 7 500 000 €	2,5%
De mais de 7 500 000 € até 35 000 000 €	4,5%
De mais de 35 000 000 €	8,5%

O quantitativo do lucro tributável que excede 1 500 000 € é dividido em 3 escalões que são os que se encontram no quadro supra. Assim, se o lucro tributável de uma empresa for superior a 35 000 000 €, o seu valor será dividido em três escalões, primeiro, o valor que exceder os 35 000 000 € ao qual se irá aplicar a taxa de 8,5%, depois, o valor que exceder os 7 500 000 € até aos 35 000 000 € o qual irá ficar sujeito à aplicação da taxa de 4,5% e, por fim, o valor que exceder 1 500 000 € até aos 7 500 000 € a que se aplicará a taxa de 2,5%.

Caso o valor dos pagamentos adicionais por conta exceda o valor da derrama estadual devida, o sujeito passivo terá direito ao reembolso do valor pago em excesso. Na medida em que são aplicáveis as regras dos pagamentos por conta de IRC às regras de pagamento da derrama estadual, existe a possibilidade de os sujeitos passivos suspenderem a terceira prestação do pagamento adicional por conta.

Tal como acontece com a derrama municipal, os prejuízos fiscais reportáveis de períodos de tributação anteriores não são dedutíveis ao valor da derrama estadual apurada.

VEJAMOS UM EXEMPLO:

Determinada sociedade comercial teve no período de tributação de 2017 um lucro tributável de 18 000 000 €. Qual o montante dos pagamentos adicionais por conta a realizar em 2018?

– 1.º escalão: (7 500 000 – 1 500 000) * 2,5% = 150 000
– 2.º escalão: (18 000 000 – 7 500 000) * 4,5% = 472 500

Total: 622 500

Valor de cada pagamento adicional por conta: 622 500 / 3 = 207 500 €

Tendo em conta que a referida sociedade apurou, em 2018, um lucro tributável de 36 000 000 €, qual o valor da derrama estadual devida nesse ano?

– 1.º escalão: (7 500 000 – 1 500 000) * 3% = 180 000
– 2.º escalão: (35 000 000 – 7 500 000) * 5% = 1 375.000
– 3.º escalão: (36 000 000 – 35 000 000) * 9% = 90 000

Total: 1 645 000

Valor a pagar até ao último dia do prazo para entrega declaração de rendimentos Modelo 22: 1 645 000 – 622 500 = 1 022 500 €

Agora, pegando no exemplo atrás, qual será o valor do pagamento adicional por conta a realizar no período de 2018?

– 1.º escalão: (7 500 000 – 1 500 000) * 2,5% = 150 000
– 2.º escalão: (35 000 000 – 7 500 000) * 4,5% = 1 237 500
– 3.º escalão: (36 000 000 – 35 000 000) * 8,5% = 85 000

Total: 1 472 500

Valor de cada pagamento adicional por conta: 1 472 500 / 3 = 490 833,3 €

De referir que, se após o pagamento da 1.ª e 2.ª prestação, pelos elementos de que disponha, a empresa verificasse que já não necessitava efetuar a 3.ª prestação, podia limitar o pagamento dessa prestação.

A Lei n.º 29/2020, de 31 de julho e as medidas fiscais de apoio às micro, pequenas e médias empresas no quadro da resposta ao novo coronavírus SARS-CoV-2 e à doença COVID-19

A Lei n.º 29/2020, de 31 de julho, que entrou em vigor no dia seguinte ao da sua publicação e vigorará até ao final do ano em que cessem as medidas excecionais e temporárias de resposta à epidemia, estabeleceu um conjunto de medidas para as PME´s no âmbito da situação epidemiológica provocada pelo coronavírus SARS-CoV-2.

Entre elas, destacamos a suspensão temporária ou mesmo isenção do pagamento por conta do IRC para entidades classificadas como micro, pequenas ou médias empresas (PME), na aceção do artigo 2.º do anexo ao Decreto-Lei n.º 372/2007, de 6 de novembro, e para as cooperativas.

Contudo, as entidades abrangidas pela dispensa de pagamento por conta referida, podem, se assim o entender, realizar esse pagamento, nos termos e nos prazos definidos por lei, tendo em conta a alteração resultante do Despacho n.º 104/2020 – XXII, do Secretário de Estado dos Assuntos Fiscais.

Adicionalmente, o n.º 7 do artigo 12.º da Lei n.º 27-A/2020, de 24 de julho, prevê que, caso o sujeito passivo verifique, com base na informação de que dispõe, que, em consequência da redução total ou parcial do primeiro e segundo pagamentos por conta nos termos dos n.ºs 2 e 3, pode vir a deixar de ser paga uma importância superior à prevista no n.º 2 do artigo 107.º do Código do IRC, pode regularizar o montante em causa até ao último dia do prazo para o terceiro pagamento, sem quaisquer ónus ou encargos, mediante certificação por contabilista certificado no Portal das Finanças.

Outra das medidas introduzidas pela Lei n.º 29/2020, de 31 de julho, consiste na possibilidade de reembolso da parte do pagamento especial por conta que não foi deduzida antes do final do período definido no n.º 3 do artigo 93.º do Código do IRC, a partir do primeiro período de tributação seguinte, no que diz respeito a entidades classificadas como micro, pequenas ou médias empresas (PME), na aceção do artigo 2.º do anexo ao Decreto-Lei n.º 372/2007, de 6 de novembro, e cooperativas.

É de salientar ainda o estabelecimento de um prazo máximo para a efetivação do reembolso do IVA, do IRC e do IRS quando o resultado da retenção na fonte de pagamentos por conta ou de liquidações for superior ao imposto devido.

Retenções na fonte:

As retenções na fonte têm, em regra, a natureza de pagamento por conta do imposto devido a final. Contudo, o artigo 97.º do Código do IRC prevê um conjunto de situações de dispensa de retenção na fonte. As situações e taxas aplicáveis são diversas, sendo que, primeiramente, é feita uma distinção entre: a) residentes e não residentes com estabelecimento estável e b) não residentes sem estabelecimento estável.

Sempre que existir convenção destinada a eliminar a dupla tributação entre Portugal e o país da residência do beneficiário do rendimento, serão aplicadas as taxas previstas na convenção. Nos restantes casos, serão aplicáveis as seguintes taxas, tendo em conta o normativo legal em vigor.

NATUREZA DO RENDIMENTO	RESIDENTES[132]	NÃO RESIDENTES S/EE[133]
	Taxas	Taxas
Royalties	25%[134]	25%[135] [136]
Aluguer de equipamento agrícola, industrial, comercial ou científico	-	25%
Juros de depósitos	25%	25%
Distribuição de lucros e reservas e adiantamentos por conta de lucros	25%[137]	25%[138]

[132] Retenção na fonte com natureza de imposto por conta.

[133] Retenção na fonte efetuada a título definitivo, com exceção dos rendimentos prediais.

[134] Em nossa opinião, tratando-se de rendimentos auferidos por entidades às quais se aplique a isenção prevista no artigo 50.º-A (Regime da patent box), a retenção na fonte deverá incidir sobre a totalidade desses rendimentos.

[135] Esta taxa pode ser reduzida ou eliminada em caso de ter sido celebrada uma CDT com o país de residência do beneficiário dos rendimentos.

[136] Se os rendimentos forem pagos a uma entidade que esteja nas condições estabelecidas na Diretiva n.º 2003/49/CE, do Conselho, de 3 de junho, não serão tributados em Portugal. Esta isenção é extensível a entidades residentes na Confederação Suíça.

[137] Ficam dispensados de retenção na fonte os lucros ou reservas distribuídos quando existir uma participação direta ou direta e indireta, não inferior a 10%, e essa participação tenha permanecido na titularidade da mesma entidade, de modo ininterrupto, nos 12 meses anteriores ao pagamento.

[138] Estão isentos os lucros e reservas pagos por entidades portuguesas a entidades que: (i) sejam residentes num Estado-membro da União Europeia, sejam residentes, num Estado-membro do Espaço Económico Europeu que esteja vinculado a cooperação administrativa em matéria de fiscalidade ou sejam residentes num país com o qual Portugal tenha celebrado uma CDT; (ii) as entidades beneficiárias estejam sujeitas e não isentas de um imposto referido no artigo 2.º da Diretiva n.º 2011/96/EU, do Conselho, de 30 de novembro, ou de um imposto similar ao IRC, excluindo as situações em que a taxa é inferior a 60% da taxa normal em Portugal; (iii) detenham direta ou indireta e indiretamente, uma participação não inferior a 10% do capital social da entidade que distribui os lucros ou reservas; e (iv) a participação tenha permanecido, ininterruptamente, na sua posse durante os 12 meses anteriores à colocação à disposição.

[139] Encontra-se prevista no Decreto-Lei n.º 193/2005, de 7 de novembro, que aprova o Regime Especial de Tributação dos Rendimentos de Valores Mobiliários Representativos de Dívida, a possibilidade de isenção.

[140] Encontra-se prevista no Decreto-Lei n.º 193/2005, de 7 de novembro, que aprova o Regime Especial de Tributação dos Rendimentos de Valores Mobiliários Representativos de Dívida, a possibilidade de isenção.

Juros de títulos de dívida, obrigações, títulos de participação, obrigações de caixa e demais instrumentos de aplicação financeira	25%	25%[139]
Juros de suprimentos	25%	25%
Rendimentos de operações de reporte	25%	25%[140]
Comissões e assistência técnica	-	25%
Ganhos decorrentes de operações de swap de taxas de juro	25%	25%
Remunerações dos órgãos estatutários	21,5%	25%
Prémios de jogo, lotarias, rifas e apostas mútuas, bem como prémios atribuídos em quaisquer sorteios ou concursos	25%	35%
Rendimentos do exercício em Portugal da atividade de profissionais de espetáculos e desporto	-	25%
Outros rendimentos de capitais	25%	25%
Prestações de serviços realizados ou utilizados em Portugal com exceção dos serviços de transporte, comunicações e financeiros	-	25%
Rendimentos prediais	25%	25%
Rendimentos de capitais pagos ou colocados à disposição de entidades *offshore*	-	35%
Rendimentos de capitas pagos ou colocados à disposição em contas abertas cujo titular ou titulares não estejam identificados	35%	35%
Rendimentos pagos por Fundos de Investimento Imobiliário e Sociedades de Investimento Imobiliário	25%	10%
Rendimentos pagos por Fundos de Investimento Mobiliário e Sociedades de Investimento Mobiliário	25%	-
Rendimentos de unidades de participação em fundos de capital de risco	10%	-[141]
Rendimentos de unidades de participação em fundos de investimento imobiliário em recursos florestais	10%	-[142]

[141] Caso o titular dos rendimentos for detido, direta ou indiretamente, em mais de 25%, por entidades ou pessoas singulares residentes a retenção será de 10% mas se o titular do rendimento for uma entidade residente para efeitos fiscais em país, território ou região sujeito a um regime fiscal claramente mais favorável constante de lista aprovada por portaria do membro do Governo responsável pela área das finanças a tributação já será à taxa de 35%.

[142] Caso o titular dos rendimentos for detido, direta ou indiretamente, em mais de 25%, por entidades ou pessoas singulares residentes a retenção será de 10% mas se o titular do rendimento for uma entidade residente para efeitos fiscais em país, território ou região sujeito a um regime fiscal claramente mais favorável constante de lista aprovada por portaria do membro do Governo responsável pela área das finanças a tributação já será à taxa de 35%.

Incrementos patrimoniais de bens ou direitos situados em Portugal	Bens imóveis	-	25%
	Partes sociais	-	25%
	Direitos de crédito	-	25%
	Royalties	-	25%
	Partes sociais de entidades estrangeiras cujo ativo seja constituído predominantemente por imóveis em Portugal	-	25%

Exercícios

(Nota: exercícios primeiro com resolução sem a redução temporária do PEC para 2017 e 2018 e depois com a redução)

Exercício 1:

Para efeito do cálculo do pagamento por conta e PEC de 2019, tem-se a seguinte informação:

- Volume negócios de 2018: 900 000 €; Coleta de 2018: 40 000.
- Volume negócios de 2017: 600 000 €; Coleta de 2017: 2000.

Exercício 2:

Para efeito do cálculo do pagamento por conta e PEC de 2019, tem-se a seguinte informação:

- Volume negócios de 2018: 1 300 000 €; Coleta de 2018: 20 000.
- Volume negócios de 2017: 400 000 €; Coleta de 2017: 1000.

Exercício 3:

Indique qual o valor dos pagamentos por conta a efetuar pela empresa Z, no ano de 2019, tendo em conta os seguintes elementos:

- Volume de negócios em 2018: 450 000 €.
- Período de tributação coincidente com o ano civil.
- Coleta de 2018: 64 000 €.
- Retenções na fonte em 2018: 4000 €.

Exercício 4:

Indique qual o valor dos pagamentos por conta a efetuar pela empresa Beta, no ano de 2019, tendo em conta os seguintes elementos:

- Volume de negócios em 2018: 45 000 000 €.

- Período de tributação coincidente com o ano civil.
- Coleta de 2018: 2 000 000 €.
- Retenções na fonte em 2018: 50 000 €.

Exercício 5:

Qual o valor do pagamento especial por conta a efetuar, em 2019, relativamente a uma empresa que apresenta os seguintes dados:

- Volume de negócios no ano 2018 = 70 000 €.
- Pagamentos por conta no ano 2018 = 600 €.

Exercício 6:

Qual o valor do pagamento especial por conta a efetuar, em 2019, relativamente a uma empresa que apresenta os seguintes dados:

- Volume de negócios no ano 2018 = 600 000 €.
- Pagamentos por conta 2018 = 1000 €.

Exercício 7:

Tendo por base os elementos a seguir indicados, calcule o montante do pagamento especial por conta a efetuar, no ano de 2019, pela empresa Alfa.

- Volume de negócios no ano 2018: 45 000 000 €.
- Pagamentos por conta efetuados 2018: 11 000 €.

Exercício 8:

Calcule o valor do pagamento adicional por conta, a realizar, em 2019, pela empresa Alfa, sabendo que, em 2018, apurou um lucro tributável no valor de 44 000 000 € e que adota um período de tributação igual ao ano civil.

Soluções:

Nota: conforme referido no inicio da subsecção sobre o PEC, optou-se nos exercícios por manter a resolução com a redução do PEC que esteve em vigor em 2017 e 2018, e sem essa redução. Salienta-se mais uma vez que se manteve a resolução adicional com a redução do PEC apenas para efeitos de estudo dessa redução. Com a dispensa do pagamento do PEC em 2019, que se manteve para 2020 e para 2021, optámos por realizar os exercícios apenas para 2017 e 2018, mostrando o cálculo do PEC com e sem redução. O cálculo do pagamento especial por conta para 2020 e 2021, caso a empresa seja obrigada a fazê-lo, ou o entenda fazer, é igual ao cálculo do pagamento especial por conta para 2017 e 2018, mas sem a redução nestes anos consagrada.

Exercício 1:

Pagamento por conta 2019: 95% * 40 000 = 38 000

PEC 2019 sem redução: 850 + 20% (9000 – 850) – 1900 = 580; com redução: (580 – 100) * 0,875 = 420

*Nota: O pagamento por conta de 2018 é de 1900 € (95% * 2000)*

Exercício 2:

Pagamento por conta 2019: 95% * 20 000 = 19 000

PEC 2019 sem redução = 850 + 20% (13 000 – 850) – 800 = 2480; com redução: (2480 – 100) * 0,875 = 2082

*Nota: O pagamento por conta de 2018 é de 800 € (80% * 1000)*

Exercício 3:

Cálculo dos pagamentos por conta:

(64 000 – 4000) * 0,80 = 48 000

Ou seja, a empresa X terá que efetuar, em 2019, 3 pagamentos por conta no valor de 16 000 € (48 000 € / 3) cada, nos meses de julho, setembro e até 15 dezembro.

Exercício 4:

Cálculo dos pagamentos por conta:

(2 000 000 – 50 000) * 0,95 = 1 852 500

Ou seja, a empresa X terá que efetuar, em 2019, 3 pagamentos por conta no valor de 617 500 € (1 852 500 € / 3) cada, nos meses de julho, setembro e até 15 dezembro.

Exercício 5:

PEC a efetuar em 2019: 70 000 * 1% = 700 €

Como é inferior ao limite mínimo a pagar (850 €), o valor apurado é de 850 €. Contudo, ao valor assim apurado é deduzido o valor dos pagamentos por conta efetuados no ano anterior. Assim temos:

PEC (2019) sem redução = 850 – 600 = 250;
com redução: (250 – 100) * 0,875 = 131

A empresa terá que efetuar, em 2019, o pagamento especial por conta ou em março, na sua totalidade, ou em duas prestações (março e setembro) de 65,5 € (131 € / 2) cada.

Exercício 6:
PEC a efetuar em 2019: 600 000 * 1% = 6000 €
Como aquele valor é superior ao limite mínimo temos:

850 + 20% (6000 – 850) = 1880
PEC = 1880 – 1000 = 880; com redução será de 683 €

Exercício 7:
PEC a efetuar em 2019: 45 000 000 * 1% = 450 000
Como aquele valor é superior ao limite mínimo temos:

850 + 20% (450 000 – 850) = 90 680

Como aquele valor é superior ao limite máximo, aplica-se o limite máximo. Assim, temos:

PEC = 70 000 – 11 000 = 59 000; com redução será de 51 538

A empresa terá que efetuar, em 2019, o pagamento especial por conta: ou em março, na sua totalidade, ou em duas prestações (março e setembro) de 25 769 € cada.

Exercício 8:
O valor do pagamento adicional por conta incide sobre a parte do lucro tributável do ano anterior que exceda o valor de 1 500 000 €. Assim temos:

1.° escalão: (7 500 000 – 1 500 000) * 2,5% = 150 000
2.° escalão: (35 000 000 – 7 500 000) * 4,5% = 1 375 000
3.° escalão: (44 000 000 – 35 000 000) * 8,5% =765 000
Total: 2 290 000 / 3 = 763 333

O valor de cada pagamento adicional por conta, a efetuar durante os meses de julho, setembro e até 15 de dezembro, é de 763 333 €.

27. Dupla tributação jurídica internacional

Desenvolvimento do tema

A dupla tributação jurídica ocorre quando o mesmo facto tributário fica sujeito a imposto duas vezes, uma no país onde o rendimento é gerado, isto é, no país da fonte dos rendimentos, a outra no país da residência do beneficiário onde o rendimento é declarado. Na prática, o que acontece é que os rendimentos encontram-se sujeitos a retenção na fonte no momento do recebimento mas também quando o mesmo é declarado como rendimento dos beneficiários no país da residência.

Como vimos, a regra relativamente aos sujeitos passivos com sede ou direção efetiva em território português é a de que estes ficam sujeitos a imposto por obrigação de natureza pessoal, ou seja, o imposto incide sobre a universalidade dos rendimentos auferidos, independentemente do país ou território onde forem gerados.

Quer dizer então que, se uma sociedade A com sede em Portugal possuir um estabelecimento estável noutro país, ao qual os rendimentos sejam imputáveis, este estabelecimento estável fica sujeito a imposto no país onde estiver instalado e, depois, conjuntamente com os rendimentos auferidos pela sua casa-mãe, dando origem ao fenómeno da dupla tributação.

Quando estas situações ocorrem, cabe ao país de residência do beneficiário dos rendimentos eliminar os efeitos da dupla tributação, através de uma de duas formas: o método da isenção ou o método do crédito de imposto. Portugal, neste domínio, adota o método do crédito de imposto.

Assim, nas situações em que os sujeitos passivos tenham incluído no lucro tributável, para além dos rendimentos gerados no país de residência, rendimentos auferidos no estrangeiro, a eliminação da dupla tributação será feita, nos termos do artigo 91.º do Código do IRC, através da atribuição de um crédito de imposto que consiste numa das seguintes formas, e que corresponde à de menor valor:

- Imposto sobre o rendimento pago no estrangeiro;
- Fração do IRC, calculado antes da dedução, correspondente aos rendimentos brutos que no país em causa possam ser tributados, líquidos dos gastos diretos ou indiretamente suportados para a sua obtenção.

Ou seja, só se aplica a alínea a) quando a taxa de imposto do país estrangeiro for menor que a aplicável em Portugal.

A existência deste fenómeno da dupla tributação, que, como vimos, incide sobre o mesmo rendimento em diferentes jurisdições, induz os países a celebrarem entre si Convenções para Eliminar a Dupla Tributação do Imposto sobre o Rendimento, onde são estabelecidos, grosso modo, as regras e as responsabilidades a atribuir a cada Estado no tocante à tributação dos impostos sobre o rendimento.

Neste sentido, na hipótese de ter sido celebrada uma convenção entre Portugal e o país onde foram gerados os rendimentos através de um estabelecimento estável, o crédito de imposto que acabámos de referir não pode ser superior ao imposto pago no estrangeiro, nos termos daquele acordo internacional.

Por seu turno, como os rendimentos auferidos no estrangeiro são incluídos no lucro tributável da casa-mãe pelo seu valor líquido de imposto, para além da concessão de um crédito de imposto, os sujeitos passivos são obrigados ainda a acrescer ao seu lucro tributável, para efeitos de tributação, o imposto que suportaram no estrangeiro. Logicamente, não se poderia atribuir um crédito de imposto se ele, *a priori,* não estivesse incluído no lucro tributável.

Por outro lado, deverá ter-se atenção ao facto de os sujeitos passivos residentes em território português poderem desenvolver a sua atividade no estrangeiro através de estabelecimentos estáveis em mais do que um país. Neste caso, o crédito de imposto é calculado por país, considerando a totalidade dos rendimentos aí obtidos.

Em caso de insuficiência de coleta, no período de tributação em que os rendimentos obtidos no estrangeiro foram incluídos na matéria coletável, o montante não deduzido a título de crédito de imposto pode ser deduzido à coleta dos cinco períodos de tributação subsequentes.

Na Modelo 22, o tratamento desta questão pode ser feito de duas maneiras: 1) se a empresa considerou como rendimento na contabilidade o valor bruto (ilíquido), deve colocar o valor apurado em dupla tributação internacional como dedução à coleta; 2) se a empresa tiver reconhecido como rendimento o valor líquido, deve colocar o imposto pago no estrangeiro a acrescer à matéria coletável no quadro 7 e deve colocar o valor apurado em dupla tributação internacional como dedução à coleta.[143]

Note-se, contudo, que caso haja um desfasamento temporal entre o reconhecimento do rendimento e o período em que é efetuada a retenção, deve o sujeito passivo, no prazo de 1 ano, entregar uma declaração de substituição.

VEJAMOS UM EXEMPLO:

A sociedade AA auferiu e contabilizou como rendimento, o montante de 18 000 €, líquido de imposto pago no estrangeiro, de rendimentos auferidos na Holanda, por intermédio do seu estabelecimento estável. Para obtenção desses rendimentos, suportou gastos no montante de 8500 €.

Qual o montante do crédito de imposto, admitindo que na Holanda a taxa de imposto é de 10%?

Em primeiro lugar deve-se calcular o rendimento ilíquido de imposto estrangeiro:

Rendimento ilíquido = Rendimento líquido / (1 – taxa)
= 18 000 € / (1 – 10%) = 20 000 €

Imposto pago no estrangeiro: 2000 € (20 000 € – 2000 €)

Imposto em Portugal: (20 000 € – 8500 €) * 21% = 2415 €

A empresa, deveria acrescer ao lucro tributável o valor de 2000 € e deduzir à coleta o valor de 2000 € (imposto pago na Holanda).

Admita-se, agora, que a taxa de imposto na Holanda é de 40%. Qual o valor do crédito de imposto?

Rendimento ilíquido = Rendimento líquido / (1 – taxa)
= 18 .000 € / (1 – 40%) = € 30 000 €

[143] O Despacho n.º 6403/2021, de 30 de junho, do Secretário de Estado dos Assuntos Fiscais, publicado na 2.ª Série, do Diário da República n.º 125/2021, de 30 de junho, aprova os novos modelos de formulários (modelo 22-RFI, modelo 23-RFI e modelo 24-RFI) a utilizar para efeitos de aplicação das convenções para evitar a dupla tributação internacional.

Imposto pago no estrangeiro: 12 000 € (30 000 € – 18 000 €)

Imposto em Portugal: (30 000 € – 8500 €) * 21% = 4515 €

Neste caso a empresa, deveria acrescer ao lucro tributável o valor de 12 000 € e deduzir à coleta o valor de 4515 € (fração do imposto a pagar em Portugal).

Ainda quanto à matéria da dupla tributação jurídica internacional, é importante referir a ideia de que, desde 1 de janeiro de 2014, com a reforma do IRC, passou a consagrar-se a possibilidade dos sujeitos passivos optarem por não incluir no lucro tributável da casa-mãe, os rendimentos auferidos por um determinado estabelecimento estável no estrangeiro, ou seja, será dado um tratamento, em termos fiscais, como se de duas empresas independentes se tratasse. Esta opção deve abranger, no entanto, a totalidade dos estabelecimentos estáveis situados na mesma jurisdição, e terá que se manter por um período mínimo de três anos.

Porém, não se consideram abrangidos por esta opção, os estabelecimentos estáveis de entidades residentes em território português, cujos rendimentos não se encontrem sujeitos a um imposto similar ao IRC, ou sendo similar, seja de valor inferior a 60% deste. Também não se consideram abrangidos por esta opção os estabelecimentos estáveis situados em país, território ou região sujeito a um regime fiscal claramente mais favorável.

No dia 20 de setembro de 2019, entrou em vigor a Lei n.º 120/2019 que transpôs, para o ordenamento jurídico português, a Diretiva (UE) 2017/1852, de 10 de outubro, referente à reforma do Mecanismo de Resolução de Litígios originados por Dupla Tributação na União Europeia.

O referido regime visa: i) alargar o âmbito objetivo e subjetivo da resolução destes litígios e tornar mais eficiente e célere o respetivo procedimento; ii) dinamizar o recurso ao Procedimento Amigável, que deverá ser decidido pelas Administrações fiscais no prazo de 2 a 3 anos.

Trata-se da reconfiguração de um mecanismo já existente em várias Convenções de Dupla Tributação, como a Convenção de Arbitragem (n.º 90/436/EEC, de 23 de julho de 1990), a Convenção Modelo da OCDE, mas também no Instrumento Multilateral da OCDE, para alteração das atuais Convenções de Dupla Tributação. Isto é, do designado Procedimento Amigável (que pretende a resolução dos litígios através do acordo mútuo), em especial, na modalidade que admite o recurso a uma forma de Arbitragem. Os sujeitos passivos que pretendam socorrer-se dos mecanismos implementados dispõem do prazo de três anos, após a primeira notificação oficial do ato que esteja na origem da questão litigiosa em causa, para apresentarem a respetiva reclamação. As reclamações devem ser submetidas, em simultâneo e com idêntico conteúdo e informação, quer à Administração tributária portuguesa, quer às Administrações fiscais dos outros países envolvidos, nas línguas localmente aceites.

Nos termos da Lei n.º 120/2019, tal como decorre da Diretiva, a Administração Tributária dispõe de um prazo de seis meses para decidir se aceita ou se rejeita a reclamação apresentada pelo contribuinte, sendo a mesma considerada tacitamente aceite se não houver pronúncia no referido prazo. Contudo, qualquer uma das Administrações fiscais pode decidir, unilateralmente, o problema de dupla tributação em causa dentro desse período de seis meses.

De acordo com a citada Lei, o contribuinte tem o direito de recorrer, por via administrativa ou judicial, da decisão de rejeição da queixa apenas no caso de todas as Administrações ficais envolvidas terem igualmente rejeitado a reclamação, pois, caso as Administrações fiscais aceitem a reclamação, inicia-se um Procedimento Amigável, que deve ser decidido no prazo de dois anos, extensíveis por mais um ano.

Adicionalmente, as autoridades competentes dos Estados-Membros envolvidos podem acordar a constituição de uma Comissão Consultiva composta por especialistas em matéria tributária internacional, caso: (i) uma (mas não todas) das Administrações fiscais rejeite a queixa do contribuinte, designadamente por intempestividade, inexistência de questão para resolver ou falta de informação legalmente exigida para a submissão do pedido, a não ser que o contribuinte apresente recurso administrativo segundo a lei interna do Estado em causa; ou (ii) as Administrações fiscais aceitem o pedido mas não alcancem um acordo no âmbito do Procedimento Amigável dentro do prazo de que dispõem.

Esta Comissão Consultiva será composta por um coletivo de 5 a 9 membros e deve emitir o seu Parecer no prazo de seis meses, o qual se tornará vinculativo, caso após a sua emissão, as Administrações fiscais não alcancem um acordo no prazo de seis meses.

Alternativamente, as Administrações fiscais podem acordar constituir uma Comissão Alternativa de Resolução de Litígios que opera em termos distintos do da Comissão Consultiva, a qual pode ser constituída, designadamente, sob a forma de um Comité Permanente e pode aplicar diversos processos ou técnicas de resolução de litígios que se considerem adequados para dirimir o litígio de forma vinculativa.

Exercícios

Nota, assuma que não se trata de uma PME.

Exercício 1:

No período de tributação do ano *t*, a sociedade Investe incluiu, nas suas contas, o valor de 600 000 €, provenientes de um estabelecimento estável que possui no estrangeiro (valor líquido do imposto pago no estrangeiro).

Para a obtenção desses rendimentos, suportou encargos no montante de 600 000 €.

Os referidos rendimentos foram tributados no Estado da fonte a taxa de 40%, o que equivale a um imposto de 400 000 €. Admita-se que não existe Convenção celebrada entre Portugal e esse país.

Qual o valor a considerar para efeitos de determinação do lucro tributável?

Exercício 2:

A Sociedade P auferiu e contabilizou como rendimento, no ano *t*, o valor de 51 000 €, a título de rendimentos auferidos, na Alemanha, por um seu estabelecimento estável. A taxa na Alemanha é de 15%, e para a obtenção daqueles rendimentos suportou encargos no valor de 42 000 €.

Sabe-se ainda que:

- Lucro tributável no ano *t*: 100 000 €;
- Prejuízos fiscais de anos anteriores: 200 000 €.

Calcule o valor do crédito de imposto a atribuir à sociedade P, no ano *t*?

Exercício 3:

A sociedade Y, SA registou uma patente, no ano *t*, relativamente a um método inovador de tratamento da queda do cabelo.

Este método permitiu-lhe celebrar vários contratos com empresas, onde foi autorizado o uso do tratamento, designadamente, com uma entidade com sede nos EUA que irá comercializar o tratamento e de quem foi recebido, como contrapartida por essa cedência, durante o ano *t*+1, o valor de 350 000 €, sujeito a uma retenção na fonte de 35 000 € (taxa prevista na Convenção).

Qual o valor a englobar para efeitos de determinação do lucro tributável?

Solução

Exercício 1:

O apuramento do rendimento ilíquido obtido no estrangeiro é feito da seguinte forma:

Rendimento ilíquido = rendimento líquido / (1 – taxa) =
= 600 000 / (1 – 40%) = 1 000 000

A taxa do IRC a vigorar em Portugal, para o ano *t*, é de 21%.

IRC a pagar em Portugal correspondente aos rendimentos obtido no estrangeiro após dedução dos gastos suportados:

(1 000 000 – 600 000) * 21% = 84 000 €

- No Quadro 07 da Declaração de Rendimentos Modelo 22, acresce 400 000 € (artigo 68.º);
- No Quadro 10 da Declaração de Rendimentos Modelo 22, deduz 84 000 € (artigo 91.º)

Exercício 2:

Rendimento ilíquido = Rendimento líquido / (1 – taxa)
= 51 000 / (1 – 15%) = 60 000 €

Imposto pago no estrangeiro: 9000 € (60 000 € – 51 000 €)

Imposto em Portugal: (60 000 € – 42 000 €) * 21% = 3780 €

Dedução de prejuízos fiscais: 70% * 100 000 € = 70 000 €

Cálculo do imposto: (100 000 € – 70 000 €) * 21% = 6300 €

A empresa, no ano *t*+1, deveria acrescer ao lucro tributável o valor de 9000 € e deduzir à coleta o valor de 3780 € (imposto pago em Portugal).

Exercício 3:

Trata-se, neste caso, de um contrato que tem por objeto a utilização temporária de um direito de propriedade industrial (patente). Como, de acordo com o artigo 50.º-A do Código do IRC, apenas concorrem para a determinação do lucro tributável 50% desses rendimentos, no ano t, a sociedade Y, SA irá apenas refletir no seu lucro tributável o valor de 175 000 € (50% * 350 000).

Quanto ao crédito de imposto:

- Valor do imposto nos EUA: 35 000 €
- Fração do imposto a pagar em Portugal: 350 000 * 21% = 73 500 €

A empresa teria que acrescer ao lucro tributável o valor de 35 000 € e deduzir à coleta o valor do imposto pago nos EUA, no montante de 35 000 €.

28. As obrigações declarativas dos sujeitos passivos de IRC

Síntese

- A par das clássicas obrigações declarativas, surgiu, em 2016, uma declaração de Informação financeira e fiscal, destinada aos grupos multinacionais.
- Apesar disso, a Declaração Modelo 22 continua a ocupar o lugar de destaque no rol de obrigações a que os sujeitos passivos de IRC se encontram sujeitos, pelo que, por isso, irá merecer a nossa cuidada atenção.
- Relembra-se, também, que, em 2017, a par da caixa postal eletrónica, passa a integrar o domicílio fiscal eletrónico, o serviço público de notificações eletrónicas associado à morada única digital.

Desenvolvimento do tema

A relação jurídica tributária é definida, pelo n.º 2 do artigo 1.º da LGT, como aquela que é estabelecida entre, por um lado, Administração Tributária[144], agindo como tal e, por outro, as pessoas singulares e coletivas e entidades legalmente equiparadas a estas, com vista à satisfação das necessidades financeiras do Estado e de outras entidades públicas, tendo subjacente a prossecução do interesse público.

[144] O n.º 3 do artigo 1.º da LGT diz-nos quais são as entidades que integram a Administração Tributária, para efeitos da relação jurídica tributária.

A obrigação principal no seio da relação jurídica tributária é, por excelência, o pagamento do tributo. Acessórias a esta, encontramos aquelas obrigações que, conforme dispõe o n.º 2 do artigo 31.º da LGT, «*visam possibilitar o apuramento da obrigação de imposto, nomeadamente a apresentação de declarações, a exibição de documentos fiscalmente relevantes, incluindo a contabilidade ou escrita, e a prestação de informações*».

Subjacente à relação jurídica tributária e, mais concretamente, às obrigações acessórias, deparamo-nos com o dever geral de colaboração[145] entre os órgãos da administração tributária e os contribuintes, plasmado no artigo 59.º da LGT, cuja violação poderá dar lugar, em certos casos, a responsabilidade contraordenacional.

Quanto às principais obrigações declarativas dos sujeitos passivos[146] de IRC, onde se incluem as entidades abrangidas pelo regime de transparência fiscal, nos termos do artigo 6.º, as mesmas encontram-se divididas em quatro tipos de declarações, de modelo oficial, aprovado por despacho do Ministro das Finanças:

- A declaração de inscrição, de alterações ou de cessação, nos termos dos artigos 118.º e 119.º do Código do IRC;
- A declaração modelo 22 de IRC, nos termos do artigo 120.º do Código do IRC, destinada a servir de base à liquidação do imposto;[147]

[145] Deveres de cooperação ou deveres de colaboração são, nos ensinamentos de Saldanha Sanches, «*o conjunto de deveres de comportamento resultantes de obrigações que têm por objeto prestações de facto, de conteúdo não diretamente pecuniário, com o objetivo de permitir à Administração a investigação e determinação dos factos fiscalmente relevantes*» (*A Quantificação da Obrigação Tributária – Deveres de Cooperação, Autoavaliação e Avaliação Administrativa*, 2.ª Edição, Lisboa, 2000, LEX, págs. 57 e 58.).

[146] Estas obrigações podem ainda ser cumpridas pelos seus representantes legais, cuja responsabilidade é, nas palavras de Vítor Faveiro, «*a todos os títulos, a disciplinada na lei civil, sem prejuízo de regimes de responsabilidade específica da ordem tributária. De onde resulta, em plano tributário, a responsabilidade do representante pela reparação do dano causado ao representado, nos termos do art. 562.º do Código Civil, quando culposamente lhe cause danos na sua situação jurídica tributária*» (Cf., *O Estatuto do Contribuinte – A Pessoa do Contribuinte no Estado Social de Direito*, Coimbra Editora, 2002, pág. 573). A designação de representante para as pessoas coletivas não residentes, imposta pelo artigo 118.º do Código do IRC, deverá ser efetuada na declaração de inscrição no registo, devendo nela constar expressamente a aceitação do representante.

[147] Em matéria de pagamento, saliente-se o Despacho n.º 8844-B/2020 do Secretário de Estado dos Assuntos Fiscais, o qual determina que a Administração Tributária «deverá disponibilizar oficiosamente aos contribuintes a faculdade de pagamento em prestações, sem necessidade de prestação de garantia nos termos do Decreto-Lei n.º 492/88, de 30 de dezembro, de dívidas de imposto sobre o rendimento das pessoas singulares (IRS) e de imposto sobre o rendimento

- A declaração anual de informação contabilística e fiscal – IES, prevista no artigo 121.º do Código do IRC, com objetivos de natureza estatística e de controlo inspetivo; e
- A declaração financeira e fiscal por país, nos termos do artigo 121.º-A do Código do IRC.

Ao abrigo da presunção de veracidade prevista no n.º 1 do artigo 75.º da LGT, são recusadas, pela Administração Tributária, as declarações apresentadas que se encontrem incompletas ou contenham imprecisões, sem prejuízo da notificação para prestação de esclarecimentos e das sanções estabelecidas para a falta da sua apresentação ou envio.

Vejamos cada uma das declarações:

Declaração de inscrição, de alterações ou de cessação

A declaração de início de atividade, ou de inscrição no registo, a que se refere o artigo 118.º do Código do IRC, deverá ser apresentada pelos sujeitos passivos em qualquer serviço de finanças ou noutro local legalmente autorizado, ainda que verbalmente, nos termos do artigo 119.º do Código do IRC, ou no prazo de 90 dias a partir da data de inscrição no Registo Nacional de Pessoas Coletivas, quando que esta seja legalmente exigida. O prazo é, porém, de 15 dias a partir da data de apresentação a registo na Conservatória do Registo Comercial, sempre que o sujeito passivo esteja sujeito a registo comercial.

Apenas os sujeitos passivos não residentes que aufiram em Portugal rendimentos que estejam sujeitos a retenção na fonte a título definitivo estão dispensados de apresentar esta declaração, uma vez que só em caso de obtenção de rendimentos sujeitos a retenção na fonte com a natureza de pagamento por conta é que nasce a obrigação de apresentar a declaração de rendimentos a que se refere o artigo 120.º e, em consequência, a obrigação de declarar o seu início de atividade.

De referir ainda que sendo obrigatória a nomeação de representante fiscal, nos casos previstos no artigo 126.º do Código do IRC, é na declaração de início que o mesmo deve ser indicado.[148]

das pessoas coletivas (IRC) de valor igual ou inferior, respetivamente, a 5000 € e 10 000 €, independentemente da apresentação do pedido».

[148] As entidades que, não tendo sede nem direção efetiva em território português (ou Estado-membro da UE), não possuam estabelecimento estável aí situado mas nele obtenham rendimentos, assim como os sócios ou membros referidos no n.º 11 do artigo 5.º, são obrigadas a designar uma pessoa singular ou coletiva com residência, sede ou direção efetiva naquele

Quando se verificar qualquer alteração nos elementos constantes da declaração de inscrição no cadastro, ou na declaração de início de atividade, seja ela de morada, no regime de tributação ou outra, deve o sujeito passivo, para o efeito, apresentar uma declaração de alterações, no prazo de 15 dias, a contar da data daqueles factos (n.º 5 do artigo 118.º do Código do IRC), salvo se outro prazo estiver expressamente previsto.

Todavia, sempre que as alterações aos dados constantes da declaração de inscrição no registo respeitem a factos sujeitos a registo comercial, os sujeitos passivos ficam dispensadas da entrega da declaração de alterações[149].

Por fim, e no que respeita à cessação de atividade, importa notar que a mesma verifica-se, nos termos do n.º 5 do artigo 8.º do Código do IRC, relativamente às entidades com sede ou direção efetiva em território português, na data do registo do encerramento da liquidação[150], ou na data da fusão ou cisão, quanto às sociedades extintas em consequência destas causas, ou na data em que a sede e a direção efetiva deixem de se situar em território português, ou na data em que se verificar a aceitação da herança jacente ou em que tiver lugar a declaração de que esta se encontra vaga a favor do Estado, ou ainda na data em que deixarem de verificar-se as condições de sujeição a imposto.

Relativamente às entidades que não tenham sede nem direção efetiva em território português, a cessação verifica-se na data em que cessarem totalmente o exercício da sua atividade através de estabelecimento estável ou deixarem de obter rendimentos em território português.

Perante a ocorrência de tais acontecimentos, os sujeitos passivos residentes, não residentes com estabelecimento estável em Portugal e não residentes sem estabelecimento estável em Portugal, que obtenham rendimentos não sujeitos a retenção na fonte a título definitivo, deverão, quando tal não seja

território para as representar perante a administração fiscal quanto às suas obrigações referentes a IRC.

[149] Com o aditamento do artigo 72.º-A ao Código do Registo Comercial, o qual visou introduzir medidas de simplificação criadas pelo Decreto-Lei n.º 122/2009, de 21 de maio, passou a ser de comunicação oficiosa e gratuita, por via eletrónica, aos serviços da administração tributária e da segurança social, o conteúdo de variados atos sujeitos a registo, tais como, «alterações aos estatutos quanto à natureza jurídica, à firma, ao nome ou à denominação, à sede ou à localização de estabelecimento principal, ao capital e ao objeto; a nomeação e destituição do administrador de insolvência; a dissolução e o encerramento da liquidação».

[150] É este o entendimento divulgado pelo Ofício-Circulado n.º 20063/2002, de 5 de março, da Autoridade Tributária, para esclarecimento da alínea a) do n.º 5 do artigo 8.º do Código do IRC.

de comunicação automática, apresentar uma declaração de cessação de atividade, no prazo de 30 dias a contar da data em que tenha ocorrido a mesma cessação (n.º 6 do artigo 118.º do Código do IRC).

As declarações de inscrição no registo, de alterações e de cessação de atividade podem ser efetuadas verbalmente, sempre que o serviço de finanças ou outro local legalmente autorizado a recebê-las disponha de meios informáticos adequados, nos termos do artigo 119.º.

A Declaração Periódica de Rendimentos (Modelo 22) de IRC

Dando cumprimento ao princípio da tributação do rendimento real, como corolário do princípio constitucional da capacidade contributiva (artigo 104.º da CRP), a liquidação do IRC é, por norma, uma autoliquidação do sujeito passivo, que tem por base a matéria coletável declarada em tempo oportuno, de acordo com a alínea a) do n.º 1 do artigo 90.º do Código do IRC.

Estão dispensados de apresentar a declaração periódica os sujeitos passivos isentos ao abrigo do artigo 9.º (Estado, Regiões Autónomas, autarquias locais, suas associações de direito público e federações e instituições de segurança social), exceto quando estejam sujeitos a uma qualquer tributação autónoma ou quando obtenham rendimentos de capitais que não tenham sido objeto de retenção na fonte com carácter definitivo.

Não obrigados à entrega da declaração, ficaram também, com a alteração aprovada pela Lei do Orçamento de Estado para 2018 ao n.º 6 do artigo 117.º do Código do IRC, as entidades que apenas aufiram rendimentos não sujeitos a IRC, exceto quando estejam sujeitas a uma qualquer tributação autónoma, prevista no artigo 88.º do Código do IRC.

Se o sujeito passivo não exercer ou não exercer, tempestivamente, o seu direito de liquidação de IRC, verá a competência para a liquidação do imposto devolvido à AT, nos termos da alínea b) do n.º 1 do artigo 90.º do Código do IRC, sem prejuízo da responsabilidade contraordenacional a que houver lugar, face ao disposto no artigo 116.º do RGIT.

Nesses casos, a liquidação oficiosa da AT, face à falta de apresentação da declaração de rendimentos pelo sujeito passivo, terá por base, de acordo com a redação por ela introduzida àquele artigo do Código do IRC, o maior dos seguintes montantes: o da matéria coletável determinada, com base nos elementos de que a administração tributária e aduaneira dispuser, de acordo com as regras do regime simplificado, com aplicação do coeficiente de 0,75; o da totalidade da matéria coletável do período de tributação mais próximo que se encontre determinada; ou o do valor anual da retribuição mínima mensal.

Isto é, e confrontando com a redação anterior, verifica-se que o legislador criou uma nova regra de liquidação, em caso de aplicação do regime simplificado.

De notar ainda que, sendo a competência de liquidação do imposto conferida ao sujeito passivo, a liquidação de IRC materializa-se, nos termos do n.º 1 do artigo 120.º do Código do IRC, na «*declaração periódica de rendimentos a que se refere a alínea b) do artigo 117.º*», a qual «*deve ser enviada, anualmente, por transmissão eletrónica de dados, até ao último dia do mês de Maio, independentemente de esse dia ser útil ou não*»[151], quando o período de tributação coincida com o ano civil. Se assim não suceder, por os sujeitos passivos terem adotado um período de tributação diferente do ano civil, nos casos previstos nos n.os 2, 3, e alínea d) do n.º 4, todos do artigo 8.º, devem eles proceder ao envio da declaração até ao último dia útil do 5.º mês posterior à data do termo do período de tributação.

Já em caso de cessação de atividade, a obrigação de envio ocorre até ao terceiro mês seguinte (era até 30 dias até 2018, mas com o OE/2019 o prazo foi alargado) após a mesma, relativamente ao exercício em que esta ocorre, e eventualmente em relação ao exercício anterior, se ainda não tiver decorrido o prazo normal de apresentação da declaração (artigo 120.º n.º 3 do Código do IRC)[152].

Estando em causa a entrega da declaração de rendimentos de uma sociedade em liquidação, no período em que ocorre a dissolução (alínea c) do n.º 2 do artigo 79.º do Código do IRC), deve ter-se em conta que, pela Lei do Orçamento de Estado para 2018, foi acrescentado um n.º 11 ao artigo 120.º, o qual dispõe, por um lado, que a declaração relativa ao período decorrido desde o início do período de tributação em que se verificou a dissolução até à data desta é enviada até ao último dia do 5.º mês seguinte ao da dissolução, independentemente de esse dia ser útil ou não útil; e, por outro, que a declaração relativa ao período decorrido entre o dia seguinte ao

[151] Nos termos do artigo 75.º da LGT, as declarações apresentadas pelos sujeitos passivos só gozam da presunção de veracidade quando as mesmas forem apresentadas dentro do prazo legalmente estabelecido para tal, ou seja, quando apresentadas até ao último dia do mês de maio.

[152] No caso de cessação de atividade nos termos do n.º 5 do artigo 8.º, a declaração de rendimentos relativa ao período de tributação em que a mesma se verificou deve ser enviada até ao último dia do terceiro mês seguinte ao da data da cessação, independentemente de esse dia ser útil ou não útil, aplicando-se igualmente este prazo ao envio da declaração relativa ao período de tributação imediatamente anterior, quando ainda não tenham decorrido os prazos mencionados nos n.os 1 e 2.

da dissolução e o termo do período de tributação em que esta se verificou é entregue até ao último dia do 5.º mês seguinte à data do termo desse período, independentemente de esse dia ser útil ou não útil.

Prazos diferentes, e especiais, são os estabelecidos para as entidades não residentes sem estabelecimento estável em território português, e que obtenham neste território rendimentos relativamente aos quais não haja lugar a retenção na fonte a título definitivo (artigo 94.º n.º 3 do Código do IRC), os quais decorrem das alíneas do n.º 5 deste artigo 120.º do Código do IRC.

Por outras palavras, estando em causa entidades não residentes sem estabelecimento estável que obtenham rendimentos derivados de imóveis situados em território português, devem elas proceder ao envio da declaração periódica de rendimentos até ao último dia do mês de maio do ano seguinte àquele a que os mesmos respeitam. Excetuam-se desta regra, designadamente:

- Os rendimentos derivados de ganhos resultantes da transmissão onerosa daqueles imóveis, a que a alínea b) do n.º 5 estabelece como prazo limite, para envio da declaração de rendimentos, o 30.º dia posterior à data da transmissão;
- Os ganhos «*resultantes transmissão onerosa de partes representativas do capital de entidades com sede ou direção efetiva em território português, incluindo a sua remição e amortização com redução de capital e, bem assim, o valor atribuído aos associados em resultado da partilha que, nos termos do artigo 81.º do Código do IRC, seja considerado como mais-valia, ou de outros valores mobiliários emitidos por entidades que aí tenham sede ou direção efetiva, ou ainda de partes de capital ou outros valores mobiliários quando, não se verificando essas condições, o pagamento dos respetivos rendimentos seja imputável a estabelecimento estável situado no mesmo território*»;
- Os rendimentos de aplicações de capitais e de operações relativas a instrumentos financeiros derivados.

Se estiverem em causa incrementos patrimoniais derivados de aquisições a título gratuito, as entidades não residentes sem estabelecimento estável terão de enviar a declaração de rendimentos até ao 30.º dia posterior à data da aquisição.

Havendo tributação pelo regime especial de tributação dos grupos de sociedades (RETGS), o artigo 70.º do Código do IRC confere a competência para a entrega da declaração periódica de rendimentos, relativa ao lucro tributável do grupo, à sociedade dominante. No entanto, esta obrigação não retira o dever de cada uma das sociedades do grupo, incluindo a própria sociedade dominante, entregar na mesma a sua declaração individual, com o apuramento do lucro tributável como se o grupo não existisse.

Por outro lado, tendo os elementos constantes da declaração periódica de rendimentos estar em conformidade com os rendimentos inscritos na contabilidade, ou nos registos de escrituração, consoante o caso, não podemos deixar de relembrar que o sujeito passivo de IRC tem como garantia essencial a possibilidade de apresentar uma declaração de substituição[153], nos termos do artigo 122.º do Código do IRC, a todo o tempo, no caso de ter liquidado imposto inferior ao devido ou declarado prejuízo fiscal superior ao efetivo (n.º 1), e no prazo de um ano após o termo do prazo legal para entrega da declaração de rendimentos, se tiver autoliquidado imposto superior ao devido ou prejuízo fiscal inferior ao efetivo (n.º 2).

No entanto, no último dos casos referidos, e precludido o prazo de um ano para apresentação da declaração de substituição, o sujeito passivo tem sempre ao seu dispor a possibilidade de reagir contra a liquidação através da impugnação da autoliquidação, desde que recorra previamente, e no prazo de dois anos, à reclamação graciosa prévia a que se refere o artigo 131.º do CPPT, já que esta apenas não constitui uma condição prévia de impugnação se estiver exclusivamente em causa matéria de direito e a autoliquidação tiver sido efetuada de acordo com as orientações genéricas da AT.

Se já tiver também recorrido o prazo de dois anos, o contribuinte apenas poderá solicitar a revisão deste ato tributário, nos termos do artigo 78.º da LGT.

A declaração de rendimentos Modelo 22 de IRC tem como anexos[154]:

- Anexo A – Derrama (períodos anteriores a 2015);

[153] As declarações de substituição tem por objetivo, nas palavras do Acórdão do Tribunal Central Administrativo Norte, datado de 29 de outubro de 2005, «*permitirem a correção dos valores apurados e declarados, por iniciativa do sujeito passivo, consubstanciando-se em regularizações voluntárias dos erros cometidos pelo contribuinte. Para tal a lei impõe prazos e condições para tais declarações serem apresentadas, distinguindo: a) as situações em que tenha sido liquidado imposto inferior ao devido ou declarado prejuízo fiscal superior ao efetivo, (contra o Estado) pode ser apresentada fora do prazo legalmente estabelecido, e efetuado o pagamento do imposto em falta; a b) as situações, em que tenha resultado imposto superior ao devido ou prejuízo fiscal inferior ao efetivo, (contra o contribuinte) no prazo de um ano, a contar do termo do prazo legal*» (*vd.* Acórdão proferido com referência ao processo n.º 01639/06.6BEBRG disponível em www.dgsi.pt).

[154] Por despacho n.º 984/2018, de 26 de janeiro, foram aprovadas as alterações da declaração periódica de rendimentos Modelo 22, respetivos anexos e instruções de preenchimento (publicado em Diário da República n.º 19/2018, II Série, de 26/1/2018, págs. 3221 a 3252).

- Anexo A – Derrama Municipal (aplicável aos períodos de 2015 e seguintes);
- Anexo B – Regime Simplificado (aplicável aos períodos de 2010 e anteriores);
- Anexo C – Regiões Autónomas;
- Anexo D – Benefícios Fiscais;
- Anexo E – Regime Simplificado (artigos 86.°-A e 86.°-B do Código do IRC);
- Anexo F – Organismos de Investimento Coletivo;
- Anexo G – Atividades de Transporte Marítimo;
- Anexo AIMI – Adicional ao Imposto Municipal sobre Imóveis.

Por fim, resta-nos aludir à alteração legislativa operada no decurso de 2018, através da Lei n.° 39/2018, de 8 de agosto, que, num reforço ao princípio da colaboração da AT com os contribuintes, aditou a alínea o) ao n.° 3 do artigo 59.° da LGT e o n.° 8 do mesmo preceito legal, visando disciplinar a publicação atempada por parte da AT dos formulários digitais necessários ao cumprimento não só da obrigação declarativa em análise mas também da prevista no artigo 121.°, respeitante à declaração anual de informação contabilística fiscal (vulgo IES) e assegurando que os contribuintes disponham de tempo bastante para cumprirem com estas duas obrigações de natureza declarativa.

Assim, a alínea o) do n.° 3 do artigo 59.° do CPPT passou a estabelecer um prazo mínimo de 120 dias em relação à data limite do cumprimento da obrigação declarativa em causa para que a AT disponibilize os formulários digitais relativos à declaração Modelo 22 e à IES, sob pena de prorrogação da própria data limite para cumprimento da respetiva obrigação declarativa pelo mesmo número de dias de atraso na publicação, tal como prescreve o n.° 8 do mesmo preceito legal.

Note-se que este prazo de 120 dias é apenas de 90 dias nos anos de 2018 e 2019, tal como consta da disposição transitória prevista no artigo 3.° da referida Lei n.° 39/2018, de 8 de agosto.

A título de exemplo, considere-se que a AT disponibiliza o formulário para entrega de declaração de rendimentos Modelo 22 a 28 de fevereiro do ano n. De acordo com as novas regras, o prazo limite para entrega da declaração de rendimentos Modelo 22, para quem adota um período de tributação coincidente com o ano civil, passaria a ser 28 de junho. Neste exemplo, se estivéssemos a falar do período de tributação de 2019, a publicação do formulário para entrega da declaração de rendimentos Modelo 22 estaria dentro do prazo, pois estaria dentro do prazo de 90 dias concedido à AT na norma transitória.

O facto de o prazo limite para entrega da declaração periódica de rendimentos ser prorrogado pelo número de dias de atraso na publicação dos formulários para cumprimento desta obrigação declarativa, faz também prorrogar a data limite a partir da qual se contam os prazos para requerer alguma decisão administrativa, como é o caso do prazo previsto no n.º 14 do artigo 52.º do Código do IRC.

Assuma-se, por exemplo, que o capital social ou dos direitos de voto de uma sociedade com prejuízos no ano *n-1*, foi alterado em mais de 50%, tendo a alteração ocorrido antes de terminado o prazo para entrega da respetiva declaração de rendimentos, que, nesse ano, por atraso da AT na publicação dos formulários, passou para 30 de junho. O n.º 8 do artigo 52.º do Código do IRC impõe um limite à dedução de prejuízos fiscais, a não ser que, nos termos dos n.os 12 e 14 do mesmo preceito legal, por razões de interesse económico devidamente justificadas, a sociedade solicitasse que não fosse aplicada a referida limitação, mediante requerimento a apresentar na AT, no prazo de 30 dias a contar da data limite de entrega da declaração de rendimentos, que, para este ano, seria contado a partir de 30 de junho do ano *n* e não a partir de 31 de maio.

IES – Declaração anual de informação contabilística e fiscal

A Informação Empresarial Simplificada (IES) foi criada pelo Decreto-Lei n.º 8/2007, de 17 de janeiro, cujo preâmbulo é bem elucidativo quanto às obrigações por ela abrangidas.

De acordo com ele, «*cria-se a Informação Empresarial Simplificada (IES), que agrega num único ato o cumprimento de quatro obrigações legais pelas empresas que se encontravam dispersas e nos termos das quais era necessário prestar informação materialmente idêntica a diferentes organismos da Administração Pública por quatro vias diferentes. Com o regime agora aprovado, todas estas obrigações – a entrega da declaração anual de informação contabilística e fiscal, o registo da prestação de contas, a prestação de informação de natureza estatística ao Instituto Nacional de Estatística (INE) e a prestação de informação relativa a dados contabilísticos anuais para fins estatísticos ao Banco de Portugal – passam a cumprir-se integralmente com o envio eletrónico da informação contabilística sobre as empresas, realizado uma única vez*».

A IES contempla, assim, entre outras obrigações[155], a referente à entrega da declaração anual de informação contabilística e fiscal, prevista na alínea c) do n.º 1 do artigo 117.º e no artigo 121.º, ambos do Código do IRC, devendo os elementos nela declarados concordar com os obtidos na contabilidade ou registos de escrituração (n.º 5 do artigo 121.º do Código do IRC).

Esta obrigação declarativa deve ser cumprida, por transmissão eletrónica de dados, até ao dia 15 de julho, independentemente de este dia ser útil ou não útil, ou caso os sujeitos passivos adotem um período de tributação não coincidente com o ano civil, até ao dia 15 do 7.º mês posterior à data do termo desse período de tributação.

Quando ocorra a cessação de atividade, a declaração, com referência ao período de tributação em que a mesma se verificou, deve ser entregue até ao 30.º dia seguinte ao da data da cessação, independentemente de esse dia ser útil ou não útil, aplicando-se este mesmo prazo relativamente ao período de tributação imediatamente anterior, quando ainda não tenha decorrido o prazo normal de entrega.

Constituem anexos à IES os seguintes:

- Anexo A – Elementos contabilísticos e fiscais (residentes que exercem a título principal... e não residentes com estabelecimento estável)
- Anexo B – Elementos contabilísticos e fiscais (sector financeiro)
- Anexo C – Elementos contabilísticos e fiscais (sector segurador)
- Anexo D – Elementos contabilísticos e fiscais (residentes que não exercem a título principal...)
- Anexo E – Elementos contabilísticos e fiscais (não residentes sem estabelecimento estável)
- Anexo G – Sociedades sujeitas ao regime de transparência fiscal
- Anexo H – Operações com não residentes
- Anexo P – Mapa recapitulativo fornecedores

A Portaria n.º 331-D/2021, de 31 de dezembro, aprovou um novo modelo de folha de rosto da declaração anual IES, bem como os seguintes novos modelos de anexos:

[155] A IES agrega também o cumprimento da obrigação de entrega da declaração anual de informação contabilística e fiscal por a pessoas singulares, nos termos do artigo 113.º do Código do IRS, titulares de estabelecimentos individuais de responsabilidade limitada (EIRL); a prestação de informações de cariz meramente estatístico a serem fornecidas ao Instituto Nacional de Estatística e ainda a prestação de informação ao Banco de Portugal, e também para fins estatísticos, de dados contabilísticos anuais.

Anexo D – IRC – Informação empresarial simplificada (entidades residentes que não exercem, a título principal, atividade comercial, industrial ou agrícola);

Anexo E – IRC – elementos contabilísticos e fiscais (entidades não residentes sem estabelecimento estável);

Anexo H – IRC e IRS – operações com entidades relacionadas e rendimentos obtidos no estrangeiro.

O mesmo diploma estabeleceu ainda disposições transitórias para a entrega da declaração anual IES relativas aos períodos de tributação de 2021 e de 2022, bem como regras relativas à entrega das declarações anuais IES, referentes ao período de tributação de 2023 e seguintes.

A Portaria n.º 331-C/2021, de 31 de dezembro, aprovou um novo modelo de impresso da declaração anual IES, relativo ao Anexo R – entidades residentes que exercem a título principal atividade comercial, industrial ou agrícola, entidades não residentes com estabelecimento estável e Estabelecimento Individual de Responsabilidade Limitada, o qual deve ser utilizado na entrega das declarações anuais IES que ocorram a partir de 1 de janeiro de 2022.

Ainda relativamente a esta declaração anual e quanto à disponibilização pela AT do formulário digital para o seu cumprimento, remete-se para o que foi dito, aquando da análise da declaração Modelo 22, e da alteração legislativa introduzida pela Lei n.º 39/2018, de 8 de agosto, ao artigo 59.º da LGT.

A Informação financeira e fiscal de grupos multinacionais

Com o aditamento do artigo 121.º-A ao Código do IRC[156], pelo artigo 134.º da Lei n.º 7-A/2016, de 30 de março, e em linha com o relatório da OCDE sobre *Base Erosion and Profit Shifting* (BEPS) e a Diretiva (UE) n.º 2016/881, do Conselho, de 25 de maio[157], as entidades residentes passaram a estar

[156] Chama-se a atenção para o facto de que, nos termos do artigo 14.º da Lei n.º 98/2017, de 24 de agosto, foi aprovado um regime transitório a aplicar às obrigações estabelecidas nos n.os 2 e 4 desta norma legal. Assim, a obrigação estabelecida no n.º 2 do artigo 121.º-A do Código do IRC apenas é aplicável às declarações por país respeitantes a exercícios fiscais de relato com início em 1 de janeiro de 2017 ou após esta data enquanto o cumprimento da obrigação prevista no n.º 4 do mesmo preceito, realizou-se, no ano de 2017, até ao final do mês de outubro.

[157] Esta diretiva veio disciplinar a troca automática de informações obrigatória sobre a declaração por país entre os Estados-Membros da União Europeia.

sujeitas ao cumprimento de (mais) uma obrigação acessória, compreendida na entrega de uma declaração de informação financeira e fiscal que inclui, de forma agregada, um conjunto alargado de informação financeira e fiscal por cada país ou jurisdição fiscal.

Ficam, assim, sujeitos à entrega da declaração as entidades residentes relativamente às quais se verifique cumulativamente:

- Que estejam abrangidas pela obrigação legal de apresentação de demonstrações financeiras consolidadas;
- Que detenham ou controlem, direta ou indiretamente, uma ou mais entidades cuja residência fiscal ou estabelecimento estável esteja localizada em países ou jurisdições distintos, ou nestes possuírem um ou mais estabelecimentos estáveis;
- Cujo montante dos rendimentos apresentados nas demonstrações financeiras consolidadas relativas ao último período de contabilístico de base anual anterior ao período de reporte seja igual ou superior a 750 000 000 €;
- Que não sejam detidas por uma ou mais entidades residentes obrigadas à apresentação desta declaração ou por uma ou mais entidades não residentes que apresentem idêntica declaração num país ou jurisdição fiscal com o qual esteja em vigor um acordo de troca automática de informações;
- Que forem detidas ou controladas diretamente por entidades não residentes que não sejam obrigadas a cumprir com idêntica obrigação ou em relação às quais não haja acordo de troca de informações em vigor, desde que estivessem sujeitas a idêntica obrigação caso residissem em Portugal; e
- Que não demonstrem que outra entidade do grupo, residente em Portugal ou em país ou jurisdição em que vigore acordo de troca de informações, foi designada para apresentar tal declaração.

A informação deve ser reportada até ao fim do décimo segundo mês posterior ao termo do período de tributação a que respeita, por transmissão eletrónica de dados, e conter os elementos exigidos pelo n.º 5 da norma legal.

O n.º 10, aditado pela Lei n.º 98/2017, de 24 de agosto, clarifica um conjunto de conceitos a ter em conta para efeitos da sujeição a esta obrigação acessória, nomeadamente, o que se considera «grupo de empresas multinacionais» ou mesmo «empresa».

Processo de documentação fiscal

Relativamente ainda aos deveres de cooperação a que os sujeitos passivos se encontram adstritos, é-lhes ainda exigido, com exceção dos sujeitos passivos isentos nos termos do artigo 9.°, a elaboração de um processo de documentação fiscal («dossier fiscal»), de acordo com o disposto no artigo 130.° do Código do IRC, por cada exercício económico, o qual deverá estar reunido em estabelecimento, ou instalação, situado em território português ou, caso o sujeito passivo não tenha a sua sede ou direção efetiva em território português e não possua estabelecimento estável aí situado, nas instalações do representante fiscal.

Este processo será de manter durante 10 anos e nele devem constar os elementos, definidos na Portaria n.° 92.°-A/2011, de 28 de fevereiro[158], demonstrativos do apuramento do lucro tributável e outros elementos contabilísticos relativos à empresa.

Sempre que notificados para o efeito, os sujeitos passivos deverão, nos termos do n.° 4 da citada norma, proceder à entrega do processo de documentação fiscal e da documentação respeitante à política adotada em matéria de preços de transferência prevista no n.° 6 do artigo 63.° do Código do IRC.

Os sujeitos passivos cuja situação tributária seja acompanhada pela Unidade dos Grandes Contribuintes e as sociedades a que seja aplicado o Regime Especial de Tributação de Grupos de Sociedades são obrigados a proceder à entrega do «dossier fiscal» juntamente com a declaração anual de informação contabilística e fiscal.

A obrigação de domicílio fiscal eletrónico

Com a Lei do Orçamento de Estado para 2012 (Lei n.° 64-B/2011, de 30 de dezembro), passou a integrar, para efeitos de domicílio fiscal, nomeadamente, dos sujeitos passivos de IRC, com sede ou direção efetiva em território português e os estabelecimentos estáveis de sociedades e outras entidades não residentes, a «caixa postal eletrónica»[159], visando facilitar as comunicações entre o Estado e os sujeitos passivos aderentes à mesma.

[158] Diploma alterado pela Portaria n.° 51/2018, de 16 de fevereiro.

[159] O serviço de caixa postal eletrónica de carácter público, designado por «Serviço ViaCTT», encontra-se concessionado aos CTT – Correios de Portugal. No fundo, o «ViaCTT» funciona como um recetáculo de correio digital, no qual, apenas podem ser carregados pelos CTT, documentos de entidades previamente autorizadas, ou seja, subscritas pelos cidadãos ou empresas.

Estabelecia-se, assim, uma nova forma de efetivação das citações e notificações às sociedades, visto que, em caso de ausência de acesso à caixa postal eletrónica, a notificação considerava-se efetuada no 25.° dia posterior ao seu envio, se o contribuinte não acedesse em data anterior[160]. Esta presunção só podia ser ilidida pelo notificado, nos termos do n.° 11 do artigo 39.° do CPPT, quando demonstrasse ter sido notificado em data posterior à presumida, por facto que não lhe era imputável ou nos casos em que comprovasse a comunicação da alteração exigida pelo artigo 43.° do CPPT.

Já em 2017, com a Lei n.° 9/2017, de 3 de março, regulamentada pelo Decreto-lei n.° 93/2017, de 1 de agosto, e a par desta caixa postal eletrónica, passa a integrar o domicílio fiscal eletrónico, o serviço público de notificações eletrónicas associado à morada única digital, o qual veio:

- Corrigir a ausência de uma morada digital fidelizada que permitisse o envio de notificações com eficácia jurídica;
- Regular os termos e condições de envio e receção dessas notificações eletrónicas por forma a reduzir as despesas com a impressão e envio de notificações por via postal, diminuir os tempos que medeiam o envio e a receção da notificação, e garantir uma maior segurança no envio de notificações.

Assim, destinado «a todas as pessoas singulares e coletivas, públicas e privadas, nacionais e estrangeiras, que voluntariamente indiquem uma morada única digital e adiram ao serviço público de notificações eletrónicas», do âmbito de aplicação deste serviço ficam de fora apenas as citações, notificações ou outras comunicações remetidas pelos tribunais.

Deste modo, e designadamente, as pessoas coletivas, nacionais ou estrangeiras, adquirem o direito a fidelizar um único endereço de correio eletrónico para toda a Administração Pública que constituirá a sua morada única digital e que passará a equivaler à sua sede.

No que respeita às garantias associadas ao envio e receção de notificações e/ou citações, o referido Decreto-Lei n.° 93/2017, de 1 de agosto, alterou, designadamente, o n.° 10 do artigo 39.° e o artigo 191.°, ambos do CPPT, deixando as notificações ou citações de considerarem-se efetuadas no 25.° dia posterior ao seu envio, não acedendo o contribuinte à caixa postal eletrónica em data anterior, para passarem a considerarem-se efetuadas no 5.° dia posterior ao registo de disponibilização daquelas no sistema de suporte

[160] Redação da Lei n.° 66-B/2012, de 31 de dezembro (Lei do Orçamento de Estado para 2013).

ao serviço público de notificações eletrónicas, independentemente do registo de acesso da pessoa à sua caixa postal eletrónica.

Esta presunção de notificação prevalece em caso de envio cumulativo sob qualquer outra forma prevista na lei, sem prejuízo de a mesma ser ilidida pela pessoa a notificar quando não lhe seja imputável o facto de a notificação ocorrer em data posterior à presumida.

Mais recentemente, pela mão da Lei n.º 119/2019, de 18 de setembro, o n.º 10 do artigo 39.º do CPPT torna a ser alterado, passando as notificações efetuadas para o domicílio fiscal eletrónico a considerarem-se efetuadas «no décimo quinto dia posterior ao registo de disponibilização daquelas, sendo que a contagem só se inicia no primeiro dia útil seguinte, no sistema de suporte ao serviço público de notificações eletrónicas associado à morada única digital ou na caixa postal eletrónica da pessoa a notificar».

Ainda que para Autores como Rui Duarte Morais[161] as notificações eletrónicas não garantam a pessoalidade e efetiva cognoscibilidade do ato notificado, dois requisitos que, no entendimento do mesmo, são essenciais que sejam cumpridos com as notificações realizadas em matéria tributária, não só as mesmas constituem um dos «expoentes máximos da reforma administrativa, na senda da desburocratização e da simplificação»[162], como as suas vantagens são manifestas, conferindo uma maior celeridade e eficiência à Administração Tributária.

Obrigatoriedade de Utilização QR Code (1/1/2022) E ATCUD (1/1/2023) nas faturas e documentos fiscalmente relevantes

O Decreto-Lei n.º 28/2019, de 15 de fevereiro, veio regulamentar e alterar diversas obrigações fiscais relativas ao processamento de faturas e outros documentos fiscalmente relevantes, bem como a conservação dos elementos que servem de base à contabilidade das empresas, designadamente, através da introdução da obrigatoriedade do QR Code e ATCUD nas faturas e documentos fiscalmente relevantes.

O objetivo foi a simplificação da comunicação de faturas por parte de pessoas singulares para determinação das respetivas despesas dedutíveis em sede de IRS, assim como o combate à fraude e evasão fiscal.

[161] *Cf.* Manual de Procedimento e de Processo Tributário, Almedina, 2016, reimpressão da edição de 2012, págs. 100 a 102.

[162] *Cf.* Serena Cabrita Neto e Carla Castelo Trindade, Contencioso Tributário I – Procedimento, Princípios e Garantias, Almedina, 2017, pág. 311.

Esta medida foi aprovada para entrar em vigor em janeiro de 2021, mas prorrogada para janeiro de 2022 (embora com utilização facultativa em 2021) (devendo obedecer às especificações técnicas definidas pela Autoridade Tributária e Aduaneira na Portaria n.º 195/2020).

No que concerne à implementação do ATCUD (que ficou suspenso para 2022), o Decreto-Lei 28/2019 prevê a obrigatoriedade dos sujeitos passivos comunicarem por via eletrónica à Autoridade Tributária, antes da sua utilização, a identificação das séries utilizadas na emissão de faturas e demais documentos fiscalmente relevantes por cada estabelecimento e meio de processamento utilizado. O ATCUD deve ser constituído pelo composto da junção do código de validação da série e o número sequencial do documento dentro da série. Para tal deve considerar-se por código de validação da série o número obtido junto da Autoridade Tributária, após a comunicação da respetiva série, composto por uma cadeia no mínimo de 8 caracteres.

De salientar que, por cada série documental comunicada, a Autoridade Tributária atribui um código que deve integrar o ATCUD, devendo este código ser colocado imediatamente acima do QR CODE e em documentos com mais do que uma página deve constar em todas elas.

Com a publicação do Despacho n.º 351/2021.XXII, do Secretário de Estado dos Assuntos Fiscais ficou suspensa para 2022 a comunicação de séries e a obrigação de aposição do código único de documento (ATCUD).

A partir do início de 2021, para quem facultativamente utilizasse o citado código bidimensional foi criado pelo Governo um benefício fiscal consubstanciado numa majoração em 140% nos gastos de implementação para quem o fizesse até final do 1.º trimestre de 2021, em 130% para as empresas que implementassem o mesmo até ao final do 1.º semestre de 2021 e em 120% nas demais situações.

29. Preços de transferência

Segundo a OCDE, os preços de transferência «são os preços a que uma empresa transmite bens materiais e ativos intangíveis, presta serviços a empresas associadas»[163].

Já para João Sérgio Ribeiro, a expressão «preço de transferência» traduz-se «no preço fixado por um determinado sujeito passivo quando vende ou compra bens, ou partilha recursos com uma pessoa com quem tenha relações especiais». Atendendo a que os preços utilizados podem não corresponder aos preços de mercado, sublinha o autor que «a resposta dos países a esta situação é a correção desses preços de transferência, no sentido de evitar que outros países obtenham uma parte do rendimento que foi gerado no seu território. Este ajustamento tem como referência os preços que teriam sido fixados por empresas sem uma relação especial, atuando de forma independente» (*cf.* Tributação Presuntiva do Rendimento, Almedina, pág. 394).

É na relação privilegiada entre as partes num contrato que surge a capacidade de moldar os termos do mesmo por razões fiscais, algo que se encontra a montante da transação concreto, encontrando-se a raiz do problema no plano da elisão fiscal e não da evasão fiscal, até porque os valores contratualizados pelas partes correspondem à sua livre vontade, embora o preço pratica possa ser suscetível de manipulação de modo a transferir ganhos de sociedades lucrativas para sociedades deficitárias ou isentas de imposto, obtendo uma poupança fiscal (Gustavo Lopes Courinha, *Manual do Imposto sobre o Rendimento das Pessoas Coletivas*, Almedina, 2019).

[163] *Cf.* «OECD Transfer Pricing Guidelines for Multinational Enterprises and Tax Administrations 2022».

No ordenamento nacional, a matéria dos Preços de Transferência está consagrada no artigo 63.° do Código do IRC, norma anti abuso recentemente alterada pela Lei n.° 119/2019, de 18 de setembro, e que se baseia na «OCDE Model Tax Convention». A acompanhar as alterações introduzidas no regime dos preços de transferência, foi também recentemente revista, tal como estabelece o n.° 15 do artigo 63.° do Código do IRC, a Portaria que durante de 20 anos regulamentou um conjunto de temas associados à aplicação do princípio da plena concorrência e que com a aprovação da Portaria n.° 268/2021, de 26 de novembro, revogou a Portaria n.° 1446-C/2001, de 21 de dezembro.

Esta alteração teve como propósito acolher no ordenamento jurídico interno acolher os desenvolvimentos mais recentes no seio da OCDE, em especial no que diz respeito às regras gerais de aplicação do principio da plena concorrência, designadamente na delineação das operações vinculadas e na abrangência do conceito de termos e condições, na análise de comparabilidade na seleção e aplicação dos métodos para determinação dos preços de transferência e na previsão de regras especificamente dirigidas para algumas operações.

Outra das matérias em que houve necessidade de se proceder a ajustamentos prendeu-se com as obrigações de documentação dos preços de transferência, tendo-se reformulado a organização do processo de documentação, com a previsão expressa de uma dupla estrutura traduzida na preparação e manutenção de um dossier principal (*Master File*) e um Dossier Específico (*Local File*), alinhando o processo com os *standards* internacionais.

Considerando a necessidade de reduzir os custos de contexto das empresas, sobretudo as de menor dimensão, houve a preocupação de, por um lado, conferir maior certeza na aplicação do regime, simplificar as obrigações acessórias que impende sobre as empresas.

O artigo 63.° do Código do IRC, inscreve-se nas correções para efeitos da determinação da matéria coletável, assumindo, como paradigma, o princípio da plena concorrência e permitindo o estabelecimento de uma paridade no tratamento fiscal entre as empresas integradas em grupos internacionais e empresas independentes bem como a neutralização de certas práticas de evasão fiscal, assegurando a consequente proteção da base tributável interna.

Atenta a complexidade técnica associada à aplicação do princípio de plena concorrência, e a necessidade de perspetivar a sua aplicação evitando a dupla tributação internacional e os litígios dela emergentes, reitera-se a recomendação de, na aplicação da regulamentação sobre os preços de transferência, seguir as orientações constantes dos relatórios da OCDE que desenvolvem esta matéria. Neste quadro inserem-se para além das «OECD Transfer Pricing Guidelines for Multinational Enterprises and Tax Administrations», na versão de julho de 2022, as subsequentes orientações, cuja adoção pelos países membros é objeto de recomendações aprovadas pelo Conselho desta organização internacional, nomeadamente as que resultam das ações do Projeto Base «Erosion and Profit Shifting», incluindo as orientações relativas à aplicação do método do fracionamento do lucro e à abordagem aos intangíveis de difícil avaliação (publicadas em 2018) e às operações financeiras (publicadas em fevereiro de 2020).

No caso particular da determinação do lucro tributável imputável a um estabelecimento estável, a aplicação do princípio de plena concorrência às relações entre este e a entidade da qual constitui estabelecimento estável, e com os demais estabelecimentos estáveis desta, deverá atender também às orientações vertidas nos relatórios da OCDE relativos à imputação de lucros a estabelecimentos estáveis, publicados em 2008 e 2010, aos comentários ao Modelo de Convenção da OCDE, bem como às observações de Portugal, aplicáveis às circunstâncias concretas, e às demais recomendações aprovadas pelo Conselho daquela organização internacional, conexas com este tema, nomeadamente as que resultam das ações do Projeto Base «Erosion and Profit Shifting».

Resulta da leitura das Guidelines da OCDE, mais precisamente do parágrafo 1.11, que decorre como problema de ordem prática suscitado pelo princípio de plena concorrência «o facto de as empresas associadas serem suscetíveis de efetuarem operações que empresas independentes não efetuariam».

A realização de tais operações torna difícil a aplicação do princípio de plena concorrência, podendo conferir alguma artificialidade às operações. No entanto, e de acordo com doutrina internacional nesta matéria, esta artificialidade é endémica da aplicação do princípio de plena concorrência e não poderá impedir a sua aplicação[164].

Ainda, de acordo com as suprarreferidas Guidelines, e o seu parágrafo 1.13, verifica-se que a «fixação dos preços de transferência não é uma ciência exata e necessita de uma apreciação casuística por parte da Administração Fiscal e do contribuinte».

[164] *Vd.*, «International transfer pricing journal», International Bureau of Fiscal Documentation (IBFD), volume 11, n.º 5, 2004, pág. 209.

Assim, em matéria de preços de transferência, temos o conceito de «*arm's lenght principle*», que nos conduz às noções de operações vinculadas e não vinculadas. As operações vinculadas consistem em operações individualizáveis, ou séries de operações, desenvolvidas entre entidades relacionadas. Para tal, as operações vinculadas implicam a existência de um sujeito passivo de IRC e, do outro lado, uma entidade sujeita ou não a IRC (residente ou não residente para efeitos fiscais em território português) com a qual esteja em situações de relações especiais, cujos elenco legal consta do n.º 4 do artigo 63.º do Código do IRC, condicionado ao facto de uma ter o poder de exercer, direta ou indiretamente, uma influência significativa nas decisões de gestão da outra.

Serão as operações efetuadas entre entidades relacionadas que devem observar o princípio da plena concorrência (ou *arm's lenght principle*)[165], o que se considera verificado quedo entre as entidades relacionadas sejam contratados, aceites e praticados termos ou condições substancialmente idênticos aos que normalmente seriam contratados, aceites e praticados entre entidades independentes[166], estas últimas também designadas operações não vinculadas, em operações comparáveis. Estas operações abrangem operações comerciais, incluindo operações ou série de operações que envolvam que tenham objeto ativos tangíveis ou intangíveis, direitos ou serviços, ainda que realizadas no âmbito de um qualquer acordo, designadamente de partilha de custos e de prestação de serviços intra grupo, bem como operações financeiras e operações de reestruturação ou reorganização empresariais, que envolvam alterações da estrutura de negócio, a cessação ou renegociação dos contratos existentes.

Ainda no tocante ao *arm's lenght principle*, se atentarmos à «OECD Model Tax Convention», que estabelece esse princípio, bem como ao artigo 9.º da Convenção Modelo da OCDE, que estabelece as regras para entidades rela-

[165] A determinação do preço de plena concorrência baseia-se, em geral, na comparação entre os termos e condições de uma operação vinculada e os de uma operação comparável entre partes independentes. As operações não têm de ser idênticas para serem comparáveis, mas já necessitam de ser suficientemente similares para poderem servir de base de cálculo aos preços de mercado. Os fatores de comparabilidade listados na lei incluem, para além do metido e do indicador, entre outras, as características específicas dos bens e serviços, as funções desempenhadas pelas empresas (considerando-se nelas os ativos utilizados e riscos assumidos), as circunstâncias económicas prevalecentes nos mercados em que as empresas operam, designadamente, a dimensão e localização geográfica, e a estratégia das empresas.

[166] Prevalecendo a substância sobre a forma, havendo que tomar em consideração não cada ato em separado, mas sim o resultado da série de atos no seu conjunto, caso esta exista.

cionadas (*associated enteprises*), verificamos que, na prática, o preço praticado por uma empresa numa operação vinculada, nem sempre reflete o seu interesse geral, pois, por demasiadas vezes, o preço praticado é definido em função de interesses mais vastos (ex. grupo, detentores de capital, planeamento fiscal, etc.).

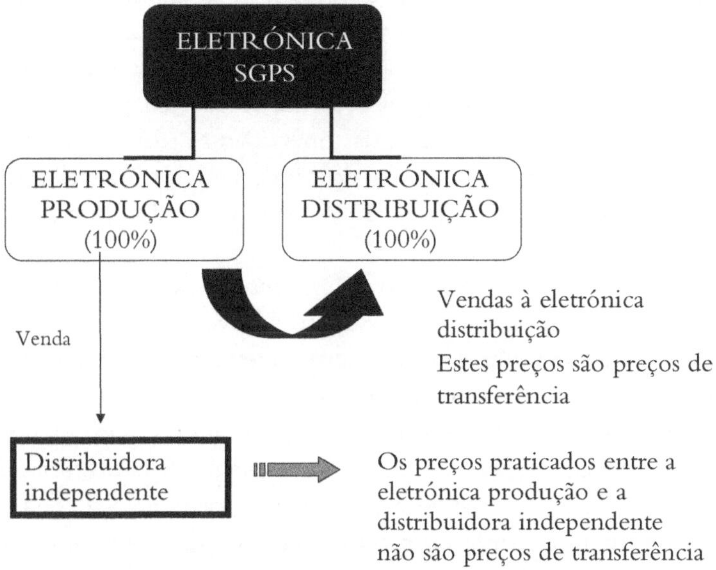

A aplicação dos preços de transferência remonta, desta forma, a operações comerciais relativas a bens, direitos, serviços ou operações financeiras, quando praticadas por duas entidades com relações especiais, nos termos prescritos no n.º 4 do artigo 63.º, do Código do IRC. A utilização de preços desadequados nas operações entre entidades relacionadas, nomeadamente no contexto de empresas multinacionais, pode dar origens a distorções na base tributável das entidades envolvidas, implicando a erosão das receitas fiscais nos países em que ocorra uma deslocalização dos lucros.

Em matéria de preços de transferência, temos, assim, de lidar com conceitos e terminologias que não poderemos, nesta exposição, deixar de assentar. Portanto, o «controlo» é o poder de gerir as políticas de estratégia, financeiras e operacionais de uma empresa obtendo benefícios da mesma. Por sua vez, uma «subsidiária» é uma entidade (incluindo parcerias), que é controlada por outra entidade, designada por Empresa-mãe, enquanto uma «associada» é uma entidade (incluindo parcerias) sobre a qual um investidor tenha influência significativa e que não seja uma subsidiária ou um interesse num empreendimento conjunto.

Note-se que a Administração Tributária está autorizada a proceder aos ajustamentos ao lucro tributável do contribuinte, quando se apurem efeitos fiscais de uma operação vinculada face a uma operação não vinculada, e que aquele não efetue de forma voluntária, nos termos do n.º 8 do artigo 63.º do Código do IRC (e n.º 1 do artigo 3.º da Portaria n.º 268/2021, de 26 de novembro). As correções positivas a efetuar, quer pelo sujeito passivo, quer pela Administração Tributária, devem ser imputadas «ao período ou períodos de tributação em que os efeitos das operações se tornem relevantes para efeitos da determinação do lucro ou do rendimento tributável dos sujeitos passivos de IRC ou de IRS» (*cf.* N.º 10 do artigo 63.º do Código do IRC e n.º 4 da Portaria).

A existência de uma correção ao lucro tributável com o intuito de fazer refletir o ajustamento positivo de um sujeito passivo deve corresponder a um ajustamento, negativo neste caso, de outro sujeito passivo que com aquele empreendeu uma operação vinculada. Isto no caso de transações entre entidades relacionadas residentes em território português. Contudo, no caso de operações vinculadas envolvendo entidades residentes fora do território português, o ajustamento correlativo à contraparte portuguesa só será efetuado no caso de existir um acordo com outro Estado contratante, nos termos do procedimento amigável[167] previsto nos Acordos de Dupla Tributação, ou um mecanismo de resolução de litígios, os termos da Lei n.º 120/2019, de 19 de setembro (que transpôs a Diretiva (EU) 2017/1852, de 10 de outubro, que estabelece mecanismos para a resolução de conflitos que envolvam autoridades competentes de Portugal e outros Estados-Membros em resultado da interpretação e aplicação de acordos e convenções internacionais para evitar a dupla tributação de rendimentos).

As operações vinculadas são sujeitas a uma análise individualizada, exceto no fornecimento continuado de bens ou serviços, na cedência do direito de exploração de ativos incorpóreos, se acompanhada de outras prestações ou quando a fixação dos preços dos bens tenha complementaridade, sejam

[167] O pedido de abertura de procedimento amigável deve ser submetido ao Diretor-geral da Autoridade Tributária e Aduaneira, tendo por fundamentação que as correções efetuadas ou a efetuar deram origem ou irão dar origem a uma dupla tributação não conforme com a regras inscritas na convenção internacional celebrada por Portugal e deve ser acompanhado dos elementos a que o n.º 3 do artigo 21.º da Portaria elenca.

por exemplo linhas de produtos. Para a determinação dos termos e condições que seriam normalmente acordados, aceites ou praticados entre entidades independentes, o sujeito passivo deve adotar qualquer um dos métodos previstos no n.º 3 do artigo 63.º do Código do IRC (n.º 1 do artigo 6.º da Portaria), ou seja:

a) Do preço comparável do mercado;
b) Do preço de revenda minorado;
c) Do custo majorado;
d) Do fracionamento do lucro;
e) Da margem líquida da operação;
f) Outro método, técnica ou modelo de avaliação económica de ativos geralmente aceites, sempre que os métodos previstos não possam ser utilizados devido ao carácter único ou singular das operações ou à falta ou escassez de informações e dados comparáveis fiáveis relativos a operações similares entre entidades independentes, em especial quando as operações tenham por objeto direitos reais sobre bens imóveis, partes de capital de sociedades não cotadas, direitos de crédito e intangíveis[168].

Na escolha do método, que terá em linha de conta, entre outros aspetos, a natureza da operação, a disponibilidade de informações fiáveis e o grau de comparabilidade entre as operações ou série de operações que efetua e outras, substancialmente idênticas, que foram ou seriam, em circunstâncias comparáveis, efetuadas entre entidades independente, considerar-se-á aquele que for suscetível de fornecer a melhor e mais fiável estimativa dos referidos termos e condições, isto é, o que for mais capaz de proporcionar o grau mais elevado de comparabilidade entre as operações vinculadas e outras não vinculadas, e entre as entidades selecionadas para a comparação. No fundo, o método que conte com melhor qualidade e maior quantidade de informação disponível para a sua adequada justificação e aplicação e que implique o menor número de ajustamentos para efeitos de eliminar as diferenças existentes entre os factos e as situações comparáveis[169] [170].

[168] Na escolha de outro método, os sujeitos passivos devem demonstrar a opção descrevendo o método ou técnica escolhida, bem como as razões para a sua escolha.

[169] Como sancionado pelo Tribunal Central Administrativo Sul, em Acórdão de 25 de janeiro de 2018, o legislador consagrou uma cláusula aberta a respeito dos métodos a adotar para a determinação dos preços de transferência (*cf.* Acórdão proferido com referência ao Processo n.º 6660/13, disponível em www.dgsi.pt).

[170] Duas operações reúnem as condições para serem consideradas comparáveis se são substancialmente idênticas, o que significa que as suas características económicas e financeiras

Segundo a OCDE (parágrafo 2.12) o princípio da plena concorrência não requer a aplicação de mais do que um método para uma dada operação ou série de operações, o que pode conduzir a encargos desnecessários para os sujeitos passivos caso o método se revele pouco fidedigno. A OCDE considera que a utilização de mais do que um método deve ser reservada para operações mais complexas, uma vez que, de um modo geral, um método único é apto a fornecer uma boa estimativa de um preço em plena concorrência.

Não será necessário proceder a nenhuma correção ao lucro tributável, caso se verifique que a utilização de duas ou mais operações não vinculadas comparáveis ou a aplicação de mais de um método considerado igualmente apropriado conduziu a um intervalo de valores que assegurou um grau de comparabilidade elevado e as condições relevantes da operação vinculada, nomeadamente o preço, se situem nesse intervalo de valores.

Segundo as diretrizes da OCDE[171], são considerados como métodos tradicionais, o método do Preço Comparável de Mercado, o método do Custo Majorado e o método do Preço de Revenda Minorado.

Método do Preço Comparável de Mercado (*Comparable Uncontrolled Price Method*)

Trata-se de um método que se baseia na comparação de uma operação vinculada com uma transação da mesma natureza, cujo objeto é um serviço/produto semelhante em termos de quantidade/valor análogo e em termos e condições semelhantes.

Exemplos: Empréstimos bancários; produtos com cotação oficial ou em bolsa (ouro, matérias-primas, etc.); aplicações financeiras; operações cambiais; rendas imóveis.

Este é o método considerado por muitos autores como o mais direto e fiável, sendo apropriado para as situações em que uma entidade realizada, seja para o mesmo bem, seja para o mesmo serviço, operações simultâneas com entidades relacionadas e com entidades independentes.

Porém, atendendo a que o n.º 1 do artigo 8.º da Portaria 268/2021, considera que a adoção deste método «requer o grau mais elevado de compara-

relevantes são análogas ou suficientemente similares, de tal modo que as diferenças existentes entre as operações ou entre as empresas nelas intervenientes não são suscetíveis de afetar de forma significativa os termos e condições que se praticariam numa situação normal de mercado ou, sendo-o, é possível efetuar os necessários ajustamentos que eliminem os efeitos relevantes provocados pelas diferenças verificadas.

[171] Parágrafo 2.13.

bilidade» entre operações das entidades intervenientes, a sua utilização nem sempre é a mais simples. Acrescenta o n.º 2 do mesmo preceito legal a possibilidade de utilização, como fator de comparação, o preço praticado numa operação não vinculada, com termos e condições substancialmente idênticos, no mesmo ou em mercados similares, seja por uma entidade pertencente ao mesmo grupo, seja por uma entidade independente.

Preços de Transferência – Método do Preço Comparável de Mercado

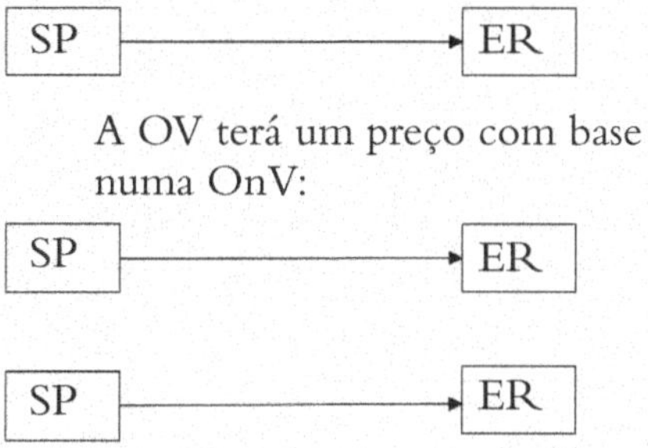

Nota: ER – Entidade relacionada; EI – Entidade independente

Método do Preço de Revenda Minorado (*Resale Price Method*)

Este método tem por base o preço de revenda praticado pela empresa a uma entidade independente, tendo por objeto um produto adquirido a uma entidade relacionada, ao qual é subtraído uma margem de lucro bruto (n.º 1 do artigo 9.º da Portaria 268/2021). Esta margem de lucro bruto serve de base a determinação do preço comparável da entidade relacionada, sendo determinada tendo como referência a margem sobre o preço de revenda praticada numa operação não vinculada comparável efetuada por uma entidade pertencente ao mesmo grupo; ou por uma entidade independente (n.º 2 do artigo 9.º da Portaria 268/2021).

De acordo com o n.º 3 deste artigo, esta margem deve possibilitar ao revendedor «(...) a cobertura dos seus custos de venda e outros custos operacionais e proporcionar ainda um lucro (...)» comparável ao que seria obtido por empresas independentes em operações comparáveis. Ao preço de revenda é então subtraída a margem de lucro bruto e realizados os ajustamentos previstos no n.º 4 deste artigo, obtendo-se o preço de transferência ou de plena concorrência para a operação realizada entre as empresas relacionadas.

Este método é utilizado relativamente a operações de comercialização de venda de bens, mas desde que as mesmas sejam comparáveis em todas as características exceto os produtos e em que o revendedor não acrescenta um valor substancial ao produto.

A adoção deste método requer, portanto, o grau mais elevado de comparabilidade com incidência tanto no objeto e demais termos e condições da operação como na análise funcional das entidades intervenientes. Sempre que uma operação vinculada e uma operação não vinculada não sejam substancialmente comparáveis, o sujeito passivo deve identificar e quantificar os efeitos provocados pelas diferenças existentes nos preços de transferência, que devem ser de natureza secundária, procedendo aos ajustamentos necessários para os eliminar, por forma a determinar um preço ajustado correspondente ao de operação não vinculada comparável.

Tem, contudo, algumas dificuldades de aplicação, nomeadamente quando se procede à montagem de vários componentes para obter um produto, quando decorre um lapso temporal significativo entre a compra e a revenda ou quando o revendedor contribuiu significativamente para a criação/melhoria de ativos intangíveis[172].

Preços de Transferência – Método do Preço de revenda minorado

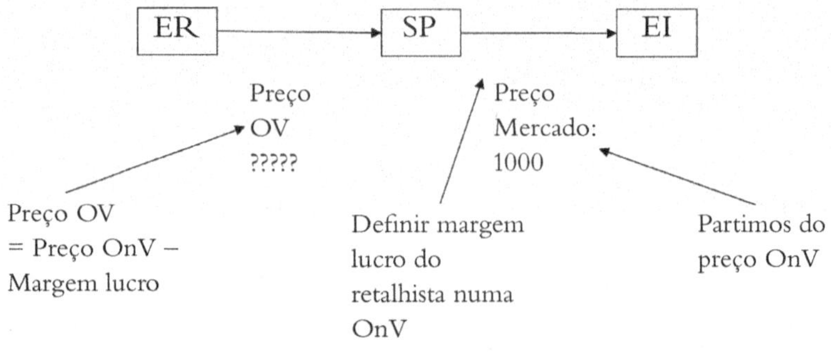

[172] No que respeita aos acordos de *prestação de serviços intragrupo*, na determinação do preço de transferência de um serviço cujo valor económico esteja justificado o método do preço comparável de mercado deve ser considerado como método mais apropriado quando os serviços são idênticos ou substancialmente similares, quanto à sua natureza, qualidade, quantidade e frequência, aos prestados por entidades independentes ou quando, no quadro de uma atividade normal e habitual, são prestados a entidades independentes em mercados similares e em termos e condições comparáveis.

Método do Custo Majorado (*Cost Plus Method*)

Este método tem por base o montante de custos suportados por um fornecedor numa operação vinculada, à qual é adicionada a margem de lucro bruto praticada numa operação não vinculada comparável (n.º 1 do artigo 10.º da Portaria 268/2021). A margem de lucro bruto, segundo o n.º 2 da referida portaria, pode ser determinada tomando como base a margem de lucro bruto praticada numa operação não vinculada comparável efetuada pelo sujeito passivo, por uma entidade pertencente ao mesmo grupo ou por uma entidade independente.

O preço de transferência ou o preço de plena concorrência para a operação realizada entre as empresas relacionadas será aquele que resultar depois de adicionada a margem de lucro bruto aos custos de produção e após realizados os ajustamentos previstos no n.º 3 do referido artigo 8.º.

O âmbito de aplicação deste método é, sobretudo, em venda de produtos semiacabados entre relacionadas, na usufruição comum de equipamentos e na prestação de Serviços[173]. Contudo, tem limitações de aplicação por poder não refletir os níveis de eficiência do fabricante, pois nem sempre o preço dos bens tem uma relação direta com os custos de produção e por poder originar problemas se não existir compatibilidade ou consistência das normas contabilísticas.

Preços de Transferência – Método do Custo Majorado

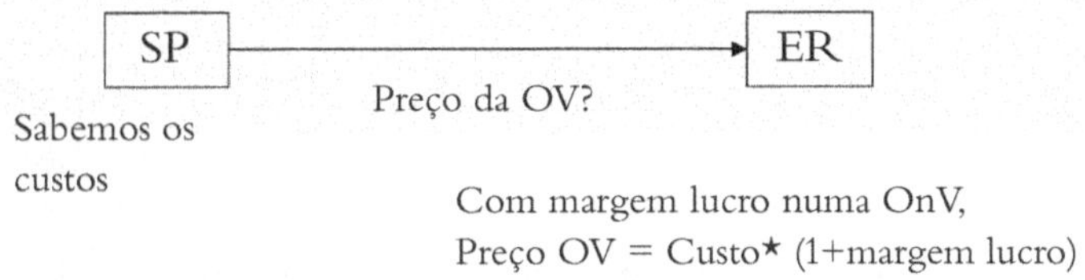

[173] No que respeita aos acordos de *prestação de serviços intragrupo,* na determinação do preço de transferência de um serviço cujo valor económico esteja justificado, o método do custo majorado deve ser considerado como o método mais apropriado sempre que não se disponha de dados com qualidade e quantidade suficientes para aplicar o método referido na alínea anterior e quando, após uma análise das funções exercidas, ativos utilizados e riscos assumidos, seja possível estabelecer o mais elevado grau de comparabilidade com operações similares não vinculadas, sendo indispensável para este efeito, designadamente, que a estrutura dos custos suportados pelo prestador seja substancialmente idêntica à de entidade independente ou à de entidade pertencente ao mesmo grupo em operação não vinculada comparável, ou passe a sê-lo mediante a realização dos ajustamentos necessários.

Métodos baseados no lucro da operação: são aplicáveis sempre que os métodos tradicionais não sejam suficientemente fiáveis para serem aplicados isoladamente, o que nem sempre é possível devido à complexidade das operações e das relações entre as empresas. Estes métodos ditos alternativos, para a determinação do preço de plena concorrência, foram previstos pela primeira vez, pela OCDE, em 1995.

Dentro deste conjunto de métodos estão incluídos o Método do Fracionamento do Lucro e o Método da Margem Líquida da Operação.

Método do Fracionamento do Lucro (*Profit Split Method*)

Este método visa a repartição do lucro global derivado de operações complexas ou de séries de operações vinculadas realizadas de forma integrada entre as entidades intervenientes recorrendo a bases economicamente válidas que reflitam uma divisão em termos que ocorreriam caso as operações ocorressem entre entidades independentes (n.º 1 do artigo 11.º da Portaria 268/2021).

Em primeiro lugar, o método consiste em determinar o valor do lucro global relevante, obtido pelas partes na operação vinculada e, de seguida, proceder ao seu fracionamento, tendo como critério o valor da contribuição de cada uma daquelas partes para a realização das operações, segundo as funções exercidas, os ativos utilizados e os riscos assumidos. São ainda tomados em linha de conta, dados externos fiáveis que indiquem como é que entidades independentes teriam avaliado as suas contribuições, acaso tivessem utilizado o mesmo tipo de ativos e assumindo riscos idênticos.

Tem duas vias de aplicação (n.º 3 do artigo 11.º da Portaria 268/2021):

1) Repartição do lucro global relevante: determina-se o lucro global relevante obtido pelas partes intervenientes nas operações vinculadas, repartindo-se, posteriormente, entre as entidades relacionadas em função de uma base válida, que reflita o valor da contribuição de cada uma, com base em dados do mercado, isto é, em função do valor que cada uma obteria em operações com empresas independentes. Ou seja, há uma repartição baseada em funções desempenhadas, ativos utilizados, riscos assumidos, etc.;
2) Fracionamento do lucro ou do prejuízo residual: atribuição da fração de lucro ou prejuízo residual que reflita a remuneração apropriada para as operações realizadas e fracionamento do lucro ou prejuízo residual entre as entidades intervenientes.

O âmbito de aplicação deste método pressupõe que as operações vinculadas revelam um elevado grau de integração, bem como a existência de contribuições de caráter único e elevado valor, como é o caso de intangíveis, e a existência de riscos economicamente relevantes sejam partilhados por mais de uma entidade relacionada. Trata-se de um método especialmente indicado para agrupamento complementar de empresas e joint-ventures.

Todavia, este método não deixa de apresentar algumas dificuldades no momento da sua aplicação, por tornar difícil, aquando da determinação das receitas e dos encargos globais de todas as entidades relacionadas, a uniformização dos documentos contabilísticos e dos ajustamentos, consagrados no n.º 5 do artigo 11.º da Portaria 268/2021, que permitam corrigir os efeitos das diferenças identificadas entre as operações e as entidades.

Preços de Transferência – Método do Fracionamento do Lucro

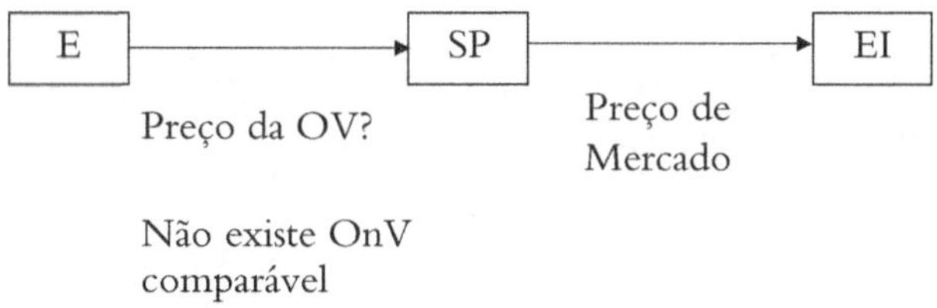

Nesse caso, apura-se o lucro realizado pelo conjunto das ER
Determina-se a forma como duas EI repartiriam o lucro
E reparte-se o lucro entre as ER de acordo com esse critério

Nota: em alternativa a este esquema, é possível também identificar, em primeiro lugar, as operações realizadas por cada ER (segundo funções exercidas, ativos usados, riscos assumidos ou outro método) e comparar com casos de EI, atribuindo uma fração do lucro global a cada ER. De seguida, em função da contribuição de cada ER e o comportamento que um EI teria na mesma situação, repartição do lucro residual da operação.

Método da Margem Líquida da Operação (*Transactional Net Margin Method*)

Trata-se de um método que usa a comparação entre a margem líquida das operações com entidades vinculadas com a margem líquida das operações com entidades não vinculadas. A margem de lucro é calculada em relação a um indicador apropriado, tais como vendas, custos, ativos utilizados e outras grandezas relevantes (n.º 5 do artigo 12.º da Portaria 268/2021).

Exemplos de indicadores podem ser: Net cost plus = Resultados Operacionais / Custos Operacionais; Rentabilidade Operacional = Resultados Operacionais / Proveitos Operacionais; RCP = Resultados Operacionais / CP; Margem lucro = (vendas – CMVMC) / (Custos operacionais – CMVMC).

Contudo, há certos fatores e riscos, apontados a este método, que devem ser considerados, tais como a consistência das políticas contabilísticas, o cálculo dos custos (ex. amortizações, pessoal), a correta avaliação dos ativos utilizados, a plenitude dos ativos incorpóreos ou a utilização de dados plurianuais. No entanto, este é um método muito utilizado, em virtude de inexistência de informação pública, dado a dificuldade de existir entidades independentes que vendam produtos/serviços com as mesmas características e em condições similares.

Preços de Transferência – Método da margem líquida da operação

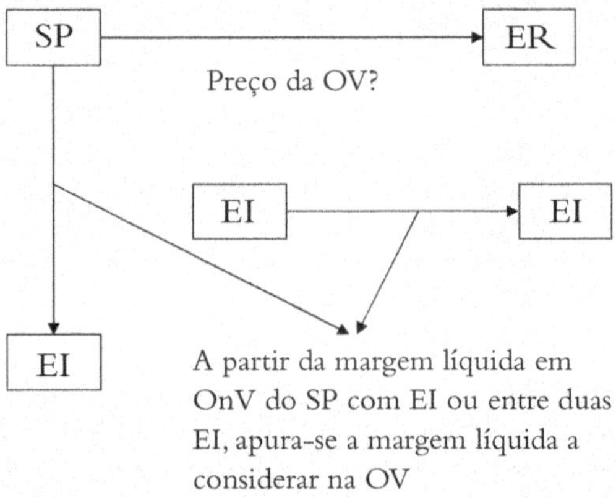

Preços de Transferência – Quadro síntese dos métodos

Método	Requisitos de comparação	Tipo de operação/ Atividade a analisar	Abordagem
Preço comparável mercado	Muito elevado	Qualquer	Teste aos preços
Preço revenda mercado	Elevado	Distribuição /Marketing	Teste à margem bruta
Custo majorado	Elevados	Produção/ serviços	Teste à margem bruta
Margem líquida da operação	Médio a fraco	Qualquer	Teste à margem líquida ou a rentabilidade do ativo

Obrigações declarativas dos sujeitos passivos em matéria de preços de transferência

A eficiente aplicação das regras sobre preços de transferência requer um elevado grau de colaboração entre os contribuintes e a Administração Tributária. Daí que assumam particular relevo, nesta sede, as obrigações relativas à informação e documentação que o sujeito passivo deve obter, produzir e manter para justificar a política adotada em matéria de preços de transferência.

Todavia, não sendo exaustiva a lista elaborada pelo sujeito passivo atinente à informação e documentação relevante, é legitima a expetativa, por parte da Administração Tributária, de que o contribuinte cumpra com a produção da informação e forneça, para sua análise, os elementos que, perante os factos e circunstâncias concretas que caracterizam a sua atividade e, num quadro de boas práticas comerciais e financeiras, deveria razoavelmente deter para determinar e comprovar a conduta adotada na fixação dos preços de transferência, sem que, no entanto, seja obrigado a incorrer em custos de observância desproporcionados.

Aliás, neste quadro, a revisão do regime legal dos preços de transferência vem proceder à reformulação da organização do processo de documentação, tendo-se adotado uma dupla estrutura traduzida na preparação e manutenção de um dossier principal (*master file*) e um dossier específico (*local file*), alinhando a política declarativa em matéria de preços de transferência com o quadro internacional.

Por outro lado, as alterações introduzidas visaram também proceder a uma simplificação das obrigações acessórias que impendem sobre as empresas, sobretudo no que toca às empresas de pequena e média dimensão, sem prejuízo de manter um elevado grau de colaboração entre os contribuintes e a administração fiscal.

Em matéria de dispensas, o artigo 17.º da Portaria n.º 268/2021, estabelece que os sujeitos passivos de IRC, que no período a que respeita a obrigação, tenham atingindo um montante total anual de rendimentos inferior a € 10.000.000, não estão obrigados a dispor de informação e documentação respeitantes à política dotada em matéria de preços de transferência, limite aquele que é aferido em conformidade com o valor anualizado dos rendimentos quando esse ano respeite ao período de início de atividade.

Mesmo que seja ultrapassado o limite dos € 10.000.000, ainda assim os sujeitos passivos podem ficar dispensados de dispor informação e documentação respeitantes à política adotada em matéria de preços de transferência se o valor das operações vinculados no período da obrigação não tenha excedido, por contraparte, € 100.000 e, na sua globalidade, € 500.000, exceto contrapartes, pessoas singulares ou coletivas, residentes em jurisdição que tenha em vigor uma regime de tributação mais claramente mais favorável que o português.

Para os sujeitos passivos que não estejam abrangidos pelas aludidas dispensas, mas que sejam empresas de pequena e média dimensão, nos termos do Decreto-Lei n.º 372/2007, e cuja situação tributária não seja acompanhada pela Unidade dos Grandes Contribuintes, a obrigação de dispor informação e documentação da política adotada em matéria de preços de transferência consiste em constituir um dossier simplificado, apenas com os documentos elencados nas várias alíneas dos n.ºs 1 e 2 do artigo 19.º da Portaria n.º 268/2021.

Por remissão para o artigo 130.º do Código do IRC, quanto às condições em que o processo deve ser mantido, deve sublinhar-se que o processo deve ser mantido em boa ordem por um período de 10 anos, devendo estar constituído até ao termo do prazo de entrega da declaração anual de informação contabilística e fiscal, que é 15 de julho, ou 15.º dia do 7.º mês para os sujeitos passivos que adotam um período de tributação não coincidente com o ano civil. Quanto ao local de arquivo, segundo o referido preceito legal, o processo deve estar centralizado em estabelecimento ou instalação situada em território português do próprio sujeito passivo ou do seu representante, caso se trate de um sujeito passivo não residente.

De sublinhar que, a entrega à AT só é obrigatória para os casos de empresas abrangidas pelo regime especial de tributação dos grupos de sociedades e sujeitos passivos objeto de acompanhamento pela Unidade de Grandes Contribuintes, devendo o mesmo ser entregue em formato papel ou digital à AT como parte integrante do dossier fiscal até ao termo do prazo para entrega da declaração anual de informação contabilística e fiscal.

Quanto aos elementos a incluir no dossier de preços de transferência, com as alterações introduzidas, os sujeitos passivos passaram a ter de preparar dois dossiers, que devem ser entregues em conjunto. Um, o dossier principal, que deve conter os elementos que constam dos n.os 1 a 6 do anexo i da Portaria n.º 268/2021, designadamente, uma descrição da entidade (como por exemplo, identificação, estrutura organizacional, jurídica e operacional do grupo, objeto social, resultados líquidos e imposto pago nos 3 últimos períodos), atividade do grupo, intangíveis, financiamento e outra informação relativa ao grupo (demonstrações financeiras e acordos prévios sobre preços de transferência.

No outro dossier, o dossier específico, deve constar os elementos que constam dos n.os 7 a 11, como sejam a descrição do negócio do sujeito passivo, identificação e caracterização das entidades relacionadas, caracterização das operações vinculadas, aplicação das metodologias de determinação dos preços de transferência e informação financeira do sujeito passivo

Também na declaração anual de informação contabilística e fiscal a que se refere o artigo 121.º, deve o sujeito passivo declarar a existência ou inexistência, no período de tributação a que aquela respeita, de operações com entidades com as quais está em situação de relações especiais, devendo ainda, no caso de declarar a sua existência, designadamente: «a) identificar as entidades em causa; b) identificar e declarar o montante e a tipologia das operações realizadas com cada uma; c) identificar as metodologias de determinação dos preços de transferência utilizadas e as alterações ocorridas às metodologias adotadas».

Pela Lei n.º 119/2019, de 18 de setembro, foram aditadas mais duas alíneas ao n.º 7 do artigo 63.º, devendo agora os sujeitos passivos indicar também, na declaração anual de informação contabilística e fiscal a que se refere o artigo 121.º, o valor das correções efetuadas na determinação do lucro tributável pela não observância do princípio da plena concorrência na fixação dos termos e condições das operações e declarar se foram organizadas, ao tempo em que as operações tiveram lugar, e se mantêm, a documentação relativa aos preços de transferência praticados (artigo 63.º n.º 7 alíneas d) e e) do Código do IRC).

Saliente-se que a falta de apresentação, no prazo que a administração tributária fixar, da documentação respeitante à política adotada em matéria de preços de transferência é punível com coima de 500 € a 10 000 €, acrescida de 5 % por cada dia de atraso no cumprimento das presentes obrigações (n.º 6 do artigo 117.º do RGIT).

30. Exercícios de escolha múltipla

Incidência e conceitos base do imposto

1. Para efeitos de incidência do imposto, a noção de lucro, acolhida no Código do IRC, corresponde:
   a. Ao lucro apurado pela contabilidade regularmente organizada;
   b. Ao incremento patrimonial verificado no período de tributação, com as correções estabelecidas no Código do IRC;
   c. Ao incremento dos meios financeiros líquidos verificados no período de tributação, com as correções estabelecidas no Código do IRC;
   d. À matéria coletável.

2. As empresas que não tenham sede e direção efetiva em território português, ficam sujeitas a IRC:
   a. Pela totalidade dos seus rendimentos, incluindo os obtidos fora do território português;
   b. Pela totalidade dos seus rendimentos, excluindo os obtidos nos Açores e Madeira;
   c. Apenas quanto aos rendimentos obtidos em território português;
   d. Nenhuma das anteriores.

3. Qual das seguintes situações é considerada como um estabelecimento estável:
   a. Comissionista para vendas, por sua conta e risco;
   b. Estaleiro durante mais de 6 meses;
   c. Estaleiro durante 5 meses;
   d. Nenhuma das anteriores.

4. Considera-se que uma sociedade não residente tem estabelecimento estável em território português se neste tiver:
   a. Uma instalação fixa para compra de mercadorias;

b. Um agente independente por conta própria;
c. Uma instalação fixa apenas para exposição de mercadorias;
d. Um agente, que não atua por conta própria.

5. Considera-se que uma sociedade não residente tem estabelecimento estável em território português se neste tiver:
   a. Uma instalação fixa apenas para exposição de mercadorias;
   b. Um estaleiro de construção por um período superior a 3 meses;
   c. Uma instalação fixa para desenvolver uma atividade comercial;
   d. Nenhuma das anteriores.

6. São sujeitos passivos de IRC:
   a. Os estabelecimentos individuais de responsabilidade limitada;
   b. As heranças indivisas;
   c. Os consórcios;
   d. As sociedades unipessoais de quotas.

7. A sociedade BETA, com sede em Viana do Castelo, possui um estabelecimento estável em França. Através desse estabelecimento pagou a uma sociedade francesa, que opera no respetivo mercado, comissões por intermediação na venda de mercadorias realizadas diretamente pela sede da empresa em Portugal, sem intervenção daquele seu estabelecimento estável.
   De acordo com a legislação nacional, os rendimentos em causa:
   a. Não se consideram obtidos em Portugal, pelo que, não estão sujeitos a retenção na fonte;
   b. Consideram obtidos em Portugal, pelo que, não estão sujeitos a retenção na fonte;
   c. Consideram-se obtidos em Portugal, pelo que, estão sujeitos a retenção na fonte a taxa liberatória;
   d. Nenhuma das afirmações anteriores está correta.

8. Nos termos do Código do IRC, o facto gerador:
   a. Ocorre apenas com a realização dos rendimentos ou ganhos tributáveis;
   b. Ocorre no último dia do ano civil, mas apenas quando os rendimentos sejam obtidos por entidades residentes;
   c. Ocorre no último dia do ano civil, mas apenas quando os rendimentos sejam obtidos por não residentes com estabelecimento estável;
   d. Ocorre no último dia do período de tributação, desde que os rendimentos sejam obtidos por entidades residentes ou por não residentes com estabelecimento estável ao qual aqueles rendimentos sejam imputáveis.

9. Uma empresa, com sede em Guimarães, pagou a uma sociedade francesa os honorários relativos à montagem de um pavilhão numa feira internacional realizada em Paris, para promoção dos respetivos produtos. Tais rendimentos:
   a. Estão sujeitos a retenção na fonte de IRC com carácter definitivo;

b. Só não serão tributados em Portugal se a empresa portuguesa tiver na sua posse um certificado de residência válido nos termos da Convenção bilateral;
c. Não se consideram obtidos em território português, na medida em que respeitam a serviços realizados integralmente fora daquele território embora utilizados cá, não dizem respeito a um bem nele situado;
d. Estão isentos de IRC.

10. A sociedade XPTO, Lda., é uma sociedade de profissionais, enquadrável no artigo 6.° do Código do IRC, sendo a sua MATÉRIA TRIBUTÁVEL...
a. ... não sujeita a IRC e imputada aos sócios na proporção das suas quotas e integrável nos seus rendimentos tributáveis sujeitos a IRS;
b. ... isenta de IRC e imputada aos sócios na proporção das suas quotas e integrável nos seus rendimentos tributáveis sujeitos a IRS;
c. ... sujeita a IRC e imputada aos sócios na proporção das suas quotas e integrável nos seus rendimentos tributáveis sujeitos a IRS;
d. ... sujeita a IRC.

11. Os consórcios e os Agrupamentos Complementares de Empresas (ACE) são:
a. Ambos sujeitos passivos de IRC, embora os ACE tenham personalidade jurídica e os consórcios não;
b. Os consórcios não são sujeitos passivos de IRC, mas os ACE são, estando estes sujeitos ao regime geral de tributação;
c. Nem uns nem outros são sujeitos passivos de IRC: a tributação é feita, diretamente, na esfera dos respetivos membros em sede de IRS ou de IRC, conforme os casos;
d. Os consórcios não são sujeitos passivos de IRC, mas os ACE são, embora o seu lucro ou prejuízo seja imputado aos seus membros, integrando-se no seu rendimento tributável.

12. Em IRC, os Agrupamentos Complementares de Empresas (ACE) são tributados:
a. Pelo regime geral de tributação do IRC;
b. Pelo regime especial de tributação dos grupos de sociedades;
c. Pelo regime simplificado;
d. Pelo regime de transparência fiscal.

13. Uma sociedade que tenha a direção efetiva em Portugal, mas a sede na Argentina:
a. É considerada residente em Portugal;
b. É considerada apenas residente na Argentina, uma vez que a sede estatutária está situada neste país;
c. Não é residente em nenhum destes países;
d. É considerada residente na Argentina, embora tenha um estabelecimento estável em Portugal.

14. Uma sociedade residente no Japão cobra a uma sociedade residente, em território português, honorários pela instalação e montagem, numa feira internacional realizada naquele país, de vitrines para exposição dos produtos cuja venda esta última sociedade pretende promover:
    a. Os rendimentos obtidos pela empresa japonesa são rendimentos de natureza comercial, não sendo tributados em território português, uma vez que os mesmos não são imputáveis a estabelecimento estável da mesma empresa sito neste território;
    b. Trata-se de rendimentos derivados de uma prestação de serviços e, embora os serviços sejam prestados fora do território português, sendo utilizados neste território estão aqui sujeitos a tributação;
    c. Os rendimentos auferidos pela empresa japonesa não se consideram obtidos em território português, porquanto derivam de prestações de serviços que são realizados fora do território português embora utilizados cá, não dizem respeito a um bem nele situado;
    d. Sendo os serviços pagos por uma entidade residente em território português, são tributados neste território.

15. Uma sociedade residente no Canadá que tem por objeto a compra e venda de material eletrónico, tem uma sucursal em Portugal que se dedica à prospeção de mercado e à prestação de informações para a empresa. Esta sucursal:
    a. Configura desde logo um estabelecimento estável, visto a sucursal constituir um dos exemplos paradigmáticos de estabelecimento estável;
    b. Embora se trate de uma instalação fixa, configura um estabelecimento estável, visto se exercer, através dela, uma atividade de natureza comercial, industrial ou agrícola;
    c. Não configura um estabelecimento estável, porquanto a atividade exercida através da sucursal tem um carácter meramente preparatório ou auxiliar;
    d. É um estabelecimento estável, sendo o mesmo tributado pelo lucro que lhe é imputável.

16. Uma sociedade não residente vende mercadorias para o território português, dispondo, para o efeito, de um agente neste território que procede à angariação de clientes para a empresa não residente e lhe presta um serviço de entrega das mercadorias vendidas, assumindo o risco do negócio em Portugal. Este agente:
    a. É um representante permanente da sociedade não residente, sendo, portanto, um estabelecimento estável desta sociedade;
    b. É um agente independente e, como tal, não configura um estabelecimento estável da sociedade não residente;
    c. Não configura um estabelecimento estável, porquanto não dispõe de poderes de intermediação e de celebração de contratos que vinculem a empresa;
    d. É um estabelecimento estável da sociedade não residente, pois esta sociedade realiza as suas vendas em território português.

17. Uma sociedade não residente, que se dedica à atividade de construção civil, celebrou um contrato de empreitada de uma obra a realizar em território português, durante o

período de 8 meses; celebrou, todavia, um contrato de subempreitada com uma sociedade igualmente não residente neste território, sendo esta última quem efetivamente levou a cabo os trabalhos de construção.

a. A primeira sociedade não dispõe em território português de qualquer estabelecimento estável, na medida em que, tendo dado os trabalhos em subempreitada, não realiza, neste território, qualquer atividade de natureza comercial. Apenas a segunda sociedade dispõe de um estabelecimento estável, uma vez que as obras têm uma duração superior a 6 meses;
b. Ambas as sociedades dispõem em território português de estabelecimento estável, visto que a obra tem uma duração superior a 12 meses;
c. Nenhuma das duas sociedades dispõe de estabelecimento estável em território português;
d. Ambas as sociedades dispõem de estabelecimento estável em território português, visto que o contrato de empreitada pressupõe a atividade de coordenação e supervisão da obra, sendo o tempo despendido pelo subempreiteiro imputável ao próprio empreiteiro e tendo em conta que a obra tem uma duração superior a 6 meses.

18. Face ao regime de transparência fiscal, nas sociedades de profissionais:
a. Os rendimentos são imputados aos sócios;
b. Os lucros têm natureza de rendimentos de capital;
c. A matéria coletável é imputada aos sócios;
d. Nenhuma das anteriores.

19. No âmbito do regime de transparência fiscal:
a. Considera-se uma sociedade de profissionais, a sociedade constituída por 3 médicos para venda de material clínico;
b. Considera-se uma sociedade de profissionais, a sociedade constituída em partes iguais por um economista e um contabilista, em que apenas o primeiro exerce através da sociedade a respetiva atividade;
c. Considera-se uma sociedade de profissionais, a sociedade constituída por um médico cardiologista e um médico-cirurgião;
d. Considera-se uma sociedade de profissionais, a sociedade constituída no ano inteiro por três arquitetos e três decoradores.

20. Uma sociedade unipessoal cujo único sócio é um contabilista, pessoa singular:
a. É um sujeito passivo de IRS, à semelhança do Estabelecimento Individual de Responsabilidade Limitada;
b. É um sujeito passivo de IRC, embora sujeito ao regime de transparência fiscal, imputando-se ao sócio a matéria coletável apurada na esfera da sociedade, visto tratar-se de uma sociedade unipessoal;
c. É um sujeito passivo de IRC que nunca pode estar sujeito ao regime de transparência fiscal, como sociedade de profissionais, visto que esta pressupõe a existência de mais de um sócio;

d. É um sujeito passivo de IRS, sujeito, neste caso, ao regime de transparência fiscal como sociedade de profissionais.

21. Numa sociedade transparente, a distribuição antecipada de lucros aos sócios:
    a. Não é tributada na esfera dos sócios, em virtude da aplicação do regime de transparência fiscal;
    b. É tributada na esfera dos sócios, em sede de IRS ou de IRC, como rendimentos de capitais;
    c. Não é gasto na esfera da sociedade e não constitui rendimento dos sócios, porque os mesmos são tributados pela matéria coletável que lhes for imputável apurada na esfera da sociedade;
    d. É gasto fiscal da sociedade e rendimento do sócio em sede de IRS ou de IRC.

22. Uma sociedade com sede em Itália tem um estabelecimento estável em Portugal, e outro na Bélgica. Em sede de IRC, esta sociedade:
    a. É tributada em Portugal pelos rendimentos obtidos em Itália, Bélgica e Portugal;
    b. Não é tributada em Portugal;
    c. É tributada em Portugal pelos rendimentos obtidos, através do estabelecimento estável, em Portugal;
    d. É tributada em Portugal pelos rendimentos obtidos na Bélgica e Portugal.

23. Os rendimentos de uma pessoa coletiva, residente em território português, que não exerce a título principal uma atividade comercial, industrial ou agrícola, são tributados com base:
    a. No rendimento global, correspondente aos rendimentos obtidos, deduzidos dos custos indispensáveis à obtenção dos rendimentos e documentalmente comprovados;
    b. No rendimento global, correspondente à soma algébrica dos rendimentos das diversas categorias consideradas para efeitos de IRS e, bem assim, dos incrementos patrimoniais obtidos a título gratuito;
    c. No lucro, que consiste na diferença entre os valores do património líquido no fim e no início do período de tributação, com as correções estabelecidas no Código do IRC;
    d. Na diferença entre os rendimentos e os custos do exercício, evidenciados na contabilidade, desde que esta se encontre organizada nos termos da lei comercial e fiscal.

24. Uma pessoa coletiva de mera utilidade pública, com sede em território português, tem como rendimentos as quotas dos associados, juros de depósitos a prazo e rendas de uma loja. Esta entidade:
    a. Não é sujeito passivo do IRC;
    b. É sujeito passivo do IRC e os seus rendimentos sujeitos a tributação são os juros de depósitos a prazo e a renda da loja;
    c. É sujeito passivo do IRC mas está isenta automaticamente nos termos do atual artigo 10.º do Código do IRC;

d. É sujeito passivo do IRC e os seus rendimentos sujeitos a tributação são as quotas dos associados, os juros de depósitos a prazo e a renda da loja.

25. A sociedade XYZ, Lda., com sede em território português, encontrava-se inativa desde 01.12.2018. Em 15.10.2019. os sócios deliberaram proceder à dissolução da sociedade, iniciando-se nesta data o processo de liquidação que ficou concluído em 31.03.2020. O registo do encerramento da liquidação na Conservatória do Registo Comercial ocorreu em 15.05.2020.
Face ao descrito, qual a data a que deve ser reportada a cessação de atividade, para efeitos de IRC?
a. 01.12.2018;
b. 15.10.2019;
c. 31.03.2020;
d. 15.05.2020.

26. Uma sociedade encontra-se inativa desde fevereiro de 2016. Para efeitos do Código do IRC, esta sociedade cessa a atividade:
a. Em fevereiro de 2016;
b. A 31 de dezembro de 2016;
c. Na data em que ocorrer o encerramento da liquidação;
d. Quando deixarem de obter rendimentos.

27. António Carlos é sócio de uma sociedade de médicos que constituiu com mais dois colegas de profissão. A sociedade apurou na sua declaração de rendimentos modelo 22 de IRC, uma matéria coletável de 120 000 €, tendo colocado à disposição de cada sócio lucros no valor de 20 000 €.
António Carlos vai ser tributado, em sede de IRS:
a. Na categoria B e na categoria E, respetivamente, pelos valores de 40 000 € e de 10 000 €;
b. Na categoria B e na categoria E, respetivamente, pelos valores de 40 000 € e de 20 000 €;
c. Na categoria B por 20 000 € de acordo com o artigo 40.º-A do Código do IRS;
d. Na categoria B por 40 000 €.

28. Uma associação cultural tem os seguintes rendimentos: as quotas dos associados totalizaram 4000 €, os subsídios foram de 1000 € e o lucro obtido no bar foi de 3000 €.
O rendimento global será de:
a. 3000 €;
b. 4000 €;
c. 1000 €;
d. 8000 €.

29. Uma sociedade inativa tem as seguintes obrigações fiscais:
    a. Não necessita de entregar nenhuma declaração;
    b. Entrega a Declaração Modelo 22;
    c. Entrega a Declaração Modelo 22 e a IES;
    d. Entrega apenas a IES.

30. Uma sociedade passa de Lda. a S.A, de acordo com toda a tramitação legal exigível. Para efeitos de IRC, que data deve ser registada como sendo a de aquisição das partes sociais resultantes desta transformação?
    a. A data de aquisição das partes sociais que lhes deram origem;
    b. A data da transformação;
    c. A data em que foi deliberada a transformação pelos sócios;
    d. A 31 de dezembro do exercício anterior ao da transformação.

31. Os rendimentos sujeitos a IRC, obtidos em território português, por entidades não residentes:
    a. Podem ser transferidos para o estrangeiro desde que se mostre encerrado o exercício económico respetivo;
    b. Não podem ser transferidos para o estrangeiro sem que se mostre pago ou assegurado o imposto que for devido;
    c. Não podem ser transferidos para o estrangeiro sem que se mostre apurado o imposto que for devido;
    d. Podem ser transferidos para o estrangeiro desde que se mostre apresentada a declaração modelo 22.

32. Uma associação recreativa, com fins estatutários de promoção de música, auferiu, no ano *t*, os seguintes rendimentos:
    - Quotas de associados: 2500 €
    - Subsídios: 5000 €
    - Donativos: 4000 €
    - Obteve um lucro de exploração de um bar de 2000 €.

    Qual a incidência de IRC?
    a. Rendimentos não sujeitos: 2500; rendimentos sujeitos mas isentos: 9000 e rendimentos sujeitos: 2000
    b. Rendimentos não sujeitos: 7500; rendimentos sujeitos mas isentos: 4000 e rendimentos sujeitos: 2000
    c. Rendimentos não sujeitos: 7500; rendimentos sujeitos mas isentos: 6000
    d. Rendimentos sujeitos mas isentos: 11 500 e rendimentos sujeitos: 2000

33. Não obstante não se enquadrar nos seus fins estatutários, uma associação recreativa, legalmente constituída, candidatou-se à realização de uma ação de formação profissional para os seus associados, recebendo para o efeito subsídios do Estado.
    Tais subsídios:
    a. Estão sujeitos a IRC, embora dele isentos;

b. Não estão sujeitos a IRC;
c. Estão sujeitos e não podem, em nenhuma circunstância, ser isentos de IRC;
d. Estão sujeitos, mas podem ser isentos de IRC.

34. Uma empresa, com sede em Barcelona, é detentora de um imóvel localizado em Lisboa, gerador de rendimentos prediais não imputáveis a estabelecimento estável em Portugal. Para efeitos de IRC, a empresa detentora do imóvel:
a. Está sujeita ao cumprimento de obrigações acessórias e de pagamento;
b. Apenas está sujeita ao pagamento dos impostos devidos;
c. Apenas está sujeita ao cumprimento das obrigações acessórias;
d. Não está sujeita ao cumprimento de qualquer obrigação, porque os rendimentos estão sujeitos a retenção na fonte a título definitivo.

35. Uma sociedade residente em Portugal paga, por um estudo de mercado, honorários a uma sociedade estabelecida num regime fiscal preferencial.
Em sede de IRC, para a sociedade estrangeira:
a. O valor está sujeito a retenção na fonte com natureza de imposto por conta;
b. Não está sujeita a retenção na fonte e tributação autónoma;
c. O valor está sujeito a retenção na fonte a título definitivo;
d. Nenhuma das anteriores.

36. Esse custo (da pergunta anterior), em sede de IRC, da empresa portuguesa:
a. Não é aceite como custo fiscal;
b. É dedutível, bastando o comprovativo do pagamento;
c. E dedutível mas apenas se a empresa portuguesa provar que a operação se realizou, não tem carácter anormal nem montante exagerado e que é imprescindível para a obtenção de rendimentos;
d. Só é aceite como custo fiscal em 50%.

37. Em sede de IRC, qual a distinção entre sujeitos passivos por obrigação pessoal e por obrigação real?
a. No tipo de rendimentos auferidos;
b. No tipo de atividade exercida;
c. Na forma jurídica da sociedade;
d. No facto de serem residentes ou não residentes.

38. A Sociedade Gama e a Sociedade Omega, ambas com sede em Leiria, dedicam-se ao comércio de produtos de desporto. Para evitar a sua concorrência, a sociedade Gama pagou à sociedade Omega uma determinada quantia para que encerrasse a atividade.
Relativamente à quantia recebida pela Omega, qual o tratamento fiscal?
a. Constitui rendimento isento de tributação;
b. Constitui rendimento sujeito e não isento a tributação;
c. Constitui rendimento não sujeito a tributação;
d. Nenhuma das anteriores.

39. A mensuração dos elementos inscritos na contabilidade através do justo valor:
   a. Pode ser aceite excecionalmente;
   b. É sempre aceite para efeitos fiscais;
   c. Nunca é aceite para efeitos fiscais;
   d. Pode ser sempre aceite desde que a sua mensuração seja feita com fiabilidade.

40. Em fevereiro do ano t, uma sociedade, com sede em França, alienou a uma sociedade com sede na Bélgica, uma participação de 50%, que detinha no capital social de uma sociedade residente em território português.
   Onde se consideram obtidos os rendimentos?
   a. Na Bélgica;
   b. Em Portugal;
   c. Em França;
   d. Em Portugal e em França.

Correções fiscais

41. A sociedade XYZ recebeu dos seus dois sócios 30 000 € a título de prestações suplementares para cobertura de prejuízos acumulados.
   Em IRC, tal valor constitui:
   a. Um rendimento do período;
   b. Uma variação patrimonial positiva que concorre para formação do lucro tributável;
   c. Uma variação patrimonial positiva que não concorre para a formação do lucro tributável;
   d. Uma variação patrimonial positiva não refletida no resultado líquido do período que concorre para a formação do lucro tributável.

42. Um aumento de capital por incorporação de reservas constitui, na esfera da sociedade participada:
   a. Uma variação patrimonial positiva que deve ser acrescida extra contabilisticamente;
   b. Uma variação patrimonial meramente qualitativa que não releva para efeitos de apuramento do lucro tributável;
   c. Uma variação patrimonial qualitativa e quantitativa que, todavia, não concorre para a formação do lucro tributável, uma vez que as entradas de capital estão excecionadas na Lei;
   d. Uma variação patrimonial positiva não refletida no resultado que concorre para a formação do lucro tributável.

43. Concorrem para a formação do lucro tributável:
   a. Os aumentos de capital por incorporação de reservas;
   b. As reservas de reavaliação legalmente autorizadas;
   c. Os prémios de emissão de ações;
   d. Os subsídios de exploração.

44. No caso de uma associação em participação:
   a. As prestações do associante ao associado são variações patrimoniais negativas que não concorrem para a formação do lucro tributável do associado;
   b. Estamos perante um SP de IRC que deve entregar a Modelo 22;
   c. As contribuições do associado ao associante concorrem para a formação do lucro tributável do associante;
   d. Estamos perante um SP de IRC sujeito ao regime de transparência fiscal.

45. Não constitui uma variação patrimonial positiva, para efeitos de determinação do lucro tributável em IRC:
   a. Um subsídio destinado à aquisição de um bem do ativo fixo tangível;
   b. Uma doação de um imóvel a favor da sociedade;
   c. As mais-valias na alienação de ações próprias;
   d. As reservas de reavaliação livres.

46. A sociedade A atribuiu, a título de gratificação, por aplicação de resultados, 7000 €, a um administrador, que detém uma participação de 10%, no capital da sociedade B, a qual, por sua vez, detém a totalidade do capital da primeira sociedade. Este administrador aufere, a título de salário, 36 000 € anuais.
   Aquela gratificação:
   a. É considerado gasto da sociedade pagadora, na íntegra, desde que paga ou colocada á disposição até ao fim do período seguinte;
   b. Não é fiscalmente dedutível o montante de 1000 €, os quais são tratados, na esfera do administrador, como rendimento de capitais;
   c. É aceite como gasto no montante de 3000 €, não sendo os restantes 4000 € dedutíveis para efeitos de determinação do lucro tributável;
   d. Não é, na totalidade, aceite como gasto, visto que se trata de uma gratificação retirada dos lucros do período e estes, por definição, nunca são gasto fiscal.

47. Uma sociedade que tem prejuízos, caso decida atribuir um prémio a todos os seus trabalhadores, para efeitos de IRC:
   a. Esses prémios são considerados, por causa do prejuízo, uma variação patrimonial positiva que acresce ao resultado líquido;
   b. Esses prémios são considerados como uma variação patrimonial negativa, que concorre para a formação da matéria coletável;
   c. Esses prémios devem ser considerados gastos, desde que pagos até ao fim do período de tributação seguinte;
   d. Esses prémios devem ser considerados gastos.

48. Um subsídio concedido a uma empresa para a aquisição de equipamento:
   a. Deve ser incluído no lucro tributável na proporção das depreciações dos bens, considerando-se sempre, para este efeito, pelo menos a quota mínima de depreciação;
   b. Constitui um rédito na íntegra no período de tributação do respetivo recebimento;

c. Constitui um rédito na íntegra no período de tributação em que a empresa adquirir o direito ao seu recebimento;
d. Deve ser incluído no lucro tributável durante os exercícios em que os bens forem inalienáveis.

49. No ano *t*, a sociedade XPTO celebrou um contrato com uma empresa para a construção de um hotel. A obra foi iniciada em junho desse ano e estima-se que ficará concluída em dezembro de *t*+1. De acordo com o orçamento entregue ao cliente, o preço da obra é de 1 100 000 €. Por sua vez os gastos estimados ascendem a 1 100 000 €. A 31 de dezembro do ano *t*, a XPTO tinha faturado ao cliente o valor de 500 000 €, tendo, por sua vez, suportado o montante de 600 000 € de gastos. Qual o valor do rédito a reconhecer a 31 de dezembro do ano *t*?
a. 600 000 €;
b. 0 €;
c. 660 000 €;
d. 500 000 €.

50. Um subsídio de 20 000 € para a criação de três postos de trabalho, com a condição de os manter durante o período mínimo de 4 anos:
a. Deve ser incluído no lucro tributável no período do respetivo recebimento;
b. Deve ser incluído no lucro tributável, durante o período estabelecido no contrato para a manutenção dos postos de trabalho criados;
c. Constitui rendimento do período em que a empresa adquire o direito ao recebimento;
d. Não constitui componente positiva do lucro tributável, visto tratar-se de um subsídio.

51. Se uma empresa receber um subsídio de 100 000 €, para aquisição de um ativo fixo tangível, sujeito a depreciações durante 5 anos, qual o valor anual de rendimentos que deve ser reconhecido?
a. 100 000 €;
b. 20 000 €;
c. 10 000 €;
d. 0 €.

52. Se uma empresa receber um subsídio de 200 000, para aquisição de um terreno para construção de uma fábrica, em que existe uma cláusula de não venda do bem por 5 anos, qual o montante anual de rendimentos?
a. 200 000 €;
b. 20 000 €;
c. 40 000 €;
d. 0 €.

53. Com base na pergunta anterior, qual o montante anual de rendimentos caso não houvesse cláusula de não venda?
a. 200 000 €;

b. 20 000 €;
c. 40 000 €;
d. 0 €.

54. Se uma empresa receber um subsidio de 100 000 €, para aquisição de um edifício, que depreciará à taxa de 2% ao ano, qual o valor do proveito a reconhecer?
    a. 10 000 €;
    b. 2000 €;
    c. 5000 €;
    d. 0 €.

55. Qual dos seguintes gastos não é dedutível em IRC?
    a. Encargos suportados com a reparação de uma viatura sinistrada da própria empresa, em virtude de a respetiva apólice de seguro apenas cobrir danos provocados a terceiros;
    b. Seguro de pensões pagas ao gerente e por este objeto de resgate;
    c. Perdas apuradas na entrega de bens a locadora seguida de contrato de locação financeira para os mesmos bens;
    d. Indemnização paga a um cliente, em virtude de prejuízos causados por atraso na execução de encomenda.

56. Uma indemnização recebida por uma empresa, em virtude do sinistro ocorrido com elementos do seu ativo fixo tangível, tem o seguinte tratamento fiscal:
    a. É um rendimento do período que concorre para a formação do lucro tributável;
    b. Sendo uma indemnização, não concorre para a formação do lucro tributável em IRC;
    c. É um rendimento, sendo o gasto refletido através de uma depreciação extraordinária, em virtude da desvalorização excecional verificada nos bens, desde que seja efetuado o competente pedido à AT;
    d. Entra como valor de realização no cálculo da mais-valia ou menos-valia relativamente aos bens sinistrados.

57. A sociedade BETA, Lda., conseguiu que o Tribunal de Trabalho lhe desse razão num processo movido por um trabalhador despedido em abril de 2018, e para cuja situação havia criado, nesse ano, uma provisão no valor de 8000 €. Em 2020, o técnico oficial de contas da empresa procedeu à reposição daquela provisão.
    No apuramento do lucro tributável, do período de 2020, a sociedade deve:
    a. Acrescer 8000 €;
    b. Deduzir 2000 €;
    c. Deduzir 8000 €;
    d. Não fazer nenhuma correção.

58. A sociedade X, Lda., tendo realizado um contrato de promessa de compra e venda de um imóvel, na qualidade de promitente vendedora, não efetuou a escritura definitiva com o promitente-comprador, em virtude de lhe ter aparecido outro potencial com-

prador que lhe ofereceria condições mais vantajosas. Na sequência do incumprimento, a sociedade X, Lda. pagou ao promitente-comprador uma indemnização avultada.
Esta indemnização:
a. Não é um custo fiscalmente aceite, visto que as indemnizações não são dedutíveis, apenas em casos excecionais;
b. Poderá ser aceite como gasto para efeitos fiscais, comprovando-se a respetiva indispensabilidade para a obtenção dos rendimentos.
c. É, em princípio, aceite como custo fiscal, na medida em que foi uma despesa suportada para garantir os rendimentos sujeitos a IRC superiores aos que seriam realizados se o negócio fosse concretizado com o originário promitente-comprador;
d. Apenas será gasto se se contiver dentro de critérios de razoabilidade.

59. O pagamento a um administrador das despesas relativas a um PPR, subscrito em nome desse administrador:
a. É uma realização de utilidade social, aceite como custo na percentagem de 15% ou 25% das despesas com o pessoal, consoante o administrador tenha ou não direito a pensões da segurança social e desde que observadas as condições legais;
b. Constitui um rendimento da categoria A do administrador, sendo, por conseguinte, um custo fiscalmente aceite em sede de IRC;
c. É um encargo que incide sobre terceiros e que a empresa não está legalmente autorizada a suportar, não sendo, pois, aceite fiscalmente;
d. É um rendimento do trabalhador que aproveita de benefícios fiscais, não sendo, portanto, dedutível em sede de IRC.

60. A Sociedade A adquiriu, por 500 000 €, uma participação de 30% no capital social da Sociedade B, afetando a referida participação ao MEP. Em 31 de dezembro desse ano, o lucro contabilístico de B foi de 50 000 €.
O valor do MEP é:
a. Considerado um ganho tributável em IRC;
b. Deduzido à coleta de IRC;
c. Deduzido ao lucro tributável;
d. Nenhuma das anteriores.

61. Em março do ano *t*, a sociedade Subempreitadas, Lda. celebrou um contrato com uma empresa para a construção de um centro comercial. O contrato prevê que os trabalhos fiquem concluídos em dezembro do ano *t*+1 e o preço de venda acordado foi de 9 000 000 €. A empresa estima que os gastos sejam de 8 200 000 €.
No fim do ano *t*, aquando do encerramento de contas, os custos incorridos ascendiam a 4 000 000 € e o montante faturado ao cliente foi de 4 300 000 €.
Tendo em conta a informação financeira a 31 de dezembro do ano *t*, qual o valor dos réditos a considerar para efeitos de determinação do lucro tributável?
a. 4 300 000 €;
b. 9 000 000 €;

c. 4 299 300 €;
d. 4 390 244 €.

62. Um empregado da sociedade industrial GAMA teve, em março do ano *t*, um acidente de trabalho, enquanto manuseava uma máquina. Não tendo a sociedade celebrado o seguro obrigatório que cobriria tal risco, em maio do ano *t*+2, foi obrigada pelo Tribunal competente a pagar uma indemnização ao trabalhador no montante de 48 000 €.
Este valor, para a referida sociedade:
a. É um gasto do período, que concorre para a formação do lucro tributável;
b. É uma variação patrimonial negativa, que não concorre para a formação do lucro tributável porque não está relacionada com a atividade do sujeito passivo;
c. É um gasto do período, não dedutível para efeitos do lucro tributável;
d. É gasto do período, dedutível para efeitos do lucro tributável e é tributado autonomamente.

63. A prática de depreciações fora das taxas mínima e máxima, previstas no Decreto-Regulamentar n.º 25/2009, origina:
a. Que a sociedade tenha quotas perdidas de depreciações uma percentagem da depreciação praticada que nunca pode ser aceite fiscalmente;
b. Por um lado, quotas perdidas de depreciação; por outro, depreciações em excesso, podendo, todavia, o gasto – exceto no que respeita às quotas perdidas – vir a ser recuperado fiscalmente no futuro;
c. A aplicação de penalidades;
d. Que a sociedade tenha custos idênticos do ponto de vista contabilístico e fiscal.

64. Qual o montante máximo de valor de aquisição de um equipamento que permite a sua depreciação num único ano?
a. 250 €;
b. 500 €;
c. 1000 €;
d. 2000 €.

65. Uma empresa adquire um edificio industrial por 200 000 €, que será depreciado à taxa de 5%, sendo assim a depreciação contabilística de 10 000 €. Qual o valor da correção fiscal?
a. 2500 €;
b. 1000 €;
c. 5000 €;
d. 0 €.

66. Uma empresa adquiriu, no exercício de 2012, um aparelho de ar condicionado por 10 000 euros, que reintegrou, pelo método da linha reta da seguinte forma:
- 2012 – 2500 €;

- 2013 – 5000 €;
- 2014 – 500 €;
- 2015 – 2000 €.

As consequências fiscais desta política de depreciações são:

a. No período de 2012, não são aceites como gasto 1250 €; no período de 2013, 3750 €; no período de 2014 tem uma quota perdida de 125 € e no período de 2015, não são dedutíveis 750 €;
b. No período de 2012, não são aceites como gasto 1500€ no período de 2013, 4000 €; no período de 2014 não há nada a acrescer e no período de 2015 não são aceites fiscalmente 1000 €;
c. A empresa não poderia ter praticado estas quotas de depreciação variáveis, uma vez que estava obrigada a usar o mesmo método – da linha reta – desde a entrada em funcionamento dos bens até à sua depreciação total;
d. No período de 2012, não são aceites 500 €; no período de 2013, 3000 €, no período de 2014 teria uma quota perdida de 500 € e no período de 2015 não teria nada a acrescer.

67. A aplicação de depreciações abaixo da taxa mínima, previstas no Decreto-Regulamentar n.º 25/2009, originam:

a. Depreciações em excesso, podendo, todavia, o custo – exceto no que respeita às quotas perdidas – vir a ser recuperado fiscalmente no futuro;
b. Que a sociedade tenha quotas perdidas de depreciação e uma percentagem da depreciação praticada que nunca pode ser aceite fiscalmente;
c. A aplicação de penalidades;
d. Que a sociedade tenha custos idênticos do ponto de vista contabilístico e fiscal.

68. A empresa XYZ, que se dedica a consultoria, realizou as seguintes depreciações em 2019 (nota: usar a tabela II do Decreto Regulamentar n.º 25/2009, de 14 de setembro)

Equipamento	Ano aquisição	Valor aquisição	Valor residual	Depreciação em 2019
Automóvel	2017	65 000	0	16 250
Edifício industrial	2015	1 000 000	100 000	50 000
Computadores	2018	50 000	0	16 665
Equipamento de formação profissional	2013	30 000	0	4998
Avião particular	2017	500 000	50 000	100 000
Projetos de desenvolvimento realizados pela própria empresa	2019	20 000	0	20 000

O valor da correção fiscal de depreciações não aceites fiscalmente em 2019 é de:

a. 113 334 €;
b. 106 250 €;

c. 131 248 €;
d. 140 832 €.

69. Na compra de um equipamento por um valor inferior a 1000 €, qual a opção possível?
a. Na sua totalidade é obrigatoriamente gasto desse período;
b. Na sua totalidade poderá ser considerado gasto desse período;
c. Apenas é considerado gasto desse período 20% do valor de aquisição do bem;
d. Nenhuma das respostas anteriores está correta.

70. Uma empresa desenvolve, mediante encomenda de terceiros, projetos de desenvolvimento na área da biotecnologia. Para efeitos de determinação do respetivo lucro tributável em IRC, as despesas de investigação e desenvolvimento:
a. Podem sempre ser deduzidas no período em que são suportadas;
b. Nunca podem ser deduzidas no período em que são suportadas;
c. Podem ser deduzidas no período em que são suportadas, no respeito pelo princípio da periodização económica;
d. São consideradas despesas de investimento, com natureza intangível, dedutíveis nos termos previstos no Decreto Regulamentar n.º 25/2009, de 14 de setembro.

71. Uma sociedade adquiriu um prédio para escritórios por 500 000 €, tendo pago de escritura, registos e IMT o valor de 50 000 €. A depreciação máxima fiscalmente aceite é de:
a. 10 000 €;
b. 8250 €;
c. 11 000 €;
d. 16 500 €.

72. Na depreciação de uma viatura ligeira de passageiros a gasolina, em que o valor de aquisição tenha sido de 60 000 €, qual o valor aceite fiscalmente?
a. 12 500 €;
b. 7500 €;
c. 6250 €;
d. 10 000 €.

73. Um edifício de escritórios foi adquirido, no dia 1 de setembro do ano *t*, por 800 000 €, tendo sido imediatamente afeto ao ativo não corrente. Nesse ano, foi depreciado, nos termos previstos no Decreto Regulamentar n.º 25/2009, de 14 de setembro, à taxa máxima legalmente prevista.
Admitindo que a empresa optou pela depreciação por duodécimos, qual o montante da depreciação fiscalmente aceite?
a. 6000 €;
b. 4000 €;
c. 2000 €;
d. 12 000 €.

74. As despesas com viaturas ligeiras de passageiros a gasolina, incorridas por uma sociedade residente em território português, cujo custo de aquisição foi de 25 000 €, são:
   a. Dedutíveis em 50%;
   b. Dedutíveis, nas condições previstas no Código do IRC, e sujeitas a tributação autónoma;
   c. Dedutíveis em 25%;
   d. Dedutíveis na totalidade e não estão sujeitas a tributação autónoma.

75. Uma empresa fez, para 2019, as seguintes imparidades contabilísticas:

Entidade	Valor dívida	Data mora	Provisões 2017	Provisões 2018	Provisões 2019	Provisão aceite fiscal 2019	Correção 2019
Empresa X	10 000	1-4-2018	0	2500	7500		
Empresa Y	5000	1-3-2018	0	0	2500		
Empresa Z	20 000	1-8-2019	0	0	5000		
Ministério da Economia	10 000	1-4-2017	0	0	10 000		
Sócio com 5% capital	5000	1-4-2017	0	0	5000		

O valor da correção fiscal de imparidades não aceites fiscalmente em 2019 é de:
   a. 15 000 €;
   b. 21 250 €;
   c. 22 500 €;
   d. 20 000 €.

76. Na depreciação de um compressor (utilizando a tabela genérica), decidiu-se utilizar o método das quotas decrescentes. Sendo o valor de aquisição 100 000 € e o valor residual nulo, qual o valor da depreciação no último ano?
   a. 25 000 €;
   b. 24 414,06 €;
   c. 14 648,44 €;
   d. 19 531,25 €.

77. Qual a depreciação acumulada (a 31-12-ano *t*, incluindo o próprio ano), do seguinte ativo, usando o método da linha reta:
   - Vaq = 40 000 €;
   - VR = 0, ano de aquisição: ano *t*-4
   - Taxa de depreciação de 10%,
   a. 16 000 €;
   b. 40 000 €;
   c. 24 000 €;
   d. 20 000 €.

78. Uma sociedade tinha um crédito sobre um cliente que entrou em mora em 31-12-ano *t*. Em 31-12-ano *t*+1, a sociedade:
   a. Estava obrigada a constituir uma perda por imparidade dos créditos em mora na percentagem de 25% do montante do crédito, face ao tempo de mora decorrido, caso contrário teria essa quota perdida;
   b. Não estava obrigada, fiscalmente, a constituir a perda por imparidade, cabendo-lhe avaliar o risco de incobrabilidade do crédito e adequar o procedimento em conformidade;
   c. Não estava obrigada, fiscalmente, a constituir a perda por imparidade mas, caso a constituísse, só seria aceite na percentagem de 25%;
   d. Não estava obrigada à constituição de qualquer perda por imparidade; nesta matéria rege o princípio contabilístico da prudência e não o princípio da periodização económica.

79. Uma sociedade, sujeito passivo de IRC, detém um crédito sobre um cliente em mora há 4 meses, reclamado judicialmente. O valor desse crédito:
   a. Pode ser considerado gasto na totalidade, para efeitos fiscais, visto ter sido reclamado judicialmente;
   b. Não pode ser aceite como gasto;
   c. Só pode ser diretamente aceite como gasto fiscal quando a incobrabilidade resultar do processo judicial;
   d. Não pode ser considerado gasto, para efeitos fiscais, uma vez que a mora é inferior a 6 meses.

80. E se, tendo por base os dados referidos no enunciado anterior, o crédito não tivesse sido reclamado judicialmente?
   a. Pode ser considerado gasto na totalidade, para efeitos fiscais;
   b. Não pode ser aceite como gasto;
   c. Só pode ser diretamente aceite como gasto fiscal quando a incobrabilidade resultar do processo judicial;
   d. Não pode ser considerado gasto, para efeitos fiscais, uma vez que a mora é inferior a 6 meses.

81. Um cliente da empresa Y encontra-se em processo de insolvência. A 31 de dezembro do ano t, o saldo em dívida, com um atraso de 7 meses, era de 25 000 €, encontrando-se a mesma a coberto de uma garantia bancária.
   O valor da perda por imparidade que deve ser reconhecida fiscalmente é de:
   a. 6250 €;
   b. 0 €;
   c. 12 500 €;
   d. 25 000 €.

82. Uma sociedade considerou como gasto uma perda por imparidade, no valor de 25%, de uma dívida de uma sociedade em que detém 15% do capital, encontrando-se em mora há 10 meses. Do ponto de vista do IRC, tal perda:
   a. É aceite fiscalmente, visto que não há relações especiais;
   b. É aceite fiscalmente, apesar das relações especiais, visto que já ultrapassou os 6 meses;
   c. Não é aceite fiscalmente, dadas as relações especiais;
   d. Nenhuma das anteriores.

83. A sociedade Y, no final do período do ano t, registou uma perda por imparidade relativa à totalidade dos créditos que detinha sobre dois clientes, a sociedade Z, cujo capital é detido pela Y em 20%, e a Câmara Municipal, conforme a informação a seguir:

Cliente	Montante em dívida	Mora
Sociedade Z	40 000 €	8 meses
Câmara Municipal	100 000 €	25 meses

   Em face desta informação, o montante da perda por imparidade aceite para efeitos fiscais, no final do período de t, nas contas da sociedade Y é de:
   a. 140 000 €;
   b. 40 000 €;
   c. 100 000 €;
   d. 0 €.

84. Relativamente à sociedade WIFI, que comercializa material informático, apresentam-se os seguintes dados referentes ao período:

ANO	VENDAS	CUSTOS C/GARANTIAS
t	600 000 €	17 000 €
t+1	500 000 €	15 000 €
t+2	520 000 €	15 200 €
t+3	480 000 €	14 800 €

   Sabendo que, em *t*+3, a provisão para garantias de clientes foi de 16 400 €, indique qual o valor da provisão fiscalmente aceite:
   a. 14 000 €;
   b. 14 400 €;
   c. 9667 €;
   d. 0 €.

85. Uma sociedade detinha um crédito sobre uma Câmara Municipal há mais de 26 meses, tendo sido efetuadas diversas diligências para a sua cobrança. Para efeitos de IRC, a 31 de dezembro do ano t, tal crédito:
   a. Pode ser considerado uma perda por imparidade, aceite fiscalmente em 100%, uma vez que está em mora há mais de 24 meses;

b. Pode ser considerado uma perda por imparidade, aceite fiscalmente, em 100%, quando for reclamado judicialmente;
c. Pode ser diretamente aceite como gasto do período, quando a incobrabilidade resultar de processo de execução;
d. Não pode nunca ser aceite como gasto, porque não é considerado de cobrança duvidosa.

86. A sociedade X, Lda. alienou o crédito sobre um cliente, para o qual tinha considerado uma perda por imparidade nos termos do Código do IRC.
As consequências fiscais desta alienação são:
a. A sociedade alienante deve repor o gasto da imparidade pelo montante pelo qual alienou o crédito, o qual é relevado como um ganho contabilístico e fiscal; a sociedade adquirente não poderá considerar nenhuma perda por imparidade, uma vez que o mesmo não resulta da atividade normal desta empresa;
b. A sociedade alienante deve repor a perda por imparidade pelo montante pelo qual alienou o crédito, o qual é relevado como um ganho contabilístico e fiscal; a sociedade adquirente pode refletir o risco de incobrabilidade do crédito através da criação de uma perda por imparidade;
c. A sociedade alienante deve repor a perda por imparidade pelo montante pelo qual alienou o crédito, o qual é relevado como um ganho contabilístico e fiscal; a sociedade adquirente apenas poderá refletir fiscalmente o gasto resultante da incobrabilidade do crédito na medida em que tal resulte de um processo de falência;
d. A consideração, na sociedade alienante, de um ganho e, na sociedade adquirente, de um gasto.

87. Uma perda por imparidade registada, fora das condições previstas no n.º 1 do artigo 31.º-B do Código do IRC, num ativo fixo tangível, adquirido em 2016, que se encontrava a ser depreciado a 10 anos:
a. É sempre considerado um gasto fiscal no período em que for registada;
b. Pode ser considerada como um gasto fiscal no fim do período de vida útil;
c. Nunca pode ser aceite como gasto fiscalmente aceite;
d. Pode ser considerado como gasto, em partes iguais, durante o período de vida útil restante.

88. Uma sociedade, enquadrada no regime geral de IRC, pagou quotizações, de acordo com os seus estatutos para uma associação empresarial no valor de 6000 €, sendo o seu volume de negócios de 3 200 000 €.
O valor dedutível para efeitos fiscais ascende a:
a. 6000 €:
b. 9000 €;
c. 6400 €;
d. 9600 €.

89. A Sociedade Y teve um volume de negócios de 5 000 000 €. No mesmo ano, pagou de quotizações, em conformidade com os seus estatutos, o valor de 7500 €. O valor a considerar para efeitos da majoração é:
    a. 2500 €;
    b. 7500 €;
    c. 15 000 €;
    d. 22 500 €.

90. Uma empresa criou um centro de dia para apoio aos reformados, facultando-lhes diversas atividades para ocupação dos tempos livres, e despendeu, com o seu funcionamento, o montante de 10 000 €. Sabendo que obteve o reconhecimento relativamente ao carácter de utilidade social associado ao centro, estes encargos são:
    a. Gastos não aceites fiscalmente, para efeitos de IRC, por não estarem relacionados com a atividade exercida pela empresa;
    b. Gastos fiscalmente aceites;
    c. Gastos fiscalmente aceites, devendo ser refletida no RLP (Resultado Líquido do Período) uma majoração de 40%, deduzindo-se ao mesmo a quantia de 4000 €;
    d. Não dedutíveis para efeitos fiscais, por constituírem despesas não documentadas.

91. E se a empresa tivesse criado uma creche, lactário ou jardim-de-infância?
    a. Gastos não aceites fiscalmente, para efeitos de IRC, por não estarem relacionados com a atividade exercida pela empresa;
    b. Gastos fiscalmente aceites;
    c. Gastos fiscalmente aceites, devendo ser refletida no RLP (Resultado Líquido do Período) uma majoração de 40%, deduzindo-se ao mesmo a quantia de 4000 €;
    d. Não dedutíveis para efeitos fiscais, por constituírem despesas não documentadas.

92. Se uma empresa, no regime normal de IRC, fizer um donativo para fins sociais, no montante de 1000 €, a uma entidade pública, quanto pode considerar como gasto fiscal?
    a. 1000 €;
    b. 1200 €;
    c. 1300 €;
    d. 1400 €.

93. E se o donativo de 1000 € fosse atribuído a uma associação de solidariedade social, isenta pelo artigo 10.° do Código do IRC, e que goza do estatuto de utilidade pública?
    a. 1000 €;
    b. 1200 €;
    c. 1300 €;
    d. 1400 €.

94. Das seguintes situações, assinale a que releva para efeitos de apuramento do lucro tributável:
    a. Indemnização paga a terceiro, em consequência de um acidente provocado por uma viatura da empresa;

b. Reserva de reavaliação não apoiada em diploma legal;
c. Despesas de investigação;
d. Imposto de selo suportado com o saque de letras sobre um administrador.

95. As ajudas de custo pagas a um trabalhador, pela deslocação às instalações de um cliente da empresa, dentro dos limites legais previstos para os trabalhadores do Estado:
a. São gasto fiscal na esfera da sociedade devedora e não são tributadas em sede de IRS;
b. São aceites como gasto em sede de IRC e, ainda assim, desde que a empresa justifique as despesas efetuadas; caso contrário não são dedutíveis na totalidade; ainda que em sede de IRS constituam rendimento da categoria A;
c. Sendo um rendimento tributável em sede de IRS na esfera do trabalhador, são dedutíveis, na íntegra, em sede de IRC;
d. Só são dedutíveis fiscalmente se forem faturadas a clientes.

96. Em sede de IRC, os juros compensatórios, mesmo quando contabilizados como gastos ou perdas do período:
a. São dedutíveis para efeito de determinação do lucro tributável, por se tratar de encargos fiscais;
b. São dedutíveis à coleta para efeitos do apuramento do imposto devido a final;
c. São dedutíveis para efeito de determinação do lucro tributável, porque, como juros de capitais alheios, são encargos de natureza financeira;
d. Não são dedutíveis para efeitos de determinação do lucro tributável.

97. Qual dos seguintes gastos não é aceite para efeitos da determinação do lucro tributável em sede IRC?
a. Perdas por imparidade em inventários;
b. Uma indemnização paga a um cliente pelo atraso na entrega de mercadorias;
c. Contribuição sobre o sector bancário;
d. Juros de um financiamento bancário para a compra de equipamento informático.

98. Qual dos seguintes gastos é aceite em sede de IRC?
a. Imposto de selo suportado pelo sacador de uma letra da empresa;
b. IVA liquidado adicionalmente pela inspeção tributária;
c. Importâncias em documentos emitidos por empresas cessadas;
d. Donativos atribuídos a uma Junta de Freguesia.

99. Qual dos seguintes gastos é aceite para efeitos fiscais?
a. Multa por excesso de velocidade de uma viatura afeta ao ativo da empresa;
b. Juros de mora por atraso no pagamento de uma fatura a um fornecedor;
c. Tributação autónoma em IRC relativo à depreciação de uma viatura;
d. Pagamento a uma empresa com cessação de atividade declarada oficiosamente.

100. Uma empresa tem os seguintes saldos contabilísticos:

Conta	Saldo devedor	Saldo credor
Insuficiência de estimativa de impostos	2300	
Restituição de impostos não dedutíveis		400
IRC	1800	
Juros de mora pagos a fornecedores	50	
Juros compensatórios	200	
Multas	100	
Faturas não aceites fiscalmente	900	
Redução de imparidades não tributadas		300

Qual o valor da correção fiscal a ser feita, para efeitos de IRC?
a. 4900 a acrescer e 300 a deduzir;
b. 4950 a acrescer;
c. 5300 a acrescer e 400 a deduzir;
d. 5350 a acrescer e 700 a deduzir.

101. Uma empresa adquiriu, no ano *t*, uma máquina industrial pelo valor de 300 000 €. No ano *t*+2, por necessidades de tesouraria, alienou a referida máquina a uma sociedade de locação financeira por 400 000 € e, em simultâneo, efetuou um contrato de locação financeira com a referida sociedade pelo mesmo valor da alienação, acordando uma renda mensal de 2000 €. Sabendo que a taxa de depreciação anual legalmente determinada (Decreto Regulamentar n.º 25/2009, de 14 de setembro) é de 10%, a qual vem sendo praticada pela empresa, o valor da mais-valia fiscal sujeita a tributação em IRC resultante desta alienação é de:
a. 100 000 €;
b. 152 800 €;
c. 183 700 €;
d. 0 €.

102. A sociedade Mais Valia, Lda. adquiriu, no ano *t*, um equipamento, que reconheceu como ativo fixo tangível. O custo desse ativo ascendeu a 50 000 €, tendo sido mensurado pelo modelo do custo e depreciado à taxa de 25%. No final do ano *t*+2, foi registada uma perda por imparidade no montante de 2000 €.
Sabendo que alienou o ativo no ano *t*+3 por 16 000 € e assumindo que o coeficiente de correção monetária é de 1,1, qual será o valor da mais-valia fiscal tributável em IRC?
a. 3500 €;
b. 5500 €;
c. 2250 €;
d. 9450 €.

103. Um sujeito passivo de IRC alienou, no ano *t*, um imóvel mensurado ao custo e pertencente ao seu ativo fixo tangível, tendo obtido uma mais-valia, que considerou em apenas

50% para efeitos da determinação do lucro tributável do respetivo período. Para tanto, manifestou a intenção de proceder ao reinvestimento do respetivo valor de realização, circunstância que não concretizou até 31 de dezembro de do ano *t*+2.
Nestas condições:

a. Devia ter considerado como ganho do período de *t*+2 a diferença não incluída no lucro tributável do ano *t*, majorada em 15 %;
b. Devia ter considerado como ganho do período do ano t a totalidade da mais-valia apurada;
c. Devia ter corrigido a autoliquidação, apresentando uma declaração de substituição modelo 22 nos seis meses posteriores ao termo do prazo legal;
d. Poderá reclamar da autoliquidação efetuada no prazo de dois anos a contar de 01.01. *t*+3.

104. Uma empresa apurou uma mais-valia na venda de um equipamento pertencente ao ativo fixo tangível no valor de 10 000 €. Considerando que a empresa declarou a intenção de reinvestir, qual o valor a considerar referente às mais-valias fiscais, no quadro 7, da modelo 22?
   a. 0 €;
   b. 10 000 €;
   c. 5000 €;
   d. 2500 €.

105. O saldo positivo entre as mais-valias e menos-valias fiscais decorrentes da transmissão onerosa de elementos do ativo fixo tangível:
   a. Concorre sempre na totalidade para o apuramento do lucro tributável;
   b. Concorre para o apuramento do lucro tributável, em apenas 50% do seu montante, quando se verifique o reinvestimento, na totalidade, do valor de realização e as restantes condições previstas na lei fiscal;
   c. Não concorre para o apuramento do lucro tributável quando se verifique o reinvestimento do valor de realização, no próprio período;
   d. Não concorre para o apuramento do lucro tributável.

106. Em janeiro de 2015, a sociedade M adquiriu 50% do capital da sociedade N, pelo montante de 1 000 000 €. Os resultados líquidos dos períodos de 2015 e 2016 foram, respetivamente, de 200 000 € e 300 000 €. Em assembleia geral realizada em março de 2017, os sócios deliberaram distribuir lucros no valor de 400 000 €.
   Em janeiro de 2020, M decide aceitar uma proposta e vendeu a participação que detinha em N pelo valor de 300 000 €.
   Qual o valor a considerar para efeitos de determinação do lucro tributável de M no ano de 2020, admitindo um coeficiente de desvalorização de 1?
   a. Menos-valia fiscal de 700 000 €;
   b. Menos-valia fiscal de 300 000 €;
   c. Menos-valia fiscal de 950 000 €;
   d. A menos-valia não é aceite.

107. Existindo mapa que as comprove, as despesas com ajudas de custo não tributadas em IRS e não faturadas a clientes:
   a. São aceites como gasto e não estão sujeitas a tributação autónoma;
   b. São aceites como gasto mas estão sujeitas a tributação autónoma;
   c. Não são aceites como gasto e estão sujeitas a tributação autónoma se a empresa apresentou prejuízo fiscal no período em que suportou tais despesas;
   d. Não são aceites como gasto e estão sujeitas a tributação autónoma independentemente do resultado que a empresa obteve no ano em que suportou o encargo.

108. Numa determinada empresa um gasto com a reparação de uma máquina está comprovado através de documento interno. O respetivo gerente declarou, à inspeção tributária, que o documento externo comprovativo da reparação se extraviou, que não se recorda da identidade do prestador do serviço, mas que a verba em questão não havia sido paga e que o respetivo débito (mas não o gasto) havia sido anulado. Perante tais dados:
   a. O gasto não é dedutível em IRC mas está sujeito a tributação autónoma;
   b. O gasto não é dedutível em IRC, nos termos do artigo 23.º-A do Código do IRC, não estando sujeito a tributação autónoma;
   c. O gasto não é dedutível em IRC, nos termos do artigo 23.º-A do Código do IRC, e está sujeito a tributação autónoma;
   d. O custo é dedutível em IRC e está sujeito a tributação autónoma.

109. Em maio do ano *t*, a sociedade A, Lda. adquiriu a um dos seus sócios uma participação de 50% na sociedade B, Lda. Em dezembro do ano *t*+2, a sociedade A alienou a referida participação, tendo apurado uma menos-valia fiscal de 50 000 €. A menos-valia apurada:
   a. Não concorre para a determinação do lucro tributável;
   b. Concorre para a determinação do lucro tributável em metade do seu valor;
   c. Concorre para a determinação do lucro tributável na sua totalidade;
   d. Nenhuma das anteriores.

110. Durante o ano *t*, a Sociedade K vendeu duas máquinas que integram o seu ativo fixo tangível. Uma delas foi vendida por 5000 €, com uma mais-valia fiscal de 2000 € e a outra foi vendida por 3000 €, apurando uma menos valia fiscal de 1000 €.
   Admitindo que reinvestiu o valor de realização da totalidade dos ativos, qual o valor da mais-valia fiscal?
   a. 2000 €;
   b. 1000 €;
   c. 500 €;
   d. 3000 €.

111. Uma empresa alienou por 25 000 € um bem afeto ao seu ativo não corrente, tendo gerado uma mais-valia fiscal de 5000 €. Embora tenha declarado a intenção de reinvestir o valor de realização na sua totalidade, a empresa apenas adquiriu um bem, que afetou ao seu ativo, no valor de 10 000 €.

Qual o valor da mais-valia fiscal sujeita a tributação, no final do segundo período de tributação, a seguir à venda?

a. 6500 €;
b. 5000 €;
c. 2500 €;
d. 1725 €.

112. Em 2020, a sociedade P, com sede em Aveiro recebeu da sociedade R, sociedade onde detém uma participação de 23% desde 2008, com sede em Coimbra, lucros no montante de 100 000 €.

Os lucros que R pagou a P:

a. São sujeitos e não isentos;
b. São não sujeitos;
c. São sujeitos mas isentos;
d. Apenas contam em 50% do seu valor.

113. Em 2020, a Sociedade Alfa, com sede em Faro, recebeu lucros da Sociedade Gama, com sede em Sevilha, no valor de 127 500 €. Aquela participação de 3% foi adquirida em maio de 2018, sendo expectável que o investimento seja para manter.

Qual o valor que deverá ser considerado para efeitos da determinação do lucro tributável, sabendo que os lucros sofreram uma retenção na fonte de 15% (taxa da Convenção)?

a. 150 000 €;
b. 0 €;
c. 127 500 €;
d. 75 000 €.

114. A sociedade TDA, no período de 2014, reconheceu na sua contabilidade, a título de gastos de financiamento líquidos, o montante de 1 650 000 €.

Sabendo que o EBITDA já corrigido, nos termos do n.º 13 do artigo 67.º, é de 3 500 000 €, qual o valor dos gastos de financiamento líquidos que devem ser considerados para efeitos do apuramento do lucro tributável.

a. 1 050 000 €;
b. 1 000 000 €;
c. 1 650 000 €;
d. 2 100 000 €.

115. No ano *t*, os resultados apurados pelo grupo de empresas abrangido pelo regime de tributação dos grupos de sociedades, foram os seguintes:

– A sociedade dominante A apresentou um lucro tributável de 300 000 €;
– As sociedades dominadas B e C, apresentaram um prejuízo fiscal de 150 000 € e 100 000 €, respetivamente.

O grupo tem prejuízos fiscais dedutíveis de 100 000 €.

Determine o lucro tributável e a matéria coletável do grupo.

a. Lucro tributável: 50 000 €; Matéria coletável: 0 €;
b. Lucro tributável: 50 000 €; Matéria coletável: 50 000 €;
c. Lucro tributável: 50 000 €; Matéria coletável: 15 000 €.
d. Nenhuma das anteriores.

116. No âmbito do RETGS, existe um grupo de sociedades quando:
a. A sociedade dominante detém, diretamente, 75% do capital de outra sociedade;
b. A sociedade dominante detém, direta ou indiretamente, 75% do capital social de outra sociedade, desde que tal participação lhe confira mais de 50% dos direitos de voto;
c. A sociedade dominante detém, direta ou indiretamente, 75% do capital ou dos direitos de voto;
d. A sociedade dominante detém, diretamente, 75% do capital de outra sociedade desde que tal participação lhe confira mais de 50% dos direitos de voto.

117. Qual destas sociedades não pode fazer parte de um grupo tributado no âmbito do RETGS?
a. Uma sociedade com prejuízos fiscais no período anterior à sua entrada no grupo;
b. Uma sociedade constituída no próprio ano em que aderiu ao RETGS;
c. Uma sociedade cujo capital é detido diretamente em 80% pela sociedade dominante do grupo;
d. Uma sociedade inativa há três anos.

Apuramento do imposto

118. Qual das seguintes afirmações é verdadeira, no âmbito do regime simplificado de tributação?
a. As entidades obrigadas à revisão oficial de contas podem optar pelo regime;
b. As entidades abrangidas pelo regime simplificado não estão obrigadas a efetuar o PEC;
c. Uma entidade que tenha renunciado ao regime simplificado há menos de 3 anos pode voltar a optar pelo regime simplificado;
d. Uma entidade abrangida pelo regime simplificado pode deduzir prejuízos fiscais de anos anteriores desde que a matéria coletável não fique inferior 60% do valor anula do rendimento mínimo mensal garantido.

119. Qual a taxa aplicável ao lucro tributável de uma sociedade enquadrada no regime simplificado de IRC?
a. 20%;
b. 25%;
c. 28%;
d. A mesma do regime geral.

120. Uma empresa que, no início de atividade, opte pelo regime simplificado, durante quanto tempo tem de permanecer no mesmo, assumindo que não ultrapassa os limites estabelecidos?
   a. 3 anos;
   b. 5 anos;
   c. 1 ano;
   d. 2 anos.

121. A sociedade C, constituída em janeiro do ano *t* e que se dedica à venda a retalho de eletrodomésticos, aderiu ao regime simplificado de tributação, com base numa estimativa de volume de vendas de 170 000 €.
   A 31 de dezembro o volume de vendas foi de 138 000 €, tendo sido apurado um lucro contabilístico no valor de 18 000 €.
   Qual o valor da matéria coletável do ano *t*?
   a. 18 000 €;
   b. 6800 €;
   c. 5520 €;
   d. 2760 €.

122. A empresa Simplifica optou pelo regime simplificado de tributação em fevereiro de 2020. Sabe-se que esta sociedade já havia aderido ao regime simplificado, no período de tributação de 2018, tendo renunciado, no entanto, ao mesmo em janeiro de 2019, por considerar que não era vantajoso.
   Relativamente a esta empresa, sabe-se o seguinte:
   – Volume de vendas......................... 185 000 €
   – Mais valia contabilística .... 4000 €
   Qual o valor da matéria coletável relativamente a 2020?
   a. 7560 €;
   b. 11 400 €;
   c. 11 200 €;
   d. Nenhuma das anteriores.

123. O reporte de prejuízos para grandes empresas, relativo a prejuízos de 2020, pode ser feito:
   a. 12 anos;
   b. 5 anos;
   c. 6 anos;
   d. 4 anos.

124. Na utilização do reporte de prejuízos fiscais, em caso de aplicação de métodos indiretos:
   a. Não há lugar ao reporte, exceto se o Ministro das Finanças autorizar;
   b. Há sempre lugar ao reporte;
   c. Nunca há lugar ao reporte;
   d. Nenhuma das anteriores.

125. Qual o valor do reporte de prejuízos a utilizar em 2015, se uma determinada empresa tiver prejuízos de 2008 (10 000 €), de 2011 (20 000 €) e de 2014 (30 000 €):
a. 30 000 €;
b. 40 000 €;
c. 50 000 €;
d. 60 000 €.

126. A empresa A, que se dedica ao comércio a retalho de material informático, aderiu, em janeiro de 2017, ao regime simplificado de tributação. No ano de 2019, o seu volume de negócios foi de 180 000 €.
Sabendo que a sociedade tem prejuízos fiscais a deduzir de anos anteriores, no valor de 19 500 €, e que, no ano de 2020, o seu volume de negócios foi de 195 000 €, qual o valor da matéria coletável em 2020?
a. 7800 €;
b. 0 €;
c. 4242 €;
d. 19 500 €.

127. Qual o valor da coleta a pagar em 2023 por uma empresa, não enquadrada no regime das PME (sem redução de taxa), se tiver um lucro tributável de 40 milhões?
a. 11,20 M€;
b. 10,405 M€;
c. 10 M€;
d. 12,40 M€.

128. Caso a mesma empresa tivesse um lucro tributável de 10 milhões, qual seria o valor da coleta?
a. 2,41 M€;
b. 2,6 M€;
c. 2 M€;
d. 2,1 M€.

129. Uma sociedade apurou um resultado líquido contabilístico, no período de 2020, de 2000 €. Sabendo que pode usufruir de um benefício fiscal de 400 €, que opera por dedução ao lucro tributável, e que tem prejuízos fiscais dedutíveis de 1700 €, a matéria coletável e o prejuízo fiscal a reportar para anos seguintes são de:
a. Matéria coletável: 0 €; Prejuízo a reportar: 100 €;
b. Matéria coletável: 480 €; Prejuízo a reportar: 580 €;
c. Matéria coletável: 100 €; Prejuízo a reportar: 0 €;
d. Matéria coletável: 1600 €; Prejuízo a reportar: 100 €.

130. Uma sociedade apurou um resultado líquido de 2000 €. Sabendo que pode usufruir de um benefício fiscal de 400 €, que opera por dedução à coleta, e que tem prejuízos fiscais

dedutíveis de 1700 €, a matéria coletável e o prejuízo fiscal para anos seguintes a reportar são de:

a. Matéria coletável: 0 €; Prejuízo a reportar: 100 €;
b. Matéria coletável: 0 €; Prejuízo a reportar: 0 €;
c. Matéria coletável: 200 €; Prejuízo a reportar: 0 €;
d. Matéria coletável: 1600 €; Prejuízo a reportar: 100 €.

131. A sociedade Gama fazia parte de grupo de sociedades tributado de acordo com as regras do regime especial de tributação dos grupos de sociedades (RETGS), desde 2007. No ano de 2014, deixou de pertencer ao grupo. Os prejuízos fiscais por si apurados na vigência do RETGS:

a. Podem ser deduzidos até 75% do seu lucro tributável, nos termos e condições do artigo 52.º;
b. Não pode efetuar qualquer dedução porque o prejuízo gerado no grupo apenas poderá ser deduzido no grupo;
c. Deduzir até 100% do lucro tributável;
d. Nenhuma das anteriores.

132. A sociedade Delta apresentou, nos períodos compreendidos entre 2009 e 2014, os seguintes resultados fiscais:

Período de tributação	Prejuízo fiscal	Lucro tributável
2009	500 000 €	
2010		200 000 €
2011	150 000 €	
2012	20 000 €	
2013		80 000 €
2014		20 000 €

No preenchimento da Declaração Modelo 22, referente ao período de 2014, a dedução ao lucro tributável, dos prejuízos fiscais acumulados, deverá ser no máximo de:

a. 0 €;
b. 14 000 €;
c. 20 000 €;
d. 90 000 €.

133. Uma sociedade, enquadrada no regime de transparência fiscal, com 10 000 € de lucro tributável e despesas de representação de 400 €, quanto irá pagar de IRC?

a. 0 €;
b. 40 €;
c. 20 €;
d. 100 €.

134. Caso a sociedade, referida na questão anterior, tivesse tido prejuízo fiscal (considere que não se trata do regime temporário para 2020 e 2021) e despesas de representação no montante de 400 €, qual seria o valor de IRC a pagar?
   a. 0 €;
   b. 40 €;
   c. 20 €;
   d. 80 €.

135. A sociedade Z, no ano de 2018, apurou um volume de negócios de 10 000 000 €, tendo efetuado pagamentos por conta no montante total de 10 000 €. No ano de 2019, deve efetuar pagamento especial por conta no montante de:
   a. 10 000 €;
   b. 10 800 €;
   c. 20 800 €;
   d. 10 680 €.

136. Estavam dispensados de realizar o pagamento especial por conta:
   a. Os sujeitos passivos que exerçam a atividade de revendedores de combustível;
   b. Os sujeitos passivos que tiverem cessado a atividade para efeitos de IVA;
   c. As empresas do sector financeiro;
   d. Nenhuma das entidades referidas anteriormente está dispensada do pagamento do PEC.

137. Estavam dispensados de realizar o pagamento especial por conta:
   a. As entidades enquadradas no regime geral de IRC;
   b. Os sujeitos passivos que exerçam a atividade de vendedores de charutos;
   c. Empresas no regime simplificado;
   d. Nenhuma das entidades referidas anteriormente está dispensada do pagamento do PEC.

138. Uma microempresa, já com mais de 2 anos de atividade, apurou, em 2020, um prejuízo fiscal de 10 000 €. Sabendo que possui, no ativo, um veículo elétrico, adquirido, em 2018, por 34 000 €, e que considerou como gasto do período o valor 8750 €, a título de depreciação, diga qual o valor da tributação autónoma naquele ano:
   a. 27,5%;
   b. 37,5%;
   c. Não está sujeito a tributação autónoma;
   d. 10%.

139. Uma empresa que aderiu, em janeiro de 2019, ao regime simplificado de tributação, adquiriu, no ano de 2020, uma viatura ligeira de passageiros a gasolina, por 28 000 €. Qual a taxa da tributação autónoma aplicável?
   a. As entidades abrangidas pelo regime simplificado de tributação não estão sujeitas a tributação autónoma;
   b. 27,5%;

c. 10%;
d. 35%.

140. Uma empresa com um período de tributação que se inicia em março (diferente do ano civil), deve proceder ao pagamento especial por conta em:
   a) Março e outubro do ano *t*;
   b) Maio e dezembro do ano *t*;
   c) Junho do ano *t* e janeiro do ano *t*+1;
   d) Junho, setembro e dezembro do ano *t*.

141. No exemplo anterior, a empresa deve realizar o pagamento por conta em:
   a) Agosto e outubro do ano *t* e 15 de fevereiro do ano *t*+1;
   b) Julho, setembro e 15 de dezembro do ano *t*;
   c) Setembro e novembro do ano *t* e 15 de fevereiro do ano *t*+1;
   d) Não esta obrigada a realizar o pagamento por conta.

142. Uma empresa que, em *t*-1, tenha tido um volume de negócios de 700 000 € e uma coleta de 30 000 €, qual o valor dos pagamentos por conta que terá de fazer no ano *t*?
   a. 24 000 €;
   b. 27 000 €;
   c. 22 500 €;
   d. 28 500 €.

143. Caso o volume de negócios tivesse sido de 300 000 €, para a mesma coleta de 30 000 €, qual o valor dos pagamentos por conta?
   a) 24 000 €;
   b) 27 000 €;
   c) 22 500 €;
   d) 28 500 €.

144. Para efeito do cálculo do PEC de 2019, de uma empresa obrigada a realizá-lo, tem-se a seguinte informação:
   – Volume negócios de 2018: 800 000 €; Coleta de 2018: 30 000 €;
   – Volume negócios de 2017: 400 000 €; Coleta de 2017: 1000 €.
   Qual o valor do PEC?
   a. 1000 €;
   b. 800 €;
   c. 1480 €;
   d. 1450 €.

145. Uma empresa, cuja atividade tenha mais de 2 anos, tem 1000 € de prejuízos e efetuou despesas confidenciais de 100 €. Supondo que não existe nenhuma correção fiscal a fazer, qual será o IRC a pagar por esta sociedade:
   a. 10 €;
   b. 50 €;

c. 0 €;
d. 60 €.

146. Uma associação cultural apurou, no ano t, uma matéria coletável de 1000 €. A esta associação não se aplica a isenção prevista no n.º 1 do artigo 10.º do Código do IRC por não se verificarem os requisitos previstos no n.º 2 do mesmo artigo. Sabendo que obteve rendimentos de capitais sobre os quais foi retido na fonte IRC no montante de 180 €, o IRC a pagar é:
a. Recupera 10 €;
b. Não tem IRC a pagar;
c. Paga 30 €;
d. Paga 50 €.

147. Sabendo que a associação cultural referida na questão anterior, efetuou ainda despesas não documentadas no montante de 500 €, o IRC a pagar é:
a. 30 €;
b. 380 €;
c. 280 €;
d. 350 €.

148. Uma sociedade de profissionais apurou um prejuízo fiscal de 30 000 €. Contabilizou despesas não documentadas no montante de 10 000 €.
O IRC a pagar pela sociedade é:
a) 5000 €;
b) 0 €;
c) 1000 €;
d) 6000 €.

149. A sociedade Y com sede em Lisboa, no corrente ano obteve um volume de negócios de 5 000 000 €, assim repartido:
- Lisboa: 3 000 000 € (60%);
- Funchal: 1 500 000 € (30%);
- Ponta Delgada: 500 000 € (10%).

Sabe-se ainda que empregou 145 pessoas e que o total do balanço ascendeu a 56 000 000 €. Qual o valor da coleta, sabendo que a matéria coletável de Y foi de 500 000 € e que a derrama municipal é 0?
a) 102 900 €;
b) 105 000 €;
c) 101 200 €;
d) 104 400 €.

150. Uma sociedade com sede em Faro, no ano *t*, obteve um volume de negócios de 12 000 000 € repartido da seguinte forma:
- Faro: 9 000 000 € (75%);

- Horta: 3 000 000 € (25%)

Sabe-se ainda que o total do balanço foi de 38 000 000 € e que empregou 121 pessoas. Indique qual o valor da coleta, sabendo que a matéria coletável foi de 150 000 €.

a. 31 500 €;
b. 29 355 €;
c. 29 925 €;
d. 28 845 €.

151. Numa empresa com um lucro tributável de 10 000 €, qual o valor da derrama municipal se: município A (massa salarial de 100 000 e taxa de derrama de 1%) e município B (massa salarial de 50 000 e taxa de derrama de 0,5%)?

a. 80 €;
b. 100 €;
c. 91 €;
d. 83,3 €.

152. A sociedade X foi constituída em 2005, com o capital social de 500 000 €, realizado em partes iguais pelas sociedades Y e Z. Em 2015, os mesmos sócios decidiram dissolver e liquidar a sociedade X, o que veio a acontecer ainda no decurso desse ano, tendo sido atribuídos a cada um, como resultado da partilha, o valor de 300 000 €. Qual o valor a considerar para efeitos da determinação do lucro tributável da sociedade Y (admita um coeficiente de 1,16)?

a. O valor da mais-valia não concorre para a determinação do lucro tributável, ao abrigo do regime da *participation exemption;*
b. 300 000 €;
c. 10 000 €;
d. 50 000 €.

153. A sociedade XYZ adquiriu, em 2010, a totalidade do capital da sociedade ABC, pelo valor de 1 500 000 €. Em 2014, a ABC distribuiu lucros ao seu sócio no valor de 800 000 €. Em 2015, XYZ decide dissolver e liquidar a sociedade ABC, o que aconteceu ainda nesse ano tendo auferido, como resultado da partilha, o valor de 400 000 €.

Qual o valor que XYZ deve considerar para efeitos da determinação do seu lucro tributável, admitindo um coeficiente de 1.07?

a. Uma menos-valia fiscal dedutível de 405 000 €;
b. Uma menos-valia fiscal dedutível de 1 100 000 €;
c. Uma menos-valia fiscal dedutível de 1 205 000 €;
d. As menos-valias fiscais resultantes da partilha não concorrem para a formação do lucro tributável.

154. Para efeitos de IRC, quando o período de tributação seja coincidente com o ano civil, a Modelo 22 deve ser enviada:

a. Em suporte de papel até o último dia útil do mês de maio;

b. Por transmissão eletrónica de dados, até o último dia do mês de maio, independentemente de esse dia ser útil ou não;
c. Por transmissão eletrónica de dados, até ao final do mês de junho;
d. Por transmissão eletrónica de dados, até ao final do mês de julho.

155. Caso o seu período de tributação termine em março, deve entregar a Modelo 22 em:
a. Maio;
b. Julho;
c. Agosto;
d. Setembro.

156. Caso se trate de um não residente sem estabelecimento estável, que tenha auferido rendimento prediais, deve entregar a Modelo até ao último dia do mês de:
a. Maio;
b. Agosto;
c. Julho;
d. Não tem de entregar.

157. Para efeitos de IRC, quando o período de tributação seja coincidente com o ano civil, a IES deve ser enviada:
a. Por transmissão eletrónica de dados, até ao final do mês de julho;
b. Por transmissão eletrónica de dados, até o último dia útil do mês de maio;
c. Por transmissão eletrónica de dados, até 15 de julho, independentemente de esse dia ser útil ou não;
d. Por transmissão eletrónica de dados, até ao final do mês de junho.

158. Caso o seu período de tributação termine em março, deve entregar a IES até:
a. 15 de julho;
b. 15 de agosto;
c. 15 de setembro;
d. 15 de outubro.

159. Uma empresa decide não proceder à entrega da declaração Modelo 22. Ao constatar a falta a Administração Tributária:
a. Deve convidar de imediato o contribuinte para a apresentar;
b. Deve proceder à liquidação com base em margens médias de lucro do sector onde a empresa se insere;
c. Deve proceder à liquidação com base nos elementos de que a administração tributária e aduaneira disponha, de acordo com as regras do regime simplificado, com aplicação do coeficiente de 0,75; na totalidade da matéria coletável do período de tributação mais próximo que se encontre determinada; ou no valor anual da retribuição mínima mensal, consoante o valor que for superior;
d. Deve aguardar a entrega da declaração pelo contribuinte.

160. No âmbito do IRC, não são permitidos atrasos na execução da contabilidade superiores a:
   a. 15 dias, contados do último dia do mês a que as operações respeitam;
   b. 30 dias, contados do último dia do mês a que as operações respeitam;
   c. 60 dias, contados do último dia do mês a que as operações respeitam;
   d. 90 dias, contados do último dia do mês a que as operações respeitam.

161. Um sócio não residente de uma sociedade abrangida pelo regime de transparência fiscal para efeitos do cumprimento das suas obrigações fiscais:
   a. É sempre representado pela sociedade transparente;
   b. Nunca pode ser representado pela sociedade transparente;
   c. Tem de ser representado obrigatoriamente por uma pessoa coletiva, por ele designada;
   d. Tem de ser representado por uma pessoa coletiva ou singular, por ele designada, sendo facultativa, em relação às entidades residentes, para efeitos fiscais, noutro Estado-membro da EU ou do EEE em que haja cooperação administrativa na área da fiscalidade.

162. Uma empresa registada na conservatória a 5 de novembro, deve entregar a declaração de início de atividade até:
   a. À data em que efetuou o registo;
   b. 15 dias a partir da data da apresentação a registo;
   c. 30 dias a partir da data da apresentação a registo;
   d. A declaração de início de atividade é apresentada quando a empresa quiser.

163. Para efeitos de IRC, a cessação da atividade ocorre, relativamente a empresas com sede ou direção efetiva em Portugal:
   a. Na data do encerramento da liquidação;
   b. Na data de dissolução da sociedade;
   c. Na data do último proveito;
   d. Na data da cessação para efeitos de IVA.

Dupla tributação internacional

164. Uma empresa distribui dividendos aos seus sócios, estes ficarão sujeitos a:
   a. Dupla tributação internacional;
   b. Dupla tributação económica;
   c. Ambos;
   d. Nenhuma das anteriores alíneas está correta.

165. Uma empresa angolana, com uma filial em Portugal, ao pagar imposto sobre os lucros em Portugal e também em Angola, esta sujeita a:
   a. Dupla tributação internacional;
   b. Dupla tributação económica;
   c. Dupla tributação jurídica internacional;
   d. Dupla tributação económica internacional.

Soluções das questões de escolha múltipla

N.º PERGUNTA	RESPOSTA	JUSTIFICAÇÃO
1	B	Artigo 3.º, n.º 2 do Código do IRC: o lucro consiste na diferença entre os valores do património líquido no fim e no início do período de tributação, com as correções estabelecidas neste Código.
2	C	Artigo 4.º, n.º 2 do Código do IRC
3	B	Artigo 5.º, n.º 3 do Código do IRC
4	D	Artigo 5.º, n.º 6 do Código do IRC
5	C	Artigo 5.º, n.º 1 e n.º 2 do Código do IRC
6	D	Artigo 2.º, n.º 1, alínea a) do Código do IRC
7	A	Artigo 4, n.º 1 do Código do IRC
8	D	Artigo 8.º, n.ºs 9 e 10 do Código do IRC
9	C	Artigo 4.º n.º 4 do Código do IRC
10	A	Artigo 12.º do Código do IRC
11	D	Artigo 2.º, n.º 1 alíneas a) e b) e artigo 6.º, n.º 2 do Código do IRC
12	D	Artigo 6.º n.ºs 2 e 3 do Código do IRC
13	A	Artigo 2.º, n.º 3 do Código do IRC
14	C	Artigo 4.º, n.º 7, alínea c) e n.º 4, segunda parte do Código do IRC
15	C	Artigo 5.º, n.º 8 do Código do IRC
16	B	Artigo 5.º, n.º 6 do Código do IRC
17	D	Artigo 5.º, n.ºs 3 a 5 do Código do IRC
18	C	Artigo 19.º do Código do IRC
19	C	Artigo 19.º do Código do IRC
20	B	Artigos 2.º, n.º 1, alínea a) e 6.º, n.ºs 1, alínea b) e 4, alínea a) do Código do IRC
21	C	Artigo 6.º, n.º 1 do Código do IRC e alínea h) do n.º 2 do artigo 5.º do Código do IRS
22	C	É tributada em Portugal pelos rendimentos obtidos através do estabelecimento estável em Portugal; artigo 2.º, n.º 1, alínea c) do Código do IRC – sujeitos passivos – não residentes cujos rendimentos obtidos em Portugal não estejam sujeitos a IRS. Artigo 3.º, n.º 1, alínea c) do Código do IRC – incidência real – o IRC incide sobre o lucro imputável a estabelecimento estável (conf. definido no artigo 5.º) situado em território português. Artigo 4.º, n.ºs 2 e 3 Código do IRC – não residentes ficam sujeitos a IRC apenas quanto aos rendimentos obtidos em território português. Consideram-se obtidos em território português os rendimentos imputáveis a estabelecimento estável nele situado.
23	B	Artigo 3.º n.º 1 do Código do IRC
24	B	Artigo 2.º, n.º 2 para o sujeito passivo e artigo 3.º, n.º 1 alínea b) para a tributação do rendimento
25	D	Artigo 8.º, n.º 5, al. a) Código do IRC – A cessação da atividade ocorre na data do encerramento da liquidação. Ofício Circulado n.º 20.063 de 2002.03.05

26	C	Artigo 8.º n.º 5 alínea a) do Código do IRC
27	D	Artigo 6.º n.º 1 alínea b) do Código do IRC – É imputada aos sócios, no seu rendimento tributável para efeitos de IRS ou IRC, consoante o caso, a matéria coletável, determinada nos termos deste Código, das sociedades de profissionais, ainda que não tenha havido distribuição de lucros. Artigo 20.º n.os 1 e 2 Código do IRS – O resultado da imputação das entidades referidas no artigo 6.º do Código do IRC, que sejam pessoas singulares, integra-se como rendimento líquido na Categoria B. Artigo 5.º n.º 2 al. h) Código do IRS – Exclui os lucros distribuídos da Categoria E.
28	A	Artigo 11.º n.os 1 e 3, artigo 48.º, n.º 1 e artigo 49.º, n.º 3 do Código do IRC • As quotas dos associados – não sujeitos a IRC • Os subsídios dados pela Câmara Municipal – não sujeitos a IRC • O lucro obtido no bar – sujeito a IRC
29	C	Artigo 120.º, n.º 3 e artigo 121.º, n.º 4 do Código do IRC. Para efeitos de IRC, a cessação de atividade ocorre na data do encerramento da liquidação, pelo que, até lá, o facto de uma empresa se encontrar inativa não a desonera das suas obrigações declarativas.
30	A	Artigo 72.º, n.º 4 do Código do IRC
31	B	Artigo 123.º do Código do IRC.
32	B	Artigo 54.º do Código do IRC
33	C	Artigo 54.º n.º 3 do Código do IRC
34	A	Artigo 120.º, n.º 4 do Código do IRC
35	C	Artigo 87, n.º 4 do Código do IRC
36	C	Artigo 23.º-A, alínea r), do Código do IRC, sem prejuízo da tributação autónoma
37	D	Preâmbulo do Código do IRC, parágrafo 4
38	B	Artigo 20.º n.º 1 al. i) do Código do IRC
39	A	Artigo 18.º n.º 9 do Código do IRC
40	B	Artigo 4.º do Código do IRC
CORREÇÕES FISCAIS		
41	C	Artigo 21.º, n.º 1, a) do Código do IRC
42	B	Artigo 21.º, n.º 1, a) do Código do IRC
43	D	Artigo 20, n.º 1, j) do Código do IRC
44	A	Artigo 24.º, n.º 1, al. c) do Código do IRC
45	C	Alínea a) do n.º 1 do artigo 21.º do Código do IRC
46	B	Artigo 23.º-A, n.º 1, o) e n.º 6 do Código do IRC
47	C	Artigo 23 n.º 2 d) do Código do IRC
48	A	Artigo 22.º n.º 1 a) do Código do IRC
49	C	c) – Artigo 19.º n.º 1 % Acabamento: 600 000 / 1 000 000 = 60% Gastos incorridos: 600 000 € Rédito do período: 1 100 000 * 60% = 660 000 €
50	B	Artigo 20.º, n.º 1, al j) do Código do IRC e Circular n.º 6/2000, de 10 de maio.

51	B	Artigo 22.°, n.° 1, a) e n.° 2 do Código do IRC
52	C	Artigo 22.°, n.° 1, d) primeira parte do Código do IRC
53	B	Artigo 22.°, n.° 1, d) segunda parte do Código do IRC
54	B	Artigo 22.°, n.° 1, a) e n.° 2 do Código do IRC
55	C	Artigo 23.°-A, n.° 1, g) do Código do IRC
56	D	Artigo 46.° n.° 1 e n.° 3 alínea b) do Código do IRC
57	D	Artigo 39.°, n.° 1, a) e n.° 4 do Código do IRC. Isto porque, a reversão de imparidades/provisões é registada como um ganho, pelo que já está no lucro tributável da sociedade.
58	C	Artigo 23.°, n.° 1 do Código do IRC
59	B	Artigo 23.°, n.° 1, alínea d) do Código do IRC
60	C	Artigo 18.° n.° 8 do Código do IRC
61	D	Artigo 19.° n.° 1 do Código do IRC
62	C	Artigo 23.°-A, n.° 1 al g) do Código do IRC
63	B	Artigos 31.° e 34.°, n.° 1, alínea c) do Código do IRC e artigos 18.° e 20.° do Decreto Regulamentar n.° 25/2009, de 14 de setembro
64	C	Artigo 33.° do Código do IRC
65	A	Artigo 34.°, n.° 1 b) do Código do IRC e artigo 10.° Decreto Regulamentar n.° 25/2009, de 14 de setembro
66	A	Artigos 18.° e 20.° e tabela II anexa ao Decreto Regulamentar n.° 25/2009, de 14 de setembro – código 2210; e artigos 31.° e 34.°, n.° 1, alínea c) do Código do IRC
67	B	Artigo 29.°, n.° 5, alínea a) e art.° 33, n.° 1, alínea c) do Código do IRC e artigo 21.° do Decreto Regulamentar n.° 2/90
68	C	Artigo 34.° n.° 1, al b), d) e e) e artigo 11.° do Decreto Regulamentar n.° 25/2009, de 14 de setembro
69	B	Artigo 33.° do Código do IRC
70	D	Artigo 29.°, n.° 1 a) do Código do IRC e artigo 17.° e Tabela II anexa ao Decreto Regulamentar n.° 25/2009, de 14 de setembro, código 2470
71	B	N.° 2 do artigo 2.° e n.° 3 do artigo 10.°, ambos do Decreto Regulamentar n.° 25/2009, de 14 de setembro. Taxa de depreciação: 2% (Decreto Regulamentar n.° 25/2009, de 14 de setembro – Tabela II – Código 2015) Custo de Aquisição = 500 000 + 50 000 = 550 000 € Valor depreciável = 550 000 * (1 – 0,25) = 412 500 € Valor da depreciação = 412 500 * 0,02 = 8250 €
72	C	Artigo 34.°, n.° 1, e) do Código do IRC e Portaria n.° 467/2010, de 7 de julho
73	B	N.° 3 do artigo 10.° Decreto Regulamentar n.° 25/2009, de 14 de setembro. Taxa de depreciação: 2% (Decreto Regulamentar n.° 25/2009, de 14 de setembro – Tabela II – Código 2015) Logo deprecia 800 000 * 0,02 * 0,75 e considera 4/12 desse valor.
74	B	Artigo 23.° do Código do IRC – Custos ou perdas (indispensáveis e comprovados); – Artigo 33.°, n.° 1, alínea e) do Código do IRC – Reintegrações limitadas à parte do valor de aquisição que não exceda 25 000 €. Artigo n.° 81, n.° 3 do Código do IRC.

75	B	Artigo 28.º-B do Código do IRC
76	D	Artigo 31.º, n.º 4 do Código do IRC e artigo 6.º do Decreto Regulamentar n.º 25/2009, de 14 de setembro.
77	D	Artigos 30.º e 31.º do Código do IRC
78	C	Artigo 28.º-B, n.º 2 do Código do IRC
79	A	Artigo 28.º-A e 28.º-B Código do IRC
80	D	Artigo 28.º-A e 28.º-B Código do IRC
81	B	Artigo 28.º-B n.º 3, alínea b) do Código do IRC, dado estar coberta por garantia bancária, apesar da insolvência do devedor.
82	C	Artigo 28.º-B n.º 3 c) do Código do IRC
83	D	Artigo 28.º-B do Código do IRC
84	B	Artigo 39.º do Código do IRC e Circular n.º 10/2011
85	D	Artigo 28.º-B n.º 3 alínea a) do Código do IRC
86	A	Artigo 28.º-A n.º 1, alínea a) e n.º 3 do Código do IRC
87	D	N.º 7 do artigo 31.º-B do Código do IRC
88	C	Artigo 44.º do Código do IRC Gasto com a majoração = 6000 * 1,5 = 9000 Limite da dedução = 3 200 000 * 0,002 = 6400
89	A	Artigo 44.º do Código do IRC Gasto com a majoração = 7500 * 1,5 = 11 250 € Limite da dedução = 5 000 000 * 0,002 = 10 000 € Valor a deduzir = 10 000 – 7500 = 2500 €
90	B	Artigo 43.º, n.º 1 do Código do IRC
91	C	Artigo 43.º, n.º 9 do Código do IRC
92	D	Artigo 62.º, n.os 1 e 2 do EBF
93	C	Artigo 62.º, n.os 3 e 4 do EBF
94	C	Não aceita como gasto a indemnização pelo artigo 23.º-A, alínea g; não aceita as reservas de reavaliação, artigo 31.º, n.º 1, alínea b; e não aceita o imposto de selo pelo artigo 23.º-A, alínea a), todos do Código do IRC.
95	B	Artigo 23.º-A n.º 1 h) do Código do IRC e artigo 2.º, n.º 3, alínea d) do Código do IRS
96	D	Artigo 23.º-A n.º 1 e) do Código do IRC.
97	C	Alínea p) do n.º 1 do artigo 23.º-A do Código do IRC
98	D	Artigo 62.º n.os 1 e 2 do Código do IRC
99	B	Alínea e) do n.º 1 do artigo 23.º-A do Código do IRC
100	C	Artigo 23.º-A, n.º 1 e artigo 28.º-B do Código do IRC
101	D	Artigo 25.º, n.º 2 Código do IRC –Venda de bens seguida de locação financeira pelo vendedor e os bens integravam o ativo imobilizado do vendedor. Não há lugar ao apuramento de qualquer resultado para efeitos fiscais, continuando os bens a ser reintegrados de acordo com o regime que vinha sendo seguido.
102	C	Artigo 46.º n.º 1 e artigo 31.º-B n.º 7 do Código do IRC,
103	A	Artigo 46.º e 48.º do Código do IRC

104	C	Artigo 48.º, n.º 1 do Código do IRC
105	B	Artigo 46.º n.º 1 e 48.º do Código do IRC
106	D	Artigo 51.º-C e Artigo 23.º-A n.º 2 (Na Modelo 22 a sociedade acresce a menos valia contabilística no valor de 700 000 € e deduz a menos--valia fiscal no valor de 500 000 €)
107	B	Artigo 23.º-A n.º 1 h) «a contrário» – São aceites como custo. Artigo 88.º, n.º 9 do Código do IRC – estão sujeitas a tributação autónoma a taxa de 5%
108	C	Artigo 23.º-A n.º 1 alínea b) e artigo 88.º n.º 1, ambos do Código do IRC
109	A	Artigo 51.º-C, n.º 1 do Código do IRC
110	C	N.º 1 do artigo 48.º do Código do IRC
111	D	N.º 2 do artigo 48.º do Código do IRC • Acresce à sua matéria coletável apenas 50% da mais-valia: 2500 €. • Parte não reinvestida: (15 000 / 25 000) = 60% Logo, a mais-valia a ser tributada é de 1500 (60% da mais valia de 2500), mas dado a penalização de 1.15, acresce MC: 60% * 2500 * 1,15 = 1725
112	C	Artigo 51.º n.º 1 do Código do IRC
113	A	Artigos 51.º n.º 9, 68.º n.º 3 e 91.º-A, todos do Código do IRC
114	C	Artigo 67.º n.º 1 b) do Código do IRC
115	C	Artigo 71.º do Código do IRC – O lucro tributável do grupo obtém--se através da soma algébrica dos lucros tributáveis ou prejuízos fiscais das empresas que o integram. Assim, temos: 300 000 – 150 000 – 100 000 = 50 000 € Ao valor do lucro tributável do grupo é deduzido o valor dos prejuízos fiscais de anos anteriores. Assim temos: 50 000 – 100 000 = 0 No entanto, a dedução de prejuízos fiscais de anos anteriores não pode ser superior a 70% do lucro tributável (n.º 2 do artigo 52.º do Código do IRC), pelo que a matéria coletável do grupo será de 15 000 (70% * 50 000).
116	B	Artigo 69.º, n.º 2 do Código do IRC
117	D	Artigo 69.º n.º 4 alínea a) do Código do IRC
APURAMENTO DO IMPOSTO		
118	B	Artigo 106.º n.º 11 al. d) do Código do IRC
119	D	Artigo 87.º n.º 1 do Código do IRC
120	C	Artigo 86.-A, n.º 6 do Código do IRC
121	D	Artigo 86.º-B n.º 1, alínea a) e n.º 5 do Código do IRC
122	C	Artigo 86.º-A n.º 1 alínea f) do Código do IRC
123	A	Artigo 52.º, n.º 1, do Código do IRC, conjugado com o regime temporário para 2020 e 2021 devido à pandemia Covid-19
124	C	Artigo 52, n.º 3 do Código do IRC
125	C	Artigo 52.º, n.º 1 do Código do IRC. Em 2008 o período de reporte era de 6 anos, podendo ser deduzidos ao lucro tributável até 2014. Em 2011 o período de reporte era de 4 anos, podendo ser deduzido até 2015. Em 2014 o período de reporte é de 12 anos.

126	A	Artigo 86.º B do Código do IRC e Circular n.º 6/2014, de 28 de março
127	B	Artigo 87.º, n.º 1 e artigo 87.º-A do Código do IRC
128	A	Artigo 87.º, n.º 1 e artigo 87.º-A do Código do IRC
129	B	Artigo 15, n.º 1, alínea a) Código do IRC RL= 2000 € Benefício fiscal = 400 € que opera por dedução ao lucro tributável LT = 1600 €, do qual tem de ter como MC 30%, ou seja, 480 € Pelo que pode usar 1120 € de prejuízos, ficando com 580 € para reporte nos anos seguintes.
130	C	Artigo 15, n.º 1, alínea a) do Código do IRC RL= 2000 € Prejuízos fiscais dedutíveis de 1400 €, visto que em 2015 aplica-se limite de 70% na percentagem de dedução ao lucro tributável Benefício fiscal = 400 € que opera por dedução ao lucro tributável Conjugando o artigo 52.º com o artigo 15.º do Código do IRC, resulta que, para efeito de cálculo da MC, primeiro devem ser expurgados do LT e até à sua concorrência os prejuízos fiscais, deduzindo-se depois, caso ainda exista valor remanescente, os BF. LT – Prej. = 2000 – 1400 = 600 € Deduziu a totalidade dos Prejuízos e apenas pode deduzir 400 € de BF. Assim, a MC = 200 € e não há prejuízos a reportar.
131	B	Alínea c) do n.º 1 do artigo 71.º do Código do IRC
132	B	Artigo 52.º n.º 2 do Código do IRC (a dedução a efetuar não pode exceder o montante correspondente a 70% do lucro tributável)
133	B	Artigo 12.º e artigo 88.º, n.º 7 do Código do IRC
134	D	Artigo 12.º e artigo 88.º, n.º 7 e 14 do Código do IRC
135	D	Artigo 106.º do Código do IRC Cálculo: 1.º Passo: 10 000 000 * 0,01 = 100 000 2.º Passo: 850 + (100 000 – 850) * 0,2 = 20 680 3.º Passo: 20 680 – 10 000 = 10 680 €
136	B	Artigo 106, n.º 11, alínea c) do Código do IRC
137	C	Artigo 106, n.º 11, alínea d) do Código do IRC
138	C	N.º 3 do artigo 88.º do Código do IRC
139	B	Artigo 88.º, n.os 3 e 15 do Código do IRC
140	B	Artigo 106, n.º 1 do Código do IRC
141	C	Artigo 104, n.º 1, alínea a) do Código do IRC
142	D	Artigo 105.º, n.º 3 do Código do IRC. Paga 95% da coleta porque o VN > 500 000 €
143	A	Artigo 105.º, n.º 2 do Código do IRC. Paga 80% da coleta porque o VN < 500 000 €
144	C	Artigo 106.º, n.os 2 e 3 do Código do IRC. Cálculo do PEC = 850 + 20% (1% * 800 000 – 850) – (80% * 1000)
145	D	Artigo 88, n.º 1 e n.º 14 do Código do IRC. Tributação autónoma de 60%. Dado que a empresa apresenta prejuízos, a coleta é zero, mas há lugar à tributação autonoma destas despesas, em 50%, agravada em 10 p.p. pelos prejuízos, ou seja, num valor de 60%.

146	C	Artigo 87.°, n.ºs 1 e 2 do Código do IRC. Taxa é de 21% (não se aplica a de 17%) e pode deduzir as retenções na fonte.
147	B	Artigo 88.°, n.ºs 1 e 2. Aos 30 de coleta da alínea anterior adiciona a tributação autónoma de 70% (artigo 88.°, n.° 2)
148	D	Artigo 88.°, n.° 1 e n.° 14 do Código do IRC. Tem tributação autónoma a 60%, visto ter prejuízos.
149	A	Artigo 87.° Código do IRC e Decreto Legislativo Regional n.° 2/2014/A, de 29 de janeiro
150	B	Artigo 87.° Código do IRC, artigo 18.° da Lei n.° 73/2013, de 3 de setembro, e Decreto Legislativo Regional n.° 2/2014/A, de 29 de janeiro. Cálculos: Matéria coletável imputável ao Continente: 112 500 € Matéria coletável imputável aos Açores: 37 500 € Primeiros 15 000 € de matéria coletável por se tratar de uma PME – Continente: 11 250 € (15 000 € * 75%) – Açores: 3750 € (15 000 * 25%) Coleta imputável ao Continente: 23 175 € (11 250 * 17% + 101 250 * 21%) Coleta imputável aos Açores: 6180 € (3750 * 13,6% + 33 750 * 16,8%) Total: 29 355 € (23 175 + 6180)
151	D	Artigo 18.° Lei 73/2013, de 3 de setembro. Porque derrama municipal = 10 000 * 2/3 * 1% + 10 000 * 1/3 * 0,5%
152	A	Artigos 81.° e 51.°-C do Código do IRC
153	A	Artigo 81.° do Código do IRC mvf = 400 000 € – 1 500 000 € * 1,07 = 1 205 000 € Aplicação do n.° 3 do artigo 81.° do Código do IRC: 1 205 000 € – 800 000 € = 405 000 €
154	B	Artigo 120.°, n.° 1 do Código do IRC
155	C	Artigo 120.°, n.° 2 do Código do IRC
156	A	Artigo 120.°, n.° 5, alínea a), do Código do IRC
157	C	Artigo 121.°, n.° 2 do Código do IRC
158	D	Artigo 121.°, n.° 3 do Código do IRC
159	C	Artigo 90.°, n.° 1, alínea b), do Código do IRC
160	D	Artigo 123.°, n.° 3 do Código do IRC
161	D	Artigo 126.°, n.ºs 1 e 2, Código do IRC
162	B	Artigo 118.°, n.° 1, do Código do IRC
163	A	Artigo 8.° n.° 5, alínea a) do Código do IRC
164	B	Artigo 51.° do Código do IRC
165	D	Artigo 91.°-A do Código do IRC

31. Casos práticos de IRC

CASO PRÁTICO 1:

EMPRESA: Sarmento, Lda. PERÍODO: 2023 R.LÍQUIDO: 200 000 €
VOLUME DE VENDAS: 6 000 000 € MASSA SALARIAL: 400 000 €
MÉTODO DE DEPRECIAÇÕES: Linha reta

Relativamente a este ano, verificaram-se os seguintes factos:

1. Imparidades para créditos em mora: 6000 €

Balancete por idades de saldo	
< 06 meses	2000 €
06-12 meses	8000 €
12-18 meses	4000 €
18-24 meses	1000 €
> 24 meses	1000 €

2. Em maio deste ano, o tribunal obrigou a Sarmento, Lda. a pagar uma indemnização de 5000 € ao seu trabalhador António M., em virtude de um acidente de trabalho.

3. Depreciação de uma viatura ligeira de passageiros a gasolina adquirida em 2020, por 45 000 €; 11 250 €.

4. Adquiriu 10 impressoras iguais pelo valor total de 2000 €, tendo logo no ano, depreciado contabilisticamente todo o valor de cada impressora.

5. A sociedade X, sócia da empresa, transformou um crédito de 50 000 € sobre esta, numa prestação suplementar do mesmo valor, contabilizada na conta 53 do SNC.

6. Apurou em contas da classe 5 um saldo anual negativo de 50 000 € resultante da venda de ações próprias.

7. Constituiu uma provisão para encargos derivados de processos judiciais em curso, por 100 000 €, em virtude de contra ela correr um processo de indemnização por danos causados pela prática de uma infração. Esta provisão compreende 50 000 € de despesas com advogado e 10 000 € de custas judiciais.

8. Foi atribuído um subsídio de 300 000 € para a aquisição de um terreno, sem cláusula de venda, que não contabilizou como ganho.

9. Recebeu uma doação de um imóvel que registou numa conta da classe 5 pelo seu valor de mercado de 100 000 €.

10. Registou como gasto do período a renda de 5000 € relativa ao aluguer (Leasing) de uma viatura ligeira de passageiros com o valor de 60 000 €, por 4 meses. Esta renda inclui 100 € de encargos financeiros.

11. IRC estimado: 25 000 €.

12. A empresa vendeu 1 equipamento por 20 000 €, que havia adquirido em 2016 por 30 000 €; Taxa de depreciação: 10% com valor residual de 0 (zero).

13. Donativos à Fundação XYZ, na qual o Estado participa com 50% do capital: 1200 €;

14. Encargos suportados com o fundo de pensões para o pessoal da empresa: 70 000 €;

15. A empresa teve em 2017 prejuízos fiscais, dos quais ainda não deduziu o montante de 40 000 € e no período passado registou também prejuízos fiscais de 20 000 €;

16. Pagamentos por conta de IRC: 10 000 €;

17. A empresa suportou 3000 €, a título de ajudas de custo com os seus trabalhadores deslocados em serviço, com mapas, não faturadas a clientes;

18. Despesas não documentadas: 2000 €;

Apure o IRC a pagar/receber pela empresa.

Solução:

1. Imparidades

Imparidades	Valor	% Imparidade	Imparidades
Menos de 6 meses (M)	2000	0	0
6M-12M	8000	25	2000
12M-18M	4000	50	2000
18M-24M	1000	75	750
Mais de 24M	1000	100	1000

Deve acrescer à MC 250 €

2. Não é aceite como gasto, por via do artigo 23.º-A do Código do IRC. Acresce 5000 € à MC

3. Só é aceite 25% do limite legal de 25 000 € (ou seja, 6250). Acresce à MC: 5000 €
Tributação autónoma: 11 250 € * 35% = 3937,50 €

4. Não há correção fiscal, dado que cada impressora custou menos de 1000 € (artigo 33.º Código do IRC e artigo 19.º do DR n.º 25/2009)

5. É um reforço de capital que não concorre para o Lucro Tributável (artigo 21.º, n.º 1 alínea a)). Não há correção fiscal.

6. Variação patrimonial negativa que não concorre para o Lucro Tributável (artigo 24.º, alínea c). Não há correção fiscal.

7. São despesas decorrentes da prática de um infração, as quais não seriam gasto do período (artigo 23.º-A, alínea d)). Logo a provisão constituída não é fiscalmente aceite (artigo 34.º, n.º 1 c)) e serão acrescidos 100 000 €.

8. Acresce à MC: 300 000 € / 10 = 30 000, por aplicação do artigo 22.º do Código do IRC.

9. É uma variação patrimonial positiva, que não está nas exceções do artigo 21.º n.º 1, estando prevista no n.º 2 do artigo 21.º, pelo que acresce à MC.

10. Não é aceite como gasto a parte correspondente à depreciação da viatura (335 000 * 25% * (4/12) = 2616,67). Acresce 2616,67 € à MC.

11. Acresce à matéria coletável.

12. A mais-valia contabilística é de 11 000 (MVC = 30 000 – (30 000 – 30 000 * 7 * 10%)), que deduz à MC.
A mais valia fiscal é de 7530 (MVF = 30 000 – (30 000 – 30 000 * 7 * 10%) * 1,07), que acresce à MC.

13. Aceite como gasto, deduz 40% à MC (480 €).

14. Tem como limite 15% da massa salarial (60 000 €). Como tal, acresce 10 000 € à MC.

15. Pode reportar o ano de 2017, e pode reportar os prejuízos do ano anterior, cumprindo para o total de prejuízos o limite de 70% do lucro tributável.

16. Deduz à coleta.

17. Aceite como custo. Tributações autónomas: 3000 € * 5% = 150 €

18. Acresce à MC: 2000 € e tem tributação autónoma de 50% (1000 €)

CASO PRÁTICO 2:

A empresa Miranda Sarmento, sociedade por quotas, com 3 sócios: Sócio A (51%); Sócio B (24%); Sócio C (25%), que são também os 3 administradores, que presta serviços de consultoria e formação, não está no regime de transparência fiscal, com sede em Lisboa, apurou no final de 2020 os seguintes elementos da sua contabilidade:

Volume de negócios em 2020: 4 milhões

Volume de negócios em 2019: 3,5 milhões

1. Resultado antes de impostos: 150 000 €. IRC estimado: 20 000 €.

2. Variações patrimoniais positivas:
   - Aumento do CS de 20 000 € para 50 000 €, através da entrada de capital proveniente dos atuais sócios.
   - Aumento do valor patrimonial pelo método de equivalência patrimonial, em 20 000 € da participação na Sociedade M1 Lda., que também se dedica à atividade de consultoria.
   - Recebimento de um donativo de livros técnicos antigos por parte de um cliente, no valor de 500 €.
   - Ganho derivado de uma regularização de grande significado imputável a períodos anteriores e que estava na conta 59 – Resultados transitados. No valor de 10 000 €.

3. Participação num ACE, designado: Formações de Fiscalidade ACE, com uma participação de 30%. Este ACE apurou um lucro de 10 000 €.

4. Vendeu uma máquina a uma Sociedade Financeira, por 50 000 €. Havia adquirido a máquina em 2013 por 60 000 € e a depreciação é de 10%/ano. De seguida fez um contrato de relocação financeira para continuar a utilizar a máquina. Pretende saber quais as consequências fiscais desta operação.

5. Pagou a uma empresa brasileira honorários pela instalação e montagem de um *stand* numa feira internacional no Brasil, no montante de 1000 €.

6. Tem um contrato de locação financeira de uma viatura com valor de aquisição de 40 000 €.
   Juros: 4000 €. Amortização Dívida: 6000 €
   Qual a parte que pode considerar como custo?

7. Alugou durante o ano uma viatura ligeira de passageiros sem condutor (em regime de ALD), por 6000 €. O valor de aquisição da viatura é de 18 000 €. Considerou a totalidade dos 6000 € como gasto.

8. Praticou as seguintes quotas de depreciação, pelo método de linha reta, relativas ao ativo fixo tangível:

BEM	Custo aquisição	Ano de Aquisição	Valor depreciação em 2020	Valor residual
Automóvel	60 000	2019	15 000	0,00
Computadores	10 000	2019	3333	0,00
Material escritório	10 000	2018	1250	0,00
Edifício comercial com valor do terreno	100 000	2005	2000	0,00
Equipamentos de centros de formação profissional	20 000	2018	4000	0,00
Telemóveis (4)	500	2020	500	0,00

9. Realizou imparidades das seguintes dívidas:

ENTIDADE	Data dívida	Montante da dívida	Valor da imparidade
Ministério da Economia	1-2-2020	10 000	5000
Empresa X	1-9-2020	5000	2500
Empresa Y	1-3-2020	10 000	2500
Empresa Z	1-11-2018	20 000	5000
Empresa em processo falência	1-3-2020	2000	2000

10. Durante o ano foram pagas a esta sociedade as seguintes dívidas, que tinham imparidades pelo valor aceite fiscalmente:

ENTIDADE	DATA DA DÍVIDA	MONTANTE DA DÍVIDA
Empresa A	1-4-2019	1000
Empresa B	2-10-2018	2000
Empresa C	1-2-2017	5000

11. Constituiu uma imparidade de inventários no valor de 5000 €. Os bens para venda foram adquiridos por 10 000 € e o seu valor de mercado, idóneo, é neste momento de 6000 €.

12. Efetuo durante o ano os seguintes donativos:
    - 500 € à Associação xx.
    - 2000 € à Fundação Y.

13. Pagou 3000 € de contratos de seguros de saúde para os administradores e para os trabalhadores.
    Pagou 5000 € de contratos de seguros de vida para os administradores.
    Os custos com pessoal foram de 250 000 €.

14. Pagou quotas à associação empresarial no valor de 500 €.

15. A empresa pagou os seguintes valores, que foram registados na contabilidade:
    - 500 € de multa de trânsito da viatura referida no ponto 6.
    - 50 € de coima pela entrega atrasada de retenções na fonte dos trabalhadores.

16. Pagou uma indemnização de 2000 €, por erro imputável a um colaborador na área de *outsourcing*, que exercia funções de TOC, sendo que esse erro está coberto por um seguro profissional que não foi adquirido.

17. Pagou 2300 € de despesas sem documento contabilístico de suporte.

18. Venda de ativo:
    Venda de uma máquina.
    Valor venda: 7000 €
    Valor aquisição: 10 000 €
    Ano aquisição: 2016. Depreciável em 10 anos pelo método de linha reta.

19. Venda de uma viatura ligeira de passageiros:
    Valor aquisição: 40 000 €
    Valor venda: 10 000 €
    Aquisição: 2019.

20. Efetuou a reavaliação livre de um bem do seu ativo fixo tangível:
    Valor de aquisição: 10 000 €. Depreciável em 10 anos método linha reta. Adquirido em 2016 (4 anos de depreciação). Reavaliado para 8000 €.

21. Recebeu um subsídio de 5000 € para aquisição de máquinas no montante de 15 000 €. As máquinas serão depreciadas em 8 anos. O subsídio foi considerado como ganho no montante de 625 €.

22. Recebeu um subsídio para elaboração de um estudo no montante de 1000 €, que foi considerado na totalidade como ganho.

23. Recebeu um subsídio de 10 000 € para criação de 3 postos de trabalho por 4 anos. Considerou como rendimento 2500 €.

24. Efetuou os seguintes pagamentos:
    - ➢ Ajudas de custo aceites fiscalmente: 1000 €
    - ➢ Despesas de deslocações em viatura do próprio do funcionário: 500 €.

25. Os lucros/prejuízos fiscais dos últimos anos são (entre parêntesis são prejuízos):
    - ✓ 2013: (40 000 € por utilizar)
    - ✓ 2014: (20 000 € por utilizar)
    - ✓ 2015: (10 000 € por utilizar)
    - ✓ 2016: 2000 €
    - ✓ 2017: 5000 €
    - ✓ 2018: 10 000 €
    - ✓ 2019: 5000 €.

26. Relativamente aos Pagamentos por conta, o montante de pagamentos por conta pagos no ano passado foi de 1500 €. A coleta de imposto foi de 10 000 €.

27. A empresa tem escritórios em Lisboa, no Porto e no Funchal.
    Os encargos salariais de cada escritório são: Lisboa (150 000 €); Porto (60 000 €); Funchal (40 000 €). Taxas de derrama (fictícias): Lisboa: 1%; Porto: 1,5%; Funchal: 0,5%.

28. A empresa arrenda um pequeno espaço para escritório de uma firma, recebendo uma renda mensal de 150 € (ilíquidos).

29. A empresa obteve de juros de aplicações financeiras (depósitos) um montante líquido de 1000 €.

SOLUÇÕES:

1. Deve considerar o valor do IRC estimado, para efeitos do Q7. O RLP será de 130 000 €.

2. Apenas o donativo dos livros e o ganho derivado de uma regularização de grande significado são VPP que concorrem para o lucro tributável. As outras duas VPP (aumento de capital e o aumento do valor patrimonial pelo método de equivalência patrimonial) estão excluídos pelo artigo 21.°.

3. O lucro do ACE acresce à MC, na proporção da participação (30% * 10 000 = 3000).

4. Não tem qualquer impacto fiscal, artigo 25.°.

5. Aceite como gasto, artigo 23.° e não deve efetuar retenção na fonte por não se considerar cá localizado o serviço da entidade brasileira.

6. Apenas os juros são aceites como gasto. Limite de 6250 €, logo fiscalmente aceite.

7. Não é aceite como gasto para efeitos fiscais, a parte da depreciação da viatura que excede o valor previsto na alínea e) do n.° 1 do artigo 34.° do Código do IRC. Valor da depreciação da viatura (18 000 * 25% = 4500 €). 6000 € – 4500 € = 1500 € (valor a acrescer ao lucro tributável. Tem tributação autónoma de 10%).

8. Acresce à MC a depreciação da viatura (apenas é aceite 25% * 25 000 = 6250 €, logo 8750 € devem acrescer à MC), tem tributação autónoma de 35%; a depreciação de 25% do valor do edifício, por via de se considerar o valor do terreno (logo acresce à MC 400 €). As restantes depreciações estão de acordo com as regras fiscais.

9. Deve corrigir, por não serem aceites fiscalmente, as imparidades relativas ao Ministério da Economia e as imparidades relativas à empresa X (tem apenas 3 meses de mora).

10. Até 31-12-2019 (período anterior), a empresa realizou de imparidades 25% relativos à empresa A (8 meses, logo um valor de 250 €); 50% relativos à empresa B (14 meses, logo um valor de 1000 €) e 100% relativo à empresa C (34 meses, logo

um valor de 5000 €). Assim, a empresa tem de reconhecer como ganho, por anulação de imparidades, 6250 €.

11. Deve efetuar uma correção fiscal a acrescer de 1000 €.

12. Não ultrapassa o limite de 0,08% do VN, que é de 32 000 €. Assim, pode beneficiar da majoração de 30%, deduzindo à MC 750 €.

13. Tem como limite de gastos 15% da massa salarial, logo um valor de 37 500 €. É aceite como gasto os seguros de saúde dado o seu carácter universal. Não é aceite como gasto os seguros de vida. Acresce à MC 5000 €.

14. Não ultrapassa o limite de 0,02% do VN, que é de 8 000 €. Pode beneficiar da majoração de 50%, deduzindo à MC 250 €.

15. Não é aceite como gasto, acresce 550 €.

16. Não é aceite como gasto, acresce 2000 €.

17. Não é aceite como gasto, acresce 2300 €. Tem tributação autónoma de 50%.

18. Tem uma MVC, que deduz, de 1000 € (MVC = 7000 – (10 000 – 10 000 * 10% * 4).
    Tem uma MVF, que acresce, de 820 € (MVC = 7000 – (10 000 – 10 000 * 10% * 4) * 1,03.

19. Tem uma mvc, que acresce, de 20 000 € (mvc = 10 000 – (40 000 – 40 000 * 25%)).
    Tem uma mvf, que deduz, de 20 000 € (mvc = 10 000 – (40 000 – 40 000 * 25%)). O coeficiente é 1.
    Acréscimo da mvf não aceita: 20 000 – [10 000 – (10 000 * 25 000 / 40 000)] = 16 250.

20. Acresce à MC a diferença entre as duas depreciações. A antiga era de 1000 €/ano. A atual é de 1333 (8000/6): Logo acresce 333 € à MC.

21. Não há correção.

22. Não há correção.

23. Não há correção.

24. Tem tributação autónoma de 5%.

25. Reporta os prejuízos de 2012 (4 anos) em 2015 (70% * 2000 = 1400) e em 2016 (70% * 5000 = 3500), findo o qual os prejuízos de 2012 deixaram de ser reportáveis. Usa os prejuízos de 2013 (5 anos) em 2017 (70% * 10 000 = 7000) e em 2018 (70% * 5000 = 3500), findo o qual os prejuízos de 2013 deixaram de ser reportáveis. Em 2019 pode usar os prejuízos de 2014, cumprindo o limite dos 70% do lucro tributável.

26. Pagamentos por conta de 2018 são 95% da coleta de 2017, logo são 9500 €.

27. A derrama municipal considera que em Lisboa está 60% da massa salarial, no Porto 24% e no Funchal 16%. Assim, a derrama é igual a:
LT * 60% * 1% + LT * 24% * 1,5% + LT * 16% * 0,5%.

28. Tem retenção na fonte, que deduz à coleta, de 25%.

29. Tem retenção na fonte, que deduz à coleta, de 25%.

Notas de jurisprudência e orientações administrativas

2. Conceitos base do imposto

Jurisprudência:

Acórdão do STA de 26.6.2019, Processo n.º 01109/16: cedência de direitos desportivos efetuada por uma sociedade não residente a uma sociedade residente

Acórdão do STA de 29.5.2019, Processo n.º 01064/14.5BEPRT: perda de bens; indemnização; risco; seguro

Acórdão do STA de 13.3.2019, Processo n.º 068/18: sociedade irregular; incidência de IRC

Acórdão do TCAS de 15.12.2016, Processo n.º 09876/16: noção de estabelecimento estável

Acórdão do STA de 15.6.2016, Processo n.º 01508/13: transparência fiscal; imputação de lucros

Acórdão do TCAN de 29.9.2016, Processo n.º 00560/12.3BECBR: transparência fiscal; sócio único

Acórdão do STA de 24.9.2008, Processo n.º 0199/08: sucursal de sociedade estrangeira; personalidade jurídica; personalidade tributária

Acórdão do STJ de 20.10.2005, Processo n.º 05B1890: fundação – personalidade jurídica; personalidade judiciária

Acórdão do TCAS de 18.10.2005, Processo n.º 00695/05: custos do exercício – encargos com segurança social

Orientações Genéricas:

Ofício-circulado n.º 20219/2020, de 16 de março: Entidades que não exerçam, a título principal, uma atividade de natureza comercial, industrial ou agrícola – Enquadramento tributário e obrigação do envio da declaração Modelo 22.

Informações Vinculativas:

Ficha Doutrinária emitida com referência ao processo n.º 4122/2020: Sociedades de simples administração de bens – requisitos

Ficha Doutrinária emitida com referência ao processo n.º 4953/2019: Atividades culturais, recreativas e desportivas

Ficha Doutrinária emitida com referência ao processo n.º 3223/2019: isenção de empresa municipal

Ficha Doutrinária emitida com referência ao processo n.º 3187/2019: Transparência fiscal – Sociedades de Advogados

Ficha Doutrinária emitida com referência ao processo n.º 2222/2019: Transparência Fiscal – Mediação Imobiliária

Ficha Doutrinária emitida com referência ao processo n.º 3224/2019: Gastos relativos a despesas de saúde com pessoal

Ficha Doutrinária emitida com referência ao processo n.º 2647/2018: Regime simplificado e entidades transparentes

Ficha Doutrinária emitida com referência ao processo n.º 5050/2018: Desconto concedido pelo operador de plataforma eletrónica ao utilizador do serviço de transporte

Ficha Doutrinária emitida com referência ao processo n.º 5049/2018: Prémio concedido a jovem agricultor

Ficha Doutrinária emitida com referência ao processo n.º 4794/2018: «Perdão de dívida» de entidade sediada em Portugal a uma sua sucursal localizada em Angola e dedução de crédito de imposto por dupla tributação jurídica internacional

Ficha Doutrinária emitida com referência ao processo n.º 927/2018: Rendimento resultante da antecipação do vencimento de passivos efetuada nos termos do artigo 91.º do Código de Insolvência e da Recuperação de Empresas

Ficha Doutrinária emitida com referência ao processo n.º 694/2017: conceito de gastos

Ficha Doutrinária emitida com referência ao processo n.º 1618/2017: deslocações ao estrangeiro de sócio gerente

Ficha Doutrinária emitida com referência ao processo n.º 733/2017: Cooperativas

Ficha Doutrinária emitida com referência ao processo n.º 2452/2017: Transparência fiscal – sociedade profissionais – atividade de serviços administrativos e contabilidade

Ficha Doutrinária emitida com referência ao processo n.º 1050/2017: Custo de aquisição para apuramento de mais-valia com alienação de imóvel

Ficha Doutrinária emitida com referência ao processo n.º 185/2017: Crédito de imposto por dupla tributação internacional e entidades transparentes

Ficha Doutrinária emitida com referência ao processo n.º 1130/2017: Sujeição a PEC após alteração de regime de transparência fiscal para regime geral

Ficha Doutrinária emitida com referência ao processo n.º 3803/2016: Alteração introduzida pelo Orçamento de Estado para 2017

Ficha Doutrinária emitida com referência ao processo n.º 3792/2016: Oferta de alojamento para turistas através da Internet

Ficha Doutrinária emitida com referência ao processo n.º 371/2008: Derrama e entidades transparentes

Ficha Doutrinária emitida com referência ao processo n.º 329/2007: Pessoas coletivas com sede ou direção efetiva em território português obrigadas à consolidação de contas

Ficha Doutrinária emitida com referência ao processo n.º 2707/2006: Enquadramento fiscal de prestações de serviços relativas a transportes aéreos

Ficha Doutrinária emitida com referência ao processo n.º 325/2005: Enquadramento em IRC das entidades que não exercem, a título principal, uma atividade de natureza comercial, industrial ou agrícola

3. Método de funcionamento do imposto

Orientações Genéricas:

Ofício-Circulado n.º 20193, de 23 de junho de 2016: Sistema de inventário permanente (SIP) e contabilidade regularmente organizada como condição de atribuição de benefícios fiscais; periodicidade de registo contabilístico em SIP

Circular n.º 7/2014, de 29 de julho: Definição de Micro ou Pequena Empresa

Informações Vinculativas:

Ficha Doutrinária emitida com referência ao processo n.º 1074/2019: Periodização do lucro tributável – Reconhecimento do rédito relativo ao transporte de mercadorias

Ficha Doutrinária emitida com referência ao processo n.º 3187/2010: Contrato de manutenção e reparação de veículos pesados: periodização dos réditos

4. Contratos de construção

Jurisprudência:

Acórdão do TCAS de 19.12.2018, Processo n.º 909/09.6BESNT: obras de carácter plurianual; método do encerramento da obra e método da percentagem de acabamento

Informações Vinculativas:

Ficha Doutrinária emitida com referência ao processo n.º 2095/2019: Determinação do «rendimento global líquido»

Ficha Doutrinária emitida com referência ao processo n.º 2444/2014: Fabricação de moldes em aço para produção de peças plásticas: enquadramento da produção em curso no final do período contabilístico

5. Subsídios

Jurisprudência:

Acórdão do TCAN de 16.2.2006, Processo n.º 00114/04: indemnizações e subsídios de equipamentos

Informações Vinculativas:

Ficha Doutrinária emitida com referência ao processo n.º 971/2015: Subsídios ao investimento recebidos por entidade do sector público administrativo posteriormente transformada em entidade pública empresarial

6. Variações patrimoniais positivas e negativas

Jurisprudência:

Acórdão do TCAS de 7.4.2022, Processo n.º 1084/04.8BTSNT: variações patrimoniais negativas contabilizadas em resultados transitados

Acórdão do STA de 8.1.2014, Processo n.º 0437/13: variação patrimonial negativa – transmissão de ações

Acórdão do STA de 14.5.2014, Processo n.º 015/14: gratificações; participação nos resultados

Acórdão do TCAS de 23.4.2015, Processo n.º 08149/14: variações patrimoniais positivas; imputação de lucros

Informações Vinculativas:

Ficha Doutrinária emitida com referência ao processo n.º 518/2021: Aumento de capital em espécie

Ficha Doutrinária emitida com referência ao processo n.º 1464/2020: Alienação e amortização/extinção de ações próprias

Ficha Doutrinária emitida com referência ao processo n.º 823/2018: Tributação de rendimentos decorrentes da exploração de um estabelecimento comercial de comidas e bebidas no âmbito de um contrato de associação em participação entre uma pessoa singular (associante) e uma pessoa coletiva (associada)

Ficha Doutrinária emitida com referência ao processo n.º 1446/2008: Doação de bem imóvel por um sócio à sociedade

Ficha Doutrinária emitida com referência ao processo n.º 2670/2018: Entrada de um imóvel para a realização do capital social

Ficha Doutrinária emitida com referência ao processo n.º4334/2018: Redução de capital para cobertura de prejuízos e para amortização de quota

Ficha Doutrinária emitida com referência ao processo n.º 940/2018: Redução de capital para cobertura de prejuízos, com extinção das ações existentes sobre a participada

7. Encargos não dedutíveis

Jurisprudência:

Acórdão do TCAS de 24.11.2022, Processo n.º 978/10.6BELRS: anulação de créditos por suprimentos concedido por uma SGPS a uma sociedade participada, na sequência da dissolução e da liquidação desta

Acórdão do TCAS de 9.6.2022, Processo n.º 209/10.9BESNT: despesas com ajudas de custo;

Acórdão do TCAS de 12.5.2022, Processo n.º 2983/09.6BCLSB: encargos com portagens e estacionamentos

Acórdão do TCAS de 16.9.2021, Processo n.º 187/04.3BELSB: despesas de publicidade e propaganda vs despesas de representação

Acórdão do TCAN de 16.2.2006, Processo n.º 00114/04: indemnizações e subsídios de equipamentos

Informações Vinculativas:

Ficha doutrinária emitida com referência ao processo n.º 694/2019: Tratamento fiscal de furto de valores monetários

8. Imparidades de inventários e imparidades de ativos não correntes

Informações Vinculativas:

Ficha Doutrinária emitida com referência ao processo n.º 479/2019: Imparidade em inventários

9. Imparidades de créditos

Jurisprudência:

Acórdão do TCAS de 20.12.2022, Processo n.º 2140/04.8BELSB: créditos de cobrança duvidosa no sector bancário

Acórdão do STA de 18.6.2014, Processo n.º 01463/12: crédito incobrável; créditos de cobrança duvidosa

Informações Vinculativas:

Ficha Doutrinária emitida com referência ao processo n.º 4205/2018: Perdas por imparidade em dívidas a receber

Ficha Doutrinária emitida com referência ao processo n.º 540/2017: Perdas por Imparidade em créditos de cobrança duvidosa – processos PER

Ficha Doutrinária emitida com referência ao processo n.º 1270/2017: Perda por imparidade associada a um crédito, imputável a 2015, mas contabilizada em resultados transitados em 2016

Ficha Doutrinária emitida com referência ao processo n.º 2462/2014: Desreconhecimento de créditos incobráveis não abrangidos pelo artigo 41.º do CIRC – consequências fiscais

10. Depreciações

Jurisprudência:

Acórdão do TCAS de 11.10.2018, Processo n.º 268/15.8BEBJA: depreciação; terrenos submersos

Orientações Administrativas:

Ofício-circulado n.º 20203, de 25 de janeiro de 2019: depreciação de viaturas – valor residual

Informações Vinculativas:

Ficha Doutrinária emitida com referência ao processo n.º 2093/2019: Taxa de depreciação aplicável a impressora

Ficha Doutrinária emitida com referência ao processo n.º 1423/2017: Depreciação de ativo fixo tangível

11. Realizações de utilidade social

Jurisprudência:

Acórdão do STA de 29.11.2017, Processo n.º 013/14: dedutibilidade

Acórdão do STA de 22.3.2018, Processo n.º 01169/17: fundos de pensões

Acórdão do STA de 7.3.2008, Processo n.º 01485/15: dedutibilidade de despesas com o pessoal; sujeição a descontos para a Segurança Social ou qualquer outro regime contributivo

Informações Vinculativas:

Ficha Doutrinária emitida com referência ao processo n.º 298/2020: Amplitude do conceito de despesas com pessoal, para efeitos do limite do n.º 2 do artigo 43.º do Código do IRC

Ficha Doutrinária emitida com referência ao processo n.º 2006/2019: Gastos com ginásios

Ficha Doutrinária emitida com referência ao processo n.º 508/2018: Vales sociais

Ficha Doutrinária emitida com referência ao processo n.º 3021/2018: Seguro de saúde

Ficha Doutrinária emitida com referência ao processo n.º 3262/2018: Cantina

Ficha Doutrinária emitida com referência ao processo n.º 1166/2017: Fundos de Pensões

Ficha Doutrinária emitida com referência ao processo n.º 3688/2016: Contribuições para um Fundo de Pensões – Perdas atuariais

12. Quotizações para associações empresariais

Informações Vinculativas:

Ficha Doutrinária emitida com referência ao processo n.º 500/2005: Enquadramento fiscal de quotizações para associações empresariais com sede no estrangeiro

13. Ativos intangíveis

Jurisprudência:

Acórdão do TCAS de 28.2.2019, Processo n.º 1651/09.3BELRS: concentração empresarial; *goodwill*

14. Mais e menos-valias de ativos tangíveis e intangíveis

Jurisprudência:

Acórdão do STA de 7.1.2016, Processo n.º 0296/13: apuramento de mais ou menos valias – valor de aquisição de imóvel construído pelo próprio sujeito passivo

Acórdão do STA de 9.5.2018, Processo n.º 0685/17: aplicação do regime transitório de tributação das mais-valias instituído pelo n.º 8 do artigo 32.º da Lei n.º 109-B/2001, de 27 de dezembro (Orçamento de Estado para 2002); reinvestimento

Informações Vinculativas:

Ficha Doutrinária emitida com referência ao processo n.º 5224/2020: Documentos de suporte ao valor de aquisição e encargos

Ficha Doutrinária emitida com referência ao processo n.º 148/2020: Apuramento do saldo das mais-valias e menos-valias

Ficha Doutrinária emitida com referência ao processo n.º 4355/2019: Mais-valias resultantes de alienação de imóveis; pessoa coletiva de utilidade pública

Ficha Doutrinária emitida com referência ao processo n.º 4058/2018: Reinvestimento do valor de realização resultante da transmissão de um imóvel que se encontrava arrendado por um período transitório

Ficha Doutrinária emitida com referência ao processo n.º 5048/2018: Mais-valias de sociedade em processo de insolvência

Ficha Doutrinária emitida com referência ao processo n.º 1704/2017: Cessão de créditos – menos-valias realizadas

Ficha Doutrinária emitida com referência ao processo n.º 2156/2017: Alienação de imóvel antes de partilha de sociedade

Ficha Doutrinária emitida com referência ao processo n.º 2098/2017: Valor de aquisição de imóveis – contrato de cessão de posição contratual em locação financeira

Ficha Doutrinária emitida com referência ao processo n.º 2662/2016: Mais- e menos-valias de imóveis

16. *Participation exemption*

Jurisprudência:

Acórdão do STA de 12.9.2018, Processo n.º 0884/17: distribuição de dividendos por sociedade residente a uma sociedade sua acionista residente nos Países Baixos; livre circulação de capitais

17. Reporte de prejuízos

Jurisprudência:

Acórdão do STA de 31.5.2017, Processo n.º 0177/16: dedução de prejuízos fiscais; suspensão da instância

Acórdão do STA de 28.11.2018, Processo n.º 0369/14.9BELLE: métodos indiretos; prejuízos fiscais

Orientações Administrativas:

Circular n.º 8/2012, de 30 de maio: dedução de Prejuízos Fiscais

Informações Vinculativas:

Ficha Doutrinária emitida com referência ao processo n.º 217/2019: Dedução ao lucro tributável do período, dos prejuízos fiscais que foram gerados pela própria entidade que os pretende deduzir e os gerados por duas entidades que anteriormente foram incorporadas numa operação de fusão)

Ficha Doutrinária emitida com referência ao processo n.º 3173/2019: Prazo de reporte dos prejuízos fiscais na adoção do período especial de tributação

18. Preços de Transferência

Jurisprudência:

Acórdão do STA de 15.12.2022, Processo n.º 02142/11.8BELRS: ónus da Administração Tributária em alegar e provar quer a existência de relações especiais quer as "circunstâncias normais" em que determinadas operações se realizam, ou seja, as condições em que, em regra, essas operações se concretizam entre pessoas jurídicas independentes

Acórdão do STA de 15.12.2022, Processo n.º 02142/11.8BELRS: ónus da Administração Tributária em alegar e provar quer a existência de relações especiais quer as "circunstâncias normais" em que determinadas operações se realizam, ou seja, as condições em que, em regra, essas operações se concretizam entre pessoas jurídicas independentes

Acórdão do STA de 21.9.2016, Processo n.º 0571/13: relações comerciais entre a sede de uma sociedade comercial de direito holandês e a sua sucursal que opera a partir das instalações de uma sociedade de direito português, são passíveis de configurar relações especiais

Acórdão do STA de 7.3.2018, Processo n.º 01485/15: aplicação sucessiva do regime dos preços de transferência e do disposto no artigo 23.º do CIRC

Acórdão do STA de 27.6.2018, Processo n.º 01402/17: relações especiais com membros dos órgãos de administração de empresas do mesmo grupo económico

Acórdão do TCAS de 14.11.2019, Processo n.º 10/17.9BCLSB: especial dever de fundamentação

Informações Vinculativas:

Ficha Doutrinária emitida com referência ao processo n.º 4851/2020: Ganhos associados ao método de equivalência patrimonial (MEP); Obrigação de preparar a documentação em matéria de preços de transferência

Ficha Doutrinária emitida com referência ao processo n.º 4851/2020: Ganhos associados ao método de equivalência patrimonial (MEP); Obrigação de preparar a documentação em matéria de preços de transferência

Ficha Doutrinária emitida com referência ao processo n.º 771/2002: Do espetro de medidas antiabuso consagradas no Código do IRC, apenas está sujeita ao procedimento a que se refere 63.º do Código de Procedimento e de Processo Tributário a prevista no n.º 10 do artigo 67.º

19. O procedimento de demonstração do preço efetivo na transmissão de imóveis

Jurisprudência:

Acórdão do TCAN de 29.5.2014, Processo n.º 01270/11.4BEPRT: procedimento de prova do preço efetivo como condição de impugnabilidade da liquidação

Acórdão do TCAN de 27.10.2016, Processo n.º 00735/12.5BEPRT: lesividade; prova do preço efetivo

Acórdão do STA de 30.5.2018, Processo n.º 0861/15: transmissão de bens imobiliários; prova do preço

Informações Vinculativas:

Ficha Doutrinária emitida com referência ao processo n.º 2157/2014: Valor dos imóveis nas operações de aquisição e alienação de imóveis adquiridos em leilão

20. Dedutibilidade dos gastos de financiamento (juros)

Jurisprudência:

Acórdão do TCAS de 25.6.2019, Processo n.º 15/19.5BCLSB: dedutibilidade de gastos de financiamento

Orientações Genéricas:

Ficha Doutrinária emitida com referência ao processo n.º 895/2020: Limitação à dedutibilidade de Gastos de Financiamento Líquidos – Alterações ATAD – Cálculo do EBITDA

Circular n.º 7/2013: limitação à dedutibilidade de gastos de financiamento

Ofício-circulado n.º 20212, de 24 de setembro de 2019: alterações introduzidas ao artigo 67.º do Código do IRC pela Lei n.º 32/2019, de 3 de maio – aplicação da lei no tempo

21. Código Fiscal do Investimento

Jurisprudência:

Acórdão do STA de 20.9.2017, Processo n.º 01684/15: definição de atividades de elevado valor acrescentado, com carácter científico, artístico ou técnico, a que se refere o artigo 24.º, n.º 1 do Código Fiscal do Investimento

Orientações Administrativas:

Circular 6/2013, de 17 de julho: Crédito fiscal extraordinário ao investimento

Informações Vinculativas:

Ficha Doutrinária emitida com referência ao processo n.º 1396/2021: CFEI II – Elegibilidade de "ativos fixos tangíveis" adquiridos a entidades com as quais se encontre numa situação de relações especiais

Ficha Doutrinária emitida com referência ao processo n.º 5371/2020: CFEI II – Regime que constitui uma "medida de caráter geral" e, como tal, não tem a natureza de "Auxílio de Estado". Cumulação com apoios financeiros

Ficha Doutrinária emitida com referência ao processo n.º 4404/2020: RFAI – Investimento em "moldes" enquadravéis na definição de "investimento inicial"

Ficha doutrinária emitida com referência ao processo n.º 4282/2020: RFAI – Não elegibilidade do investimento de substituição/reparação em pavilhão industrial (aplicação relevante).

Ficha doutrinária emitida com referência ao processo n.º 14/2020: RFAI e DLRR: Elegibilidade / Não elegibilidade de atividades enquadráveis nos códigos CAE 01410, 10510 e 10520

Ficha Doutrinária emitida com referência ao processo n.º 1291/2019: Período de dedução de despesas

Ficha Doutrinária emitida com referência ao processo n.º 1093/2019: RFAI e DLRR – Montantes e limites passíveis de dedução à coleta e prazo de reinvestimento previsto no artigo 29.º do CFI

Ficha Doutrinária emitida com referência ao processo n.º 2452/2018: RFAI: Enquadramento das atividades de: fabricação de sumos de frutos e de produtos agrícolas; preparação e conservação de frutos e produtos hortícolas por outros processos; produção de vinhos comuns e licorosos; fabricação de aguardentes não preparadas; produção de azeite

Ficha Doutrinária emitida com referência ao processo n.º 2361/2018:RFAI – Prejudicialidade das CAE (atividade de transformação de produtos agrícolas)

22. Regime Especial de Tributação de Grupos de Sociedades

Jurisprudência:

Acórdão do STA de 12.10.2022, Processo n.º 01126/18.0BEPRT: norma constante do n.º 4 do artigo 69.º, do Código do IRC como norma que consagra os requisitos comuns a todas as empresas do grupo, os quais são impeditivos, de forma inicial ou superveniente, a que uma determinada sociedade integre o grupo de empresas para efeitos fiscais e, especificamente, na cédula do IRC, assim consubstanciando uma norma anti-abuso específica

Acórdão do STA de 12.3.2014, Processo n.º 0256/12: grupo de empresas

Acórdão do STA de 13.1.2016, Processo n.º 0793/11: tributação pelo lucro consolidado

Acórdão do STA de 13.1.2016, Processo n.º 0342/15: regime especial de tributação: cessação

Orientações Administrativas:

Circular n.º 5/2015, de 31 de maio: regime Especial de Tributação dos Grupos de Sociedades (RETGS)

Informações Vinculativas:

Ficha Doutrinária emitida com referência ao processo n.º 3616/2020: Sociedade dominante abrangida pelo Regime Especial de Tributação dos Grupos de Sociedades sai do Grupo, por alienação da sociedade dominada detentora das participações sociais das sociedades do Grupo. Continuidade da aplicação do regime tendo como nova dominante a sociedade dominada

Ficha Doutrinária emitida com referência ao processo n.º 2081/2019: Determinação da percentagem de domínio do capital social, por parte de uma sociedade dominante, numa sociedade que detém ações próprias

Ficha Doutrinária emitida com referência ao processo n.º 354/2018: Alteração da sociedade dominante de um Grupo sujeito ao RETGS, para uma sociedade residente na UE e inclusão de uma sociedade igualmente residente na UE detida indiretamente pela nova dominante e que alterou a sua sede para Portugal após o início do período de tributação do Grupo

Ficha Doutrinária emitida com referência ao processo n.º 253/2017: Opção pela continuidade da aplicação do RETGS a um Grupo anteriormente dominado por sociedade residente na EU

23. A neutralidade no diferimento da tributação das operações de fusão, cisão, entrada de ativos e permutas de partes sociais

Jurisprudência:

Acórdão do STA de 23.4.2013, Processo n.º 0180/13: cisão de sociedades; partes representativas de capital

Acórdão do TCAN de 14.6.2017, Processo n.º 01234/10.5BEAVR: fusão-cisão – transferência de conjunto de ações – ramo de atividade

Acórdão do TCAS de 28.3.2019, Processo n.º 1852/07.9BCLSB: transmissibilidade de prejuízo fiscal em fusão

Informações Vinculativas:

Ficha Doutrinária emitida com referência ao processo n.º 5108/2020: Operação de entrada de ativos com o destaque de um ramo de atividade para o fundir com uma sociedade já existente

Ficha Doutrinária emitida com referência ao processo n.º 5266/2020: Operação de cisão simples com o destaque de dois ramos de atividade para com eles constituir duas novas sociedades

Ficha Doutrinária emitida com referência ao processo n.º 2728/2020: Operação de fusão entre duas sociedades detidas pelos mesmos sócios – Regime de neutralidade fiscal

Ficha Doutrinária emitida com referência ao processo n.º 2124/2020: Operação de cisão envolvendo duas sociedades residentes num Estado-membro da União Europeia. Destaque de um dos ramos de atividade do estabelecimento estável situado em território português para o afetar ao estabelecimento estável da sociedade beneficiária

Ficha Doutrinária emitida com referência ao processo n.º 3670/2019: Aplicação do regime especial de neutralidade fiscal às operações de fusão (fusão inversa em que a sociedade incorporante apresenta património líquido negativo) e subsequente extinção de crédito por confusão

Ficha Doutrinária emitida com referência ao processo n.º 88/2019: Aplicabilidade do regime de neutralidade fiscal a operações de cisão

Ficha Doutrinária emitida com referência ao processo n.º 3019/2018: Operação transfronteiriça de permuta de partes sociais

Ficha Doutrinária emitida com referência ao processo n.º 4230/2018: Transmissão de ramo de atividade numa operação de entrada de ativos

24. Regime Simplificado

Jurisprudência:

Acórdão do STA de 4.3.2020, Processo n.º 017/17: norma de incidência objectiva do artigo 53.º n.º 4 do Código do IRC (na redação da Lei n.º 30-G/2000, de 29 dezembro) como norma de presunção de lucro tributável, susceptível de ilisão pela prova da inexistência de obtenção de rendimento, sob pena de violação do princípio constitucional de tributação pelo rendimento real

Acórdão do TCAS de 1.10.2014, Processo n.º 07622/14: regime simplificado – opção inicial do sujeito passivo pelo regime geral

Acórdão do TCAN de 12.2.2015, Processo n.º 00402/05.6BEVIS: presunções no regime simplificado

Acórdão do TCAS de 10.7.2015, Processo n.º 03602/09: inatividade; apresentação de declaração modelo 22

Acórdão do TCAN de 25.5.2016, Processo n.º 00470/09.1BEBGR: opção pelo sujeito passivo; regime geral

Orientações Administrativas:

Circular 5/2014, de 20 de março: regime simplificado

Circular 6/2014, de 28 de março: Regime simplificado de determinação da matéria coletável

Informações Vinculativas:

Ficha Doutrinária emitida com referência ao processo n.º 191/2017: Coeficiente aplicável aos serviços de construção civil

Ficha Doutrinária emitida com referência ao processo n.º 1576/2017: Regime simplificado – coeficiente – atividade de prestações serviços de apoio logístico e administrativo em *outsourcing*

Ficha Doutrinária emitida com referência ao processo n.º 2550/2016: Regime simplificado e regime de *participation exemption*

25. Taxas

Jurisprudência:

Acórdão do TCAS de 29.6.2017, Processo n.º 928/09.2BELRS: taxa reduzida – Região Autónoma da Madeira

Orientações Administrativas:

Ofício-circulado n.º 20218, de 19 de fevereiro de 2020: taxas de derrama municipal incidentes sobre o lucro tributável do período fiscal de 2019

Ofício-circulado n.º 20209, de 1 de abril de 2019: taxas de derrama municipal incidentes sobre o lucro tributável do período de 2018

Ofício-circulado n.º 20184, de 26 de fevereiro de 2016: Cálculo da derrama estadual / regional no caso de a atividade ser exercida na Zona Franca da Madeira e fora desta Zona Franca, quando seja aplicável o disposto no artigo 36.º do EBF

26. Tributações Autónomas

Jurisprudência:

Acórdão do TCAS de 27.10.2022, Processo n.º 979/12.0BESNT: tributação autónoma de despesas de representação

Acórdão do TCAS de 26.5.2022, Processo n.º 2484/06.4BELSB: despesas confidenciais

Acórdão do TCAN de 17.3.2022, Processo n.º 00631/18.2BEAVR: repartição do ónus da prova nas despesas não documentadas

Acórdão do STA de 19.4.2017, Processo n.º 01320/16: despesas não documentadas; tributação autónoma

Acórdão do TCAS de 8.5.2019, Processo n.º 1119/16.1BELRA: despesas confidenciais

Acórdão do STA de 23.10.2019, Processo n.º 0903/16: despesas de representação; veículo ligeiro

Informações Vinculativas:

Ficha Doutrinária emitida com referência ao processo n.º 1387/2021: Encargos com aluguer de viatura ligeira de passageiros ressarcidos a coberto de contrato de seguro

Ficha Doutrinária emitida com referência ao processo n.º 4228/2019: Tributações autónomas dos encargos efetuados ou suportados relativos a despesas de representação e a ajudas de custo e à compensação pela deslocação em viatura própria do trabalhador, ao serviço da entidade patronal, não faturados a clientes, por uma entidade isenta de IRC ao abrigo do artigo 10.º do Código do IRC

Ficha Doutrinária emitida com referência ao processo n.º 2490/2019: Ajudas de custo pagas a motoristas – transportadoras de mercadorias

Ficha Doutrinária emitida com referência ao processo n.º 4354/2019: Tributações autónomas - viaturas ligeiras de passageiros

Ficha Doutrinária emitida com referência ao processo n.º 2646/2018: sujeição de encargos com as viaturas ligeiras de passageiros de IRC

Ficha Doutrinária emitida com referência ao processo n.º 840/2017: Encargos com «viaturas de serviço»

Ficha Doutrinária emitida com referência ao processo n.º 2097/2017: Tributações autónomas de encargos com viaturas ligeiras de passageiros – atividades de operador turístico e de transporte ocasional de passageiros

27. Pagamento Especial por Conta; Pagamento adicional por conta; Pagamento por Conta e Retenções na fonte

Jurisprudência:

Acórdão do STA de 13.7.2022, Processo n.º 03261/11.6BEPRT: inaplicabilidade do regime constante do Decreto-lei n.º 6/99, de 8 de janeiro, ao reembolso do pagamento especial por conta

Acórdão do STA de 9.10.2019, Processo n.º 0329/18.1BELLE: falta de entrega de pagamento por conta – a falta de imposto devido

Acórdão do STA de 6.11.2019, Processo n.º 0123/17: taxa por ato inspetivo prevista no Decreto-lei n.º 6/99, de 8 de janeiro

Orientações Administrativas:

Ofício-Circulado n.º 20208, de 18 de março de 2019: OE 2019 - dispensa de pagamento especial por conta

Ofício-Circulado n.º 20192, de 7 de junho de 2016: Taxa de retenção na fonte a aplicar aos rendimentos de capitais obtidos por entidades enquadradas nas alíneas a) a c) do n.º 1 do artigo 9.º do código do IRC

Informações Vinculativas:

Ficha Doutrinária emitida com referência ao processo n.º 1891/2019: Dedução de PEC e reporte de Prejuízos fiscais por uma sociedade que aufere rendimentos sujeitos e isentos de IRC

Ficha Doutrinária emitida com referência ao processo n.º 2147/2019: Dedução de saldo de pagamento especial por conta – sociedade tributada pelo regime simplificado de determinação da matéria coletável

Ficha Doutrinária emitida com referência ao processo n.º 2431/2017: Dispensa de retenção na fonte de IRC - alínea g) n.º 1

28. Dupla tributação jurídica internacional

Jurisprudência:

Acórdão do STA de 20.2.2013, Processo n.º 01435/12: primado do direito comunitário; CDT's; tributação de sujeito passivos não residentes

Acórdão do STA de 11.5.2016, Processo n.º 0351/14: dupla tributação; estabelecimento estável

Acórdão do TCAS de 29.9.2016, Processo n.º 09409/16: conceito de dividendos; dividendos distribuídos por uma afiliada a uma sociedade-mãe

Informações Vinculativas:

Ficha Doutrinária emitida com referência ao processo n.º 721/2017: Crédito de Imposto por Dupla Tributação Internacional

29. As obrigações declarativas dos sujeitos passivos de IRC

Jurisprudência:

Acórdão do TCAN de 12.3.2015, Processo n.º 00005/04.2BEPNF: obrigações acessórias; ajudas de custo

Acórdão do STA de 15.11.2017, Processo n.º 0544/16: declaração de substituição

Acórdão do TCAN de 26.4.2018, Processo n.º 01665/05.2BEVIS: falência / insolvência – rendimentos

Orientações Administrativas:

Circular n.º 10/2015: obrigações Fiscais das Pessoas Coletivas em situação de Insolvência (revisão de instruções anteriores).

Ofício-circulado n.º 20193, de 23 de junho de 2016: Sistema de inventário permanente (SIP) e contabilidade regularmente organizada como condição de atribuição de benefícios fiscais; periodicidade de registo contabilístico em SIP

Circular n.º 4/2017, de 10 de fevereiro: Insolvência (Alteração do ponto III do anexo à Circular n.º 10/2015)

Informações Vinculativas:

Ficha Doutrinária emitida com referência ao processo n.º 228/2020: Regras de faturação--emissão de documentos por entidades isentas

Ficha Doutrinária emitida com referência ao processo n.º 1892/2019: Faturação relativa à prestação de serviços de transformação da azeitona em azeite – pagamento em dinheiro/espécie

Referências Bibliográficas

Basto, José Xavier de, «O princípio da tributação do rendimento real e a Lei Geral Tributária», *Fiscalidade*, n.º 5, janeiro de 2001.

Casalta Nabais, José, *Direito Fiscal*, 7.ª Edição, 2014, Almedina.

Faveiro, Vítor, *O Estatuto do Contribuinte – A Pessoa do Contribuinte no Estado Social de Direito*, Coimbra Editora, 2002.

Fernandes, José Domingos Silva, «A Contabilidade pelo Justo Valor», em *Ações de Formação da Câmara dos Técnicos Oficiais de Contas,* de 13/10/2003 a 03/11/2003.

Guerreiro, António Lima, *Lei Geral Tributária Anotada*, Editora Rei dos Livros.

Guimarães, Joaquim, «As variações patrimoniais (POC vs SNC e CIRC)», Jornal de Contabilidade APOTEC, janeiro de 2012.

Menezes Leitão, Luís Manuel Teles de, «Fusão, cisão de sociedades e figuras afins», *Revista Fisco* n.º 57, setembro de 1993.

Morais, Rui Duarte, *Manual de Procedimento e de Processo Tributário*, Almedina, 2016, reimpressão da edição de 2012.

Neto, Serena Cabrita e Trindade, Carla Castelo, *Contencioso Tributário I – Procedimento, Princípios e Garantias*, Almedina, 2017.

Rodrigues, João, *Sistema de Normalização Contabilística Explicado*, Porto Editora, 2009.

Saldanha Sanches, J. L., «As avaliações do IVA e os deveres de cooperação dos retalhistas», *Fisco*, n.º 2, 15 de novembro de 1988.

— «Sociedades Transparentes: alguns problemas no seu regime», *Fisco,* n.º 17, de 15 de fevereiro de 1990.

— *A Quantificação da Obrigação Tributária – Deveres de Cooperação, Autoavaliação e Avaliação Administrativa*, 2.ª Edição, Lisboa, 2000, LEX, págs. 57 e 58.

— «Fusão inversa e neutralidade (da administração) fiscal», *Fiscalidade* n.º 34, abril de 2008.

Sousa, Amadeu Fernando Silva e, *Cadernos de IRC*, 2014.

Xavier, Alberto, *Direito Tributário Internacional,* 2.ª Edição, Almedina.

Índice